Uni-Taschenbücher 695

UTB

Eine Arbeitsgemeinschaft der Verlage

Birkhäuser Verlag Basel und Stuttgart
Wilhelm Fink Verlag München
Gustav Fischer Verlag Stuttgart
Francke Verlag München
Paul Haupt Verlag Bern und Stuttgart
Dr. Alfred Hüthig Verlag Heidelberg
Leske Verlag + Budrich GmbH Opladen
J. C. B. Mohr (Paul Siebeck) Tübingen
C. F. Müller Juristischer Verlag – R. v. Decker's Verlag Heidelberg
Quelle & Meyer Heidelberg
Ernst Reinhardt Verlag München und Basel
F. K. Schattauer Verlag Stuttgart-New York
Ferdinand Schöningh Verlag Paderborn
Dr. Dietrich Steinkopff Verlag Darmstadt
Eugen Ulmer Verlag Stuttgart
Vandenhoeck & Ruprecht in Göttingen und Zürich
Verlag Dokumentation München

Johannes Holthusen

Russische Literatur
im 20. Jahrhundert

Francke Verlag München

ISBN 3-7720-1270-1

© A. Francke Verlag GmbH, München 1978
Einbandgestaltung: A. Krugmann, Stuttgart
Gesamtherstellung: Friedrich Pustet, Regensburg

INHALT

Die Transliteration der russischen Eigennamen und der Originalbuchtitel erfolgt nach den in der Slavistik angewandten Regeln:

а	... a	р	... r
б	... b	с	... s
в	... v	т	... t
г	... g	у	... u
д	... d	ф	... f
е	... e, je	х	... ch
ж	... ž	ц	... c
з	... z	ч	... č
и	... i	ш	... š
й	... j	щ	... š č
к	... k	ъ	... –
л	... l	ы	... y
м	... m	ь	... '
н	... n	э	... ė
о	... o	ю	... ju
п	... p	я	... ja

Das russische «е» wird der Deutlichkeit wegen entsprechend einer auch in der Wissenschaft teilweise angewandten Praxis im Wortanlaut und im Silbenanlaut nicht durch einfaches «e», sondern durch «je» wiedergegeben (vgl. den Namen «Jesenin»). Diese Schreibung steht im Einklang mit den Normen der Aussprache.

Abweichend von der orthographischen Praxis im Deutschen haben folgende Zeichen einen besonderen Lautwert:

ž – gesprochen wie ein französisches «j» in J-acques, bzw. wie ein französisches «g» in Blama-g-e, Monta-g-e;

c – gesprochen wie ein «z» in Z-igarre, Z-ar, und zwar in allen Fällen, auch vor Konsonanten (vgl. den Namen «Cvetajeva»);

č – gesprochen wie «tsch» in dem Wort Ma-tsch;

š – gesprochen wie «sch» in dem Wort Sch-ule;

šč – abweichend von der Kombination «sch-tsch» gesprochen wie ein sehr weiches, gedehntes «schsch»;

y – als Vokal der «mittleren» Reihe (nicht einfach auszusprechen) ein hartes, mit dem Zungenrücken gebildetes «i», ohne Lippenrundung gesprochen (nicht «ü»!);

' – Zeichen der Erweichung eines Konsonanten, der damit eine zusätzliche «i»-ähnliche Artikulation erhält;

ė – gesprochen wie «e», und auch im Anlaut nicht der «Erweichung» fähig (vgl. den Namen «Ėrenburg»), in der Regel nur in Fremdwörtern gebräuchlich.

ё – Das «Trema» auf dem «e» bezeichnet den phonetischen Übergang e › o (vgl. den Namen «Solovjëv», gespr. «Solovjov»).

VORBEMERKUNG

Die seinerzeit unter dem Titel «Russische Gegenwartsliteratur I–II» (1963, 1968) veröffentlichte Übersicht über die russische Prosa und Lyrik der beiden letzten Menschenalter erscheint nun unter ihrem neuen Titel in einem Band vereinigt. Der dargestellte Zeitraum bleibt dabei im Prinzip der gleiche: die Zeitspanne von 1890 bis zur Gegenwart. Seit der ersten Auflage ist unterdessen ein weiteres Jahrzehnt ins Land gegangen, und es bedurfte zahlreicher Ergänzungen wie auch gewisser Präzisierungen in der Gliederung der letzten Abschnitte.

Die durchgesehene und in allen wichtigen Entwicklungslinien ergänzte Neuauflage berücksichtigt auch voll die «Wiederentdeckungen» und Nachveröffentlichungen der letzten Zeit, also etwa die Erzählungen Andrej Platonovs, die nachträglich bekannt gewordenen Werke Michail Bulgakovs und die zuvor kaum in Umrissen erkennbare avantgardistische Leningrader Gruppe «Oběriu» (1927–30). Der Bitte des Verlages, den Gesamtumfang auf dem bisherigen Stand zu halten, konnte dadurch entsprochen werden, daß einige breitere Darstellungen (besonders im 2. Teil) eine angemessene Straffung erfahren haben – wie ich glaube, ohne Schmälerung ihres Informationswertes –, und daß nun auch im 1. Teil die Entwicklung des Dramas und des Theaters ganz ausgeklammert wurde.

Die Tendenz, die sich schon bei der ersten Auflage angebahnt hatte, mit absolutem Vorrang die erzählende Prosa und die Lyrik zu behandeln, bedeutet keineswegs eine Geringschätzung der Gattung Drama, sondern die immer klarere Erkenntnis, daß es schwer, wenn nicht unmöglich ist, die eigenständige Entwicklung der modernen Dramatik und Dramaturgie im Rahmen einer «Literaturgeschichte» angemessen darzustellen. Spezialveröffentlichungen der letzten Jahre wie etwa H. Kunstmanns «Moderne polnische Dramatik» (1965) haben mich in dieser Überzeugung nur noch bestärkt.

Die hier beibehaltene Gliederung des Buches in zwei Teile erklärt sich aus der Veröffentlichung der Erstauflage in zwei separaten Bänden. Die Zäsur des zweiten Weltkrieges (1941) wurde dabei ja nicht willkürlich gewählt, und die Vorteile des chronologischen Fortschreitens in der Geschichte wiegt in meinen Augen den Nachteil auf, daß das Werk der älteren Generation der sowjetrussischen Schriftsteller in zwei verschiedene Entwicklungsabschnitte (Kap. IV und Kap. VI) «zerfällt».

Die «Russische Literatur im 20. Jahrhundert» orientiert sich, wie schon in den früheren Vorbemerkungen unterstrichen wurde, an dem üblicherweise ziemlich bald hergestellten Konsensus der fachlich geschulten Beurteiler ebenso wie an der subjektiv wählenden Bestandsaufnahme in eigener Verantwortung. Die Nähe des in den Ergänzungen erfaßten Zeitraumes zur faktischen Gegenwart bedingt die in mancher Hinsicht vorläufige Charakterisierung der zur Zeit im Gang befindlichen Entwicklungsprozesse und das möglicherweise ungerechtfertigte Übergehen bestimmter Autoren, deren Bedeutung für die Zukunft noch schwer abzuschätzen ist.

Das Problem der verschiedenen Wellen der Emigration oder gar der Austreibung der russischen Literatur aus ihrem Heimatland ist dem Verfasser nur zu bewußt. Wenn hier in der Regel nur die in Rußland entstandene (wenn auch nicht immer gedruckte) Prosa und Lyrik vorgeführt wird, so soll damit nicht eine Trennung in zwei Literaturen suggeriert werden, sondern es soll – implizit – auf den einheitlichen schicksalsmäßigen, geographischen und geistig schöpferischen Kontext aufmerksam gemacht werden.

Das unverrückbare Ziel der hier vorgelegten Übersicht blieb eine sachgemäße, nach Möglichkeit zugleich auch literarisch ordnende Charakterisierung der einzelnen Werke bzw. Werkgruppen. Diese Methode bedingte den weitgehenden Verzicht auf biographische Einzelheiten und in der Regel auch auf die Nennung solcher Dichter, deren Wirkung ephemer geblieben ist oder aber sich im Raum des Politischen und Ideologischen erschöpft. Angestrebt wurde nicht eine Summierung von Fakten und Namen, sondern die Wertung dessen, was für die jeweilige Zeit als repräsentativ gelten kann, sowohl im Rahmen der russischen literarischen Entwicklung als auch im Rahmen der europäischen Literaturgeschichte.

Da die russische Literatur hier vor allem in ihren Werken vorgeführt wird, mußte der Frage der Datierung große Aufmerksamkeit geschenkt werden. Die Werkdaten beziehen sich im allgemeinen auf den Zeitpunkt der Ersterscheinung (u. U. auch in Zeitschriften), doch ließ sich dies nicht in allen Fällen mit Sicherheit ermitteln. In unklaren Fällen mußte auch auf die Datierung der Autoren bzw. der Herausgeber in Werksammlungen zurückgegriffen werden, so daß dann auch das Datum der Entstehung gemeint sein kann. Es wurde jedoch Sorge getragen, die Zahl der undatierten Werke so klein wie möglich zu halten.

Die aufgeführten Werktitel sind die russischen Originaltitel, die in möglichst wortgetreuer deutscher Übersetzung wiederholt werden, wenn der Titel nicht ein Eigenname ist. Deutsche Übersetzungen sind vielfach auch unter anders lautenden Titeln erschienen, worauf im einzelnen nicht hingewiesen wird.

Die kleine Literaturübersicht im Anhang soll dem Leser Auskunft darüber geben, welche zusammenfassenden Darstellungen der russischen Literatur des 20. Jahrhunderts und welche Monographien allgemeinen Charakters, vor allem aus dem Gebiet der Slavistik, vom Verfasser eingesehen und teilweise auch ausgewertet werden konnten.

Seit Erscheinen der ersten Auflage der «Russischen Gegenwartsliteratur» sind mir brieflich ebenso wie in zahlreichen Gesprächen mit Kollegen und Schülern aus dem In- und Ausland (namentlich von Kollegen aus der ČSSR, aus Israel, Jugoslavien, der Schweiz und den USA) Anregungen für die Neuauflage gemacht worden, die ich bei der Bearbeitung weitgehend zu berücksichtigen versucht habe. Allen diesen ungenannten Ratgebern und Freunden sei hier mein aufrichtiger Dank abgestattet.

München, Ende April 1977   Johannes Holthusen

I. TEIL:
VORKRIEGSZEIT, OKTOBERREVOLUTION, ENTSTEHUNG DER SOWJETLITERATUR

(1890–1940)

EINLEITUNG

DIE SITUATION UM DIE JAHRHUNDERTWENDE

I.

In den neunziger Jahren des 19. Jahrhunderts war das literarische Leben in Rußland von tiefer Skepsis, aber gleichzeitig
auch von neuen Zukunftshoffnungen erfüllt. An der Erwek-
kung des künstlerischen Gewissens einer ganzen Generation
hatte auch in Rußland die moderne Kulturkritik einen wesentlichen Anteil, und erst das Bewußtsein von dem allgemeinen
Verfall der ästhetischen Begriffe bahnte den Weg zur Errichtung neuer Maßstäbe des künstlerischen Schaffens.

Die russische Kulturkritik, die den verschiedenen modernistischen Strömungen vorauslief, hatte ohne Zweifel viel von
Friedrich Nietzsche gelernt, dessen Einfluß um die Jahrhundertwende stark auffällt, sie hatte aber auch auf eigenem Boden in
Denkern wie N. STRACHOV (1828–95), dem Freund L. Tolstojs
und Dostojevskijs, und ebenso in K. LEONT'JEV (1831–91) bedeutende Vorläufer.

Ihre Kritik an dem Positivismus und an der Fortschritts-
gläubigkeit des 19. Jahrhunderts verbanden schon STRACHOV
und LEONT'JEV mit einer leidenschaftlichen Apologie des
künstlerischen Weltverhaltens, mit einer Ehrenrettung der Poesie in ihrer zeitlosen Gestalt.

Die russischen Kulturkritiker warnten sowohl vor der Entfremdung von dem eigenen Geschichtsbewußtsein als auch vor
der Geringschätzung des Dichterischen, vor der Senkung und
Trivialisierung des humanitären Pathos. Als einer der ersten
Träger dieses neuen Kulturbewußtseins gab DMITRIJ MEREŽ-
KOVSKIJ (1865–1941) seinem Unbehagen an der bisherigen
Kunst Ausdruck in seiner Aufsatzsammlung «O pričinach
upadka i o novych tečenijach sovremennoj russkoj literatury»
(1893; über die Ursachen des Verfalls und über die neuen Strömungen der russischen Gegenwartsliteratur).

Mit dem Blick auf das «gebildete» Publikum geißelte MEREŽ-
KOVSKIJ hier die Bereitwilligkeit, sich von der konventionellen
«banalen» Tragik angeblich aktueller Themen blenden zu lassen, nach ihnen zu schnappen wie nach dem Wurm an der

Angel. Das moralische Problem der Kunst zog Merežkovskij wieder hinauf auf eine Ebene mit dem ästhetischen Problem: «Gerade diese ehrlichen Tränen naiver Leser sind das drohende Zeichen eines allgemeinen Niederganges des Geschmackes. Die höchste moralische Bedeutung der Kunst besteht überhaupt nicht in rührenden moralisierenden Tendenzen, sondern in der uneigennützigen und unbestechlichen Wahrheitsliebe des Künstlers, in seiner furchtlosen Aufrichtigkeit.»

Mit der Würdigung solcher Dichter der Übergangszeit wie V. Garšin (1855–88), N. Minskij (1855–1937), K. Fofanov (1862–1911) und A. Čechov (1860–1904), ebenso aber auch mit dem Hinweis auf den Denker Vladimir Solov'jëv (1853–1900) gab Merežkovskij zugleich ein Beispiel unorthodoxer und vorurteilsfreier Literaturkritik, was ihn zu Recht an den Anfang einer neuen Entwicklung rücken läßt.

2.

Die Krise, die sich in dem Verhalten der russischen Intelligenz um 1890 bemerkbar machte, fand ihren Ausdruck auch in einer Krise der realistischen Erzählkunst, deren Verfall Merežkovskij in seinem Buch zu beklagen hatte.

Vor allem der Roman als gültige Ausdrucksform einer gesellschaftlichen Wirklichkeit schien seine Zeit überlebt zu haben, die Führung in dieser Gattung ging an zweitklassige und epigonale Schriftsteller über. Nicht ohne Grund mied Čechov den Roman und wagte den Versuch, eine neue Erzählform aus der Kurzgeschichte und der Anekdote zu entwickeln.

Den Ausweg aus der Krise sollten zunächst überhaupt die kleineren Formen weisen, die vielen «Skizzen», «Porträts» und «Etuden», an denen die Literatur der ausgehenden 80er und der 90er Jahre so reich war. Ein Meister dieser Formen war Vladimir Korolenko (1853–1921), der einen nicht zu unterschätzenden Einfluß auf die kommende Generation hatte. In ähnlicher Richtung entwickelte sich mit seinen Erzählungen aber auch Nikolaj Garin(-Michajlovskij, 1852–1906), z. B. in seinen Reiseskizzen aus Korea und aus der Mandschurei (1899).

Ein Erzähler von freilich sehr viel größerer Begabung war Vsevolod Garšin (1855–1888) gewesen, der sich in einem Anfall von Schwermut jung das Leben genommen hatte. Seine düsteren, aber dennoch sensiblen Erzählungen, die Merežkovskij als «lyrische Poeme» bezeichnet wissen wollte, haben vor allem durch ihre Technik der Bewußtseinsdarstellung im modernen Realismus weitergewirkt.

Ein brillanter Erzähler dieser älteren Generation war auch der Dichter und Kritiker Sergej Andrejevskij (1847–1919), ein bekannter Petersburger Rechtsanwalt, dessen autobiographisch-essayistisches «Buch vom Tode» (Kniga o smerti) auf Wunsch des Verfassers erst postum (in einem Emigrantenverlag 1922) veröffentlicht wurde (2 Bde.).

Am bedeutendsten sind in diesem «Buch vom Tode» die rein erzählenden Abschnitte des (vermutlich in den 90er Jahren entstandenen) ersten Bandes, in denen Andrejevskij seine ersten bewußten Berührungen mit dem Phänomen des Todes schildert. Diese autobiographische Erzählung, die von der Bewunderung Andrejevskijs für Turgenev und Flaubert sprechendes Zeugnis ablegt, ist nach dem Urteil des Kritikers D. S. Mirskij «eine der schönsten Errungenschaften der russischen Prosa». Ebenso geben aber auch die essayistischen Fragmente des «Buches vom Tode» wichtige Aufschlüsse über das geistige Leben und die geistige Atmosphäre kurz vor der Jahrhundertwende.

3.

Ein ganz neuer und für die Zukunft fruchtbarer Impuls ging in der Erzählkunst von Anton Čechov (1860–1904) aus. In Čechovs Erzählungen wie auch in seinen Dramen zeigt sich ein ausgebildeter Sinn für die Sprache, eine Sensibilität im Hinblick auf die Sprache, wie sie bei den «Realisten» schon lange nicht mehr anzutreffen gewesen war.

Čechovs «fesselnde Schlichtheit», Čechovs «aristokratischer Lakonismus» waren schon dem jungen Merežkovskij aufgefallen, der sich nicht scheute, Čechovs Prosa «gedrängt wie Verse» zu nennen. Čechovs Präzision in Stil und Komposition hob sich für ihn bereits deutlich von dem Realismus älterer Prägung ab.

Čechov ist der Hellseher der kleinen Zufälle und Mißverständnisse des Lebens, und eine nachdenkliche, ja skeptische Lebensbetrachtung ist schon den frühen Humoresken eigen. Čechov, der Arzt, in seinen letzten Lebensjahren selbst von unaufhaltsamer Krankheit gezeichnet, verfügte über den tiefen

Blick des Diagnostikers, der sich über die Chancen des Lebens keine Illusionen macht.

Čechovs dichterisches Verhältnis zur Wirklichkeit ist nicht pathetisch, sondern ironisch-melancholisch. Čechov nimmt sich nicht vor, den Menschen zu ändern, zu bessern und zu heilen, sondern ihn zu trösten. Čechovs Ironie ist eine liebende Ironie, und bei aller Hoffnungslosigkeit, die er hinsichtlich der Heilungsaussichten erkennen läßt, hält er doch den Menschen für fähig, seinen Nächsten zu lieben, in seiner Schwäche und um seiner Schwäche willen. Es gibt bei Čechov keine Gerechten, aber auch keine Verdammten; das Leben vermag Trost zu bieten, solange es währt: durch Komik, durch Rührung, durch weitere Selbsttäuschung, durch Gewöhnung, durch Vergessen.

Čechov ist ein sehr lakonischer Künstler, der lieber untertreibt als übertreibt und der sich selbst gern unterspielt. In diesem Sinn sind auch Merežkovskijs Worte gemeint, die er 1906 über Čechov schrieb: «Čechovs Einfachheit ist so beschaffen, daß einem manchmal unheimlich bei ihr wird: man hat den Eindruck, noch einen Schritt weiter auf diesem Weg, und die Kunst ist am Ende, das Leben selbst ist am Ende, die Einfachheit wird zur Leere, zum Nichtsein. So einfach ist alles, daß scheinbar nichts mehr vorhanden ist, und man muß schon genau hinsehen, um in diesem «fast nichts» alles zu erkennen.»

4.

Mit Merežkovskij beginnt in der russischen Kritik die für das 20. Jahrhundert so folgenreiche «Umwertung der Werte», und so ist in der historischen Perspektive Merežkovskijs Bedeutung als Kritiker und Essayist größer als die Bedeutung des Dichters Merežkovskij. Die anspruchsvolle Romantrilogie «Christos i antichrist» (Christus und Antichrist) konnte sich zwar einst einer gewissen Popularität erfreuen, ihre Bedeutung liegt jedoch mehr auf geistesgeschichtlichem als auf literarischem Gebiet. Als historische Romane wirken alle drei Teile höchst tendenziös und unverdaulich, sie sind ganz in einseitigen weltanschaulichen Begriffen befangen.

Der erste Teil der Trilogie mit dem Titel «Smerť bogov» (1895; der Tod der Götter) spielt in der Zeit Kaiser Julians des Abtrünnigen, der zweite Teil «Voskresšije bogi» (1900; die auferstandenen Götter) ist ein Roman über Leonardo da Vinci, und der letzte Teil, der ideologisch die Synthese darstellen sollte, ist ein Roman aus der russischen Geschichte und behandelt das Zeitalter Peters des Großen (1904; Antichrist, «Pëtr i Aleksej»; Peter und Alexej).

Zu Beginn der 90er Jahre werden in Rußland auch bisher wenig geläufige Namen moderner nichtrussischer Dichter häufiger genannt. Merežkovskij selbst weist in der zu Anfang zitierten Schrift auf Flaubert, Maupassant, Baudelaire, Verlaine, E. A. Poe und Ibsen hin, jedoch hört man in Rußland in den 90er Jahren auch bereits von Rimbaud, Mallarmé, Maeterlinck und anderen Vertretern des sog. «Symbolismus», bzw. Vertretern der Dekadenz. Vom Symbolismus spricht Merežkovskij ausdrücklich bereits 1892, und die Aneignung neuer westlicher Stilformen läßt sich in Rußland tatsächlich mit einiger Genauigkeit datieren.

In ganz wenigen Jahren hebt Rußland eine geistige und künstlerische Entwicklung auf die Ebene des kritischen Bewußtseins, die rund ein halbes Jahrhundert (von E. A. Poe und Baudelaire bis zu dem Spätwerk Mallarmés) umspannt. Diese Rezeption des Symbolismus setzt 1892 ein und läßt bereits fünf Jahre später in Rußland ihre epochale Bedeutung klar erkennen.

Für den kulturellen Kreislauf war vor allem das Auftauchen einer Reihe von neuen Zeitschriften wichtig, unter denen zuallererst die von S. Djagilev (dem späteren Förderer des russischen Balletts) geleitete Kunstzeitschrift «Mir iskusstva» (1899 bis 1904; die Welt der Kunst) genannt werden muß. In ihren Spalten kamen vor allem die symbolistischen Dichter und die Vertreter des neuen religiös-philosophischen Idealismus zu Wort.

Die Symbolisten gründeten zu Beginn des Jahrhunderts eigene Zeitschriften wie «Vesy» (1904–09; die Waage) und «Zolotoje Runo» (1906–09; das goldene Vlies), doch war auch die Bewegung zur Erneuerung der weltanschaulichen Grundlagen des russischen religiösen und profanen Denkens so stark, daß es unter der Initiative Merežkovskijs zur Gründung einer in erster Linie diesen Fragen gewidmeten Zeitschrift kam («Novyj Puť»; 1903–04 – der neue Weg).

Gleichzeitig machten in Petersburg die sog. religiös-philosophischen Versammlungen von sich reden, die ebenfalls aus dem Kreis um Merežkovskij erwachsen waren. Hier kam es nicht nur zu Auseinandersetzungen zwischen den verschiedenen Richtungen und Spielarten der neuen geistigen Bewegung, sondern auch zu fruchtbaren Begegnungen zwischen der «Intelligenz» und der Geistlichkeit, zwischen zwei Welten, die in Rußland bisher in der Regel streng voneinander geschieden gewesen waren.

Unter den Schriftstellern, die sich hauptsächlich religiösen und weltanschaulichen Problemen widmeten, ragten in diesen Jahren neben Merežkovskij besonders Vasilij Rozanov (1856–1919; vgl. S. 55f.) und Lev Šestov (1866–1938) hervor. Šestov ist besonders als Kenner der Philosophie Nietzsches in Rußland bekannt geworden, über die er im Zusammenhang mit Tolstoj und Dostojevskij handelte («Dobro v učenii Tolstogo i Nicše»; 1900 – das Gute in der Lehre Tolstojs und Nietzsche; «Filosofija tragedii, Dostojevskij i Nicše»; 1901 – die Philosophie der Tragödie, Dostojevskij und Nietzsche). 1905 folgte dann Šestovs wichtige philosophische Schrift «Apofeoz bespočvennosti» (die Apotheose der Wurzellosigkeit) mit dem bezeichnenden Untertitel: «Ein Versuch adogmatischen Denkens».

Einige weitere hervorragende Schriftsteller dieser Epoche, die alle vom Marxismus zum Idealismus konvertiert waren, sind Sergej Bulgakov (1871–1944), Nikolaj Berdjajev (1874–1948) und Semën Frank (1877–1950). Bulgakov, der 1903 ein Buch mit dem Titel «Ot marksizma k idealizmu» (vom Marxismus zum Idealismus) veröffentlicht hatte, bemühte sich zusammen mit Berdjajev auch um die Fortsetzung der Zeitschrift «Novyj Puť». Sie erschien 1905 unter dem neuen Titel «Voprosy žizni» (Fragen des Lebens), ging dann aber wieder ein.

5.

Durch die Entwicklung der russischen Presse, durch die Neugründung von Zeitschriften und Zeitungen, teils hauptstädtischen, teils regionalen Zuschnitts wurde kurz vor der Jahrhundertwende auch einer Reihe von jüngeren, bisher unbekannten Erzählern der Weg in die Öffentlichkeit gebahnt. Die Schule der modernen «Realisten» etablierte sich auf dem Wege über den Journalismus.

Der junge Gorʹkij begann seine Laufbahn als Korrespondent von Provinzblättern wie «Samarskaja gazeta», «Odesskije novosti» und «Nižegorodskij listok»; Bunin trat als Mitarbeiter des «Orlovskij vestnik» in Erscheinung, und Kuprin als Reporter für den «Kijevljanin» und das «Kijevskoje Slovo».

Diese neuen Realisten, die durch ihr Lebensschicksal zunächst vorwiegend an die Provinz gebunden waren, übten sich in Skizzen, Etuden und Reportagen über auffällige Volkstypen, über Reiseerlebnisse abseits der großen Routen, über fremdartige und ungewöhnliche Schicksale. Wanderung, Pilgerschaft und Reise wurden zu Symbolen der Zeit, und nicht ganz zufällig trat auch Čechov 1893/94 mit seinem Bericht über die Insel Sachalin und die dort lebenden Verbannten als Reiseschriftsteller auf.

Seltsam unbürgerliche Menschen und Schicksale hatte schon Vladimir Korolenko (1853–1921) in seinen Erzählungen gestaltet, und gerade in der Abschwächung des sozialen Pathos und in der Unterstreichung der irrationalen Triebkräfte im Menschen steht Korolenko am Beginn einer neuen Entwicklung. Merežkovskij wollte für Korolenko sogar eine «religiöse Inspiration» in Anspruch nehmen, und Gorʹkij, auf den Korolenko einen starken Einfluß hatte, konnte 1913 sagen, Korolenko habe ihm zum Verständnis der «russischen Seele» verholfen. Gorʹkijs eigene frühe Gestalten, die Desperados von den Hafenplätzen der Wolga und des Schwarzen Meeres, seine vagabundierenden «Bosjaken» (= Barfüßler) bleiben noch ganz in diesem äußeren Rahmen, der sich als sehr beständig erwies.

Schon einige Jahre vor der Jahrhundertwende ist eine erneute Hinwendung zur geschlossenen Erzählform (Novelle, Roman) bei den jungen Realisten zu beobachten. Skizzen und Feuilletons werden von der bewußten «Fiktion» abgelöst, und nur das Milieu ist ein anderes als bei den großen russischen Klassikern, es ist in vieler Hinsicht «exotischer» geworden.

Die besondere Verehrung der jüngeren Realisten galt um die Jahrhundertwende Anton Čechov. Als in den ersten Jahren des neuen Jahrhunderts die unter dem geistigen Protektorat Gorʹkijs stehende Gesellschaft «Znanije» (Wissen) begann, ihre Almanache zu veröffentlichen (1903–13), wurde auch Čechov zur Mitarbeit aufgefordert, und im zweiten Band wurde 1904 der «Kirschgarten» abgedruckt. Der dritte Band (1905) wurde dann zum Gedächtnisbuch für Čechov, er enthielt u. a. Beiträge von GOŔKIJ, BUNIN, KUPRIN und LEONID ANDREJEV.

Die Realisten hielten damals ihre periodischen Zusammenkünfte («Sreda»-Kreis) in der Moskauer Wohnung des durch seine Geschichten vom Ural bekanntgewordenen Erzählers NIKOLAJ TELEŠOV (1867–1957) ab, der in seinen Memoiren («Zapiski pisatelja»; 1952 – Aufzeichnungen eines Schriftstellers) die Atmosphäre dieses Kreises eingefangen hat. Zu den Zusammenkünften erschienen neben GOŔKIJ, KUPRIN, BUNIN, L. ANDREJEV, VERESAJEV auch manche Schriftsteller, deren Ruf heute verblaßt ist; als Gäste waren aber immerhin sogar Darsteller des Moskauer Künstlertheaters zu finden, neben ihnen der Sänger Šaljapin und schließlich ANTON ČECHOV.

I. IM ZEICHEN DES SYMBOLISMUS

Der Symbolismus hebt in Rußland im letzten Jahrzehnt vor der Jahrhundertwende als vornehmlich ästhetische (teilweise dekadente) Strömung an, er gliedert sich aber nach und nach in verschiedene Unterströmungen, deren ideologische Differenzen früher gern hervorgehoben wurden. Indessen erscheinen die meisten dieser Streitpunkte heute schon belanglos, da die verschiedenen «Weltanschauungen» der Symbolisten auf reinen Mythenbildungen beruhten.

Schon der frühe Symbolismus stand weitgehend im Zeichen mystischer Ahnungen und apokalyptischer Visionen, die durch den russisch-japanischen Krieg und die Revolution von 1905 nur bestätigt zu werden schienen (vgl. A. BELYJS Aufsatz «Apokalipsis v russkoj poèzii»; 1905 – die Apokalypse in der russischen Poesie).

Die Periode von 1906 bis zum Zusammenbruch des zaristischen Rußland ist dann die Zeit der im engeren Sinn nationalen Mythenbildungen, in denen Trümmer des altslavischen Mythos ebenso zu finden sind wie eine christlich-sektiererische Komponente und Nachwirkungen der griechisch-hellenistischen Antike.

Die symbolistische Dichtung ist in Rußland vielleicht noch spannungsgeladener als anderswo, da sich zugleich mit dem ästhetischen Bewußtsein auch ein sehr empfindliches Geschichtsbewußtsein einstellt. Und dieses Geschichtsbewußtsein wird schon um 1904 zum Katastrophenbewußtsein.

1. DIE LYRIK DES FRÜHEN SYMBOLISMUS
(K. Bal'mont, Z. Gippius, V. Brjusov, F. Sologub und andere)

1.

Typische Dichter der Jahrhundertwende, die schon in den 90er Jahren zum Lager der Symbolisten gehörten, waren KONSTANTIN BAL'MONT (1867–1943) und ZINAIDA GIPPIUS (1869–1945). BAL'MONT, der in der lyrischen Sprache die schwierigsten rhythmischen und klanglichen Ausdrucksfiguren mit sicherer Hand bewältigte, faszinierte besonders durch betörende musikalische Effekte. Der «Klangzauber» galt ihm als Urbereich des Dichterischen, aber hinter dem Spiel der Alliterationen und Assonanzen, der euphonischen Vokalabstufungen und der oft überladenen Binnenreime kommen seine Bilder manchmal nur abgeschwächt zur Geltung.

Wichtige Anregungen verdankt BAĽMONT auf jeden Fall der Lyrik E. A. Poes, Baudelaires und Maeterlincks, teilweise auch der deutschen Dichtung (Heine, Novalis, Lenau). Dank seiner spontanen Aufnahmebereitschaft für die modernen Strömungen der Weltliteratur, ebenso aber dank seiner ausgedehnten Reisen wurde Baľmont zu einem wichtigen Vermittler fremdsprachiger Lyrik in Rußland. Seine unermüdliche Übersetzertätigkeit trug sehr dazu bei, daß sich der Symbolismus in Rußland von vornherein zu kosmopolitischer Toleranz bekannte.

BAĽMONTS bekannteste Veröffentlichungen entstanden zwischen 1894 («Pod severnym nebom» – unter nördlichem Himmel) und 1903 («Budem kak solnce» – laßt uns sein wie die Sonne). Dem Geschmack der Jahrhundertwende folgt Baľmont hier mit seiner «dämonischen» Pose des gestürzten Engels, der auf der Suche nach der «ewigen Antigone» nur das Haupt der Gorgo erblickt.

BAĽMONTS Kult der Schönheit ist wie bei allen «Dekadenten» zwiespältig. Seine Lyrik gedeiht zwischen dem «Schilfrohr», den «Sumpflilien», der «roten Blume des Verbrechens», der «Pest» und dem «Tod» ebenso wie zwischen «ätherischen Abgründen» und der «Üppigkeit flaumigen Schnees». In der Pose Neros sehnt sich der Dichter danach, daß die Häuser Feuer fangen möchten (Zyklus «Gorjaščije zdanija»; 1900 – brennende Gebäude), und im Gedicht «Kak ispanec» (wie ein Spanier) wünscht er sich als stolzer Conquistador «Kupfer, Gold, Balsam, Brillanten und Rubine», aber auch «das Blut, das aus der Brust besiegter Fürsten spritzt».

Kennzeichnend für BAĽMONTS dichterisches Empfinden ist jedoch, daß er sich trotz allen Kraftakten seiner Einbildungskraft immer wieder zu Boden gedrückt fühlt, in das «Gefängnis» der Welt eingezwängt, enttäuscht und gepeinigt, einsam und unerlöst. Der Dichter bleibt am Ende allein mit seinem «auserlesenen Vers», die Bilder zerrinnen ihm zwischen den Fingern.

Auch in der Lyrik der Dichterin ZINAIDA GIPPIUS klingen ähnliche Motive an, obwohl bei ihr eine viel stärkere gedankliche Pointierung zu finden ist. Der Einfluß der religiös-philosophischen Ideen ihres Ehegefährten DMITRIJ MEREŽKOVSKIJ macht sich hier geltend, und Merežkovskijs dialektische Abstraktionen finden sich in manchen Bildern der Dichterin wieder. ZINAIDA GIPPIUS liebt ebensosehr die lakonische Zuspitzung der Gedanken wie die Technik der Variation eines Gedankens durch überraschende Vergleiche und Parallelismen.

Die zumeist vom Standpunkt eines männlichen «Ich» empfundenen Gedichte weisen eine straffe und zugleich raffinierte Komposition auf, die vor allem durch ihre syntaktische Gliederung (Aneinanderreihung von Epitheta u. dergl.) Eindruck macht.

Thematisch ist das Werk der Dichterin («Gesammelte Gedichte» erschienen erstmals 1904) ebenfalls der Dekadenz verpflichtet, daneben aber auch russischen literarischen Motiven von Dostojevskij bis zu Merežkovskij hin. In den späteren Jahren zeigt sich zunehmend ein grotesker Einschlag in den Gedichten, so etwa in «Djavolënok» (1908; das Teufelchen).

2.

Schon in den Jahren 1894/95 tauchten in Moskau kleine Hefte auf, die den für die damalige Zeit sehr überraschenden Titel «Russkije Simvolisty» (russische Symbolisten) trugen. Ihr Autor war der Student VALERIJ BRJUSOV (1873–1924), – Sohn eines Moskauer Fabrikanten. Brjusov hatte sich als einer der ersten ganz den modernistischen Tendenzen verschrieben und bemühte sich in diesen Heften, neben Übersetzungen französischer Originale eine Reihe von russischen «Mustern» symbolistischer Poesie zu geben, jedoch ebenfalls in deutlicher Anlehnung an französische Vorbilder, zu denen Verlaine, Maeterlinck und auch schon Mallarmé gehörten.

Als Historiker und Philologe war BRJUSOV von Anfang an ein Künstler von außerordentlicher technischer Bewußtheit, und er blieb auch als Dichter zugleich experimentierfreudiger Wissenschaftler. Als künstlerischer Typus erscheint Brjusov dabei eher den «Parnassiens» verwandt. Die strenge Kühle seines Tonfalls und die ziselierte Bildhaftigkeit seines Ausdrucks wirken in der symbolistischen Poetik der halben Andeutungen und klanglichen Schattierungen doch letztlich als ein starkes formales Regulativ.

Brjusovs lyrische Themen stehen deutlich in einer literarischen Tradition. Sie bewegen sich am häufigsten im Umkreis der alten und neuen Geschichte oder im Umkreis dichterischer «Legenden», und sie aktualisieren in ihren Symbolen die immerwährende Gegenwart des Mythos.

Im Gegensatz zu den späteren Symbolisten (A. Blok, A. Belyj) ist Brjusov jedoch an einem nationalen Mythos völlig desinteressiert, sein Verhältnis zur Geschichte ist rein eklektisch und von ästhetischen Neigungen bestimmt. Gelegentliche Äußerungen deuten darauf hin, daß Brjusov Weltanschauungen nur als «Material» auffaßte, daß sie für ihn außerhalb des ästhetischen Bereichs wertindifferent blieben.

Um den nicht national oder sozial gebundenen Charakter seiner Dichtung zu unterstreichen, wählte Brjusov in bewußter Herausforderung des Zeitgeistes für seine ersten Gedichtbände ganz ungewöhnliche Titel: «Chefs d'oeuvre» (1895), «Me eum esse» (1897), «Tertia vigilia» (1900), «Urbi et orbi» (1903), «Stephanos» (1906).

Zwischen 1896 und 1906, in den Jahren, da der Symbolismus zur vorherrschenden Strömung in der russischen Literatur wurde, vollzog sich auch die eigentliche Entwicklung in Brjusovs Kunst, soweit das lyrische Schaffen in Betracht kommt. In den späteren Jahren wiederholte Brjusov nur das Erreichte, und in den Bänden «Vse napevy» (1909; alle Motive), «Zerkalo tenej» (1912; Schattenspiegel) und «Sem' cvetov radugi» (1914; sieben Farben des Regenbogens) nahmen akademische Kühle und geschliffene, aber unverbindliche Rhetorik Brjusovs Gedichten manches von ihrer früheren Wirkung.

Brjusovs lyrische Sprache ist in ihrem Vokabular gewählt, aber nicht allzu modisch. Der Dichter brauchte selbst gern für seine Gedichte den Vergleich mit einem kostbaren Geschmeide (vgl. «Sonet k forme»; 1895 – Sonett an die Form), und die Arbeit mit dem Wort erschien ihm wie ein sorgfältiges Schleifen und Facettieren bisher übersehener oder verschmähter Steine. Brjusovs Gedichte sind überaus reich an abstrakten Begriffen, und dabei entwickelte sich mit der Zeit ein starker Hang zur Allegorie, der am stärksten vielleicht in «Urbi et orbi» und in «Stephanos» zum Ausdruck kommt.

Eine besondere Vorliebe hatte BRJUSOV für die Zyklisierung seiner Gedichte. Die Titel der einzelnen Zyklen sind dabei auf die verschiedensten Erlebnisse, Traditionen, Programme und formalen Gattungen bezogen. In thematischer Hinsicht bezeichnend ist für Brjusov ein Zyklus wie «Ljubimcy vekov» (Favoriten der Jahrhunderte), in dem Gedichte z. B. über einen «Priester der Isis», über «Dante in Venedig», über «Don Juan», «Maria Stuart» und «Kleopatra» einträchtig nebeneinander stehen (Tertia vigilia). Brjusov erweist sich hier als Anhänger der modernistischen Strömung und zugleich als Traditionalist, wenn er etwa Don Juan als «Seefahrer der Liebe» einführt:

Ja, ich bin Seefahrer! Erkunder von Inseln,
lasse mich verwegen umhertreiben auf dem unübersehbaren
Meer.
Ich dürste nach neuen Ländern, nach anderen Blumen,
nach seltsamen Dialekten, nach fremden Bergzügen.

Auch die politischen und gesellschaftlichen Probleme der Gegenwart entwickelte BRJUSOV gern in historisierenden Bildern. Der Zyklus «Sovremennost'» (Jetztzeit) aus dem Buch «Stephanos» steht unter dem Thema des russisch-japanischen Krieges und des Aufstandes von 1905, enthält jedoch auch Titel wie «Julius Cäsar» oder «Die Hunnen der Zukunft» (Grjaduščije gunny). Das letztere Gedicht ist besonders wichtig wegen seiner «mongolischen» Thematik, die ebenso mit dem russisch-japanischen Krieg wie mit den geschichtsphilosophischen Spekulationen VLADIMIR SOLOV'JĔVS zusammenhängt («Ex oriente lux»). In BRJUSOVS Gedicht wird der neue Hunnensturm begrüßt, weil er den «siechen Leib» Rußlands in einer «Welle von loderndem Blut» einer Regeneration entgegenführen muß.

Schon in «Tertia vigilia» ,verstärkt aber dann in «Urbi et orbi» und in «Stephanos», klingt auch das Thema der Großstadt an, das für die russische Lyrik in der Folgezeit von Bedeutung bleibt. BRJUSOV steht hier deutlich unter dem Einfluß Emile Verhaerens, mit dem er sich bereits 1899 intensiv beschäftigt hat. Insbesondere Verhaerens «Villes tentaculaires» (1895) müssen in diesem Zusammenhang genannt werden.

Einige Verserzählungen BRJUSOVS aus den ersten Jahren des neuen Jahrhunderts sind ohne jeden Zweifel von Verhaeren abhängig, in hohem Maße z. B. «Slava tolpe» (1904; Lob der Menge) und «Koń bled» (1904; das fahle Pferd). In «Koń bled» zollt Brjusov der apokalyptischen Strömung in der russischen Literatur seinen Tribut. In der Schlucht einer durch Leucht-reklamen («von der furchterregenden Höhe der dreißigsten Stockwerke herab») und elektrische Monde erhellten Verkehrs-ader der Großstadt jagt plötzlich zwischen Omnibussen, Auto-mobilen, hastenden Menschen und Zeitungsjungen der fahle apokalyptische Reiter vorbei. Der Verkehr erstarrt nur für eine Sekunde und lebt dann gleich wieder auf, wie wenn nichts ge-schehen wäre. Kaum ist der Schrei eines aus dem Hospital ent-sprungenen Irren gehört worden: «Ein Viertel von euch wird umkommen durch Seuchen, durch Hunger, durch das Schwert!»

3.

Äußerste formale Strenge zeigt in seiner Lyrik FEDOR SOLOGUB (Pseudonym für F. Teternikov; 1863–1927), dessen Thematik allerdings von auffallender Seltsamkeit ist. Die Wirklichkeit ist für Sologub umlauert von Dämonen, und oberster Dämon ist für ihn die Sonne als Symbol eines «bösen» Schöpfungswerkes. Dem gleisnerischen Trug des Tageslichtes stellt Sologub die lyrische Verklärung der Nachtseite des Lebens entgegen, die ekstatische Weltverneinung und den Wunsch nach dem Eins-werden mit der ewigen Ruhe des Nichts.

SOLOGUB ist der Zauberer und Hexenmeister unter den russi-schen Symbolisten, seine Gedichte hören sich oft an wie ma-gische Beschwörungsformeln. Nicht die Melodie ist die Grund-lage für Sologubs lyrischen Ausdruck, sondern die Litanei mit ihren «obstinaten» Wiederholungen, mit ihrer beschwörenden Eindringlichkeit.

SOLOGUB gehört zwar nicht zu den ausdrücklichen Begrün-dern des Symbolismus, aber seine Lyrik, die um die Mitte der 80er Jahre einsetzte, stand schon früh im Bann der ästhetischen Strömungen des ausgehenden Jahrhunderts. Bis 1896 blieb SOLOGUB so gut wie unbekannt, er fühlte sich aber den Peters-burger Symbolisten geistig nahe, besonders durch seine frühen Verlaineübersetzungen. Zwischen 1896 und 1904 veröffent-lichte Sologub vier lyrische Bücher, in denen seine eigenwillige Phantasie und seine befremdlichen Neigungen offenbar wur-den. In der Zeit der ersten Revolution (1905/06) nahm Sologubs Lyrik auch satirische und mitunter groteske Züge an. Als allen faktischen Ordnungen feindlich gesonnener «Anarchist» begrüßte Sologub die Revolution und nahm Partei für ihre Opfer.

Neben einigen ausgesprochen revolutionären Gedichten entstanden in diesen Jahren Gedichte in volkstümlichen Rhythmen (sog. «Wiegenlieder» und groteske Balladen), die zu den gelungensten Schöpfungen des Dichters gehören. Sie wurden in seine wohl typischste Gedichtsammlung «Plamennyj krug» (1908; der Flammenkreis) aufgenommen. Gedichte wie «Sobaka sedogo korolja» (1905; der Hund des grauen Königs), «Tichaja kolybeľnaja» (1906; stilles Wiegenlied), «Čortovy kačeli» (1907; die Teufelsschaukel) und «Njurenbergskij palač» (1907; der Henker von Nürnberg) gehören zum dauerhaften Bestand der russischen Lyrik.

In seinem prononcierten Pessimismus steht SOLOGUB unter dem Einfluß der Philosophie Schopenhauers, seine ethischen Vorstellungen zeigen darüber hinaus eine Verwandtschaft mit manichäischen und buddhistischen Lehren.

Das christliche Verhältnis von Gott und Satan ist bei SOLOGUB aufgehoben. Der Himmel Luzifers, des «flammenden Atems der Freiheit», besteht in gleicher Machtfülle neben dem «Himmel des Adonai», dem Himmel des «dunklen und rächenden Gottes». Der Mensch ist für Sologub der «Ironie» der Schicksalsmächte ausgeliefert, und die Bestätigung seiner Freiheit kann er nur im luziferischen Wagnis finden, in der Bereitschaft zum irdischen Tod.

4.

Neben den in den folgenden Kapiteln zu behandelnden Gestalten des russischen Symbolismus, deren Werk ein großes und weites Echo fand, gab es noch eine Reihe von weniger bekannten symbolistischen Dichtern, die doch in ihrer schöpferischen Eigenart für die Zeit ihre Bedeutung hatten. Die begabtesten unter ihnen waren der früh verstorbene IVAN KONEVSKOJ (Pseudonym für Ivan Oreus; 1877–1901), der Litauer JURGIS BALTRUŠAJTIS (1873–1944) und der auch als Maler tätige MAKSIMILIAN VOLOŠIN (1877–1932).

VOLOŠIN gilt nicht nur als talentierter Übersetzer französischer Dichtung, sondern zugleich als wichtiger Vertreter jener

mythisch-visionären Gestaltungskunst, wie sie im Kreise Vjačeslav Ivanovs gepflegt wurde. Vološins stark koloristische
Dichtung entfernte sich nach 1910 stärker vom Symbolismus
und näherte sich in ihren formalen Eigenschaften dem sog.
Akmeismus.

In seinen Anfängen war auch Sergej Gorodeckij (* 1884)
dem Symbolismus verpflichtet, er gehörte jedoch schon 1911/12
zu den Vorkämpfern der neuen Richtung des Akmeismus und
wurde durch seine Wiederbelebung der slavischen Mythologie
und durch seine teils religiöse, teils folkloristische Symbolik
zum Anreger für eine Reihe von jüngeren Dichtern (vgl. den
Abschnitt «Die Überwinder des Symbolismus»).

2. Aleksandr Blok

Mit der Dichtung Aleksandr Bloks (1880–1921) erreicht der
Symbolismus in Rußland nach dem Urteil nahezu aller Kritiker
seinen Höhepunkt. Blok stand in seinen jüngeren Jahren vor
allem unter der Einwirkung der russischen Romantik und
Nachromantik (Žukovskij, Lermontov, Polonskij, Fet, Apuch-
tin), entscheidend wurde für ihn jedoch die Begegnung mit der
Sophiologie Vladimir Solov'jëvs, wie sie sich namentlich im
lyrischen Werk des Philosophen darstellt.

Die mystisch-erotische Vorstellung von einer weiblich kosmischen Seele verband sich dabei für Blok von Anfang an mit
konkreten Erscheinungen, deren früheste ihm in der lichtvollen
Gestalt der «Schönen Dame» (Prekrasnaja Dama) vorschwebte
und deren typischste dann die «Unbekannte» (Neznakomka)
wurde, ein zweideutiges Wesen demi-mondänen Charakters, in
schwarze Seide gekleidet und mit schwarzen Straußenfedern
auf dem Hut.

Zwischen den «Stichi o Prekrasnoj Dame» (1901/02, gedruckt 1904; Verse von der Schönen Dame) und dem Gedicht
«Neznakomka» (1906; aus dem Zyklus «Gorod» – die Stadt)
entfaltet sich Bloks dichterischer Monolog der frühen Jahre,
der alle Situationen von freudiger Hoffnung und Erwartung
bis zu Niedergeschlagenheit und selbstquälerischem Zweifel
kennt. 1902 bereits trat Blok, der bis 1906 in Petersburg Rechts-
wissenschaften und Philologie studierte, in Beziehung zu dem
Kreis um Merežkovskij und fand in Zinaida Gippius eine

geneigte Freundin und aufmerksame Lehrmeisterin. 1903 nahm
BLOK auch Beziehungen zu dem jungen ANDREJ BELYJ auf, der
in Moskau ähnlichen mystischen Neigungen nachhing und
seit seiner Kindheit mit SERGEJ SOLOV'JĔV, einem weitläufigen
Verwandten Bloks und Neffen des gemeinsam verehrten Philosophen Vladimir Solovjĕv, eng befreundet war.

Mit dem Zyklus «Gorod» (1904/06) machte sich bei BLOK
eine deutliche Reifung der künstlerischen Persönlichkeit bemerkbar. Aber erst mit den Gedichten des Zyklus «Snežnaja
maska» (Dez. 1906–Jan. 1907; die Schneemaske) fand Blok zu
seinem eigentlichen unnachahmlichen Stil: die Verbindung von
subtiler Musikalität des Verses und genialischer Bildphantasie.
Schon in «Gorod» hatte Blok (sehr unter dem Einfluß Brjusovs
stehend) von den «Nebeln» und den ätherischen Gebilden seiner Jugend Abschied genommen. An die Stelle der etwas haus-
backenen germanischen Romantik war die Poesie der Großstadt getreten. In «Snežnaja maska» übersetzte Blok nun seine
bisherigen mystischen Erlebnisse und seine Großstadterfahrun-
gen in eine visionäre metaphorische Sprache, die rein symbo-
listisch und zugleich sehr russisch ist.

BLOKS Dichtung ist im ganzen mehr emotional als intellek-
tuell bestimmt, und seine gleichsam fliehenden Metaphern erschließen sich nur im Zusammenhang ganzer Gedichtzyklen,
ihre Funktion im einzelnen Gedicht ist manchmal nur indirekt
bestimmbar. Einzelne Bildkomplexe lassen sich freilich ohne
große Mühe abheben, vor allem solche, die einer Vorliebe für
elementare «russische» Stimulantien entspringen. In den Jahren
1907–14 erscheinen so z. B. als maßgebende Konstanten der
Schneesturm, der Wein und die Zigeuner, die Flamme, der
Tanz, das Dröhnen der Musikinstrumente, der «Brand des Ver-
derben bringenden Lebens» (žizni gibeľnoj požar). Blok schließt
sich hier ausdrücklich an russiche literarische Motive an, an
Lermontovs «Dämon», an Dostojevskijs «Doppelgänger», an
Fets Vers «Tam čelovek sgorel» (dort ist ein Mensch verbrannt).

Der häufige Wechsel zwischen Ekstase und Depression
schlägt sich in Bloks Gedichten dieser Jahre sehr deutlich nieder. Lebensekel und Hoffnungslosigkeit nehmen nicht selten
die Form religiöser Selbstpeinigung und nagender Gewissens-
qualen an, so daß von hier aus auf Bloks Dichtung auch ent-
gegengesetzte Impulse wirken.

BLOKS Zyklen aus den Jahren nach 1907 tragen Titel wie «Strašnyj mir» (1909–16; unheimliche Welt), «Arfy i skripki» (1908–16; Harfen und Geigen), «Karmen» (1914; Carmen), «Vozmezdije» (1908–13; Vergeltung). Bloks Verhältnis zur Dichtung ist dabei vor allem ein Verhältnis zur Musik. Gedichtfolgen wie «Pljaska smerti» (1912–14; Totentanz) oder «Černaja krov'» (1909–14; schwarzes Blut) sind ebenso musikalisch-rhythmische Variationen wie deutlich erfaßbare Entfaltungen eines bestimmten Themas. Blok hat im übrigen durch seine von etwa 1910 ab sich stark häufenden «freien» Versfüllungen, d. h. durch den sog. «tonischen» Vers und durch die betont unkonventionelle Reimtechnik eine starke Wirkung auch auf die nachsymbolistische Lyrik (Akmeismus, Futurismus) ausgeübt.

Mit den fast gleichzeitig entstandenen viel erörterten Dichtungen «Skify» (1918; die Skythen) und «Dvenadcať» (1918; die Zwölf) reißt BLOKS lyrisches Werk nach der Revolution jäh ab. Es hängt dies mit der Bindung von Bloks Symbolismus an bestimmte geschichtsphilosophische Vorstellungen zusammen. In dem Zyklus «Rodina» (1907–16; Heimatland) entfaltet sich bereits ein neuer Mythos, in dem die musikalische weibliche Seele Rußlands ihrer Erlösung durch die Revolution harrt. Die Weltseele erscheint Blok als ein «Weltorchester» (so schon in dem Gedicht «Golosa skripok»; 1910 – die Stimmen der Geigen), und in diesem Orchester bleibt Rußland eine besondere Rolle zugedacht.

Die Revolution erlebte BLOK als eine «musikalische Woge» (Tagebuch, 7. 8. 1917), und den historischen Augenblick fixierte er als «Wirbel der Atome einer kosmischen Revolution» (Tagebuch, 15. 8. 1917). Nach dem Oktober enthüllte sich Blok jedoch die erschreckende Wahrheit, daß Rußland ohne geistige Bundesgenossen seinen Part nicht würde zuende spielen können, und wie schon ein paar Mal zuvor schlugen die mystischen Erwartungen in ironische Destruktion um. In Anlehnung an die Ideen des Sozialrevolutionärs R. IVANOV-RAZUMNIK (1878–1945), der 1917 seinen ersten Almanach unter dem Titel «Skify» (die Skythen) herausgegeben hatte, nahm BLOK in seinem gleichnamigen Gedicht die radikale Position des «Asiaten» ein: «Ja, Skythen sind wir! Ja, Asiaten sind wir! Mit geschlitzten und gierigen Augen.»

BLOK verkündet nun, daß es an Europa liege, ob es das Geheimnis der russischen «Sphinx» zu erraten wisse. Rußland blickt nach Europa «voller Haß und voller Liebe», mögen nun die europäischen Nachbarn in brüderlicher Zusammenarbeit das Werk der Befreiung vollenden. Versagt sich Europa, so ist sein Schicksal besiegelt. Rußland wird dann keinen Finger mehr rühren, wenn es die «Hunnen» gelüstet, das «Fleisch der weißen Brüder zu rösten». Die «barbarische Leier» ruft zum letzten Male die «alte Welt» zum brüderlichen Gelage der Arbeit und des Friedens.

Der Untergang der alten Welt ist für BLOK 1918 besiegelt, er hofft aber noch darauf, daß die rein destruktiven Kräfte nicht die Oberhand gewinnen, er sieht in dieser Stunde eine letzte, schon zweifelhaft gewordene Chance, seinen Mythos von der kosmischen Seele zu retten. Bloks letzter Versuch einer mystischen Integration ist daher das umfangreiche Gedicht «Dvenadcať» (die Zwölf), das wenige Tage vor den «Skythen» (im Januar 1918) entstand.

Der auf den ersten Blick befremdliche Gesang von den zwölf «roten» Soldaten (in der Zahl darf eine Anspielung auf die zwölf Apostel gesehen werden) besteht aus einer Folge von 12 Einzelliedern, die von einem Vorstadtdrama berichten, in dem es um Eifersucht, um Mord und schließlich um die Gewissensreinigung und geschichtsphilosophische Rechtfertigung des Mörders Petrucha, eines der zwölf Soldaten geht. Die Lösung, daß an der Spitze der «roten» Landsknechte im 12. und letzten Teil der Dichtung kein anderer als Jesus Christus erscheint, «mit der blutigen Fahne, unsichtbar im Schneesturm, gefeit gegen die Kugel ... bekränzt mit weißen Rosen», war scheinbar gegen jede politisch-weltanschauliche Logik.

Das Bedenkenswerte ist aber, so schreibt BLOK selbst in seinem Tagebuch (1918), nicht, «daß die Rotarmisten Jesu unwürdig sind, sondern daß gerade Er mit ihnen geht, und daß eigentlich ein Anderer gehen müßte». Mit dem mystischen Schluß der «Zwölf» macht Blok den Versuch einer letzten Glaubensanstrengung, den letzten Versuch der Rechtfertigung seiner selbst und seines symbolistischen Werkes. Nach dem Januar 1918 ist Blok als Dichter und Deuter nicht mehr der alte; was nach den «Zwölf» und den «Skythen» noch an Lyrik erscheint, ist letzter Schwanengesang, der Dichter zieht sich praktisch ins Schweigen zurück.

Bloks Werk, das schon in den dreißiger Jahren gesammelt vorlag (1932–36, 12 Bde.), ist inzwischen in einer weiteren guten Ausgabe russisch greifbar (1960–63, 8 Bde.), was leider nicht von den Werken der russischen Symbolisten generell gesagt werden kann und nur eine erfreuliche Ausnahme ist.

3. DIE PROSA DES SYMBOLISMUS
(F. Sologub, V. Brjusov)

I.

Nach der Revolution von 1905 verlagerte sich das Schwergewicht in der symbolistischen Dichtung stark auf die Prosa (Erzählung, Roman, Essay). Die Möglichkeiten und Grenzen des symbolistischen Stils wurden nun auch in der Erzählsprache erprobt, bzw. erweitert.

Vor allem V. BRJUSOV und F. SOLOGUB, später auch A. BELYJ konnten sich mit ihrer Prosa einen gleichen, wenn nicht größeren Erfolg sichern als mit ihrer Lyrik.

SOLOGUBS Erzählungen und Romane zeigen ebenso wie seine Gedichte eine zweigeteilte Welt. Stärker als in der Lyrik bezieht der Dichter diese Zweiteilung (zwischen Freiheit und Unfreiheit, zwischen Luzifer und Adonai) auch auf die erotische Sphäre, und der kosmische Dualismus erscheint auf diese Weise manchmal noch verschärft. Die ihm absurd vorkommende russische Wirklichkeit erfaßte Sologub in einem doppelten Entwurf, der zugleich satirisch-grotesk wie auch poetisch-imaginativ ist.

SOLOGUBS beste Novellen sind diejenigen, die beide Ansichten nahtlos miteinander verbinden. Das ist schon in «Teni» (1896; Schatten), einer der frühesten Novellen des Dichters, der Fall, dann aber vor allem in «Žalo smerti» (1904; der Stachel des Todes), in «Utešenije» (1904; Tröstung), «V tolpe» (1907; in der Menge), «Smerť po ob-javleniju» (1907; Tod nach der Annonce) oder in «Opečalennaja nevesta» (1908; die trauernde Braut).

Weniger geglückt sind leider fast alle in den späteren Jahren veröffentlichten Erzählungen, etwa seit «Puť v Damask» (1910; der Weg nach Damaskus). In ihnen gleitet SOLOGUB allzuoft in einen erotischen Manierismus ab, dessen «Gewagtheit» zur gesuchten Attitude wird. Das gilt zu einem Teil auch für die späte Romantrilogie «Tvorimaja legenda» (1907–13; eine Legende im Werden). In ihr spiegeln sich zwar Sologubs erotisch-anarchistische Utopien, sein «Satanismus» und seine ästhetischen Auffassungen deutlicher als in allen anderen Werken, doch wirkt die Verbindung von Lyrik, Utopie, Erotik und Satire mitunter reichlich gekünstelt.

SOLOGUBS Erzähltechnik ist die der Dissonanz, wie beispielhaft etwa die unheimliche Novelle «V tolpe» (vgl. oben) zeigen kann. Ein Volksfest artet hier zur grausigen und blutigen Katastrophe aus, ein Vorfall, den Sologub sich nicht auszudenken brauchte, weil er sich ähnlich auf dem Chodynka-Feld bei der Krönung des Zaren Nikolaus II. abgespielt hatte, wo tausende von Neugierigen einfach totgetrampelt wurden. Den Umschlag der Stimmung von Ausgelassenheit und entzückter Neugier in Angst und Grauen schildert Sologub in seiner Novelle mit dem kühlen Raffinement Edgar Allan Poes, dem er auch sonst manche Kunstgriffe abgesehen hat. Eine Steigerung der Wirkung erzielt Sologub dadurch, daß er die psychischen Erlebnisse der Masse hier in der Seele von Kindern spiegelt, die ahnungslos und unschuldig in das Unglück hineingezogen werden.

Kinder hat SOLOGUB auch sonst häufig zu den zentralen Figuren seiner Erzählungen gemacht. Die Gestalten von Schulkindern und Heranwachsenden beschäftigten Sologub, der Lehrer und später Schulinspektor war, oft intensiver als die Gestalten Erwachsener. In der Spannung zwischen Kindern unter sich (vgl. die Novelle «Žalo smerti») und zwischen der kindlichen Welt und der Erwachsenenwelt waren für Sologub die Konflikte des Lebens in ihrer Grundform am deutlichsten angelegt.

SOLOGUBS bekanntestes und zugleich bedeutendstes Prosawerk ist «Melkij bes» (erste vollständige Veröffentlichung 1907; der kleine Dämon). Im Mittelpunkt des schon um die Jahrhundertwende entstandenen Romans stehen der mißtrauische, niedrig-sadistische Gymnasiallehrer Peredonov, das von Klatsch erfüllte Leben im Kreise der Honoratioren einer Provinzstadt und im Kontrast dazu die liebenswerte, fröhlich-verruchte Schar der Schulkinder.

Peredonov, der alle bösartig-kleinlichen, argwöhnischen, abergläubischen und sadistischen Züge der zur Macht gekommenen Minderwertigkeit in sich vereinigt, gehört zu den genialen Erfindungen der Weltliteratur. Der düstere Humor Gogoľs, der bittere Sarkasmus Saltykov-Ščedrins und die Grausamkeit und Besessenheit E. A. Poes sind die Voraussetzungen, auf denen Sologub hier fußt. Peredonov ist nur ein «kleiner» Teufel, aber gerade darum der am meisten zu fürchtende Quälgeist. Alles eigentlich «Böse» ist nach Sologubs Auffassung Menschenwerk, ein Produkt der «Entzweiung» des Menschen mit sich selbst. In seinem Aufsatz «Čelovek čeloveku djavol» (1907; der Mensch ist des Menschen Teufel) meinte Sologub: «Wer ist denn der eigentliche Quälgeist? Der Mensch oder der Teufel? Der Mensch ist des Menschen Teufel!»

In seiner stilistischen und thematischen Konzentration ist der «Melkij bes» ein bedeutendes Kunstwerk, dessen einzelne Teile nahtlos ineinander gefügt sind. Sologubs Prosastil ist ganz unprätentiös und kühl, er ist manchmal von berechneter (ironischer) Naivität, wenn von den grausigsten und absurdesten Vorgängen in schlichtem und sprichworthaftem Ton berichtet wird. Sologub spricht aber immer aus der Distanz, sei es in lyrischer Zartheit, sei es in volkssprachlicher «Stilisierung», sei es in gewissenhafter und pedantischer Genauigkeit. Dieser monochrome und durch Emotionen ganz unberührte Stil läßt gerade die Dissonanzen in Sologubs psychologischem Vorgehen so deutlich hervortreten.

2.

Valerij Brjusov ist in der russischen Literatur einer der Meister der klassischen «reinen» Erzählkunst. Sein erster Band mit gesammelten Erzählungen erschien 1907 unter dem Titel «Zemnaja oś» (Erdachse), und 1907/08 druckte die von Brjusov redigierte Zeitschrift «Vesy» auch seinen ersten Roman, den «Ognennyj angel» (der feurige Engel) ab. Brjusov war vor allem darum bemüht, bestimmte bewährte Formen älterer Überlieferung zu bewahren und zu erneuern, und er bediente sich dabei vor allem des Kunstgriffes der perspektivisch eingerichteten Erzählung, in deren Rahmen die Handlung immer ausdrücklich als «überlieferte» Handlung erscheint. Brjusov führt in der Regel einen allein verantwortlichen «Erzähler» ein, der das Geschehene zugleich deutet und wertet.

BRJUSOVS Erzählungen haben vielfach Untertitel, durch die eine Perspektive gleichsam im vorhinein festgelegt wird. So führt die Erzählung «V podzemnoj tjuŕme» (im unterirdischen Kerker) den Untertitel «Nach einer italienischen Handschrift des 16. Jahrhunderts», die Erzählung «Poslednije mučeniki» (die letzten Märtyrer) den Untertitel «Ein unbestellter und dem Henker zum Verbrennen übergebener Brief,» die Erzählung «Tepeŕ kogda ja prosnulsja» (jetzt aber, wo ich erwacht bin) den Untertitel «Memoiren eines Psychopathen».

BRJUSOVS Erzählungen sind novellistisch zugespitzt und stellen einen Versuch dar, das Phantastische und Mysteriöse durch kaltblütige Zergliederung rational zu beglaubigen und psychologisch zu unterbauen. Ein gesteigertes, halluzinierendes Bewußtsein treibt die Menschen bei Brjusov immer wieder zum Äußersten, sie bleiben jedoch zugleich kalkulierende und abwägende Beobachter ihrer selbst und ihrer Umwelt. Der Erzählton ist völlig nüchtern und sachlich, im Gegensatz etwa zu Dostojevskij, wo die Sprache viel stärker in den Sog der fiebrigen Phantasien gerät.

Schon 1905 veröffentlichte BRJUSOV in «Vesy» seine utopische Erzählung «Respublika Južnogo Kresta» (die Republik des Südkreuzes), die im Untertitel als Augenzeugenbericht («Artikel der Spezialnummer des Nordeuropäischen Abendblattes») perspektivisch festgelegt wird. Die in ein zukünftiges technisches Zeitalter verlegte Handlung ist durch und durch widersinnig und grauenerregend, der Bericht darüber jedoch so wissenschaftlich und «professionell» unbeteiligt, daß die Möglichkeit ähnlicher Katastrophen zu einer beklemmenden Vorstellung wird.

Die Republik des Südkreuzes, ein Staat, in dem alles so denkbar exakt geplant und organisiert ist, geht an einem dummen und lächerlichen Defekt zugrunde, der sich jeder Vorausberechnung entzieht. Die Menschen erkranken an der «mania contradicens», der Sucht des Widerspruchs, und sie müssen nun immer das Gegenteil von dem tun, was sie tun möchten. Ein Chaos ungeahnten Ausmaßes bricht herein, alle sozialen und technischen Funktionen versagen, alle moralischen Schranken stürzen ein, eine sinnlose Orgie der Zerstörung und der niedrigsten Sinnenlust stürzt die Menschen in ihren verderblichen Taumel.

Das Bild von einer ähnlichen Besessenheit der Menschen gibt Brjusov auch in seiner Erzählung «Poslednije mučeniki». Die Ausgangssituation ist hier, daß (wiederum in einer utopisch fernen Zukunft) alle Menschen von verfeinerter Lebensart ein für allemal ausgerottet werden sollen. Dichter, Künstler und Denker, Angehörige einer dekadenten orgiastischen Sekte flüchten sich in ihren Dom, wo sie ihren letzten, lasterhaft-wilden «Gottesdienst» abhalten, bevor sie durch das Geschütz-feuer der Belagerer bis auf einen überlebenden Kronzeugen zu-sammengeschossen werden. Die Szenen, die sich im Dom ab-spielen, sind mit artistischer Ungerührtheit geschildert, jegliche Tendenz (die nach der Revolution von 1905 verständlich ge-wesen wäre) ist eliminiert.

Den ersten Platz in der Prosa des Dichters nehmen seine beiden historischen Romane «Ognennyj angel» (1907/08) und «Altar' pobedy» (1911/12; der Siegesaltar) ein. Der «Feurige Engel» spielt in der Zeit der Renaissance in Deutschland (vor-wiegend in Köln), der «Siegesaltar» im Rom der Verfallszeit (Ende des vierten nachchristlichen Jahrhunderts). Beide Ro-mane handeln in erster Linie von ungewöhnlichen geistigen und erotischen Passionen, und es treten historische wie auch legendäre Persönlichkeiten auf. Im «Feurigen Engel» begegnen beispielsweise geistliche und weltliche Würdenträger aus dem Raum zwischen Köln, Düsseldorf und Trier, berühmte Ge-lehrte wie Agrippa von Nettesheim und schließlich sogar Dok-tor Faustus.

In gelehrter Selbstironie hat Brjusov beide Romane mit aus-führlichen historischen Quellenangaben und Kommentaren versehen. Auf diese Weise entsteht wiederum eine Distanz zwischen dem Autor und dem «Erzähler», der selbst nicht über die Grenzen seiner Welt hinausblickt. Erzählt sind die Romane in der ersten Person, in der Art des Augenzeugenberichtes also, und die Erzählsprache ist von Brjusov geschickt auf die rhe-torischen Gepflogenheiten der jeweiligen Epoche abgestimmt. Wenn der Erzähler in seinem Vorwort zum «Feurigen Engel» («Amico lectori»)von seiner «arglosen», «jeglichen Schmuckes baren Erzählung» spricht, so ist das bereits ein besonderes Stil-element.

Die Erzählsprache ist auf den Erlebnishorizont des Erzäh-lers bezogen, im «Feurigen Engel» auf den eines ehemaligen

Landsknechtes, der einst in Köln Medizin studiert und dann in spanischen Diensten Westindien kennengelernt hat. Naturwissenschaft, Medizin, Technik, Kriegshandwerk und Seefahrt sind die Bereiche, aus denen die überraschenden Bilder und Metaphern in unerschöpflicher Fülle aufsteigen. Oft bieten sich auch interessante Parallelen zu BRJUSOVS Lyrik und ihren zahlreichen erotischen Allegorien.

Eine einzige Stilprobe mag für viele andere stehen: «Meine Leidenschaft, die mich in einer Flut von Seligkeit zwei Wochen lang überspült hatte, trat danach von den Ufern der Seele zurück, gab ihren Strand frei und ließ auf seinem sandigen Boden Seesterne, Muscheln und Algen zurück.» Die abseitige Thematik des «Feurigen Engels» kommt bereits in dem ausführlichen Untertitel zum Ausdruck, der eine ganze Inhaltsangabe darstellt: «Der feurige Engel oder eine wahrhaftige Geschichte, in der erzählt wird vom Teufel, der zu mehreren Malen in der Gestalt eines lichten Geistes einer Jungfrau erschien und dieselbe zu mannigfachen sündhaften Vergehen anstiftete, vom gottlosen Umgang mit Magie, Astrologie, Zauberei und Nekromantie, von dem Gericht über eine Jungfrau unter Vorsitz seiner Eminenz des Erzbischofs von Trier, sowie von den Begegnungen und Unterhaltungen mit dem Ritter und dreifachen Doktor Agrippa von Nettesheim und mit Doktor Faust, aufgeschrieben von einem Augenzeugen». – Für die Eingeweihten unter den zeitgenössischen Lesern barg der Roman noch eine weitere Pointe; der Roman wurde nicht ohne Grund als Schlüsselroman aufgefaßt, in den nicht nur BRJUSOV selber verwickelt war, sondern auch der Dichter ANDREJ BELYJ und die geschiedene Frau eines angesehenen Verlegers. Daß Brjusov sich, einer verbreiteten Mode folgend, selbst mit magischen und okkulten Experimenten befaßte, ist jedenfalls verbürgt. Schon im September 1900 schreibt er in seinem Tagebuch: «Ich besuche eifrig spiritistische Zirkel. Ich predige, lehre und habe einigen Einfluß.»

«Altaŕ pobedy» ist die wiederum von dem Helden selbst erzählte Geschichte des jungen Galliers Decimus Junius (Decim Junij), der nach Rom zu seinem Onkel, dem Senator Tiburtinus kommt und in verschiedene Machenschaften sowie vor allem in erotische Abenteuer verwickelt wird. Junius steht zwischen zwei Frauen – der mondänen und ehrgeizigen Hesperia sowie der fanatischen und «besessenen» (darin der Heldin des «Feurigen Engels» – Renata – ähnelnden) Rhea, die einer abtrünnigen orgiastischen Sekte des frühen Christentums vorsteht.

Der Romantitel nimmt Bezug auf die Anordnung des Kaisers Gratian, das alte nationale Symbol Roms, den Altar der Victoria aus dem Sitzungssaal des römischen Senats zu entfernen. Im Verlauf der sehr fesselnd erzählten Romanhandlung, die um 382/383 spielt, treten auch mehrere historische Persönlichkeiten auf wie etwa der Bischof von Mailand Ambrosius und der berühmte Rhetor Symmachus.

Brjusovs Thema ist im Grunde die spannungsgeladene Atmosphäre in der Zeit der Ablösung zweier Kulturen: der zur höchsten zivilisatorischen Blüte fortgeschrittene Antike durch das in vieler Hinsicht dynamischere und realistischere Christentum. Der Fall des römischen Reiches ist für Brjusov eine innere Notwendigkeit, bedeutet jedoch das Absterben dieser spezifischen Kultur der «Leichtigkeit» und nicht wie in Merežkovskijs Roman über Julian Apostata die Grundlage für eine künftige Synthese. Die skeptische Weltsicht Brjusovs ist hier – dicht vor der Schwelle des ersten Weltkrieges – durchaus gegenwartsbezogen.

Ein weiteres zentrales persönliches Thema ist die «unzensierte» Erotik, in deren «Passionen» Brjusov die elementare Wirklichkeit der kreativen humanen Existenz sah. Die Schauplätze des Romans sind die Zirkusarenen, die Gebetsstätten, die Thermen, die Freudenhäuser, die Werkstätten, die Tavernen und die Gefängnisse Roms und Mailands, und die Erzählung ist gesättigt mit lexikalischen Latinismen und beinahe archivalisch gründlichen Beschreibungen.

In den Erzählungen wie in den historischen Romanen (1934 kam aus dem Nachlaß noch eine Fortsetzung des «Altaŕ pobedy» unter dem Titel «Jupiter poveržennyj» – der gestürzte Jupiter – ans Tageslicht) ist BRJUSOVS Erzählstil vor allem durch seine ironische Objektivität charakterisiert, und darin ist Brjusov tatsächlich ein Meister. Die Berichte sind so dargeboten, als sei auch das Unwahrscheinlichste und Abstoßendste eigentlich etwas sehr Natürliches, über das sich nur derjenige wundern kann, der ganz und gar weltfremd ist. Das Vorwort des Erzählers im «Feurigen Engel» gibt darüber den besten Aufschluß: «Ich glaube, ein jeder, der Gelegenheit hatte, Zeuge ungewöhnlicher und wenig verständlicher Begebenheiten zu sein, müßte sie wahrheitsgemäß und in unparteiischer Weise aufzeichnen.» Brjusovs Werk, das lange nur in einer unvollständigen, vor der Revolution (1913–14) begonnenen Ausgabe vorlag, ist noch immer nicht endgültig gesammelt. Die derzeit vollständigste Werkauswahl bietet die Ausgabe in 7 Bänden, Moskau 1973–75.

4. ANDREJ BELYJ

ANDREJ BELYJ (Pseudonym für Boris Bugajev; 1880–1934), der Sohn eines bekannten Mathematikers und Professors der Moskauer Universität, ist in seiner Vielseitigkeit und in seiner weit ausstrahlenden Wirkung vielleicht die interessanteste Figur des russischen Symbolismus, auf jeden Fall eine seiner zentralen Figuren.

Wie kaum ein anderer Dichter der Zeit war Belyj bemüht, den Symbolismus auch theoretisch (dichtungstheoretisch, ästhetisch, logisch) zu begründen, d.h. die Beziehungen zwischen Mythos und Logos zu knüpfen. Bei seiner großen wissenschaftlichen Begabung (Belyj studierte an der Universität in Moskau Naturwissenschaften, Philosophie, Philologie) haben seine Schriften über das Wesen des Symbolismus naturgemäß einen wichtigen Aussagewert, auch über das rein Literarische hinaus.

Die verschiedenen Stadien in BELYJS geistiger Entwicklung stehen nacheinander im Zeichen SOLOV'JËVS, Nietzsches und Schopenhauers, im Zeichen des Neukantianismus, und schließlich im Zeichen der Theosophie Rudolf Steiners. Belyjs Sprach- und Dichtungstheorie bewegt sich zunächst im Umkreis der mystischen «Theurgie» («O teurgii»; 1903 – über die Theurgie), strebt aber später einen Ausgleich zwischen «magischem Verbalismus» *(Močul'skij)* und philosophischem Kritizismus an («Ėmblematika smysla» – die Emblematik des Sinns; «Magija slov» – die Magie der Wörter; vereinigt in dem Sammelband «Simvolizm»; 1910).

Die scharfe Kritik der wissenschaftlichen Erkenntnismethoden führt bei BELYJ zu einem magischen Idealismus, der den «Sinn der Kunst» (vgl. den Essay «Smysl iskusstva») in einer «Umschöpfung des Lebens» sieht. Schaffen und Erkennen berühren sich im Symbol, das selbst zur «Grenze jedweden Erkennens und Erschaffens» wird. Der Weg des Schaffens wird so zum Weg des Erkennens. Den Weg der wissenschaftlichen Erkenntnis lehnt Belyj ab («Die Differenzierung des Gewußten vertieft das Nichtwissen»), sein Weg ist der der «schöpferischen Ekstase», die den künstlerischen Menschen in eine «Flamme» verwandelt.

BELYJS eigene Kunst ist in hohem Grade ekstatisch und vom mystischen Erleben bestimmt. «Ohne die Welt zu verlassen, können wir zu dem kommen, was hinter der Welt ist», schrieb Belyj schon 1904 in seinen Betrachtungen über ČECHOV. Den Durchlaß zu der Welt, die unserer wissenschaftlichen Erfahrung unzugänglich ist, glaubte BELYJ im Wort selbst zu finden: «Der in die Tiefe des Unterbewußtseins abgesunkene Same (das Wort) beginnt zu quellen, zerreißt seine trockene Schale (den Begriff) und beginnt wieder zu keimen. Dieses frische Leben des Wortes weist auf eine neue organische Periode in der Kultur hin.» (Magija slov)

Wie allen Symbolisten ging es BELYJ in erster Linie um die Überwindung jener «Erschöpfung» der Sprache, die schon Nietzsche beklagt hatte. Belyj bemühte sich daher ebensosehr um die «Befreiung» des Wortes wie um die Erneuerung der rhythmischen Struktur der Sprache und ihrer syntaktischen Ordnungen. Das zeigt sich nicht erst in seinem frühen Gedichtband «Zoloto v lazuri» (1904; Gold in Azur), sondern schon in den ersten sog. «Symphonien», Versuchen in rhythmischer Prosa, die die Einheit von Wortkunst und Musik (im Sinne der Wagner-Schriften Nietzsches) erweisen sollten (erschienen 1902/03).

Am konventionellsten im Sinne der Kunst der Jahrhundertwende blieb zunächst der Charakter der Bilder und damit zugleich die koloristische Tönung. Auch BELYJ schöpfte ähnlich wie BLOK aus der Lyrik V. SOLOV'JĒVS, daneben vor allem aus Maeterlinck, Oscar Wilde und der nordischen Dichtung. Wagner und Grieg waren für ihn die Inbegriffe der Musik, die englischen Präraffaeliten, Stuck und Klinger bestimmten seinen Geschmack in der Malerei. Seine erste Symphonie nannte BELYJ daher folgerichtig die «Nordische Symphonie» (Severnaja simfonija).

Auch in «Zoloto v lazuri» ist der Kolorismus noch unverändert, BELYJ bleibt beim «blauschimmernden Samt des

Äthers», beim «goldenen Vlies», bei «goldenen Flügeln», «blaßazurfarbenem Atlas», «purpurfarbenen» Sonnenuntergängen. Auf der anderen Seite melden sich bereits hier die Anzeichen der «apokalyptischen» Phase des russischen Symbolismus, die ja der Revolution von 1905 vorausging. Diese apokalyptische Richtung stand in einer Beziehung zur russischen Großstadtpoesie, und so schließt etwa ein Gedicht Belyjs «Auf der Straße» (Na ulice) mit den Versen:

> Kalter giftiger Staub
> ballt sich aufwehend zusammen.
> Durch staubiges gelbes Gewölk
> eile ich mit aufgespanntem Regenschirm.
> Und die Fabrikschornsteine speien
> Rauch gegen den feuerroten Horizont.

«Staub» war in Rußland ein wichtiges apokalyptisches Symbol. Zusammen mit vulkanischen Verfinsterungen, mit Drachen, Schlangen und Chimären sind die Staubwolken nicht nur bei BELYJ, sondern auch bei anderen Symbolisten (BLOK, SOLOGUB) Zeichen einer Epoche, die sich längst nicht mehr in falscher Sicherheit wiegte. Man fühlte die Zeit blutiger Auseinandersetzungen und sozialer Unruhen herannahen.

In den Jahren 1904/05 wandelte sich allmählich die Einstellung der jüngeren Symbolisten zum Kolorismus und zum dichterischen Bild. Das Gefühl griff um sich, daß man in einer «charakterlosen Epoche» *(Vjačeslav Ivanov)* lebe, und die mystischen Hoffnungen, die um die Jahrhundertwende die Geister belebt hatten, rückten immer ferner. Dem «goldenen Vlies» und der «Argo», dem blauen Azur und der Sonne gab BELYJ bald den Abschied, und seine nächsten beiden Gedichtbände trugen die bezeichnenden Titel «Pepel» (1909; Asche) und «Urna» (1909; die Urne).

BELYJ wandte sich in diesen Bänden ganz der russischen Wirklichkeit zu, und Gedichttitel wie «Auf den Schienen», «Der Telegraphist», «Der Arrestant», «Das Begräbnis», «Aus dem Fenster des Waggons» verraten eine neue realistische Einstellung. Damit ist keine Abkehr Belyjs von der magischen Auffassung des Wortes verbunden. Die mythische Realität, die Belyj in der Folgezeit suchte, liegt nur mehr im Umkreis der nationalen und historischen Gegebenheiten.

Belyj kam in diesen Jahren auch wieder auf die Prosa zurück, und 1909 veröffentlichte die Zeitschrift «Vesy» seinen Roman mit dem Titel «Serebrjanyj golub'» (die silberne Taube). Der Roman fällt in die Zeit, da sich Belyj in erheblichem Maße mit okkulten Problemen beschäftigte. Schon 1908 hatte er Bekanntschaft mit der «Doctrine secrète» der aus der Ukraine stammenden Madame Blavatskaja gemacht und begonnen theosophische Zirkel zu besuchen. Der Niederschlag dieser Neigungen findet sich in der «Silbernen Taube», deren Thema eigentlich die alte kulturphilosophische Fragestellung nach Rußlands geistigem Ort ist (Westen oder Osten?).

Im Roman konzentriert sich Belyj darauf zu zeigen, wie ein Mensch westlicher Zivilisation (der Student Darjal'skij) von den dunklen «okkulten» Kräften des Ostens angezogen und zerstört wird. Die geheimnisvolle östliche Seele Rußlands verkörpert dabei die Sekte der «Tauben», deren Emblem zum Titel des Romans geworden ist. Belyj ist überzeugt, daß im Grunde die westliche Zivilisation östlichem Sektiererglauben und östlichen okkulten Versuchungen leicht erliegt, wenn erst einmal die physische Widerstandskraft gelähmt ist.

In ihrer Überstürzung am Ende trägt die Romanfabel fast kolportagehafte Züge. Darjal'skij, der Flüchtling aus der westlichen Kultur wird immer tiefer in ein unzerreißbares Netz hineingezogen und schließlich von den fanatischen Sektierern ermordet. Seine Leiche wird in Bastmatten gewickelt und im Gemüsegarten verscharrt.

Wie *D. S. Mirskij* betont hat, ist Belyjs Welt trotz allem ganz und gar immateriell und nicht mit vertrauten Ortsmaßen zu messen. Belyjs gedankliche Abstraktionen behalten bei allem scheinbaren Ernst immer etwas Spielerisches und seltsam Unverbindliches. Mirskij hat in Belyj den «vielleicht größten russischen Humoristen seit Gogol'» gesehen, und so sollte man tatsächlich Belyjs Romane eher als Grotesken auffassen und nicht als Tragödien. Das gilt in besonderem Maße für Belyjs nächsten Roman «Peterburg» (1913; Petersburg), der zu einem großen Teil nur auf der Bewußtseinsebene spielt. Der Roman entwickelt sich sozusagen in der Darstellung von Bewußtsein, aber dieses Bewußtsein ist in grotesker Weise verzerrt und in einzelne Segmente aufgesplittert. Überleitend meldet sich dann und wann die Stimme des «Erzählers», aber auch er ist kein

Deuter und kein Führer durch das Labyrinth, sondern eher so etwas wie ein ironischer Ansager der einzelnen Auftritte.

In dem Roman «Petersburg» kann man besonders deutlich sehen, wie die dichterische Konzeption allmählich die ideologische Konzeption verdrängt und überspielt. Ursprünglich hatte BELYJ beabsichtigt, wiederum Westen und Osten einander entgegenzustellen, im Rahmen einer größeren Trilogie, deren zweiter Teil «Petersburg» sein sollte. Als Schauplatz hatte Belyj den Ort gewählt, wo der «Westen» seine stärkste Bastion hatte, – die durch Peter den Großen aus dem Boden gestampfte Hauptstadt Rußlands. Die ursprüngliche Planung verflüchtigte sich jedoch bei der Arbeit (1911/12) immer mehr. Belyj war inzwischen Adept Rudolf Steiners geworden, und beflügelt von der neuen anthroposophischen Konzeption der Wirklichkeit, ließ er seiner Einbildungskraft freien Lauf und verschob das Schwergewicht von der Handlungsebene ganz auf die Bewußtseinsebene. Die Großstadt Petersburg, die das Gefüge der beängstigend verworrenen Fabel zusammenhält, wird selbst ganz und gar entwirklicht und existiert nur als halluzinatorisches Bewußtsein der wie als Schlafwandler handelnden und leidenden Personen. Auf der Bewußtseinsebene wird nicht nur der entscheidende Vater-Sohn-Konflikt ausgetragen, der stumme Kampf zwischen dem alten Senator Ableuchov und seinem in die Gesellschaft von Terroristen geratenen Sohn, der den Vater durch eine Höllenmaschine in die Luft sprengen soll, sondern es spielt sich hier auch der Einbruch der okkulten und astralen Kräfte ab. Und nur in den okkulten Erscheinungen sind Spuren der ursprünglichen ideologischen Konzeption Belyjs noch greifbar: der Osten in der Geistererscheinung des geheimnisvollen Persers Šišnarfne und in den «mongolischen» Motiven («Tausende von Reitern des Tamerlan»), – der Westen in der Erscheinung des wieder lebendig gewordenen «erzenen» Reiterstandbildes Peters des Großen.

Petersburg selbst erscheint vor allem in geometrischen und architektonischen Motiven, als eine tote Stadt, durch die sich nur die «trüb-grünen» Wasserfluten der Neva wälzen. Petersburg ist zu einer Stadt der Schatten und der Gespenster geworden, in der «niemand» und «nichts» leibhaftig existiert: «Hinter der Neva, dort in der halb erhellten, grünen Ferne standen die Schattenrisse von Inseln und Häusern, um die trügerische

Hoffnung zu erwecken, diese Gegend sei Wirklichkeit, sei nicht jammernde Endlosigkeit, die den fahlen Rauch der Wolken durch die Petersburger Straßen blies.»

Den westlichen Leser, der auf Übersetzungen angewiesen bleibt, täuschen BELYJS Romane notwendigerweise in Bezug auf ihre artistische Bedeutung. Das liegt daran, daß Belyj einen ganz eigenen «phrasierten» Prosastil geschaffen hat, der von Anfang bis zum Ende auf rhythmischen Bögen und Phrasen aufgebaut ist. Belyj hat nicht nur den ornamentalen Stil Gogol's weiterentwickelt, sondern auch (wie schon in den «Symphonien») von musikalischen Prinzipien einen weitgehenden Gebrauch gemacht (Wiederholungen, Variationen, Leitmotive). Neben der ständigen Wiederaufnahme bestimmter «Phrasen» sind auch Belyjs Wortspiele sehr zu beachten, seine ironischen Anspielungen und seine doppeldeutigen Selbstzitate. Das alles wird in der Übersetzung leicht verwischt, ebenso wie die syntaktische Gliederung, die oft sehr bedeutsamen Pausen und Zäsuren, Belyjs besondere Intonation.

Ihren Höhepunkt erreicht diese stilisierte Prosa mit dem Roman «Kotik Letajev» (1917), der die Bewußtseinsdarstellung im russischen Roman dorthin führt, wohin James Joyce sie im englischen Roman gebracht hat: zur Darstellung des «strömenden» Bewußtseins als einer zugleich konkreten wie überrealen (mythischen) Wirklichkeit.

«Kotik Letajev» ist ein z. T. autobiographisches Buch, das mit den ersten, noch unbewußten Wahrnehmungen des Kindes beginnt und sogar auf vorgeburtliche Erfahrungen zurückweist. Die eigentliche Lebensgeschichte, die die Jahre der Kindheit umfaßt, erscheint verschlüsselt, sie ist reiner Mythos. Raum und Zeit lösen ihre Konturen auf, die Wirklichkeit, so sieht es BELYJ an einer Stelle, ist für das Kind nur wie eine Folge von Seifenblasen, die aufsteigen und wieder zerplatzen.

Der eigentliche Lebensraum des Kindes ist die Urwelt, der Nachvollzug dessen, was das Gedächtnis der Menschheit überliefert: «Ich durchlebe die Höhlenperiode, ich erlebe das Leben in den Katakomben, das Leben in Ägypten unter den Pyramiden: wir leben im Leib der Sphinx, die Zimmer, die Korridore sind die hohlen Knochen des Skeletts der Sphinx, könnte ich durch die Wand sehen, so wäre da nicht mehr der Arbat, nicht mehr Moskau, vielleicht würde ich die Weiten der libyschen

Wüste vor mir sehen, und mitten davor steht ein Löwe, der auf mich wartet ...»

Alle Gegenstände, die BELYJ im Roman behandelt, sind nur als Metaphern anwesend, und nur wie zufällig nennt sie Belyj mit ihrem ihnen zukommenden Namen. Das erkrankte fiebernde Kind ist Theseus, die Wohnung das Labyrinth, und der Hausarzt spielt die Rolle des Minotaurus: so sieht Belyjs Methode der Mythologisierung des Erlebens aus.

BELYJS weitere autobiographische Schriften, die nach der Revolution herauskamen (z. B. «Zapiski čudaka»; 1919–1922 – Aufzeichnungen eines Sonderlings), erreichen bei aller stilistischen Bedeutsamkeit die Höhe von «Petersburg» und «Kotik Letajev» nicht wieder, ebensowenig wie die beiden Romane «Moskovskij čudak» (der Sonderling von Moskau) und «Moskva pod udarom» (Moskau unter dem Stoß), in denen Belyj mit seiner Vergangenheit abrechnete (1925/26). Künstlerisch besser gelungen ist eine autobiographische Verserzählung in Puškinschen Jamben («Pervoje svidanije»; 1921 – die erste Zusammenkunft), in der Belyjs Neigung zur Groteske und zum Wortspiel ganz überraschende parodistische Effekte zeitigt.

Mit sein Bestes hat BELYJ, der 1923 aus der Berliner Emigration wieder nach Rußland zurückkehrte, gegen Ende seines Lebens noch in seinen temperamentvoll geschriebenen Memoiren gegeben (1931–34; drei Bände) sowie mit seinem scharfsinnigen Buch über den Stil Gogol's («Masterstvo Gogolja»; 1934 – Gogol's Meistertum).

5. VJAČESLAV IVANOV

Der Dichter VJAČESLAV IVANOV (1866–1949) war, bevor er 1904 zu den Moskauer Symbolisten stieß und sich 1905 endgültig in Petersburg niederließ, im Ausland altphilologischen und historischen Studien nachgegangen. Wichtigster Gegenstand seiner eigenen Forschungsbemühungen waren die antiken Mysterien und der Dionysoskult. In der Beschäftigung mit Platon, Nietzsche und SOLOV'JÉV fand Ivanov schließlich zu seiner besonderen Weltschau, in der mythische und christliche Überlieferungen fruchtbar miteinander vereinigt waren.

VJAČESLAV IVANOV ist unter den russischen Symbolisten im Hinblick auf «Bildung» der anspruchsvollste Dichter, und seine lyrische Gabe steht vielleicht etwas hinter seiner Gelehrsamkeit zurück. Der Dichter ist in Ivanovs Vorstellung Bewahrer der alten Mysterien und oberster Träger eines erneuerten Kultus. Er ist demnach auf keinen Fall bloßer «Literat», sondern stets «Vates», Magier und Seher. «Der Symbolismus in der neuen Poesie», so sagte Ivanov in seiner Rede «Zavety simvolizma» (1910; das Vermächtnis des Symbolismus), «scheint die erste und undeutliche Erinnerung an die heilige Sprache der Magier und Zauberer zu sein ... Sie kannten andere Namen für Götter und Dämonen, Menschen und Dinge als die, mit denen das Volk sie belegte, und mit der Kenntnis der wahren Namen legten sie den Grund für ihre Macht über die Natur.»

Der Mythos, den V. Ivanov zu retten und zu erneuern bestrebt war, trägt in der Hauptsache klassisch-antike Züge, jedoch wird aus dem antiquarischen Interesse eine echte Inspiration, wo sich die Symbole dem Geist der russischen Sprache nähern.

Die Symbolisten empfingen Vjačeslav Ivanov nach seinem ersten Gedichtband («Kormčije zvězdy»; 1902 – Leitsterne) gleich als einen der ihren, und tatsächlich wurde der Dichter dann von 1905 an das geistige Haupt der Petersburger Symbolisten. In seinem Kreis, auf den er in vielfältiger Weise anregend wirkte, bildeten sich gerade diejenigen neuen Kräfte heran, die einige Jahre später den Symbolismus ablösen sollten (z. B. der Akmeismus).

Ivanovs Sprache ist hybrid in ihrer Kombination von archaischen und modernistischen Zügen, sie ist stark ornamental und gelegentlich von gleichsam orakelhafter Dunkelheit. Wie die Barockdichter schätzte Ivanov besonders die antithetischen Begriffe. Einen wichtigen Platz nehmen so in seinen Gedichten Gegensatzpaare wie Empyreum und Abgrund, Feuer und Wasser, Makrokosmos und Mikrokosmos, Lichtstrahl und Abglanz, Ton und Echo ein.

Ähnlich wie Brjusov – wenn auch in anderer Absicht – prunkt Ivanov gern mit lateinischen, griechischen und sonstigen gelehrten Überschriften. Auf den Gedichtband «Prozračnost'» (1904; Durchsichtigkeit) folgen die Sammlungen «Eros» (1907) und «Cor ardens» (1909/11; 2 Teile). Neben Gedichttiteln wie «Glossa», «Eden» und «Rosarium» stehen «Sacra fames», «Adamantina proles» und «Mi fur le serpi amiche»

(Dantezitat). Auch seltener gebräuchliche Gedichtformen hat Ivanov gern gepflegt: das Sonett, das Ghasel, den Dithyrambus. 1914 veröffentlichte er zusammen mit BRJUSOV sogenannte «Carmina amoebaea».

VJAČESLAV IVANOV bietet eine Fundgrube für Liebhaber des gesuchten poetischen Bildes, in dem sich Entferntestes miteinander verbindet (Concetto). Konventionelle und abgestandene Bilder gibt es bei Ivanov überhaupt nicht, seine weitgespannte Phantasie geht immer ihre eigenen Wege. In einem Gedicht aus «Prozračnosť» verbindet Ivanov den Begriff der Freiheit des Dichters mit dem Trampeln von Pferdehufen und mit dem Heerzug Attilas, und er nennt das Gedicht «Nomaden der Schönheit» (Kočevniki krasoty).

Im Sinne Nietzsches ist VJAČESLAV IVANOVS Poesie eine Synthese zwischen apollinischen und dionysischen Elementen; die scheinbar «barbarischen» Züge in seiner Dichtung sind durchaus gewollt. Im Zeichen dieser Gegensätze steht auch seine Prometheustragödie («Prometej»; 1916, gedruckt 1919). Dieser «Prometheus» ist ein ernsthafter Versuch, die Prometheusauffassung Nietzsches (Prometheus als dionysische Gestalt) mit christlichen Opfervorstellungen zu verschmelzen. Zugleich ist die Prometheustragödie aber auch die Tragödie der menschlichen Freiheit und, wie Ivanov selbst sagt, «die Tragödie des Handelns als eines solchen».

IVANOVS poetische Hinterlassenschaft ist größer als es die wenigen Titel der Sammelveröffentlichungen vermuten lassen. Die Gedichte sind zum Teil weit verstreut erschienen, manches kam erst aus dem Nachlaß ans Tageslicht. Neue Gedichte, insbesondere aus den Jahren 1915–20, aber auch noch aus den späteren Jahren der Emigration (V. Ivanov lebte seit 1924 in Italien) sind in den 50er Jahren in England veröffentlicht worden.

Wichtige Zyklen aus den späteren Jahren sind «Zimnije sonety» (niedergeschrieben in Moskau, 1919; Wintersonette), «De profundis amavi» (Moskau, 1920), «Rimskije sonety» (1924/25; römische Sonette) und «Svet večernij» (aus verschiedenen Jahren, veröffentlicht 1962; Abendlicht). Diese Gedichte zeigen, daß VJAČESLAV IVANOV dem Stil des Symbolismus bis in die Emigration verhaftet geblieben ist, legen aber auch davon Zeugnis ab, daß er gewissen Übertreibungen später ausgewichen ist. Der Anteil, den milde Weisheit und menschliches Fühlen in seiner Lyrik haben, wächst in den letzten Zyklen, deren Stil ganz unprätentiös ist.

Die philosophischen Essays (z. B. «Granicy iskusstva»; 1914 – die Grenzen der Kunst) vermögen trotz ihrer suggestiven Sprache wohl niemanden ganz zu überzeugen, ebensowenig wie Ivanovs Bemühungen um eine allgemeingültige kulturphilosophische Definition des Theaters, besonders der Tragödie. Ivanov ist auf diesem Gebiet vielleicht der überzeugteste Nachfolger Nietzsches, jedoch hat er die Bemühungen des zeitgenössischen Theaters zuweilen stark mißverstanden.

Den Symbolismus westlicher Prägung hat Ivanov leidenschaftlich abgelehnt, in seinen «Gedanken über den Symbolismus» (1912; Mysli o simvolizme) beruft er sich ausdrücklich nur auf Platon, Goethe, Tjutčev und Dostojevskij. Goethe war sogar der von Ivanov am höchsten verehrte Dichter, den er oft und gern zum Kronzeugen angerufen hat. Am deutlichsten tritt Ivanovs Goetheverehrung in dem bemerkenswerten, zusammen mit dem Kritiker O. Geršenzon (1869–1925) verfaßten «Briefwechsel zwischen zwei Zimmerwinkeln» (1921; Perepiska iz dvuch uglov) zutage, in dem Ivanov als Apologet des Humanismus und der klassischen Tradition auftritt. Die Bedeutung dieser Schrift hat in Deutschland vor allem *E. R. Curtius* unterstrichen.

6. Innokentij Annenskij

Erst im Alter von mehr als fünfzig Jahren fand Innokentij Annenskij (1856–1909), klassischer Philologe und einst Gymnasiallehrer, die Anerkennung als bedeutender symbolistischer Dichter und als eine der stillen Größen im literarischen Getriebe der Zeit. Im Jahre 1909, kurz vor Annenskijs plötzlichem Tode konnte der junge Kunsthistoriker und Kritiker Sergej Makovskij (1877–1962) den Dichter zur Mitarbeit an der von ihm neugegründeten Zeitschrift «Apollon» (1909–17) gewinnen, die dann auch als erste Annenskijs Ruhm verbreitete.

Altersmäßig und seiner literarischen Provenienz nach gehörte Annenskij eigentlich noch zu den Vorläufern des Symbolismus in Rußland, das späte Hervortreten und die späte «Entdeckung» des Dichters führten dann aber dazu, daß er vor allem zum Anreger für die jüngeren Dichter wurde, die sich als «Akmeisten» vom Symbolismus distanzierten.

ANNENSKIJS dichterische Wurzeln liegen in Hellas und in Frankreich. Sein Lebenswerk ist die kritische (und zugleich dichterische) Übertragung sämtlicher Dramen des Euripides, an die er jeweils ausführliche, streng durchdachte Abhandlungen anschloß. Der erste Band dieser monumentalen russischen Euripidesausgabe erschien 1906 («Teatr Evripida» – das Theater des Euripides). In der Lyrik fußte Annenskij vor allem auf französischen Traditionen, seine Vorbilder waren die «Parnassiens» (Sully-Prudhomme, Leconte de Lisle), die Vertreter der Dekadenz (Tristan Corbière, Maurice Rollinat, Jules Laforgue) und die Wegbereiter des europäischen Symbolismus: Baudelaire, Rimbaud und Verlaine. Alle diese Dichter hat Annenskij (freilich nur in strenger Auswahl) auch ins Russische übertragen.

Die erste eigene Gedichtsammlung ließ ANNENSKIJ 1904 mit dem Titel «Tichije pesni» (stille Lieder) erscheinen, jedoch unter einem mystifizierenden Pseudonym, und so fand die Veröffentlichung nicht die ihr gebührende Beachtung. Der zweite Gedichtband («Kiparisovyj larec» – das Kästchen aus Zypressenholz) erschien bereits postum, ihm folgte 1923 die Ausgabe der nachgelassenen Gedichte.

ANNENSKIJ erweist sich überall als ein Dichter von äußerst subtiler Empfindungsweise, für den poetische Zucht gleichbedeutend mit gesteigerter Leidensfähigkeit ist. Als seine Muse sah Annenskij das Elend, die Unruhe und Beklemmung des Herzens an, die in dem russischen Wort «toskà» zum Ausdruck kommt. Diese Muse erscheint in einem der charakteristischen Gedichte Annenskijs («Moja Toska» – mein Herzenselend), das wenige Wochen vor seinem Tode entstand. Die Muse ist hier mehr negativ als positiv gesehen, sie ist «ohne Liebe» (bezljubaja) und auch vom Dichter «nicht geliebt». Sie lebt in Zweifel, Heuchelei und Lasterhaftigkeit, ihr Haar schmücken welkende Azaleen, und sie ist erschöpft «wie ein schweißbedecktes Pferd».

ANNENSKIJS Pessimismus ist nicht deklamatorisch und selbstgefällig wie bei einigen seiner Zeitgenossen, er ist Ausdruck einer tieferen Skepsis auch sich selbst gegenüber. Ein besonders typisches Gedicht mit dem Titel «Das Ideal» (aus «Tichije

pesni») mag hier in einer Prosaversion wiedergegeben werden:
«Stumpfe Laute beim Aufflammen des Gases über der toten
Helligkeit der Köpfe. Und die schwarze Seuche der Langeweile
an den Tischen, die gerade verlassen werden. Und dort zwischen Grüngesichtigen, heimlich das Elend der Gewöhnung
verbergend, sucht man auf verblichenen Seiten das widerliche
Rebus des Daseins zu lösen.» Von Zeitgenossen ist verbürgt,
daß Annenskij hier den Lesesaal einer Bibliothek schildert.

Nicht nur die jeweils beschworene Atmosphäre, auch der
Wortschatz ist in ANNENSKIJS Gedichten häufig bewußt prosaisch. Die dekadente Metaphorik, der kunstvoll nuancierte
Kolorismus und das suggestive Lautgefüge – all das kontrastiert immer wieder mit völlig alltäglichen Empfindungen, die
durch die entsprechenden Wendungen hervorgerufen werden:

> O Vorfeier der ewigen Werktage,
> klebriger Stachel des Unbehagens ...
> In der staubigen Hitze der Mittage
> Getöse und Farbe der Bahnhöfe ...

– mit diesen Worten beginnt Annenskijs Gedicht «Toska vok-
zala» (Beklemmung auf dem Bahnhof; aus «Kiparisovyj larec»). Seltsamerweise sollte gerade ein Bahnhof zu Annenskijs
letzter Lebensstation werden, er erlag im November 1909 im
Carskoseľsker Bahnhof (in Petersburg) einer Gehirnembolie.

Die geistige und seelische Lage des modernen Menschen
kommt bei ANNENSKIJ deutlicher zum Ausdruck als in manchen der anspruchsvollen Mythen der Symbolisten; hinter seiner scheinbar dekadenten Diktion verbirgt sich ernstes menschliches Beteiligtsein. In dem Band «Kiparisovyj larec», besonders in dem Abschnitt «Trilistniki» (Dreiblätter bzw. Trifolia),
dem auch das Gedicht «Beklemmung auf dem Bahnhof» entstammt, ist das sehr deutlich zu spüren. In «Kiparisovyj larec»
findet sich auch das merkwürdige Gedicht «Nervy, plastinka
dlja grammofona» (Nerven, eine Grammophonplatte), wo eine
Episode aus dem alltäglichen Straßenleben festgehalten ist, die
für den Dichter auf einmal bedrohliche Maßstäbe gewinnt.

Auch die kritisch-essayistische Hinterlassenschaft ANNEN-
SKIJS verdient Beachtung. Die einzelnen Arbeiten sind – abgesehen von den Euripides-Studien – ziemlich verstreut erschienen und nur zu einem Teil in den beiden Bänden «Kniga
otraženij» I–II (Buch der Reflexionen) gesammelt (1906/09).

7. Vasilij Rozanov

Als Denker von besonderer Prägung und als Schriftsteller großen Formats hat auch der im Westen wenig bekannte Publizist Vasilij Rozanov (1856–1919) ein Anrecht darauf erworben, daß man sein Werk zur «Literatur» im engeren Sinn zählt. Das gilt namentlich für die am spätesten erschienenen Bücher «Ujedinënnoje» (1912; «Solitaria»), «Opavšije lisťja» (1913/15; zwei Teile – abgefallene Blätter) und «Apokalipsis našego vremeni» (1917/18; die Apokalypse unserer Zeit).

Als religiös-philosophischer Schriftsteller war Rozanov bereits in den 80er Jahren des 19. Jahrhunderts in Erscheinung getreten und er konnte sich mit seinen auf der Linie der Slavophilen liegenden Gedanken noch der Teilnahme N. Strachovs und K. Leonť'jevs erfreuen. Aus der russischen Provinz gebürtig (Vetluga), kam Rozanov 1893 nach jahrelangem Dienst als Schullehrer nach Petersburg, wo er sich den konservativen Kreisen anschloß und seit 1899 zu den Mitarbeitern der einflußreichen Zeitung «Novoje Vremja» (neue Zeit) gehörte.

Mit den «Dekadenten» und Symbolisten verband Rozanov seine unkonventionelle Einstellung zu religiösen, sozialen und sexuellen Fragen, sein Suchen nach einer neuen Begründung der menschlichen Existenz in freier Auseinandersetzung mit den geschichtlichen und religiösen Überlieferungen Rußlands. Rozanov selbst war es nicht darum zu tun, von den Symbolisten als einer der ihren angesehen zu werden, doch fand er schon um die Jahrhundertwende Anerkennung als einer der «Modernen» und wurde von den Symbolisten zur Mitarbeit an ihren Zeitschriften aufgefordert.

Der Einfluß, den Rozanov auf die religiös-philosophischen Anschauungen der Symbolisten ausübte, ist schwer abzuschätzen, doch ist es sicher, daß mindestens Merežkovskij und Zinaida Gippius ihm vieles zu verdanken hatten, ebenso wie auch Berdjajev. Zu seinen Bewunderern gehörten später Aleksej Remizov, Vjačeslav Ivanov und viele andere Schriftsteller, die teils dem Kreis der Symbolisten, teils aber auch ganz anderen Gruppen nahestanden.

Nicht nur als Autor der späteren Bekenntnisschriften, sondern auch als Kritiker und Publizist gehörte Rozanov zu jenen Ausnahmen, die sich durch keine Furcht davon abhalten lassen, heikle Probleme beim Namen zu nennen und in fast naiver Unbefangenheit zu behandeln. Rozanov war ein unermüdlicher Eiferer gegen religiöse, soziale und sexuelle Tabus, er bekämpfte jeden Konformismus und stellte alle peinlichen Fragen, die ihm in den Sinn kamen.

Familie und Religion, Familie und Sexualität sind die Probleme, um die seine provozierenden Schriften immer wieder kreisten, von «Semejnyj vopros v Rossii» (1903; die Familienfrage in Rußland) bis «Tëmnyj lik» (1911; das dunkle Antlitz). Das Christentum ist Rozanov zufolge zu weit vom Alten Testament abgewichen und nicht mehr fähig, alle Wahrheit der «Welt» und der «Erde» in sich aufzunehmen. Dem Neuen Testament fehlen, wie Rozanov beklagt, die «Psalmen», und die Metaphysik des Christentums ist zu einer Metaphysik des Todes geworden. Das Antlitz Jesu Christi ist für Rozanov das «dunkle Antlitz», und er notiert in seiner gleichnamigen Schrift: «Christus hat niemals gelacht ... Der Stempel der Traurigkeit, der aschenfarbenen Traurigkeit ist im Evangelium nicht zu übersehen.»

Rozanov, der die Revolution von 1905 noch als eine «fast physische Bewegung», als einen von der Jugend getragenen «poetischen» Umsturz beifällig begrüßt hatte («die Schuhe drücken, der Überrock beengt»), ließ sich über das Wesen der Revolution von 1917 nicht mehr täuschen. Er fühlte sich sehr bald geistig und seelisch durch die Ereignisse niedergedrückt, und seine letzte Schrift «Apokalipsis našego vremeni» ist eines der bittersten Bücher der neueren russischen Literatur. Für Rozanov war der «eiserne Vorhang» heruntergegangen, wie es in dem Fragment «La Divina Commedia» zu lesen steht: «Klappernd, knirschend und kreischend senkt sich über die russische Geschichte der eiserne Vorhang. Die Vorstellung ist aus. Das Publikum erhebt sich. Es ist an der Zeit die Pelze anzuziehen und nach Hause zu gehen. Ein Blick zurück. Aber da waren weder Pelze mehr noch Häuser» (Apokalipsis našego vremeni).

Rozanovs spätere Schriften sind in ihrer Intimität, in die der Leser hineingezogen wird, samt und sonders Bekenntnisbücher, und man hat Rozanov deshalb nicht nur mit Pascal, Rousseau und Nietzsche, sondern auch mit Marcel Proust und James Joyce *(R. Poggioli)* verglichen. Rozanov selbst, seine eigene Seele ist der «Held» seiner Bücher, aber als einer der großen modernen russischen Schriftsteller löste er auch die schwierige Aufgabe, sein Inneres literarisch darzustellen.

In seinen dem «inneren Monolog» verwandten Betrachtungen weiht ROZANOV den Leser in alle seine Idiosynkrasien, in seine Passionen, seine Erinnerungen, seine Träume, ja selbst in seine physiologischen Empfindungen ein. Aphorismus, Anekdote, Plauderei und Zitat wechseln miteinander ab, doch gibt sich Rozanov dabei niemals «literarisch» im üblichen Sinn. Rozanov hält jedes Wort auf, bevor es den Regeln der Rhetorik gemäß seinen «normalen» Platz finden kann. Er verachtet oft genug die Regeln der Grammatik und entwickelt aus dem gewissermaßen vorlauten Monolog des Bewußtseins einen eigenen unfrisierten und «unliterarischen» Literaturstil.

Rozanovs Monolog ist dabei technisch gesehen durchaus «auktorialer» Monolog, auf die Situation des Schreibens und des einem Leser Gegenüberstehens wird sehr wohl Bezug genommen. In der Einleitung zu «Ujedinënnoje» führt ROZANOV mit dem Leser ein Zwiegespräch über die Frage, warum er überhaupt das alles schreibe: «Warum? Wer hat etwas davon? Einfach – ich habe etwas davon. Ach, lieber Leser, ich schreibe schon lange ›ohne Leser‹, – einfach weil es Spaß macht ...» «Mit dem Leser langweilt man sich noch mehr als allein. Er sperrt den Mund weit auf und wartet, was man ihm wohl vorlegt?»

Dieser kurz angebundene, polemische Ton ist für ROZANOV sehr charakteristisch. Er schreibt in dem gleichen Buch über sich selbst: «Meine Seele ist aus Dreck, Zartheit und Traurigkeit gewoben. Oder anders: das sind Goldfische, ›die in der Sonne schimmern‹, die aber in einem Aquarium sitzen, das mit Jauche gefüllt ist. Und sie ersticken nicht. Sogar ›eher im Gegenteil‹ ...»

ROZANOVS Sprache und seine Bilder sind so eigen, wie es sonst nur große Dichtung ist, und deshalb hat ihm die literarische Kritik einen besonderen Platz in der Literaturgeschichte eingeräumt. VIKTOR ŠKLOVSKIJ, der es noch 1921 in Sowjetrußland wagte, über Rozanov zu schreiben, hat sein Werk als exemplarischen Fall der Schaffung einer «formlosen» Form gewürdigt, und *D. S. Mirskij* ließ es sich nicht nehmen, Rozanov den «größten Schriftsteller seiner Generation» zu nennen.

II. IM ZEICHEN DES REALISMUS

1. MAKSIM GOŔKIJ

Spätestens in den ersten Jahren des neuen Jahrhunderts gehörte MAKSIM GOŔKIJ (Pseudonym für Aleksej Peškov; 1868–1936) zu den bekanntesten russischen Schriftstellern, da sein Ruhm in Windeseile auch über die Grenzen Rußlands hinausdrang. Goŕkij, dessen Leben bereits Legende geworden ist, stammte aus kleinbürgerlichen Verhältnissen und kam in Nižnij-Novgorod (heute Goŕkij) an der Wolga zur Welt. Früh schon machte er mit dem Zwang Bekanntschaft, sich sein Brot selbst zu verdienen, und er wechselte als junger Mensch häufig sowohl seine Beschäftigung als auch seinen Wohnort.

Den Mangel an stetiger Schulung wogen GOŔKIJS ungewöhnliches Talent der Menschenbeobachtung auf und zugleich sein Instinkt für die Krise, in die die russische Erzählung geraten war. Seine literarische Karriere war daher von der Mitte der 90er Jahre an steil und ausgesprochen sensationell. In einer Zeit, die sich endlich nach der Begegnung mit der «ungeschminkten» Wirklichkeit sehnte, mußte Goŕkij als der Dichter der Gesetzlosen und «Vogelfreien», der mit der Gesellschaft zerfallenen «Bosjaken» und Spitzbuben, der ehrbaren Diebe und der ehrbaren Dirnen unbedingt starke Beachtung finden.

Viel weniger als ČECHOV konnte sich GOŔKIJ dabei einer eigenen neuartigen Erzählkunst rühmen, von anspruchsvollen Kritikern wurde Goŕkij früh seine «willkürliche» und «gemachte» *(L. Tolstoj)* Poesie zum Vorwurf gemacht. Auch ČECHOV, der das «erstaunlich Naturhafte» an GOŔKIJS Talent anerkannte, und der mit Goŕkij viele freundschaftliche Briefe wechselte, bezeichnete manche Stellen bei ihm als «unsinnig». Jedoch selbst MEREŽKOVSKIJ, der zu den schärfsten Kritikern GOŔKIJS gehörte, betonte, daß in seinen Dichtungen eine «Wahrheit» stecke, jenseits der lyrischen Ergüsse, und daß seine Typen, den Teufeln in den Zeichnungen Goyas ähnlich, trotz allem «erschreckend real» seien.

In der Milieuschilderung hatte GOŔKIJ tatsächlich einen ganz neuen Ton getroffen, der vor allem in der «direkten» und zynisch-harten Fixierung des Dialogs erklingt. Nicht zufällig kulminierte daher Goŕkijs erste Phase in einem Drama, dem berühmten «Nachtasyl» (1902, Na dne).

Als junger Mensch hatte Goŕkij insbesondere Rußlands südliche Küsten von Akkerman und Odessa bis zum Kaspischen Meer kennengelernt, und vor diesem Hintergrund heben sich Typen ab wie «die alte Isergiľ» (1895; Starucha Izergiľ), der Dieb «Čelkaš» (1895), Spezialist für das im Hafen lagernde Frachtgut, oder endlich «Maľva» (1897), die so junge, aber doch schon zynische und vom Lebensekel gezeichnete Arbeiterin aus der Fischereistation.

Die Helden dieser noch vor 1900 entstandenen Geschichten sind die *Bosjaken* (= Barfüßler, Vagabunden; oft entwurzelte Bürger), in denen fast immer ein anarchisches Element hervorbricht. Einer der Prototypen des Bosjakentums ist bei Goŕkij bezeichnenderweise ein Intellektueller, in dem sich gewisse Lehren Nietzsches widerspiegeln («Prochodimec»; 1898 – der Schelm). «Ein guter Schuft ist immer besser als ein schlechter ehrlicher Mensch», so lautet die Devise dieses gewesenen Bürgers, der von der Landstreicherei lebt, der aber immer in der Pose moralischer Überlegenheit spricht: «Die meisten unserer Nächsten sind doch nur Groschen, Scheidemünze, und der ganze Unterschied zwischen ihnen besteht in dem Jahr ihrer Prägung. Einer ist stärker abgerieben, einer ist noch neuer, aber der Wert ist einerlei, ihr Material dasselbe, und in allem gleicht einer dem andern bis zum Ekel.»

Das «Menschliche» sucht Goŕkij paradoxerweise gerade in den Asozialen, den außerhalb der Gesetze Stehenden, den Feinden der Gesellschaft. Es ist interessant, daß Goŕkij eigentlich auch gar nichts für den Bauern empfindet, den russischen «mužik», den Helden der Literatur der «Narodniki» des 19. Jahrhunderts. Seine Bosjaken lehnen den Bauern rundheraus ab und verachten ihn. Čelkaß unwürdiger Gegenspieler Gavrila ist ausgerechnet ein junger Bauernbursche, und in «Maľva» äußert der Bosjak Serëžka sich über den Bauernsohn Jakov: «Ich mag ihn nicht ... er riecht nach dem Dorf ... und diesen Geruch kann ich nicht leiden.»

Goŕkijs schöpferische Phantasie entzündet sich an dem Trotz gegenüber der Welt und schafft manchmal Charaktere von großer Dynamik. Zu ihnen gehört der Titelheld des Romans «Foma Gordejev» (1899), dessen Empörung sich gegen

die eigene Existenz und gegen seinen eigenen Stand, den Kauf-
mannsstand richtet. «Foma Gordejev» gilt nicht zu Unrecht als
Gořkijs bester Roman, in ihm ist die Wirklichkeit noch nicht
sozial determiniert, sondern als Tummelplatz blinder Triebe
aufgefaßt. Das typische und in vielen Zügen ganz altertümliche
Milieu des Wolgagebietes findet hier seinen unvoreingenom-
menen Schilderer. Gořkij wittert dabei in den Vertretern der
alten Kaufmannsdynastien noch die Vitalität und Ungezähmt-
heit von Wölfen, die sich gegenseitig keinen Pardon geben.
Diese Energie kann aber auch zur Selbstzerstörung führen,
wenn sie, wie bei Foma Gordejev, kein erstrebenswertes Ziel
mehr vor Augen sieht.

Die Verzweiflung am Sinn des Lebens und die durch sie
heraufbeschworene innere Leere empfand GOŘKIJ als einen
Ausdruck der Zeit. Er suchte daher nach einem Leitbild, um
diese Leere auszufüllen. Bevor er die alle Fragen überflüssig
machende Antwort im Marxismus gefunden zu haben glaubte,
ersetzte er die leer gewordene Stelle Gottes durch ein optimi-
stisches und scheinbar sehr tröstliches Menschheitspathos, das
in der berühmten Stelle aus dem «Nachtasyl» gipfelt: «Der
Mensch – das ist die Wahrheit ... Der Mensch! Herrlich ist das!
Das klingt ... stolz! M-men-sch! Man soll den Menschen re-
spektieren!»

GOŘKIJS erste «trotzige» Phase endet in den Jahren nach der
Jahrhundertwende. Die zweite Phase steht Gořkij als revolu-
tionärer Dichter durch, der 1905 inhaftiert wird und bald darauf
außer Landes gehen muß. In den Vereinigten Staaten und bald
danach auf der Insel Capri ist Gořkij vor allem «engagierter»
Schriftsteller, der für eine Sache kämpft. Sein (zunächst in englischer Übersetzung erschienener) Roman «Mať» (1906; die
Mutter) verfolgt propagandistische Ziele ebenso wie die jour-
nalistischen Berichte «V Amerike» (1906; in Amerika) und
«Moi intervju» (1906; meine Interviews). Auf der gleichen
Linie liegen auch die zwischen 1910 und 1913 in Rußland veröffentlichten «Skazki ob Italii» (Märchen über Italien), in denen
sich Gořkij vor allem mit der sozialen Situation auseinandersetzt.

Weiterhin bleibt der menschliche Optimismus größter Kraft-
quell in GOŘKIJS Werk, seine Formel «Denk daran, alles Gute
kommt vom Menschen!» (Skazki ob Italii) ist das Leitmotiv.

Goŕkijs Glaube an den Menschen gleicht manchmal einer geradezu religiösen Zuversicht, die kaum mehr aus dem Marxismus allein zu erklären ist. In der eigenartigen, dem Künstler *Šaljapin* gewidmeten Erzählung «Ispoveď» (1908; die Beichte), die unter Mönchen, Pilgern und Sektierern spielt, wird der Glaube an den Menschen schließlich zum wunderwirkenden Glauben, und ein seit vier Jahren gelähmtes Mädchen steht auf und beginnt zu wandeln.

Goŕkijs Stärke ist im Grunde jedoch weniger die reine Phantasie, als vielmehr die Fähigkeit, ein bestimmtes Milieu von innen her lebendig werden zu lassen. In der menschlichen «Wildnis» der zurückgebliebenen Provinzstädte ist Goŕkij zu Hause, und was er hier an Typen und Begebenheiten schildert, das ist größtenteils aus dem Erlebnis geboren. Alles ist visuell so eindringlich erfaßt, daß man Goŕkijs Gestalten als beklemmende Wirklichkeit empfindet. Von der frühen Novelle «Dvadcať šesť i odna» (1899; sechsundzwanzig und eine) bis zu der großartigen Trilogie «Detstvo» (1913; Kindheit), «V ljudjach» (1915/16; unter fremden Menschen) und «Moi universitety» (1923; meine Universitäten) spannt sich der Bogen der vorwiegend autobiographischen Erzählungen und Romane, in denen Goŕkij am echtesten wirkt.

Gerade auf Capri fand Goŕkij in erinnernder Versenkung zu einem ganz einfachen Stil, der sich von den früheren Manierismen immer mehr entfernte. Nach der längeren Erzählung «Gorod Okurov» (1909; die Stadt Okurov) und dem weniger geglückten Roman «Žizń Matveja Kožemjakina» (1910/11; das Leben des Matvej Kožemjakin) begann Goŕkij eine neue Reihe von kurzen Erzählungen, die er später in dem Zyklus «Po Rusi» (durch Rußland) zusammenfaßte. Die hier vereinigten 29 Geschichten (1912–17) füllen nur einen schmalen Band, sie zeichnen sich aber durch eine besonders pointierte Diktion aus. Zu ihnen gehören «Roždenije čeloveka» (1912; die Geburt eines Menschen), «Na parochode» (1913; auf dem Dampfer), «Ženščina» (1913; die Frau), «Jeralaš» (1916), «Strasti-Mordasti» (1917) und viele andere reizvolle Kurzgeschichten.

Die drei autobiographischen Bände (seit »Detstvo«) zeigen, daß sich Goŕkij in diesen Jahren auf der Höhe seiner Darstellungskunst befand, und daß diese mittlere Phase die reichste Phase in Goŕkijs Schaffen gewesen ist. In den Jahren, die unmittelbar auf die Revolution folgten, veröffentlichte Goŕkij auch seine lesenswerten literarischen Erinnerungen, von denen diejenigen an L. Tolstoj mit Recht am bekanntesten geworden sind («Lev Tolstoj»; 1919). Hierher gehören ferner die zwei Bücher «Vospominanija» (1923; Erinnerungen) und «Zametki iz dnevnika, Vospominanija» (1924; Bemerkungen aus dem Tagebuch, Erinnerungen).

2. LEONID ANDREJEV

Der Ruhm LEONID ANDREJEVS (1871–1919), der einst mit dem GOŔKIJS fast Schritt hielt, ist schon in der Zeit nach dem ersten Weltkrieg stark verblaßt. ANDREJEVS Kompromiß zwischen kritischem Realismus und melodramatischem «Nihilismus» blieb ein Sonderfall, von dem keine neuen Impulse ausgingen. Mit unbezweifelbarem Können, aber ohne Gefühl für künstlerische Proportionen beschwor Andrejev alle nur möglichen Stimmungen nervösen Ekels und sinnlicher Erregung, die in ihrer Konsequenz zur Verneinung eines Lebens führten, das seinen Sinn scheinbar nicht beweisen konnte.

In seiner moralischen Polemik ein Schüler L. Tolstojs, bemühte sich ANDREJEV – nicht selten in allegorischer Einkleidung – dem Leben insgesamt den Prozeß zu machen, die Wirklichkeit des Menschen als ein sinnloses Labyrinth oder als düstere Folterkammer zu entlarven. Einseitige Konsequenzen, die Andrejev aus Gedanken Schopenhauers, Tolstojs, Nietzsches und anderer Philosophen zog, führten ihn dabei zu einer Entfremdung vom wirklichen Leben und ebenso von der Kunst.

Die in dem Zeitraum von 1901–1909 erschienenen Dramen und Erzählungen machen wohl die wesentliche Summe dessen aus, was an dem Werk ANDREJEVS literarisch belangvoll ist. Aber auch hier muß man schon eine Auswahl treffen, da die allegorischen Erzählungen wie «Stena» (1901; die Wand) allzuviel falsches Pathos zeigen. Die ausschließlich sexuellen Problemen gewidmeten Erzählungen «V tumane» (1902; im Nebel) und «Bezdna» (1902; der Abgrund) haben Andrejev seiner Zeit eine gewisse skandalöse Berühmtheit verschafft, sind aber ebenfalls keine Meisterwerke. Zu den gelungensten Erzählungen gehören interessanterweise gerade jene, die in der Tradition

Tolstojs stehen. Das gilt z. B. für «Christiane» (1905; Christen), wo Andrejev wie sein großer Meister in gut gespielter Naivität eine gehütete Institution bloßstellt (das Gericht).

Die menschliche Einsamkeit und das Ausgeliefertsein an den Tod hat ANDREJEV in seiner L. Tolstoj gewidmeten «Erzählung von den sieben Gehängten» (1908; Rasskaz o semi povešennych) gestaltet. Fünf zum Tode verurteilte Terroristen und zwei Raubmörder durchleben alle Phasen der Vorbereitung auf den Tod und den gemeinsamen Weg zur Richtstätte, sie erfahren die langsame Entfremdung vom eigenen Selbst. Ein ähnliches Motiv hat Andrejev auch in der Erzählung «Gubernator» (1906; der Gouverneur) behandelt. Der Gouverneur, der die Schuld an dem Tod von 47 Demonstranten trägt, wird durch sein eigenes Gewissen zum Tode verurteilt, und er weiß seine Schuld nicht anders zu büßen, als daß er sich freiwillig und bewußt einem Attentat auf sein Leben stellt. Die Erwartung des Todes macht Andrejev hier zu einem feierlichen Zeremoniell, dem alles andere untergeordnet ist. Die physische Existenz des Gouverneurs wird am Ende zu einer entleerten Form, zu einem bloßen Mechanismus.

Weniger gelungen als diese und einige andere Geschichten, die sich psychologisch an Tolstoj orientieren, ist die berühmte Schilderung des russich-japanischen Krieges, die Andrejev unter dem Titel «Krasnyj smech» (1904; das rote Lachen) vorlegte. Der Dichter, der eine praktische Anschauung vom Krieg überhaupt nicht gehabt hatte, steigert das Grauen hier zu einem solchen Fortissimo, daß die Hyperbeln sich gegenseitig aufheben. Mit Recht sagte *L. Tolstoj* von LEONID ANDREJEV, er versuche zwar Grauen zu erzeugen, aber es werde einem dabei nicht unheimlich.

3. VIKENTIJ VERESAJEV

Zu Beginn des 20. Jahrhunderts traten in Rußland mehrere neue Erzähler auf, die sich zwar persönlich stark voneinander unterschieden, die aber darin eine gemeinsame Gesinnung zum Ausdruck brachten, daß sie sich nicht dem Symbolismus zuwandten, sondern an den Positionen des kritischen Realismus festhielten.

Diese sehr produktiven Erzähler gehören im Grunde alle der

gleichen Generation an wie GOŔKIJ, L. ANDREJEV und auch
BUNIN, sie sind zwischen 1867 und 1873 geboren. Ein Teil von
ihnen blieb auch nach dem Bürgerkrieg (1918–22) in Rußland,
andere dagegen (KUPRIN, ŠMELËV) wählten das Exil und gehören mit einem bedeutenden Abschnitt ihres Werkes zur russischen Literatur in der Emigration. Eine besondere Rolle spielten
freilich von Anfang an nur jene Schriftsteller, die selbst zur Ausbildung eines neuen und persönlichen Stils gelangten, die nicht
lediglich einer epigonalen Spielart des Realismus anhingen.

Dieser Gefahr des Epigonentums war am meisten vielleicht
VIKENTIJ VERESAJEV (Pseudonym für V. Smidovič; 1867–1945)
ausgesetzt, der schon 1901 mit seinem Erfolgsbuch «Zapiski
vrača» (Aufzeichnungen eines Arztes) bekannt geworden war.
Das literarische Thema dieses Arztes und Philologen, der 10
Jahre lang an den Universitäten Petersburg und Dorpat studiert
hatte, blieb bis 1909 das Schicksal und die schließliche geistige
Niederlage jener «radikalen» Intelligenz, die in der zweiten
Hälfte des 19. Jahrhunderts Mittelpunkt der revolutionären
Bewegung gewesen war.

Nach der Niederwerfung des Aufruhrs von 1905 suchte
VERESAJEV das Heil indessen nicht mehr beim Marxismus,
sondern beim «lebendigen Leben», bei einer pantheistischen
Verherrlichung des vitalen Prinzips in Gesellschaft, Kunst und
Natur. Veresajev wurde ein Schüler Nietzsches, Bergsons und
GOŔKIJS, und er gab sich ganz den Verlockungen des biologi-
schen Denkens hin. Seine Abrechnung mit den früher einge-
nommenen Positionen hat VERESAJEV in dem fiktiven «Tagebuch» des Renegaten Čerdyncev vorgenommen, das 1909 mit
dem Titel «K žizni» (auf das Leben zu) erschien.

1910 erschien dann der erste Band des großen essayistischen
Werkes «Živaja žizń» (lebendiges Leben), in dem VERESAJEV
eine sehr eigenwillige Deutung TOLSTOJS und DOSTOJEVSKIJS
vornahm. Veresajev spielte hier den Instinkt gegen den Intel-
lekt aus, und er gab TOLSTOJ als dem Dichter des Instinktes
eindeutig den Vorzug vor DOSTOJEVSKIJ, den die Symbolisten
als ihren großen Ahnherren betrachteten (MEREŽKOVSKIJ, BE-
LYJ, VJAČESLAV IVANOV).

Eine Auseinandersetzung mit Nietzsche wagte VERESAJEV
dann in dem zweiten Band des «Lebendigen Lebens» mit der
Studie «Apollon und Dionysos» (1913/14; Apollon i Dionis).

Wieder trat Veresajev bewußt in einen Gegensatz zu den Symbolisten, indem er das Apollinische als die Lebensfreude bejahend über die dionysische Religion des «leidenden Gottes» stellte. Nach seiner Griechenlandreise (1910) beschäftigte sich Veresajev als Philologe besonders mit der klassischen griechischen Dichtung, die er zur Untermauerung seiner Thesen stark heranzog. Von seiner Beschäftigung zeugen besonders die Übersetzungen der «homerischen» Hymnen, die zwischen 1912 und 1917 gedruckt wurden.

1911 wurde auf die Initiative VERESAJEVS hin in Moskau der «Buchverlag der Schriftsteller» (Knigoizdateľstvo pisatelej) gegründet, dessen Almanache mit dem Titel «Slovo» (das Wort) 1913–17 zum Sprachrohr einer ganzen Gruppe von Autoren wurden. Hier traten besonders die «Modernen» unter den jungen realistischen Erzählern in Erscheinung, z.B. ZAJCEV, BUNIN und auch ALEKSEJ N. TOLSTOJ, der spätere Sowjetdichter.

Bemerkenswert sind aus den Jahren nach der Revolution noch die Bücher über Puškin («Puškin v žizni»; 1926/27 – Puškin im Leben) und Gogoľ («Gogoľ v žizni»; 1933 – Gogoľ im Leben) sowie die Erinnerungen an die Jugendzeit und die Studentenjahre in Petersburg und Dorpat («Vospominanija»; 1936 – Erinnerungen).

4. ALEKSANDR KUPRIN

Eine wichtige Stellung unter den «Realisten» nahm lange Zeit ALEKSANDR KUPRIN (1870–1938) ein. Man darf in ihm vor dem ersten Weltkrieg neben GOŘKIJ und BUNIN den wohl produktivsten Erzähler sehen. Seine gesammelten Werke umfaßten bei Ausbruch der Revolution (1917) bereits zwölf Bände.

KUPRIN, der sich wie GOŘKIJ aus der literarischen «Provinz» nach vorn arbeiten mußte, fand nach ersten schriftstellerischen Erfolgen und persönlichen Begegnungen mit ČECHOV (1901) und GOŘKIJ (1902) sehr rasch den Anschluß an die hauptstädtischen literarischen Kreise und gehörte von 1903 bis 1908 zu den Mitarbeitern der «Znanije»-Gruppe. KUPRIN hatte damals schon lange Wanderjahre hinter sich, die ihn mit den verschiedensten Berufen in Berührung gebracht hatten, sogar mit dem Zirkus und mit einer Wanderbühne.

Eine deutliche gesellschaftskritische Tendenz verbindet sich bei KUPRIN mit der Vorliebe für die «Starken» dieser Welt, für robuste Gesundheit und Vitalität, für verwegenes Auftrumpfen und für körperliche Höchstleistungen. Seine Sympathie gehört den Zirkusakrobaten und den Tauchern, den Fliegern und den Meisterspionen, den großen Glücksrittern und den Hasardeuren. Kuprins leidenschaftliche Bewunderung für den menschlichen Körper erhellt besonders aus einer späteren beiläufigen Äußerung über den Zirkus: «Dort ist der Mensch so wie er wirklich ist. Stark und wagemutig hebt er Lasten empor, springt, galoppiert auf seinem Pferd, und in jeder seiner Bewegungen ist Gesang und Schönheit des Lebens.»

Getragen von dieser Bewunderung sind vor allem die Erzählungen von den griechischen Fischern aus dem kleinen Krimhafen Balaklava, die unter dem Titel «Listrigony» (1907/1911; die Lästrygonen) veröffentlicht wurden. Ähnlich ist jedoch auch die Erzählung von dem geschickten japanischen Spion («Štabs-kapitan Rybnikov»; 1906 – Stabshauptmann Rybnikov) zu beurteilen, oder die Erzählung «Morskaja bolezń» (1908; Seekrankheit), die wegen ihres frivolen Sujets (der Verführung einer mit einem Sozialisten verheirateten Frau in der Kabine eines Schiffsoffiziers) von GOŔKIJ und anderen «linken» Intellektuellen heftig getadelt wurde.

KUPRINS sozialkritische Romane sind interessante Milieustudien, jedoch tritt der Hang zum sensationellen Sujet hier noch stärker in Erscheinung als in den Erzählungen. Die Reihe dieser Romane beginnt mit «Moloch» (1896), einer dramatischen Geschichte aus dem Donez-Industrierevier, in der sich auch einige «dekadente» Motive finden, gipfelt in «Pojedinok» (1905; das Duell), einem kritischen Roman über das Militär und das Garnisonleben an Rußlands Westgrenze, und umfaßt dann noch den Roman über die Prostitution, den Kuprin unter dem Titel «Jama» (1909/14; die Grube) veröffentlichte.

Das «Duell» stellt auf der einen Seite eine heftige und nach den Mißerfolgen im russisch-japanischen Krieg höchst aktuelle Anklage gegen die starren militärischen Ausbildungsmethoden und den moralischen Zynismus des russischen Offizierskorps dar, auf der anderen Seite jedoch auch eine Idealisierung der physischen Macht und des Rechtes des Stärkeren. KUPRIN, der selbst ursprünglich die Militärlaufbahn eingeschlagen hatte und auch der Autor einer sehr interessanten Erzählung aus dem Kadettenleben ist («Na perelome»; 1900 – am Scheideweg), gibt im «Duell» im Grunde dem Kult der Faust den Vorzug vor dem Recht.

Eine besondere Stellung nimmt in KUPRINS Werk die Erzählung «Granatovyj braslet» (1911; das Granatarmband) ein. Ein romantisch veranlagter kleiner Angestellter wirbt geduldig und schließlich doch vergeblich um die Aufmerksamkeit einer reichen Fürstin und nimmt sich, von den Verwandten der hochstehenden Dame in seine Schranken gewiesen, am Ende das Leben. Die Geschichte hat einige erzählerische Höhepunkte und vermittelt ein fesselndes Bild vom russischen Süden (Umgebung von Odessa). Auf den Einfluß von Hamsuns «Victoria» hat man wiederholt hingewiesen, und charakteristischerweise ist Kuprin der Verfasser literarischer Porträts gerade von Knut Hamsun (1908), Rudyard Kipling (1908) und Jack London (1911).

Nach der Revolution (1919) emigrierte Kuprin und ließ sich 1920 in Frankreich nieder. 1937 kehrte er, bereits schwer leidend und vom Heimweh getrieben, in die Sowjetunion zurück.

5. MICHAIL PRIŠVIN

Als Schilderer und Beobachter der Natur, aber auch als kultivierter und einfühlsamer Erzähler ist MICHAIL PRIŠVIN (1873 bis 1954) in die russische Literaturgeschichte eingegangen. Prišvin, der in Riga und Leipzig Agronomie studiert hatte, war ein passionierter Reisender und erwarb sich im Laufe seines Lebens ausgedehnte Kenntnisse in Ethnographie, Phänologie, Boranik, Zoologie, Geschichte, Geographie, Meteorologie und Ornithologie.

PRIŠVINS Buch mit dem seltsamen Titel «V kraju nepuganych ptic» (1907; im Land der unaufgescheuchten Vögel) ist das erste in einer Reihe von Skizzensammlungen, die der Gattung der «Reisebilder» nahestehen. Prišvins Erzählzyklen sind jeweils an ausgedehnte Expeditionen geknüpft, die ihn bis in die entlegensten nördlichen und östlichen Gefilde Rußlands führten. Durch die Anwendung der Volkssprache (der Märchen und Volkslieder) wie auch durch die Einbeziehung von provinziellen Dialekteigentümlichkeiten ist sein Stil in unaufdringlicher

Weise gefärbt, ohne an Frische und Klarheit der Diktion zu verlieren. *Konstantin Paustovskij* hat die aufwandlose Natürlichkeit der Sprache Prišvins mit der Schönheit von Feldblumen verglichen, und er hat damit die wohltuende Bescheidenheit Prišvins sehr treffend charakterisiert.

PRIŠVINS zweite Reise endete im nördlichen Norwegen, und die Eindrücke dieser Fahrt hat der Dichter in dem Buch «Za volšebnym kolobkom» (1908; auf den Spuren des Zauberbrotes) geschildert. Die folgende Studie ist eine Erzählung von der Frömmigkeit der im fernen Nordosten Rußlands lebenden Menschen («U sten grada nevidimogo»; 1909 – an den Mauern der unsichtbaren Stadt), und ein Jahr später veröffentlichte Prišvin seinen Bericht von einer Fahrt in die südöstlichen Steppen Rußlands («Černyj arab»; 1910; der schwarze Araber).

Mit seinen Reisebeobachtungen verbindet PRIŠVIN gern folkloristische Einzelheiten und Erzählungen nach alten Märchen- und Legendenmotiven. Die unberührte Natur und der unberührte Glaube oder Aberglaube der Menschen fesseln ihn gleichermaßen. Freilich fehlen auch die sozialen Untertöne bei Prišvin nicht, sie werden aber nie zum wichtigsten Motiv. Prišvins Lebensauffassung ist eher mystisch oder magisch, was sein großes Interesse für das Einsiedlertum und das Schamanentum erklärt.

Zu den regelrechten Novellen PRIŠVINS gehört die Erzählung von «Nikon Starokolennyj» (1912), einem nur mit der Bibel lebenden, nach Gerechtigkeit dürstenden «Vertriebenen», der am Ilmensee sein Haus baut, Kinder groß zieht, reich und wieder arm wird, und dessen Schicksal magisch verwoben ist mit dem Schicksal der biblischen Propheten und zugleich mit den legendären Überlieferungen aus der Frühzeit der Geschichte Novgorods.

In den Jahren unmittelbar vor dem Krieg und der Revolution ist PRIŠVIN von dem besonderen Stil und der Thematik REMIZOVS sichtbar beeinflußt gewesen, und er hat sich schließlich sogar dem Kreis um IVANOV-RAZUMNIK und dessen «skythischer» Ideologie genähert. In den ersten Almanach «Skify» (die Skythen) wurde 1917 PRIŠVINS Erzählung «Strašnyj sud» (das Jüngste Gericht) aufgenommen. In den folgenden Jahren verstummte Prišvin fast ganz, um erst um die Mitte der zwanziger Jahre wieder mit neuen Werken hervorzutreten (vgl. S. 129).

6. Ivan Šmelëv

Im Gegensatz zu der Mehrzahl der Realisten, die mehr in der Tradition Tolstojs oder Turgenevs standen, wählte Ivan Šmelëv (1873–1950) Dostojevskij zu seinem Vorbild. Nachdem Šmelëv lange Zeit ein wenig beachteter Erzähler geblieben war, erschien sein Roman «Čelovek iz restorana» (der Kellner aus dem Restaurant) 1911 zusammen mit Goŕkijs «Žizń Matveja Kožemjakina» im 36. Band der «Znanije»-Reihe.

Šmelëvs Interesse gilt den «Erniedrigten und Beleidigten», und der Roman um das «erstklassige» Moskauer Restaurant ist eine glänzende soziale Milieustudie. Sie erinnert an Dostojevskij, besonders an den frühen Dostojevskij dort, wo die (aus der Perspektive des Oberkellners gesehenen) Vorgänge hastig und fast atemlos berichtet werden, wo es zu dramatischen, ja manchmal hysterischen Zuspitzungen der Intrige kommt.

Eine neue Methode der Darstellung zeigt sich in Šmelëvs späterem Werk. Die 1918 entstandene Geschichte mit dem Titel «Neupivajemaja čaša» (der nie geleerte Kelch), in der das eigenartige Verhältnis zwischen einem ehemals leibeigenen Ikonenmaler und einer jungen Gutsherrin geschildert wird, ist in einem verinnerlichten romantischen Stil abgefaßt. Sie markiert (in den Revolutionsjahren!) bei Šmelëv die Abkehr von der sozialen Thematik und den Übergang zu einer schmerzlich-sehnsüchtigen Verherrlichung des «heiligen Rußland». Šmelëvs patriotisch-russische Einstellung kommt dabei sehr zum Ausdruck, so z. B. in der Erzählung «Čužoj krovi» (1922; von fremdem Blut), die das Leiden und den Tod eines russischen Kriegsgefangenen in Deutschland beschreibt.

Šmelëv, der im gleichen Jahr (1922) aus Rußland emigrierte, veröffentlichte auch im Ausland noch eine Reihe von Büchern, in denen die Schrecken des Bürgerkrieges geschildert werden, in denen aber nun vor allem das vorrevolutionäre Rußland in einer Art von neuer Verklärung erscheint.

7. Ivan Bunin

Zu den profiliertesten Erzählern außerhalb der symbolistischen Bewegung gehörte in der Zeit vor der Revolution Ivan Bunin (1870–1953), dem 1933 (in der Emigration) der Nobelpreis für Literatur verliehen wurde.

Zur gleichen Generation wie Goŕkij gehörig, schloß sich Bunin nach der Jahrhundertwende ebenfalls der Gruppe um den Verlag «Znanije» an. Obwohl Bunin einer der alten, ursprünglich vermögenden Adelsfamilien entstammte, zwangen ihn äußere Umstände früh dazu, sich seinen Lebensunterhalt selbst zu verdienen, und so führte er gleich vielen anderen Schriftstellern der Zeit ein wenig seßhaftes Leben, das ihn mit vielen sozialen Schichten in Berührung brachte. Zur Literatur kam auch Bunin auf dem Weg über den Journalismus, und seine ersten Erzählungen tragen den typischen skizzen- und reportagehaften Charakter der Zeit. Bunin schildert in ihnen das Leben der «kleinen» Leute in seiner landschaftlichen und sozialen Bedingtheit.

In den ersten Jahren des neuen Jahrhunderts griff Bunin immer häufiger das Thema des russischen «Atavismus» auf, das zähe Nachleben lokaler und geschichtlicher Faktoren, von denen die Wirklichkeit nach wie vor geprägt schien. Im Zusammenhang damit entdeckte Bunin jedoch auch sehr bald die Symptome des Verfalls der alten Adelskultur, die Widersprüche und grotesken Diskrepanzen, die sich aus einer verfehlten Anpassung an eine sich wandelnde Umwelt ergaben.

Obwohl Bunin mit seiner herben und manchmal bitteren Ironie vor dem ersten Weltkrieg zu den «grausamsten» und illusionslosesten Sittenschilderern der Zeit gehörte, hat seine Erzählkunst dennoch einen Vorzug, durch den sich sein Werk von jeder bloß sozialkritischen Analyse unterscheidet: die Präsentation der Welt als einer poetischen Ganzheit. Durch eine besondere Erzählperspektive, durch die persönliche Stilisierung der Rede, durch die Beschwörung sinnlicher Eindrücke und durch die symbolische Heraushebung einzelner gegenständlicher Konkretisationen (wie zum Beispiel in der Erzählung «Antonovskije jabloki»; 1900 – Antonov-Äpfel) schafft Bunin eine Geschlossenheit der Form, die an die klassischen Erzählungen Tolstojs oder Turgenevs erinnert.

Sowohl der Qualität als auch der Quantität nach fällt Bunins fruchtbarste Schaffensperiode in den Zeitraum zwischen 1910 und 1916, in die Jahre, die Bunin wie Goŕkij teilweise auf der Insel Capri verbrachte, wo beide Schriftsteller häufig zusammentrafen. Goŕkij selbst, der Bunin noch in der Zeit, als dieser schon Sowjetrußland den Rücken gekehrt hatte, gern als stilistisches Vorbild für die Jüngeren empfahl, bezeichnete 1912 BUNIN ausdrücklich als den «besten Stilisten der Gegenwart». Die Reihe der bekanntesten Werke wird eingeleitet durch die epische Erzählung «Derevnja» (1910; das Dorf). Es handelt sich dabei um die Geschichte zweier Brüder (Tichon und Kuźma Krasov), die in dem düsteren Milieu der vorrevolutionären Provinz ihr Leben verspielen. Als wandernde Händler aus der «Schwarzen Vorstadt» treiben sie ihre wechselvollen Geschäfte, bis Tichon, der Erfolgreichere, sich als Besitzer einer Schenke und eines Kramladens in der Nähe des Dorfes Durnovka niederläßt. Kuźma, von nie zu stillendem Wissensdurst erfüllt, Autodidakt und «gelehrter» Sektierer, zieht indessen bettelnd und Arbeit suchend weiter durch das Land, er verkörpert im Gegensatz zu seinem Bruder das unstete Element des russischen Lebens. Vor dem Hintergrund der revolutionären Unruhen des Jahres 1905 versöhnen sich die beiden ursprünglich zerstrittenen Brüder, aber diese Versöhnung ist nur das Eingeständnis, daß das Leben sie um ihre Früchte betrogen hat, daß sie beide ausgebrannt und zum bloßen Dahinvegetieren verurteilt sind. Die trägen und dunklen Kräfte der dörflichen Rückständigkeit haben sie gleichgültig, stumpf, böse und schadenfroh gemacht, das Milieu hat sie aufgesogen.

Für BUNIN gewinnt dieses Milieu jedoch symbolische Bedeutung, wenn er verkündet: «Ganz Rußland ist ein Dorf».Der Schauplatz der Erzählung ist der Laden, die Stube, der Bahnhof, der Friedhof, der Jahrmarkt, die Vorstadt und die Landstraße. Kuźma gelangt auf seiner Wanderschaft bis nach Kiev, aber als charakteristischen Eindruck hält Bunin hier nur den Bettelknaben vor dem Lavrakloster fest: «Der Kleine war barhäuptig, hatte eine Leinentasche um die Schulter hängen, schmutzige Lumpen auf dem mageren Leib, und er hielt in der einen Hand eine Holzschale, auf deren Boden eine Kupfermünze lag, und schob mit der anderen sein verkrüppeltes, bis zum Knie entblößtes schlaffes, unnatürlich mageres, von der Sonne schwarz gebranntes und mit goldenem Flaum bewachsenes rechtes Bein hin und her, wie etwas Fremdes, wie einen Gegenstand.»

BUNIN bevorzugt solche Motive, die seinen Gedanken illustrieren, daß in Rußland Leben und Kraft sinnlos vergeudet werden. «Zachar Vorob'ëv» (1912) ist der kerngesunde, kraftstrotzende, aber zugleich weltfremde, isolierte «Gigant», der sich einer Wette zuliebe mutwillig und sinnlos betrinkt, bis er tot zusammenbricht. Noch gespenstischer aber ist der «Drevnij čelovek» (1911; ein steinalter Mensch), der 108 Jahre gelebt hat, um von seinen herzlosen und geizigen Nachkommen herumgestoßen zu werden, und der an sein Leben keine mitteilenswerten Erinnerungen hat, weil er den geistigen Umkreis seines Dorfes nie verlassen hat. Seine Existenz wirkt absurd und überflüssig, die langen Jahre sind vertan und vergessen.

«Chorošaja žizń» (1912; ein schönes Leben) ist der Titel einer Geschichte, die ganz im Stil eines engstirnigen, ungebildeten Menschen erzählt ist, aus der Perspektive einer Dienstmagd, die in krassem Egoismus buchstäblich über Leichen geht, aus reiner Berechnung ein zweites Mal heiratet und am Ende «sogar Besitzerin von Immobilien» wird. Der naive Ton, in dem alle diese haarsträubenden Vorkommnisse aus dem Leben der vielbegehrten Nastasja Smënovna erzählt werden, zeigt BUNIN hier als Meister der perspektivischen Verkürzung der Erzählung. «Mein Leben war ein schönes Leben», so beginnt die Geschichte, «und was ich gewollt habe, habe ich alles bekommen.» Der ebenso naive Schluß schränkt diese Feststellung etwas ein: «Langweilig ist sie allerdings, unsere Stadt. Da war ich doch neulich in Tula: überhaupt kein Vergleich!»

«Suchodol» (1912) ist die bruchstückhaft erzählte Chronik eines alten Adelshauses, die schrittweise vollzogene Vergegenwärtigung der Familiengeschichte der Chruščëvs. Ein ehemaliges Mündel dieser Familie, das alte Fräulein Natalja, das an dem Gut Suchodol und seiner Geschichte hängt, wie nicht einmal die Familienmitglieder selbst, gibt aus ihrer parteiischen Sicht und scheinbar ohne chronologische Folgerichtigkeit Stück für Stück die Begebenheiten zum besten, die sie aus der Vergangenheit noch lebendig zu machen weiß. Wie in einem kunstvollen Teppich sind die vielen Einzelheiten zu Mustern verwoben, die sich schließlich ins Legendäre und Märchenhafte verlieren. «Suchodol» wird so zu einem russischen Mythos, zu dem Mythos von den sterbenden Herrensitzen. Die Grenze zwischen «realer» und symbolischer Wirklichkeit ist bewußt fließend gehalten.

Wenn auch BUNIN selbst gern an die Tradition erinnert hat, die ihn als Abkömmling des alteingesessenen Adels mit Tolstoj und Turgenev, mit Tjutčev und Leskov verbindet, ist mit diesem Hinweis das eigenwillige Schaffen des Dichters nur unvollkommen erklärt. Den modernen Strömungen von Čechov bis zu den Symbolisten hat sich Bunin niemals ganz verschlossen, und an der Beschreibung der Menschen und der dinglichen Welt fällt auf, wie stark Bunin von den rein atmosphärischen Reizen ausgeht. Neben den äußeren Ansichten gibt Bunin auch den inneren Ansichten weiten Raum, den flüchtigen Sinneseindrücken, unter denen sich besonders die Geruchsempfindungen einprägen. So heißt es an einer Stelle in «Suchodol»: «Wir, die wir draußen aufgewachsen waren, auf Gerüche eingestellt und nicht weniger begierig auf sie wie auf Lieder und Legenden, wir erinnerten uns immer an jenen besonderen, angenehmen, irgendwie hanfölartigen Geruch, den wir verspürten, wenn uns die Leute aus Suchodol küßten. Wir wußten auch, daß ihre mitgebrachten Geschenke nach dem alten Steppendorf rochen: der Honig nach blühendem Buchweizen und dem fauligen Eichenholz der Bienenstöcke, die Handtücher nach Heuböden und den rauchigen Stuben aus Großvaters Zeiten ...»

Bunin ist auch an dem religiösen Leben des russischen Volkes nicht vorbeigegangen, er beschreibt in seinen Erzählungen Pilger und Propheten, religiöse Schwärmer und jene «heiligen» Narren, die in Rußland besonders verehrt wurden (z. B. in «Ioann Rydalec»; 1913 – der heulende Johannes). Einen Niederschlag der vielen Orientfahrten Bunins findet man in den frühen Gedichten (Zyklus «Vostok»; 1905 – Osten), aber auch in Erzählungen wie «Krik» (1911; der Schrei), in der Bunin ein Erlebnis während der Durchfahrt durch den Bosporus schilderte.

Eine Gruppe für sich bilden die Erzählungen der Jahre 1914 bis 1916, in denen Bunin immer mehr von der literarischen Gestaltung des Todes angezogen wird, sei es in der psychologischen Deutung grausamer Gewaltverbrechen («Vesennij večer»; 1915 – ein Frühlingsabend), sei es in dem Gedanken an den Freitod («Kazimir Stanislavovič»; 1916), sei es in der Auseinandersetzung mit dem unvermuteten, plötzlichen und eigentlich widersinnigen Tod im falschen Augenblick und am falschen Ort («Gospodin iz San-Francisko»; 1916 – der Herr aus San Francisco).

Der Herr aus San Francisco, der auf einer Ferienreise in

einem mondänen Hotel auf der Insel Capri kurz vor dem Abendessen plötzlich zusammenbricht, hat keine Zeit mehr, sich auf seinen Tod einzurichten: «Wenn er in seiner Seele auch eine Ahnung davon verspürt hätte, daß etwas geschehen würde, so würde er gleichwohl doch gedacht haben, daß es noch nicht bald, auf keinen Fall, daß es sofort geschehen würde.»

Der Tod des reichen Amerikaners erscheint besonders für das Hotel beunruhigend, und mit peinlicher Eile versucht man seine Spuren wieder zu verwischen. Aber der Tod hat sich doch den Respekt verschafft, den er erheischt, und den BUNIN mit seinem vorangestellten Motto aus der Apokalypse beschwört: «Wehe dir, Babylon, starke Stadt».

Auch BUNIN ist nach der Revolution (1920) aus Rußland emigriert, und ein nicht unerheblicher Teil seines Werkes gehört der russischen Literatur im Exil an.

8. ALEKSEJ REMIZOV

In der russischen Erzählsprache des 20. Jahrhunderts gibt es zwei grundlegend voneinander verschiedene Traditionen, die auf der einen Seite von Lermontov, Tolstoj und Turgenev, auf der anderen Seite von Gogol', Dostojevskij und Leskov herkommen. Während die erste Tradition besonders von der realistischen Schule vertreten wird, hat die andere Tradition sowohl unter den Symbolisten (A. BELYJ) als auch unter den Realisten (REMIZOV, ZAMJATIN) Nachfolger gefunden. Der Begriff «Realisten» beginnt hier allerdings bereits seine Eindeutigkeit zu verlieren, da die von Gogol' eingeführten Erzählformen (Aperspektivismus, Hyperbolismus, Groteske) den Realismus strenger Observanz ständig transzendieren.

Ein Dichter, der von der «ornamentalen» Erzählsprache Gogol's, ebenso aber auch von der individuell gefärbten Umschweifigkeit Leskovs beeinflußt wurde, war ALEKSEJ REMIZOV (1877–1957). Für Remizov ist besonders jener Erzählstil charakteristisch, den man mit einem russischen Wort «Skaz» nennt. Unter diesem «Skaz» hat man sowohl eine in der Art des mündlichen Vortrages stilisierte Erzählsprache zu verstehen (Rollenerzählung), als auch eine Sprache, die in ihren individuell hervortretenden Zügen ein soziales Milieu und die dadurch bedingten Urteile und Deutungen mit impliziert. Im «Skaz» liegt der Nachdruck immer auf der persönlichen Manier des erzählenden Mediums, hinter dem sich der Autor versteckt. REMIZOV ist zugleich ein Meister der indirekten Satire, seine persönliche Stellungnahme liegt dabei allein in der Sprache und in dem besonderen Tonfall, mit dem er um das Einverständnis des Lesers wirbt. Die Charaktere und Situationen, die Remizov in seinen Romanen und Erzählungen beschreibt, bleiben dagegen kaleidoskopartig aufgesplittert, das Ansichtsgefüge in der «gegenständlichen» Schicht seiner Werke weist in einem besonderen Maße Löcher und Unbestimmtheitsstellen auf. Die Erzählperspektive ist dabei an ganz bestimmte eigensinnige und oft groteske Wahrnehmungs- und Urteilsmaßstäbe gebunden.

Ähnlich wie bei Gogol' ist das gewöhnliche Verhältnis von Bedeutendem und Unbedeutendem gestört, und wie in einer Traumwelt sind die Wahrnehmungen auf scheinbar «unsinnige» Details fixiert. REMIZOV blickt auf die Wirklichkeit wie durch einen Fensterspalt, und er erzählt mit Vorliebe das, was die Menschen tun, wenn sie sich unbeobachtet glauben. Auf einer solchen Ebene spielt sich z. B. die romanhafte Erzählung «Pjataja jazva» (1912; die fünfte Pestilenz) ab, in dem kleinstädtischer Klatsch und ängstliche Borniertheit gespenstische Züge annehmen.

REMIZOV, der aus einer verarmten Kaufmannsfamilie stammte, war mit dem Leben der unteren Schichten (einschließlich der Proletarier) wohl vertraut, und in seinen Romanen «Prud» (1908; der Teich) und «Krestovyje sëstry» (1911; die Kreuzschwestern) schildert er die Welt der Industriequartiere und der mittellosen Intelligenz in äußerst beklemmender und schonungsloser Manier.

Die besondere Liebe REMIZOVS galt aber den Kindern, deren Phantasiewelt und deren besondere «Logik» den Dichter immer wieder anzogen. Geschichten wie «Čortik» (1906; das Teufelchen), «Carevna Mymra» (1908; Prinzessin Mymra) und «Petušok» (1911) gehören in dieser Reihe zu den gelungensten Schöpfungen.

Ein sehr inniges Verhältnis hatte REMIZOV daneben zur Historie, zur religiösen Folklore und zu den griechisch-byzantinischen Traditionen. Apokryphen, Legenden und Märchen bilden von Anfang an einen besonderen Zweig seines Schaffens, und zwischen dem «Limonaŕ» (Leimonarion) des Jahres 1907 und den im Todesjahr (1957) veröffentlichten «Legenden von König Salomon» liegt ein halbes Jahrhundert schriftstellerischer Aktivität auf diesem Gebiet. Die Märchen, (z. T. nach sibirischen, kaukasischen und sogar tibetanischen Motiven) boten Remizov ebenso wie die alten Legenden reiche Gelegenheit zur Stilisierung und Verzierung der Rede. Besonders die russische Buchsprache des 17. Jahrhunderts wurde Remizov im Laufe der Zeit zu einer unerschöpflichen Fundgrube.

Durch seine Ehe mit der gelehrten *Serafima Dovgiello*, der er fast alle seine Werke widmete, wurde REMIZOV systematisch an das Studium der Paläographie und der älteren russischen Literatur herangeführt, und sogar seiner Handschrift gab Remizov den Duktus des 17. Jahrhunderts.

Aus einer autobiographischen Studie (1923) geht hervor, daß REMIZOV unter den Klassikern besonders viel Dostojevskij verdankte, daß er daneben aber auch VASILIJ ROZANOV als Schriftsteller außerordentlich schätzte. Das wirft sowohl ein Licht auf die recht freie Behandlung erotischer Themen bei Remizov als auch darauf, daß sein Stil immer ungewöhnlich ist. *D. S. Mirskij* hat in seiner Literaturgeschichte darauf hingewiesen, daß nur bei Rozanov und bei Remizov die «natürliche» Syntax der russischen Sprache zum Vorschein komme, ohne jede Anlehnung an die gewöhnliche literarische Syntax, die von der griechisch-lateinischen und von der französischen Syntax geschichtlich geprägt ist. Die «gesprochene» Sprache ist allerdings nur scheinbar das Modell für REMIZOVS Kunstsprache. Der Tonfall dieser Sprache weicht von der gesprochenen Umgangssprache nicht weniger stark ab, als etwa die Wortneubildungen der Futuristen vom Wortschatz der gewöhnlichen russischen Sprache abweichen. Vielfach wirken ja auch die Vorbilder der älteren russischen Buchsprache und der russischen Volkssprache (Märchen, Legende) in Remizovs Erzählton nach. Auf jeden Fall ist Remizovs Sprache praktisch unübersetzbar in irgendeine andere existierende Sprache.

Die Zeit von etwa 1909 bis zur Emigration aus Rußland (1921) ist REMIZOVS interessanteste Schaffensperiode, das erweist sich nicht nur in der großen Form (Roman, Erzählung) sondern auch in der Kleinform (Träume, Fragmente, Glossen).

Von den während des Weltkrieges geschriebenen Erzählungen sind die schönsten in dem Band «Mara» (Berlin 1922) gesammelt, während die Petersburger Erzählungen aus der Revolutionszeit in dem Band «Šumy goroda» (Reval 1921 – Geräusche der Stadt) vereinigt sind.

Das erste in der Emigration geschriebene Büchlein («Achru, povesť petersburgskaja»; Berlin 1922 – Achru, Petersburger Bericht) besteht aus kurzen Glossen und Fragmenten, in denen REMIZOV seine literarischen Freunde in Rußland porträtiert hat. Der Titel «Achru» (ein Wort aus der «Affensprache») war zugleich mit dem scherzhaften «Manifest» am Ende des Heftes ein Hinweis für Remizovs Freunde, der sie von dem Fortbestehen jenes närrischen Ordens unterrichtete, als dessen Meister «Asyka I., König der Affen» anerkannt wurde. Remizov, dessen Vorliebe für das Groteske sich in der Erfindung dieser «Großen und freien Kammer der Affen» zeigte, blieb als «Kanzler» des Ordens bis zu seinem Tode im «Amt» und belustigte auch später in Paris seine Freunde – Künstler und Schriftsteller – noch durch viele skurrile Einfälle.

Unter den nacherzählten Legenden, die in REMIZOVS Werk einen wichtigen Platz einnehmen, sind besonders die «Nikoliny pritči» (1917–24; Nikolausparabeln) hervorzuheben, sowie die byzantinischen Legenden aus dem Band «Trava-Murava» (Berlin 1922; entstanden 1914–17). In der längsten dieser Geschichten («Apollon Tirskij»; 1917 – Apollonius von Tyros) erzählt Remizov nach dem Muster des spätantik-mittelalterlichen Romans, jedoch in so eigenwilliger und humorvoller Manier, daß die 50 Seiten stilistisch zu seinen Meisterstücken gehören.

Die vollständige Liste der Buchveröffentlichungen wäre sehr lang, sie umfaßt (mit Einschluß der in der Emigration veröffentlichten Werke) an die 100 Titel, und bereits 1910/12 erschien in Rußland eine Ausgabe der Werke in 8 Bänden. REMIZOV, dessen Stil auch auf die Sowjetliteratur der 20er Jahre einwirkte, gilt heute in Rußland als dekadenter und reaktionärer Schriftsteller, und seine Werke werden im Gegensatz zu denen BUNINS seit Jahrzehnten nicht mehr gedruckt.

III. DIE ÜBERWINDER DES SYMBOLISMUS

Mit der symbolistischen Konzeption von der Dichtersprache als Interferenzzone zweier Sphären, des kosmisch-mythischen Urgrundes und der individuell-typischen dichterischen Lebenssphäre, war der Anstoß zu einer Reihe von neuen poetischen Konzeptionen gegeben, die weniger auf eine Deutung der übersinnlichen Realitäten abzielten als auf ein Sichtbarmachen der Möglichkeiten von Gestaltung aus dem Geist der Sprache selbst.

Dichtungstheorie ist in der Zeit des Symbolismus und seiner vielfach revoltierenden Abkömmlinge Sprachtheorie, und diese Sprachtheorie mußte sich folgerichtig weiterentwickeln bis hin zu den extremen Gewaltsamkeiten der Futuristen, die schließlich von ihrer «metalogischen» Sprache (zaumnyj jazyk) annahmen, sie sei die eigentliche Sprache der Dichtung. ANDREJ BELYJS und VJAČESLAV IVANOVS Rede vom «fleischgewordenen Wort» (slovo-ploť) deutet jedoch in einer noch kultisch gebundenen Terminologie bereits auf die sprachlichen Bemühungen der Futuristen voraus. Schon BELYJ hatte in seiner Abhandlung «Magija slov» (1909; die Magie der Wörter) betont: «Die Verbindung von Wörtern, ohne Beziehung auf ihren logischen Sinn, ist das Mittel, mit dem sich der Mensch vor dem Andrang des Ungewissen schützt.»

Die Reaktion auf die magisch-kultische Sprachauffassung der Symbolisten erfolgte schon zwischen 1910 und 1913 in den Dichtungen der Akmeisten und Futuristen, sehr bald auch in ihren Manifesten. Die rein literarischen Errungenschaften des Symbolismus wurden dabei (wenn auch in mancherlei Abwandlungen) größtenteils übernommen, und nur der ideologische Überbau schien nicht mehr brauchbar. Der symbolistische «Mythos» wurde ohne Gnade über Bord geworfen.

Obwohl auch der Symbolismus noch bis 1920 und teilweise sogar darüber hinaus in einzelnen Reservaten weiterexistierte, war doch seine innere Aushöhlung schon vor dem ersten Weltkrieg sehr vorangeschritten. Die eigentlich symbolistische Epoche ging mit den Jahren 1912/14 praktisch zuende. Das folgende Jahrzehnt trägt deutlich die Züge einer Übergangszeit, in der die literarische Entwicklung dauernd im Fluß bleibt.

Auf der anderen Seite konnte die Revolution von 1917 in dieser bewegten Phase in der Sache kaum einen neuen Akzent anbringen. Erst mit der großen Welle der literarischen Emigration (1920/22) beginnt eine neue Zäsur im Fluß der Dinge sichtbar zu werden. Als infolge des Bürgerkrieges die Tätigkeit der russischen Verlage immer mehr gehemmt wurde, siedelten sich auch zahlreiche Verleger im Ausland an, insbesondere in Berlin, wo zwischen 1921 und 1923 zeitweise mehr wichtige Neuerscheinungen in russischer Sprache verlegt werden konnten als in der Heimat. Die Situation, die in Rußland nach der Beendigung des Bürgerkrieges entstanden war, führte dann zu der Trennung der Literatur im Exil von der Sowjetliteratur.

1. MICHAIL KUZMIN

Eine wichtige Stellung am Rande der typischen Strömungen nimmt in den Übergangsjahren, die auf die Blütezeit des Symbolismus folgen, der Dichter MICHAIL KUZMIN (1875–1936) ein.

Bereits 1906 gab KUZMIN einen Gedichtzyklus mit dem Titel «Aleksandrijskije pesni» (Alexandrinische Gesänge) heraus, als dessen Vorbild die «Chansons de Bilitis» von Pierre Louÿs wiedererkannt wurden. Die Gedichte (in freien Rhythmen) zeigen Kuzmin nicht nur als einen äußerst formbewußten Künstler, sondern sie sind auch schon eine Art von literarischem Bekenntnis. Die verfeinerte, aber zugleich auch stark literarische Gefühlskultur der alexandrinischen Spätantike wurde sowohl für Kuzmins Dichtung als auch für die dandyhafte Stilisierung seines Auftretens in der Petersburger Kunstwelt bestimmend.

Obwohl KUZMIN ohne den Symbolismus nicht denkbar wäre, knüpft seine Dichtung mehr an die lateinisch-romanische Tradition an, und sie steht in ihrer «Klarheit» dem Geschmack der «Parnassiens» näher als dem der romantisch orientierten russischen Symbolisten. Kuzmins Lieblingsepoche blieb eine ganze Zeitlang das Rokoko, und als Musiker schätze Kuzmin ganz besonders W. A. Mozart. Kuzmin war in der Musik selbst Fachmann, er hatte bei Rimskij-Korsakov Kompositionslehre studiert und liebte es, seine Dichtungen selbst zu vertonen.

KUZMINS Lyrik ist in ihrer rhythmischen Technik besonders

abwechslungsreich und interessant, sie kultiviert die von den Symbolisten eingeführten Freiheiten und besticht durch ihren völlig unkonventionellen Stimmungsgehalt. Die wichtigsten Gedichtbände vor der Revolution sind «Seti» (1908; Netze), «Osennije ozëra» (1912; Seen im Herbst) und «Glinjanyje golubki» (1914; Tontauben). Viele Gedichte wirken vorwiegend illustrativ, und Kuzmin hat tatsächlich gelegentlich Gedichte nach Motiven der bildenden Kunst geschrieben («Pejzaž Gogéna» – Landschaft nach Gauguin). Ein ganzer Zyklus aus den Jahren 1914–17 trägt den Titel «Fuzij v bljudečke» (der Fudschijama in der Teeschale), er besteht aus kleinen Miniaturen, die Kuzmins Freude an der visuellen Darstellung zeigen.

Auch die Beziehungen zum Rokoko waren in Rußland durch die Malerei der Zeit gegeben, nachdem Maler wie *Benois*, *Sudejkin* und *Dobužinskij* historische Szenerien des 18. Jahrhunderts wieder in Mode gebracht hatten.

Mögen manche Schöpfungen Kuzmins auch zur lyrischen «Kleinkunst» gehören, so ist Kuzmin doch niemals von der Linie eines strengen Geschmacks abgewichen, und es zeigt sich nirgends falsche Manieriertheit. Kuzmin ist auch alles andere als ein naiver Dichter, hinter seiner Leichtigkeit steckt viel Selbstironie, und hinter seiner koketten Pose errät man die Melancholie einer überreifen Kultur.

Später in den Revolutionsjahren zeigte sich Kuzmin auf einmal auch von einer ganz anderen Seite, als ein Dichter von stark religiös gefärbter Inspiration. Davon zeugt z. B. seine «Kantate» mit dem Titel «Svjatoj Georgij» (1917; der heilige Georg), die mit in den Band «Nezdešnije večera» (1921; Abende nicht von dieser Welt) aufgenommen ist. 1922 veröffentlichte Kuzmin in einem der letzten bürgerlichen Almanache («Peterburgskij Almanach») sogar «gnostische» Gedichte mit Titeln wie «Sophia», «Der Lehrer», «Hermes» usf.

Zu beachten bleibt, daß Kuzmin sich auch den Einflüssen des Futurismus in diesen Jahren nicht entzog. Sowohl in der Verstechnik als auch in seiner expressiven Sprache steht z. B. der «Heilige Georg» Majakovskij bedeutend näher als dem Symbolismus.

Der letzte Gedichtband Kuzmins erschien 1929 unter dem Titel «Forel' razbivajet lëd» (die Forelle stößt durch das Eis). Von größter sprachlicher Perfektion zeugt vor allem die an autobiographischen Elementen reiche einleitende Verserzählung mit dem gleichen Titel.

In seiner Prosa war KUZMIN dort am erfolgreichsten, wo er in bewußter stilistischer Absicht die Erzähltechnik einem äußeren Gesetz unterwarf. Auf dem Gebiet der historischen Novelle sowie der Schelmennovelle und der Abenteurerbiographie sind Kuzmins Bemühungen von sehr viel größerem Erfolg gekrönt gewesen als auf dem Gebiet des Gesellschaftsromans und der «modernen» Novelle.

Romane wie «Nežnyj Iosif» (1909; der zärtliche Joseph) und «Plavajuščije putešestvujuščije» (1915; Schiffahrende und Reisende) bieten zwar interessante Einblicke in das Leben der schon etwas morbiden bürgerlichen Intelligenz vor der Revolution, sie sind aber ebenso wie die durch ihre homoerotische Thematik berühmt gewordene Novelle «Kryľja» (1906; Flügel) künstlerisch weniger überzeugend gestaltet als auf der anderen Seite etwa «Pochoždenija Ėme Lebefa» (1907; Aimé Leboeufs Abenteuer) oder «Putešestvije sera Džona Firfaksa po Turcii i drugim zamečateľnym stranam» (1910; die Reise des Sir John Fairfax durch die Türkei und andere bemerkenswerte Länder).

KUZMIN lehnt sich in diesen Werken an die lateinische Fabulierkunst (Petronius, Apuleius) ebenso an wie auch an die europäische Erzählkunst des 18. Jahrhunderts. Auch Henri de Régnier muß unter Kuzmins Vorbildern genannt werden. 1910 veröffentlichte Kuzmin in der Zeitschrift «Apollon» sein Manifest des «Clarismus» («O prekrasnoj jasnosti» – über die herrliche Klarheit), in dem er gegen den Symbolismus Front machte und seine Forderung nach Logik und Klarheit des Ausdrucks erhob, nach einer unbedingten Adäquatheit der darstellenden Form und des dargestellten Gegenstandes.

Das novellistische Werk KUZMINS ist im ganzen recht umfangreich, und besonders die kürzeren Geschichten fallen durch ihre anmutige Stilisierung auf (z. B. in dem Band «Zelënyj solovej»; 1915 – die grüne Nachtigall). Nachdem Kuzmin schon 1910 von den «Taten des Großen Alexander» (Podvigi Velikogo Aleksandra) erzählt hatte, trug er sich kurz vor der Revolution mit dem Gedanken, ein monumentales Erzählwerk zu beginnen, für das er den Namen «Novyj Plutarch» (der neue Plutarch) wählte. Durch die Zeitumstände wurde dieser Plan vereitelt, doch konnte eine erste Geschichte 1916 erscheinen:

«Das wunderliche Leben des Joseph Balsamo Grafen Caglio-
stro» (Čudesnaja žizń Iosifa Balzamo, grafa Kaliostro; in Buchform 1919).

Nach 1923 wurde es in der Sowjetunion stiller um Kuzmin,
doch ist er jedenfalls noch als Übersetzer tätig gewesen. Eine
Übertragung des «Goldenen Esels» von Apuleius durch Kuzmin erschien 1929.

2. Der Akmeismus

Die ganz auf die Lyrik beschränkte Doktrin des «Akmeismus»
(abgeleitet von griech. akmé: Spitze, Blütezeit, Reife) war eine
Reaktion auf die Überbetonung des «magischen» Charakters
der Sprache bei den Symbolisten und auf die romantische
Unterströmung des Symbolismus überhaupt. Der Akmeismus
wollte nun gerade wieder die einfachen Dinge betonen, die un-
gemischten Farben und Formen, die Klarheit des Ausdrucks
und die Beständigkeit des Wortgebrauchs. Die Nähe zum
Körperlichen und Stofflichen wurde betont, und eine eindeutige Bejahung des Lebens wurde gefordert, eine Annahme der Welt als Einheit von Schönem und Häßlichem,
als Synthese von «Gott, Laster, Tod und Unsterblichkeit»
(Gumilëv).

Die Weltanschauungen der Symbolisten, ihre Empfindsamkeit und ihre prophetische Haltung fanden bei den Akmeisten
keinen Anklang mehr. Nikolaj Gumilëv (1886–1921), der
maßgebende Theoretiker des Akmeismus und einer seiner Begründer, erklärte 1913 in seinem Manifest «Nasledije simvolizma i akmeizm» (das Erbe des Symbolismus und der Akmeismus): «Als Adamisten sind wir ein wenig wie die wilden Tiere
des Waldes, und auf keinen Fall möchten wir das, was in uns
an Tierischem ist, mit der Neurasthenie vertauschen.»

Als Vorbilder für die akmeistische Dichtung galten Gumilëv
nicht mehr E. A. Poe und Baudelaire, Maeterlinck und Mallarmé, sondern Dichter wie François Villon, Rabelais, Shakespeare und Théophile Gautier. Wegen seiner «romanischen»
Ironie und wegen seines unbestechlichen Sprachgefühls wurde
Innokentij Annenskij zum russischen Vorläufer des Akmeismus erkoren, obwohl er seinen wesentlichen Voraussetzungen
nach Symbolist geblieben war.

Der Akmeismus als eigentliche Schule entwickelte sich 1912 aus der im Jahr zuvor von SERGEJ GORODECKIJ und GUMILËV gegründeten «Gilde der Dichter» (Cech poètov). Zu dem Kreis, der durch die Zeitschrift «Apollon» moralisch unterstützt wurde, gehörten weiterhin ANNA ACHMATOVA, die 1910 GUMI-LËVS Frau geworden war, sowie bald auch OSIP MANDEĽŠTAM, MICHAIL LOZINSKIJ und einige jüngere Dichter, die Anfang der 20er Jahre in die Emigration gingen. Zu den letzteren ge-hörte auch GEORGIJ IVANOV, der später in Frankreich lebte und als bedeutendster Dichter der Emigration verehrt wurde.

Bereits nach der Revolution (1920) wurde die «Gilde der Dichter» wieder erneuert, und die drei Almanache dieser zwei-ten «Gilde» konnten noch 1921/22 in Petersburg gedruckt werden. Ein wenig veränderter Nachdruck erschien 1922/23 in Berlin, nachdem ein Teil der Gilde ins Ausland übergesiedelt war. In der Emigration zerfiel die Vereinigung dann bald.

Am frühesten wandte sich SERGEJ GORODECKIJ (1884–1967) vom Akmeismus wieder ab und stellte nach der Revolution sein Talent in den Dienst einer gefälligen Propagandalyrik. 1912 hatte er jedoch gleichzeitig mit GUMILËV einen program-matischen Aufsatz über das Verhältnis von Symbolismus und Akmeismus verfaßt, der unter dem Titel «Nekotoryje tečenija v sovremennoj russkoj poèzii» (einige Strömungen in der russi-schen Lyrik der Gegenwart) in der Zeitschrift «Apollon» (Ja-nuar 1913) abgedruckt worden war. GORODECKIJS früheste, noch dem Symbolismus nahestehenden Gedichtbände waren «Jaŕ» (1907) und «Perun» (1907). Aus der akmeistischen Periode stammen die Sammlungen «Iva» (1913; die Weide) und «Cvetuščij posoch» (1914; der blühende Stab).

GORODECKIJS beste Gedichte sind ohne Zweifel einfallsreich in ihrer Versstruktur und oft verblüffend in ihrer rustikalen und «barbarischen» Bildhaftigkeit. Gorodeckijs Verdienst bleibt es, eine Reihe von jüngeren Dichtern (besonders CHLEB-NIKOV und JESENIN) angeregt und gefördert zu haben, nicht nur durch sein persönliches Eintreten für sie, sondern auch durch die Vermittlung der in seiner Lyrik erstmalig in solcher Fülle begegnenden Motive aus der slavischen Mythologie und der religiösen Folklore. Sogar *Igoŕ Stravinskij* hat einmal unter dem Eindruck von Gorodeckijs Lyrik gestanden und einige seiner Dichtungen vertont.

Auch der hochbegabte und tief religiös veranlagte MICHAIL LOZINSKIJ (1886–1955) blieb nach dem Bürgerkrieg in Rußland. Sein einziger geschlossener Gedichtband «Gornyj ključ» (der Bergquell) erschien 1916, aber einige Jahre später verstummte er, um sich nur noch Übersetzungen zu widmen. Von LOZINSKIJ stammt u.a. die vorbildliche russische Version der Danteschen «Divina Commedia» (vollständig 1946).

GUMILËV, den die «Gilde der Dichter» gewissermaßen als ihren «Maître» betrachtete, wurde 1921 ein Opfer des Bürgerkrieges. Im Zusammenhang mit der Aufdeckung einer monarchistischen Verschwörung wurde der Dichter verhaftet und von der Tscheka zum Tode durch Erschießen verurteilt. Das «engagierte» Leben am Rande der Gefahr bildete für Gumilëv aber nicht nur den Schlüssel zu seiner persönlichen Existenz, sondern auch die Substanz seiner Dichtung.

Der im Weltkrieg mit dem Georgskreuz ausgezeichnete Soldat hatte in seiner Kriegslyrik («Kolčan»; 1916 – der Köcher) den Kampf als religiöses und ästhetisches Erlebnis bejaht, aber bereits seine früheren Bände zeugen von einer Bewunderung für das Heroische.

1910 wurde GUMILËV durch den Band «Žemčuga» (Perlen) bekannt, dessen Thematik von tropisch-exotischen Fernen (z. B. der alte Conquistador, der Papagei, die Kapitäne) über die klassische Mythologie (Heimkehr des Odysseus, Agamemnons Krieger) bis zu den großen Themen der europäischen Dichtung reicht («Die Nachkommen Kains», «Adam», «Christus», «Don Juan», «Beatrice»). Mit der Ausbildung des akmeistischen Kanons hängt es zusammen, daß in den folgenden Bänden die beschreibende, stofflich gebundene Poesie stark in den Vordergrund trat («Čužoje nebo»; 1912 – fremder Himmel). Eine Tendenz zum Dramatischen und zum Balladenhaften bewahrte Gumilëv jedoch davor, in Miniaturenmalerei zu verfallen.

Von magischen Vorstellungen und von der Philosophie des Orients durchwirkt sind vor allem die Gedichte aus dem letzten Band («Ognennyj stolp»; 1921 – die Feuersäule), in dem sich GUMILËV auch mit dem Problem der Kunst ernsthaft auseinandersetzt («Das Wort», «Der sechste Sinn», «Gebet der Meister»). Eines der bekanntesten Gedichte aus diesem Band ist «Die verirrte Trambahn» (Zabludivšijsja tramvaj), wo die Fahrt durch Petersburg in einem nicht mehr aufzuhaltenden

Straßenbahnwagen Durchblicke auf Stationen gewährt, die zwischen Leben und Tod liegen, Stationen auf einem Leidensweg, aber auch an einem Erkenntnisweg.

GEORGIJ IVANOV (1894–1958) trat 1912 mit seiner ersten Gedichtsammlung «Otplytije na ostrov Citeru» (Embarquement pour l'île de Cythère – nach dem Titel eines Bildes von Watteau) hervor, die deutlich Einflüsse von KUZMIN erkennen läßt. Seine zweite Sammlung «Veresk» (1916; Heidekraut) enthält alle typischen Züge des Akmeismus, wenn auch in einer Stilisierung, die stark an die «poésie légère» des 18. Jahrhunderts erinnert. Das Genrehafte und Spielerisch-Graziöse ist überhaupt für G. IVANOVS frühe Lyrik typisch. Der letzte noch in Rußland erschienene Band trägt den Titel «Sady» (1921; Gärten), das spätere Werk gehört bereits zur Literatur in der Emigration.

3. ANNA ACHMATOVA

ANNA ACHMATOVA (1889–1966) ist bis heute unbestrittenermaßen die bedeutendste russische Dichterin. Ihr richtiger Name war eigentlich Anna Gorenko, und wie der Name verrät, stammte die Dichterin aus dem Süden Rußlands. Ihre letzten Mädchenjahre verbrachte sie in Petersburg, wo sie 1910 die Ehe mit NIKOLAJ GUMILËV einging, von dem sie 1918 jedoch wieder geschieden wurde. ANNA ACHMATOVA schloß sich zwar den Akmeisten an, aber ihre dichterische Gabe entfaltete sich mehr oder weniger unberührt von Gumilëv und dessen dichterischen Neigungen, ihr Temperament blieb wesenhaft weiblich und grundverschieden von dem ihres Gatten.

Neben den dynamischen Versen GUMILËVS nehmen sich ACHMATOVAS Gedichte eher wie zarte Federzeichnungen aus, sie verraten aber zugleich eine stärkere Intensität des Gefühls. Insofern als die Lyrik der Achmatova realistisch, konkret erlebt und auf das Visuelle bezogen bleibt, ordnet sie sich den Postulaten des Akmeismus unter. In ihrer unaufdringlichen Musikalität und in ihrer graziösen Beweglichkeit steht sie jedoch zunächst KUZMIN und dessen kleinen genrehaften Schöpfungen näher als den Formen GUMILËVS.

ANNA ACHMATOVA bevorzugt in ihren ersten Zyklen die Form der Gelegenheits- und Stimmungsgedichte, bisweilen in epigrammatischer Abkürzung. Knapp aussparend und präzis ist ihre lyrische Äußerung, einzelne Gedichte wirken wie auf kleine Kacheln gemalt. Vollendet beherrscht die Dichterin schon in ihrer frühen Phase die Kunst, wesenhaft dramatische Szenen in eine kurze Form zu bannen. Ein Beispiel dafür ist das Gedicht «Seroglazyj koroľ» (der grauäugige König), das dem ersten Versband «Večer» (1912; Abend) entstammt. Die tragische Zuspitzung wird hier in eine fast epigrammatische Fassung gebracht.

Vom Akmeismus geprägt ist vor allem die präzise und konkrete Metaphorik der Beschreibungen. So lautet beispielsweise die erste Strophe des Gedichtes «Venedig» aus dem Band «Četki» (1914; der Rosenkranz) wie folgt:

> Goldener Taubenschlag am Wasser,
> das freundlich und grün erstirbt:
> ein salziger leichter Wind löscht
> die engen Spuren schwarzer Boote.

A. ACHMATOVAS frühe Phase ist fast ganz auf die beiden Bände «Večer» und «Četki» beschränkt. Schon in den Gedichten des Zyklus «Četki» mehren sich die elegischen Klänge, die einer Vertiefung und Verinnerlichung des Gefühls entsprechen. Die Metaphorik wird mit der Zeit reicher und gewagter, und das im Zentrum der Thematik stehende Liebeserleben intensiver und problemreicher. Ihre volle Reife erlangte die Dichterin mit dem Band «Belaja staja» (1918; die weiße Schar), der die Gedichte aus den nicht nur für sie persönlich schwierigen und ernsten Jahren 1913–17 vereinigte.

Die Liebe der Frau bleibt wie schon in «Četki» das bestimmende und große Thema dieser rückhaltlos alle Regungen der Seele bloßlegenden Lyrik. Von ANNA ACHMATOVA stammen ganz sicher einige der schönsten russischen Liebesgedichte, in denen Zärtlichkeit und Bewußtheit, Leidenschaftlichkeit und Sachlichkeit zur bestmöglichen Vereinigung kommen. «Ich habe gelernt, einfach und weise zu leben», so beginnt ein Gedicht aus dem Band «Četki», und in weiser Klarheit und Einfachheit setzte sich die Dichterin mit ihrer Rolle als liebender Frau auseinander.

Das vorwiegend Autobiographische und intim Tagebuchhafte ihrer Stimmungslyrik findet in «Belaja staja» nicht nur eine feste Stütze im Religiösen, sondern auch zugleich die Form des dichterisch Beständigen und Endgültigen. «Schon lange küssen meine Lippen nicht mehr, sondern sie verkündigen», so läßt sich die Dichterin in einem Vers aus dem Jahr 1915 vernehmen. Die anfangs ganz von der Weiblichkeit der Dichterin ausgefüllte Welt mit ihren zarten Erinnerungen an Lindenduft, an sommerliche Parks, an die Hängematte, die offene Terrasse, einen als Pfand hergegebenen weißen Schuh, ein Paar Handschuhe nebst einer Reitgerte, an blauen Pfeifenrauch und den Meergeruch von Austern auf zerkleinertem Eis verliert ihre Begrenzungen und tritt in Beziehung zu dem größeren Schicksal, zum Krieg, zum Schicksal Rußlands.

Die ungewöhnliche Intensität der Beschreibung in A. ACH-MATOVAS Gedichten hat neuerdings einen Kritiker *(R. Poggioli)* den Namen der Dichterin sogar neben den Marcel Prousts stellen lassen. Zugleich ist Anna Achmatova aber sehr russisch, ihr Petersburg ist das Petersburg Puškins und der russischen Klassik:

> Aber gegen nichts vertauschen wir den Prunk
> der granitenen Stadt des Ruhmes und des Unheils,
> das leuchtende Eis der breiten Flüsse,
> die düsteren Gärten ohne Sonne
> und die kaum hörbare Stimme der Muse.

(aus «Belaja staja»)

Die elegische Muse, die Begleiterin *Anna Achmatovas* während der Kriegsjahre, läßt eine Verwandtschaft mit der Muse I. ANNENSKIJS erkennen:

> Und die Muse in ihrem zerlumpten Kleid
> singt schleppend und traurig.
> In ihrem grausamen und jungen Herzeleid
> ist ihre wundertätige Kraft.   (aus «Belaja staja»)

Diese elegische Stimmung setzt sich auch in dem Band «Podorožnik» (1921; Weggras) fort, in dem sich die Dichterin «singend und erinnernd» ihrem herben Los und den Prüfungen der Zeit ergibt. Mitten im Dunkel leuchtet jedoch mitunter ein warmes Licht, eine ruhige und klare Freude auf, die die Dichterin auf die an ihr vorüberziehenden Dinge überträgt. In «Podorožnik» ebenso wie in «Anno Domini MCMXXI» (1922) gewinnt ihre Stimme noch mehr Festigkeit und Überlegenheit.

Ihre Liebeslyrik ist auf Erinnerung und Abschied eingestellt, die Landschaften der Seele werden immer symbolischer:

> Ein durchsichtiger Abglanz auf Dingen und Gesichtern
> wie wenn überall Blütenblätter verstreut wären
> von jenen kleinen gelbrosafarbenen Rosen,
> deren Namen ich nicht mehr weiß.   («Anno Domini»)

In ANNA ACHMATOVA war die Liebe zu ihrer Heimat so übermächtig, daß sie es verschmähte, ihr Land aus politischen Gründen zu verlassen. Ihr Mund blieb von 1922 an lange Zeit zum Schweigen verurteilt, und nach «Anno Domini» trat die Dichterin nicht mehr in der Öffentlichkeit hervor. Erst 1940 konnte ein weiterer Gedichtband erscheinen («Iva» – der Weidenbaum), in dem sich zeigte, daß Anna Achmatova sie selbst geblieben war, ohne innerlich zu kapitulieren.

4. OSIP MANDEĽŠTAM

OSIP MANDEĽŠTAM (1891–1938), der hie und da als der bedeutendste russische Lyriker nach ALEKSANDR BLOK angesehen wird, hatte bis 1923 nur zwei nicht sehr umfangreiche Gedichtsammlungen vorgelegt: «Kamen'» (1913; der Stein) und «Tristia» (Berlin 1922; in geänderter Form als «Vtoraja kniga» – das zweite Buch; Moskau 1923). Er entstammte einer jüdischen Kaufmannsfamilie, kam in Warschau zur Welt und studierte an der Sorbonne und in Heidelberg.

MANDEĽŠTAMS poetisches Werk auf einen Nenner zu bringen, wäre ein erfolgloses Unterfangen, da der Dichter seiner Kultur nach zwar in erster Linie Russe war, jedoch mit einem unverkennbaren Einschlag jüdischer Geistesbildung ausgezeichnet blieb.

Vers- und gattungsmäßig sind MANDEĽŠTAMS Gedichte eher konservativ und stützen sich auf die Errungenschaften der russischen Klassik (Batjuškov, Puškin). Im Hinblick auf die Sprache der poetischen Bilder (die poetische «Semantik») ist Mandeľštam jedoch unter den Akmeisten ein ausgesprochener Avantgardist. Man hat den Dichter von der visuellen Seite her mit dem frühen Picasso und mit Giorgio de Chirico verglichen *(R. Poggioli)*, in der dichterischen Suggestivität dagegen mit Mallarmé *(G. Ivask)*. Diese Vergleiche treffen sowohl die Magie des Dinglichen bei Mandeľštam als auch eine hermetische Geschlossenheit seiner Welt, die den Zugang zu den Gedichten manchmal erschwert.

Man kann in MANDEĽŠTAMS Gedichten den Versuch sehen, «Schwere» (russ. tjažesť) und Zartheit (russ. nežnosť) ineinander zu projizieren und miteinander auszubalancieren, wie es ein Gedicht aus dem Jahr 1920 andeutet:

... Ach, schwere Waben und zarte Netze,
   leichter hebe ich einen Stein auf als daß ich deinen Namen
   ...   wiederhole!
Wie schweres Wasser trinke ich die verunreinigte Luft.
Die Zeit ist vom Pflug aufgebrochen, und die Rose ist Erde
                              gewesen.
Im langsamen Wasserstrudel treiben schwere zarte Rosen,
der Rose Schwere und Zartheit hast du in doppelte Kränze
                           geflochten!

MANDEĽŠTAMS Lyrik ist tatsächlich zwei Polen zugeordnet, die sich ihm am klarsten in der sakralen Architektur enthüllten. Immer wieder kehrt Mandeľštam zum Bild der Kathedrale zurück (etwa schon «Hagia Sophia» – 1912; «Notre Dame» – 1912), was besonders eindrucksvoll in einem Gedicht aus «Tristia» wird, wo die «ewigen Kathedralen» der Sophia und des Petrus genannt sind, «Speicher der Luft und der Helligkeit», in denen das «Korn des tiefen, vollen Glaubens» bewahrt wird. Für Mandeľštam ist der sakrale Bau ein wichtiges Symbol nicht nur für den Glauben, sondern genauso für die Kunst, sich von der Last zu befreien, die der Objektivierung der Schönheit entgegensteht. Bei der Betrachtung der «bizarren Rippen» von Notre Dame in Paris findet Mandeľštam den Vers: «... aus unguter Last werde auch ich einst ein Werk der Schönheit bilden.»

MANDEĽŠTAM hat sich wie Puškin durch alle Epochen und durch alle Stile angesprochen gefühlt, seine gleichsam statischen Visionen reflektieren das alttestamentliche Israel ebenso wie Athen, Rom und Byzanz, das europäische Mittelalter, das «florentinische» Moskau des 16. Jahrhunderts, das klassizistische Petersburg und schließlich sogar London, wie Charles Dickens es sah (in dem Gedicht «Dombi i syn»; 1913 – Dombey and Son).

Unter den lyrischen Gattungen hat MANDEĽŠTAM besonders die Ode, die Elegie und die «leichte» Poesie anakreontischen Ursprungs gepflegt, auch hier der Tradition des Klassizismus folgend. Die Elegie, bzw. die elegische Ode ist vielleicht die für Mandeľštam typische Gattung, in ihr findet sein Temperament den ihm gemäßen Ausdruck.

MANDEĽŠTAM spielt gern mit dem Wort auf verschiedenen semantischen Ebenen, das Feierliche rückt in die Nähe des Prosaischen, und das Alltägliche wird ins Zeitlose und Verbindliche entrückt. Petersburg ist nicht nur Puškins Petersburg und das Petersburg von 1920, sondern auch «Petropolis», wo in den Kriegs- und Hungerjahren schon nicht mehr Athena unter ihrem «steinernen Helm» herrscht, sondern «Proserpina», die Göttin der Unterwelt.

Die Hellenisierung des Hintergrundes, vor dem sich die Oktoberrevolution in MANDEĽŠTAMS Gedichten abspielt, charakterisiert den besonderen Stil jedoch nicht zureichend. Entscheidend ist die semantische Überschneidung des Hellenischen mit dem autochtonen, bäuerlich-barbarischen Element. Auf der einen Seite erhebt sich die Akropolis, auf der anderen Seite werden die wilden Mähnen der nächtlichen Steppenpferde sichtbar. Der Tag hebt langsam an, «wie ein Ochse, der sich aus dem Stroh emporwälzt», und «der ärmliche Schafspelz riecht nach Rauch».

In erster Linie ist MANDEĽŠTAMS Lyrik aus dem Band «Tristia» Nachtdichtung. Mandeľštam beschwört eine Traumszenerie, in der man «die gestrige Sonne auf schwarzen Bahren» trägt, und wo die von dem siebenarmigen Leuchter erhellte «Nacht Jerusalems» übergeht in den «schwarzen Samt der sowjetischen Nacht», in der man auf Posten und Patrouillen stößt, und in der sich die Hauptstadt «krümmt wie eine Wildkatze».

Eine Nachlese seiner Poesie aus den Jahren 1921–25 nahm MANDEĽŠTAM in den Band «Stichotvorenija» (Moskau 1928; Gedichte) auf, der noch einmal das lyrische Gesamtwerk in den wesentlichen Teilen zusammenfaßt. Insbesondere aus den Jahren 1922/23 stammen Gedichte, in denen Mandeľštam trotz Not, Entbehrungen und Unsicherheit dem Leben eine neue Chance gibt, mag auch ein Schafstall die letzte Herberge sein:

... Leise die Wolle streicheln und das Stroh aufschütteln,
wie ein Apfelbaum im Winter unter der Bastdecke hungern,
voll Zärtlichkeit und sinnlos sich an das Fremde drängen,
und im Leeren herumtasten, und geduldig warten.

57 vor allem in den 30er Jahren entstandene Gedichte aus
dem Nachlaß wurden 1961 in einem New Yorker Almanach
der Exilrussen erstmalig herausgegeben. Auch hier zeigt sich
MANDEL'ŠTAM auf der früheren Höhe seiner Kunst. Über Mandel'štams fernere Schicksale in der Sowjetunion unterrichten
die interessanten Memoiren seiner Witwe Nadežda, die im
Westen veröffentlicht wurden (1970–1972). Mandel'štam war in
den 30er Jahren verschiedenen Verfolgungen ausgesetzt und
hat wahrscheinlich auf dem Transport in ein fernöstliches Lager den Tod gefunden.

5. Vladislav Chodasevič

Im Gegensatz zu Mandelštam gehörte VLADISLAV CHODASEVIČ
(1886–1939), der väterlicherseits einer polnischen Adelsfamilie
entstammte, nicht zu der Gruppe der Akmeisten, er stand ihr
jedoch in vieler Hinsicht nahe, zumindest was sein Verhältnis
zum Symbolismus betrifft. Die beiden frühen Versbände «Molodost'» (1908; Jugend) und «Sčastlivyj domik» (1914; das
glückliche Häuschen) nahm der Dichter, der höchste Anforderungen an sich stellte, später nicht mehr in seine «gesammelten
Verse» auf, und so bilden die beiden Zyklen «Putëm zerna»
(1920; der Weg des Korns) und «Tjažëlaja lira» (1922; die
schwere Lyra) den Kern seines Werkes, bevor er 1922/23 in die
Emigration ging.

Obwohl CHODASEVIČs Lyrik ähnlich wie die der Akmeisten
vor allem auf die konkrete Dingwelt bezogen ist, sind die Neigungen zu einer mystischen Interpretation der Wirklichkeit bei
Chodasevič nicht zu verkennen. Das Titelgedicht aus «Putëm
zerna» nimmt z. B. auf die Stelle aus dem Johannesevangelium
Bezug, wo vom sterbenden Weizenkorn die Rede ist, und
Chodasevič drückt hier im Jahr 1917 die Hoffnung aus, auch
Rußland werde sterben und wiedergeboren werden wie das
Korn: «Alles was lebt, muß den Weg des Korns gehen.»

Als aufschlußreich darf auch das Gedicht «Pro sebja II»

(1919; Über mich selbst II) gelten, wo CHODASEVIČ an den
Mythos von Narcissus anknüpfend die dichterische Kontem-
plation in der Weise begreift, daß sich der Dichter prüfend über
einen Wasserspiegel beugt und im Augenblick des mystischen
Einswerdens in die Tiefe gezogen wird: «Beim Fallen erlischt
still der unreine Blick meiner irdischen Augen, aber flammend
steigt von dort ein Kranz aus Sternen über meinem Kopf empor.»

In der Form seiner Dichtung ist CHODASEVIČ ein später
Nachfahre Puškins, und eine kritische Untersuchung über
Puškin war das letzte Buch, das er noch in Rußland veröffentlichen konnte: «Poètičeskoje chozjajstvo Puškina» (1924; Puškins poetische Ökonomie). Die Prosa des Lebens ist bei Chodasevič ebenso wie bei Puškin auf ein absolutes Niveau gehoben,
ja bisweilen im Zustand des Transzendierens erfaßt. In dem
interessanten Gedicht «Ballada» (1921; Ballade) geraten die
nackten Gegenstände in einem kärglich möblierten kalten Zimmer plötzlich in Bewegung, das ganze Zimmer versinkt, und
der Dichter bleibt allein auf einem schwarzen Fels, als der
ewige Orpheus, und in seiner Hand liegt nur die «schwere
Lyra».

Die harte Wirklichkeit der Not- und Hungerjahre steigt besonders in den beiden kleinen Verserzählungen auf, die in dem
Band «Putëm zerna» zu finden sind («Dom» – das Haus; «Vtoroje nojabrja» – der zweite November), aber auch in vielen einzelnen Gedichten, wie z. B. in dem allegorischen «Automobil»
(1921), wo der Dichter die «blinden Hände» ausstreckt und sich
vergebens bemüht, die Wirklichkeit zu begreifen: «Hier stand
eine Welt, einfach und ganz, aber seit der Zeit, da *dieses* (scil.
das Automobil mit den schwarzen Flügeln) umherfährt, gibt es
in meiner Seele und in der Welt weiße Flecken wie von ausge-
gossenen Säuren.»

6. DER FUTURISMUS

Als besondere Gruppe traten in Rußland nach 1910 jene jungen
Dichter in Erscheinung, die sich dann schließlich – in Anleh-
nung an die italienische Avantgarde – «Futuristen» nannten.
Während jedoch in Italien das Schwergewicht in künstlerischer
Hinsicht mehr bei den bildenden Künstlern (Carrà, Boccioni,

Severini) lag, entwickelte sich in Rußland im Zeichen des Futurismus eine bemerkenswerte Dichtkunst, die den Rahmen sektiererischer Enge nach und nach sprengte.

Die Frage der Abhängigkeit von außerrussischen Strömungen ist dabei durchaus von sekundärer Bedeutung, da es sich bei der Kunstrevolution von 1909/12 um einen gesamteuropäischen Aufbruch handelte, aus der sich neue Formen der bildenden Kunst ebenso entwickelten wie neue Formen der Dichtung (Expressionismus, Futurismus usw.). Persönliche Kontakte sorgten damals dafür, daß neue Ideen und neue Experimente den interessierten Gruppen schnell bekannt wurden. Marinetti, der Sprecher des italienischen Futurismus, besuchte bereits 1910 Rußland, andererseits stellten aber die Brüder *Burljuk*, die zum frühesten Stamm der russischen Futuristen gehörten, ihre Bilder auch in München aus, wo sie beim «Blauen Reiter» gastierten.

Die «Formfrage» (Kandinsky) stellte sich als die eigentliche Antriebskraft dieser neuen Bewegungen heraus, und vor ihr gab es keine verschlossenen Grenzen. In Deutschland läßt sich das z. B. durch die Zeitschrift «Der Sturm» (seit 1910) für die Jahre bis zum Kriegsausbruch leicht dokumentieren, und man sieht, daß hier auch die Russen in einem gewissen Umfang bereits gewürdigt wurden. Der Anteil, den die Russen an der Entwicklung ganz neuer Formen in diesen Jahren hatten, darf nicht unterschätzt werden, er macht sich am augenfälligsten in der bildenden Kunst bemerkbar in Gestalten wie *Kandinsky* (Kandinskij), *Jawlensky* (Javlenskij), *Malewitsch* (Malevič), *Tatlin*, *Anton Pevsner* (Pevzner).

Die Beziehung, die die Russen selbst zwischen der Dichtung und modernen visuellen Vorstellungen sahen, erhellt daraus, daß die Gruppe der Futuristen im eigentlichen Sinn (russisch nannten sie sich nach dem Vorschlag Chlebnikovs auch «Budetljane») noch vor dem Weltkrieg den Namen Kubo-Futuristen erhielt, zum Unterschied von den sog. «Ego-Futuristen», die eigentlich den Namen zu Unrecht usurpiert hatten.

Die «Ego-Futuristen» bildeten unter dem geistigen Patronat des Dichters Igoŕ Severjanin (Pseudonym für Igoŕ Lotarev; 1887–1941) in den Jahren 1912–1914 eine kurzlebige Gemeinschaft, aus der später einige Vertreter zu den sog.«Imaginisten» stießen (R. Ivněv, V. Šeršenevič). Mit dem Futurismus hat diese Gruppe wenig zu tun, und der Schock, den SEVERJANIN selbst beim Leser hervorzurufen trachtete, wurde durch eine gewisse mondäne Verspieltheit erheblich gemildert. Die Titel seiner Gedichtsammlungen («Gromokipjaščij kubok»; 1913 – der donnerschäumende Becher; «Ananasy v šampanskom»; 1915 – Ananas in Champagner; «Crème de violettes»; 1919) deuten schon allein die Richtung an.

Nur die Gruppe der Kubo-Futuristen verdient ernsthaftes literarisches Interesse, und ihre bedeutendsten Vertreter, VELIMIR CHLEBNIKOV und VLADIMIR MAJAKOVSKIJ, nehmen in der russischen Dichtung zwischen 1910 und 1920 tatsächlich einen hervorragenden Platz ein.

Die theoretische Formulierung der Leitgedanken des Futurismus geht in erheblichem Umfang auf ALEKSEJ KRUČËNYCH (1886–1968) zurück. Kručënych operierte dabei mit einer neuen Sprachtheorie, die bei aller extremen Ausschließlichkeit wichtige allgemeine poetologische Einsichten begründen half. Kručënych war der Theoretiker des Wortes «als eines solchen», wie es der Titel seines gemeinsam mit Chlebnikov verfaßten Manifestes «Slovo kak takovoje» (1913; das Wort als solches) verrät. Der leitende Gedanke dabei war, daß das Wort als Formelement wichtiger und interessanter sei als das Wort in seiner lexikalischen Bedeutung. Das dichterische Wort ist nach Kručënych das «metalogische» Wort (zaumnoje slovo), das es in seiner Gestalt und in seinem Klang zu aktualisieren gilt.

In ihrer Einseitigkeit hat diese Theorie der metalogischen Sprache in KRUČËNYCHS dichterischen Experimenten keine sehr überzeugenden Früchte getragen, aber als methodischer Anspruch war die neue Auffassung des Wortes als eines formalen Strukturelementes doch in vieler Hinsicht gerechtfertigt. Wichtig war doch den Futuristen allein die Kunst, und so heißt es in dem Manifest «Slovo kak takovoje»: «Ein Kunstwerk bedeutet Kunst des Wortes. Hieraus ergibt sich von selbst die Austreibung der Tendenz, der «Literatur» jeder Art (literaturščina) aus dem Kunstwerk ... Jede Botschaft, die nicht aus der Kunst selbst hervorgeht, ist Holz, das wie Eisen angestrichen ist.»

Unter den Theoretikern verdient auch der Maler und Dichter DAVID BURLJUK (1882–1967) Beachtung. Seine Gedanken hat er in endgültiger Gestalt zwar erst in der Emigration in seiner

Theorie des «Entelechismus» (Éntelechizm) niedergelegt, aber
es steht fest, daß er zu den großen Anregern seiner Zeit gehörte,
und daß er der eigentliche Organisator der futuristischen Bewegung war. MAJAKOVSKIJ, der 1911 als Kunstschüler unter
den Einfluß Burljuks geriet, bekennt in seiner Autobiographie:
«In dauernder Liebe denke ich an David. Ein wunderbarer
Freund. Mein wirklicher Lehrer. Burljuk hat aus mir einen
Dichter gemacht.» (1928)

BURLJUKS eigene Gedichte sind technisch interessant in ihrer
abgekürzten Syntax (Verzicht auf Präpositionen) und verraten
eine beachtliche künstlerische Phantasie. Neue, in der Emigration entstandene Gedichte erschienen noch 1930 in New York
(«Éntelechizm, Teorija, Kritika, Stichi, Kartiny 1907–1930» –
Entelechismus, Theorie, Kritik, Verse, Bilder 1907–1930).

Unter den weniger bekannten Futuristen verdienen noch die
jung verstorbene Dichterin JELENA GURO (1877–1913), VASILIJ
KAMENSKIJ (1884–1961) und BENEDIKT LIVŠIC (1886–1939) genannt zu werden. V. KAMENSKIJ trat nach der Revolution auch
mit einem historischen Drama hervor («Sten̆ka Razin»; 1919),
das eine Mischung von futuristischer Dichtung und politischen
Losungen darstellt. Seine Erinnerungen erschienen 1931 in
Moskau unter dem Titel «Put̆ éntuziasta» (der Weg eines En-
thusiasten). Von Bedeutung für die Geschichte des Futurismus
sind auch die Erinnerungen von B. LIVŠIC («Polutoraglazyj
strelec»; Leningrad 1933 – der anderthalbäugige Schütze).

7. VELIMIR CHLEBNIKOV

Als der originellste Kopf unter den Futuristen darf sicher der
in der Nähe von Astrachan̆ im Süden Rußlands geborene VELI-
MIR CHLEBNIKOV (bürgerlicher Vorname: Viktor; 1885–1922)
gelten. In Anlehnung an eine freilich im ganzen utopische Geschichtsphilosophie gelang dem Visionär Chlebnikov die
Wendung zu einer modernen Epik, deren dichterische Landschaft sich weit in die Vergangenheit und in die Zukunft öffnete.

Das heroisch-elementare Pathos der Revolution, der CHLEB-
NIKOV in der Sache positiv gegenüberstand, stellt sich in seinem
Werk als ein Einbruch der Urwelt dar, als ein neues Hervor-
sprudeln der vorgeschichtlichen Quellen des Lebens. Chlebnikovs wichtigste Motivkreise sind daher die Naturgeschichte

(Geologie, Paläontologie), das slavische Altertum, der Schatz der Volkssagen, die Mythologie der slavischen, orientalischen und asiatischen Völker. Manche dieser Wege wurden Chlebnikov zwar schon durch VJAČESLAV IVANOV und durch S. GORODECKIJ gewiesen, jedoch ist die Verbindung von altslavischer, altorientalischer und zentralasiatischer mythischer Vergangenheit aus der völlig eigenen Sicht CHLEBNIKOVS erwachsen.

CHLEBNIKOVS wichtigste Gedichtsammlungen sind (abgesehen von zahlreichen Einzelveröffentlichungen) der «Izbornik stichov» (1914; Musterbuch der Verse), das Buch «Tvorenija I» (1914; Werke I) und der Band «Stichi» (1923; Verse). In den Jahren 1928–33 gab dann eine Gruppe der Freunde Chlebnikovs größere Teile des Nachlasses unter dem Titel «Neizdannyj Chlebnikov» (der nichtedierte Chlebnikov) heraus. Parallel dazu erschienen in Leningrad die gesammelten Werke in fünf Bänden (1928–33).

CHLEBNIKOVS Vorliebe für das Primitive und Archaische, für eine prähistorische «Exotik» ist kaum mit den Bestrebungen der Symbolisten zu vergleichen. Chlebnikovs Dichtungen haben schon in ihrer sprachlichen Substanz ein ganz anderes Aussehen. Durch einen Rückgang auf die reinen Wortbildungselemente schafft sich Chlebnikov seine eigene Sprache, in der ähnlich wie bei KRUČËNYCH die metalogischen Beziehungen zwischen Wortstämmen und suffixalen Erweiterungen, zwischen der Klanggestalt des Wortes und seiner potentiellen Bedeutung in den Vordergrund rücken.

Im Hinblick auf die Sprache ist CHLEBNIKOV ebensosehr Futurist wie Historiker, und wo der Bestand der Wörterbücher nicht ausreicht, erfindet er besondere ausdrucksstarke «Neologismen» aus dem ursprünglichen Geist der Sprache heraus, in einfühlender Anlehnung an das faktisch vorhandene Wortgut.

CHLEBNIKOV wurde auf diese Weise zu einem eigenwilligen Interpreten der Sprache und ihrer geschichtlichen Herkunft; V. MAJAKOVSKIJ nannte ihn den Schöpfer eines neuen «periodischen Systems» des Wortes. In seinen letzten Jahren beschäftigte sich CHLEBNIKOV eigens mit der Theorie einer poetischen Ursprache, der er die Bezeichnung «Sternensprache» (zvëzdnyj jazyk) verlieh (vgl. die Fragmente «Carapina po nebu»; 1925 – Schramme am Himmel).

Über das reine Experiment weisen jedoch schon CHLEBNI-
KOVS frühe Gedichte hinaus. Die in den ersten Almanach der
Futuristen «Sadok sudej I» (1910; der Käfig/bzw. die Falle/der
Richter) aufgenommene groteske Verserzählung «Žuravľ»
(Wortspiel: «Kran» und «Kranich») entwickelt in einem kunst-
vollen Spiel mit Metaphern den Widerstreit zwischen dem
Menschen und dem Monstrum der maschinellen Technik. Be-
reits hier zeigt sich auch Chlebnikovs Neigung zum Surrealis-
mus, die in der historisch-utopischen Prosaerzählung «Ka»
(1916) noch deutlicher wird.

CHLEBNIKOV arbeitete zusammen mit KRUČĔNYCH, DAVID
BURLJUK und MAJAKOVSKIJ auch das futuristische Manifest
«Poščĕčina obščestvennomu vkusu» (1913; eine Ohrfeige dem
öffentlichen Geschmack) aus, das in dem gleichnamigen Almanach erschien. Hier veröffentlichte CHLEBNIKOV auch seine
Verserzählung «I i E» (I und E), mit dem Untertitel «Geschichte
aus der Steinzeit» (entstanden 1911).

Die wichtigsten Verserzählungen (vorwiegend lyrisch-dra-
matischen Charakters) sind in den folgenden Jahren «Chadži-
Tarchan» (1912), «Šaman i Venera» (1912; der Schamane und
die Venus) und «Vila i lešij» (1913; die Nymphe und der Wald-
geist). Aus den späteren Jahren müssen weiter die größeren
zeitgeschichtlichen und zugleich philosophischen (insbesondere sprachphilosophischen) Versdichtungen wie «Noč' v
okope» (1919; die Nacht im Schützengraben), «Ladomir»
(1920), «Nočnoj obysk» (1921 – nächtliche Durchsuchung) und
«Truba Guľ-Mully» (1921 – die Posaune des Gul-Mullah) genannt werden.

Eine besondere Gattung der zyklischen Erzählung (vorwiegend in Versen), die CHLEBNIKOV selbst «Übererzählung»
(sverch-povesť oder zapovesť) nannte, wird durch die dramatische Folge «Zangezi» (1922) vertreten. Diese Dichtung
wurde 1923 in Petersburg von Studenten unter Leitung von
VLADIMIR TATLIN (Begründer des Konstruktivismus) zweimal
aufgeführt.

VELIMIR CHLEBNIKOV starb 1922 in äußerster Armut an den
Folgen physischer Entkräftung.

8. Vladimir Majakovskij

Eng mit der späteren Revolution verbunden war seit seiner Jugend der auch im Westen weithin bekannte Dichter Vladimir Majakovskij (1893–1930). In Transkaukasien als Sohn eines Forstbeamten geboren, kam Majakovskij noch als Gymnasiast 1906 nach Moskau, wo er von 1908–14 verschiedene Kunstschulen besuchte. Bereits in dieser Zeit wurde er auch politisch tätig und erlebte mehrere Verhaftungen. 1911 schloß er sich der avantgardistischen Malergruppe «Bubnovyj valet» (Karobube) an und wurde 1912 durch D. Burljuk in den Kreis der Futuristen eingeführt.

Majakovskijs frühe Gedichte sind noch ganz durch Chlebnikov und Burljuk beeinflußt, doch strebte Majakovskij die «Entbürgerlichung» der Sprache weniger durch eine Veränderung der normalen Sprache als durch eine betont vulgäre Diktion und eine polemische Metaphorik an. In seiner ersten längeren Versdichtung, der «Tragödie» mit dem Titel «Vladimir Majakovskij» (1913), nennt der Dichter seine Worte «einfach, wie das Brüllen der Tiere». Dennoch ist man schon hier berührt von dem «drohenden, anklagenden Ernst» *(B. Pasternak)* dieser ungewöhnlichen, immer wieder in Hyperbeln ausbrechenden Sprache. Zur Selbstcharakteristik sagt Majakovskij im Prolog zu seiner «Tragödie»: «Durch ein Gewitter aus Spott trage ich meine Seele auf einer Schüssel zum Mahl der kommenden Jahre.»

In den Dichtungen der Jahre 1914/15, besonders in den Verserzählungen «Oblako v štanach» (eine Wolke in Hosen) und «Flejta-pozvonočnik» (Flöte aus einer Wirbelsäule) werden Majakovskijs schreiende und nicht selten auch blasphemische Bilder geordneter entwickelt und zu bestimmten Komplexen verdichtet (Großstadt, biblische Metaphorik, der menschliche Körper im kosmischen Maßstab). Bezeichnend wird für seine Sprache, daß sie in die Spannung zwischen Sarkasmus und Naivität, zwischen pathetischem Zynismus und verletztem Feingefühl hineinwächst.

Obwohl sich Majakovskij früh zum Kommunismus und zum Kollektivismus bekannte, ist seine Lyrik zunächst ultra-individualistisch. Thema der Dichtung ist immer das lyrische Subjekt, also Majakovskij selbst, der zwar der Gesellschaft gegenüber zum Bilderstürmer wird, sich aber zugleich auch selbst in Szene zu setzen weiß. Der Dichter macht sich mit Vorliebe zur tragischen Gestalt, auch wo seine Verse in grotesken Hyperbeln sprechen. In einem kurzen Gedicht aus dem Zyklus «Ja» (Ich) findet sich schon 1913 diese Stelle: «Wo die Städte erhängt sind, und in der Schlinge einer Wolke die krummen Hälse der Türme erkalten, wandele ich allein und weine bitterlich ...»

MAJAKOVSKIJS frühe Gedichte und Verserzählungen sind die gequälten Monologe eines unglücklich und eifersüchtig Liebenden, und noch in der Dichtung «Čelovek» (1916/17; der Mensch) füllt das private Schicksal das phantastische Zeit- und Sittengemälde fast ganz aus.

Die politische Satire nimmt in dieser Zeit noch einen bescheidenen Platz ein, und erst in dem Agitationsstück «Misterija-buff» (1918; Mysterium buffo – Neufassung 1921) und in der Verserzählung «150000000» (1919/20; gemeint ist damit die Einwohnerzahl des Sowjetlandes) wird die Zeitsatire zu einem starken Gegengewicht gegenüber einem sonst eher romantisch-heroischen Pathos.

Mit der allmählichen Überwindung der ursprünglichen futuristischen Poetik entwickelte MAJAKOVSKIJ in den Jahren 1915 bis 1923 einen eigenen Versstil, der ihn als einen der großen Meister des 20. Jahrhunderts ausweist. Es ist von kritischer Seite (insbesondere von Majakovskijs leidenschaftlichem Widersacher *V. Chodasevič*) eingewandt worden, daß die bei Majakovskij eingeführten Neuerungen (Vers libre, extreme Variabilität und Freiheit des Reims, graphische Hervorhebung der kleineren syntaktischen Einheiten) in Rußland alle bereits vor Majakovskij praktiziert worden seien, jedoch bleibt die Tatsache bestehen, daß Majakovskij die neue Rhythmik und den neuen Reim in der russischen Versdichtung als erster zu einem gültigen Kanon erhoben hat, und daß diese Neuerungen seitdem als gleichberechtigte Stilmittel im Vers gelten können.

Hinzu kommt, daß MAJAKOVSKIJ eine wirklich neue poetische Sprache geschaffen hat, einen neuen dichterischen Ausdruck, von dem *Roman Jakobson* in einem Nachruf auf Majakovskij (1930) sagen konnte, durch ihn erscheine das Wort qualitativ verschieden von allem, was vor Majakovskij im russischen Vers dagewesen sei.

Die Auseinanderrückung der syntaktischen Einheiten, die Umwandlung der Verszeile in eine «Stufenleiter», wie sie in der Tat schon von ANDREJ BELYJ erprobt wurde, stellt keineswegs die entscheidende Neuerung MAJAKOVSKIJS dar, obwohl sie am ersten ins Auge fallen mag. Man könnte Majakovskijs Dichtung als «Poesie der Entpoetisierung» bezeichnen, insofern als ihr Ausdruck kontradiktorisch der bisherigen Poesie gegenübersteht. Majakovskij gehört zu den nur sehr vereinzelt anzutreffenden wirklichen Tendenz*dichtern*, bei denen auch Agitation und Polemik noch von der großen Woge einer elementaren dichterischen Phantasie und einer instinktsicheren Sprachbeherrschung getragen sind.

Freilich stehen in dichterischer Hinsicht die großen Verserzählungen höher, insbesondere aus den späteren Jahren «Pro èto» (1922/23; über *das*), wo MAJAKOVSKIJ noch einmal zu dem Thema der unerwiderten Liebe zurückfindet. Das im Titel «tabuierte» Liebesthema beherrscht hier auch die politische Tendenz im Sinne einer (utopischen) universalen Liebe zu allen Geschöpfen. Majakovskij scheute sich andererseits nicht, sein Pathos gelegentlich in Reklame umschlagen zu lassen, wenn er z. B. in «150000000» erklärte:

> 150000000 reden mit meinen Lippen.
> Durch die Rotationsmaschine der Schritte
> ist auf dem Vergé der gepflasterten Plätze
> diese Ausgabe gedruckt worden.

MAJAKOVSKIJ blieb zeitlebens «von sich selbst trunken» *(N. Ocup)*, und Bilder wie «ich halte mein Herz wie eine Flagge hoch» kann man unmöglich an den Maßstäben der Kammerdichtung einer ANNA ACHMATOVA messen. MAJAKOVSKIJ blieb bis zu seinem durch eigene Hand gesetzten Ende und vielleicht noch in diesem Ende die tragische Empörernatur, der es darum ging, Heuchelei und bürgerliche Zufriedenheit – auch im Staate der Sowjets – durch sein Wort zu zerstören.

Daß MAJAKOVSKIJ dabei auch Geschmacklosigkeiten unterliefen, soll nicht geleugnet werden, zumal besonders die späteren Gedichte (nach 1920) oft feuilletonistischen Charakter haben. Die gegenseitige Durchdringung von Agitation, Satire und genialischer Bildphantasie drückt Majakovskijs Dichtung im Guten wie im Schlechten ihren Stempel auf.

Die Zahl der Veröffentlichungen MAJAKOVSKIJS ist beträchtlich und kann hier nicht im einzelnen belegt werden. Die gesammelten Werke liegen in zwei guten Ausgaben vor: 1935–38 (12 Bände) und 1955–61 (13 Bände).

9. BORIS PASTERNAK

Der erst 1958 durch seinen Roman «Doktor Živago» und durch die Verleihung des Nobelpreises außerhalb Rußlands allgemein bekannt gewordene BORIS PASTERNAK (1890–1960) gehört mit seiner frühen Lyrik noch der Generation der Futuristen an. Nach einem längeren Studienaufenthalt in Deutschland schloß sich Pasternak, Sohn eines geschätzten impressionistischen Malers und Angehöriger der obersten kultivierten Schicht des Bürgertums, dem Kreis der «Centrifuga» (Zentrifuge) an, der seit etwa 1913 von sich reden machte und dem Futurismus nicht sehr fern stand.

Zu diesem Kreis gehören außer PASTERNAK vor allem SERGEJ BOBROV (1889–1971) und NIKOLAJ ASEJEV (1889–1963), der in den 20er Jahren zusammen mit MAJAKOVSKIJ maßgebend an der Bewegung des «Lef» (linke Front der Künste) beteiligt war. ASEJEV und BOBROV gaben gemeinsam PASTERNAKS Erstlingswerk, den Gedichtband «Blizncz v tučach» (1914; der Zwilling in den Wolken) heraus, an den sich im Revolutionsjahr die Sammlung «Poverch baŕjerov» (1917; über die Schranken hinweg) anschloß.

PASTERNAKS Lyrik betont stark das musikalische Kompositionsprinzip, versucht aber gleichzeitig auch immer, die verschiedenartigen Reizungen der Sinne durch gewagte Metaphern anschaulich zu machen. In dem Gedicht «Venedig» (1913) beschreibt Pasternak z. B. einen Schrei, der sich «als schwarze Gabel bis zum Heft in den Nebel» bohrt. Die gegenständliche Verfestigung von Empfindungen läßt so Pasternaks Lyrik manchmal in die Nähe des Surrealismus rücken.

In der 1917 verfaßten, aber erst einige Jahre später (1922) veröffentlichten Gedichtsammlung «Sestra moja žizn'» (meine Schwester das Leben) werden Liebe und Natur immer mehr zu Schwerpunkten in Pasternaks poetischem Universum. Thematisch verschränken sich beide Bereiche jedoch ständig mit dem innersten Problem, aus dem PASTERNAKS Lyrik erwächst, –

dem Problem der Kunst. Dabei werden Pasternaks Bilder in ihrer elliptischen Reduktion immer schwerer durchschaubar und immer beziehungsvoller. Pasternak entwickelt sich in den Jahren zwischen 1917 und 1922 zu einem «Dichter für Dichter», bei dem alle Probleme nur indirekt ausgesprochen werden.

Am Rande der Zeitströmungen sucht sich PASTERNAK in diesen Jahren nicht nur des Erbes der Symbolisten und der Futuristen, sondern auch des Erbes der Romantik zu vergewissern. In dem einleitenden Gedicht aus «Sestra moja žizn'» setzt er sich ausdrücklich in Beziehung zu Lermontov und dessen lyrischer Erzählung vom «Dämon» («Pamjati demona»).

Den Höhepunkt der ersten großen Schaffensphase PASTERNAKS bildet der Band «Temy i variacii» (1923; Themen und Variationen). Er zeigt eine Bereicherung des Wortschatzes durch Elemente der prosaischen Umgangssprache, durch die Sprache der Technik und durch «gelehrte» Begriffe. In den lyrischen Stilmitteln wird Pasternak immer universaler und sicherer, er kann es wagen, sich auch mit Puškin zu treffen, wie er es in der Gedichtfolge «Thema mit Variationen» versucht. Diese Gedichte schließen sich stofflich an Puškins berühmtes Gedicht «An das Meer» an und variieren in moderner Diktion das romantische Thema. Auch das Shakespearethema, das Pasternak später noch häufiger beschäftigen sollte, ist in einem Gedicht schon angeschlagen («Shakespeare»).

PASTERNAKS weitausgreifende Phantasie wird besonders eindrucksvoll deutlich in Gedichten wie «Mephistopheles», «Das Kamisol des Kranken» oder «Der Kreml im Schneegestöber Ende 1918», wo die phantastischen und surrealistischen Elemente nur noch durch einen gemeinsamen Beziehungspunkt zusammengehalten werden. Vor allem die Technik der Bildabkürzungen entwickelt Pasternak in dem Band «Temy i variacii» zu einer Art von metaphorischer Algebra, deren Entzifferung einige Mühe kostet.

PASTERNAKS Versuche auf dem Gebiet der Prosa bleiben in diesen Jahren noch vereinzelt. Neben «Detstvo Ljuvers» (1922; Lüwers Kindheit) zeigen auch die «Pis'ma iz Tuly» (1922; Briefe aus Tula) ein beachtliches Geschick, lebensfrische Wahrnehmungen in einem dargestellten menschlichen Bewußtsein aufgehen und arbeiten zu lassen. Nicht auf die Darstellung von Geschehen, sondern auf die Darstellung von Bewußtsein kommt es Pasternak hier an. Die autobiographische Erzählung «Ochrannaja gramota» (Geleitbrief) erschien 1931, in ihr enthüllt sich anschaulich Pasternaks Verhältnis zur Kunst, zur Natur und zum Leben.

10. MARINA CVETAJEVA

MARINA CVETAJEVA (1892–1941; Tochter des Moskauer Universitätsprofessors und Direktors des Rumjancev-Museums I. Cvetajev) ist neben ANNA ACHMATOVA die andere große lyrische Dichterin der russischen Moderne. Anders als A. Achmatova ist sie jedoch die Vertreterin einer zugleich romantischen und national russischen Strömung, die sich sowohl der Volksdichtung als auch der Thematik der russischen Geschichte gegenüber verpflichtet wußte.

MARINA CVETAJEVA blieb nicht Nachahmerin, sie formte in einem neuen Schöpfungsprozeß das Überlieferte um und leistete damit ihren eigenen Beitrag zur Entwicklung der modernen Lyrik. Ohne irgendeiner Schule verbunden zu sein, blieb sie selbstbewußt abseits der großen Strömungen und bildete ihren vorwiegend barocken und heroischen Stil heraus, der gelegentlich von «dunkler» Schroffheit ist.

Die Sprache MARINA CVETAJEVAS ist durch eine erhabene Rhetorik gekennzeichnet, zugleich aber ganz dem rhythmischen Leben des Wortes und des Verses zugewandt. Die Dichterin steht nicht weniger in der Nachfolge des Symbolismus wie unter dem Eindruck des Futurismus, dem die expressionistische Note in ihrer Lyrik verwandt scheint. Von Bedeutung ist vor allem die poetische Syntax der Dichterin, die Häufung von ausdrucksstarken ein- und zweisilbigen Wörtern, die auffällige persönliche Intonation. Die strengen parataktischen Fügungen verleihen der rhythmischen Bewegung ihre Eigenart, die durch häufige syntaktische Parallelismen noch unterstrichen wird.

Bereits vor dem ersten Weltkrieg erschienen die beiden Gedichtsammlungen «Večernij al'bom» (1910; abendliches Album) und «Volšebnyj fonař» (1912; laterna magica), aber erst während des Krieges gewann MARINA CVETAJEVAS Lyrik den typischen und unverwechselbaren Ausdruck. Ihre späteren Bände sind «Vërsty» (Moskau 1921/22; Werstpfähle), «Caŕ-devica»

(Moskau 1922; das Königsmädchen), «Remeslo» (Berlin 1923; Handwerk) und «Psicheja» (Berlin 1923; Psyche). Der Zyklus «Lebedinyj stan» (das Lager der Schwäne), in dem zahlreiche Verse über den Bürgerkrieg gesammelt sind, wurde erstmalig 1957 in München herausgegeben.

Die Themen- und Motivkreise dieser Bände sind vielseitig und originell. Von der griechischen Mythologie bis zur russischen Folklore, von der biblischen Erzählung bis zur Zeitgeschichte spannt sich der Horizont der dichterischen Erlebnisse und Begegnungen. Bei aller Weiblichkeit fühlt sich die Dichterin als lyrisches «Ich» dem Mann keineswegs untergeordnet, was besonders deutlich wird, wo die großen Dichter ihre vorgestellten Gesprächspartner sind. In allen historischen oder legendären Rollen, die sich die Dichterin sucht, tritt sie an die Seite des Mannes, als Rivalin, als Empörerin, als Schwester oder als Liebende.

Das Werk der CVETAJEVA ist bis heute bei weitem noch nicht vollständig veröffentlicht. Obwohl Marina Cvetajeva, die 1922 Rußland verlassen hatte, später (1939) wieder nach Moskau zurückkehrte, sollte sie zunächst vollständig dem Vergessen anheimfallen. 1941, nach der Evakuierung aus Moskau, machte die Dichterin aus nie ganz geklärten Gründen ihrem Leben selbst ein Ende. Erst 20 Jahre später (1961) wurde in Rußland wieder eine Auswahl ihrer Gedichte im Staatsverlag veröffentlicht.

Die sehr temperamentvoll geschriebenen literarischen Essays und Erinnerungen der Dichterin wurden außerhalb Rußlands gesammelt herausgegeben («Proza»; New York 1953 – Prosa).

11. Sergej Jesenin; Nikolaj Kljujev

Zu großer Berühmtheit gelangte Anfang der 20er Jahre in Rußland der Dichter SERGEJ JESENIN (1895–1925), dessen Werk sich auch noch heute einer gewissen Popularität erfreut. Jesenin war im Gouvernement Rjazan zu Hause und stammte aus einer bäuerlichen Familie. Als er nach dem Besuch einer Lehrerbildungsanstalt 1915 nach Petersburg übersiedelte, geriet er zwar noch unter den Einfluß des Symbolismus (BLOK, BELYJ, GORODECKIJ), eignete sich jedoch in den späteren Jahren mehr und mehr die poetischen Neuerungen der Futuristen an.

Als junges und sensationelles Talent «aus dem Volke» wurde der noch fast halbwüchsige JESENIN in den literarischen Kreisen der Hauptstädte früh respektiert, und bereits sein erster Gedichtband «Radunica» (1916; Totenfeier) wurde beifällig aufgenommen. Sehr bald wurde Jesenin in den Kreis um IVANOV-RAZUMNIK gezogen, in dessen «Skythen»-Almanachen 1917/18 seine mystisch-folkloristischen Verserzählungen «Marfa posadnica» (Marfa, die Frau des Posadnik), «Otčaŕ» und «Pevuščij zov» (der singende Ruf) erschienen. *Jesenins* Sympathie mit der Revolution zeigte auch die Verserzählung «Tovarišč» (1918; Genosse), in der Christus – wie bei A. Blok – an der Seite der Arbeiter steht. Bis 1919 blieb JESENIN den Ideen der «Skythen» treu, wovon weiterhin die gleichzeitig entstandenen Versdichtungen «Inonija» (1918), «Prišestvije» (1918; die Wiederkunft – Andrej Belyj gewidmet) und «Preobraženije» (die Verklärung) zeugen.

Diese Dichtungen sind noch in ihren Blasphemien mystisch-messianisch und quellen über von Symbolen und Emblemen christlichen Ursprungs. Wortschatz und Diktion lehnen sich teilweise an die religiöse Volksdichtung an, jedoch ist die pathetische Metaphorik auch stark vom Futurismus beeinflußt. Die als eine kosmische Bewegung verstandene proletarische Revolution bleibt bei Jesenin in erster Linie auf eine bäuerlich-patriarchalische Umwelt bezogen. Roggen und Buchweizen, Erbsen und Himbeeren, Bienen und Vögel, Hafergarben und Felder, Stuten, Kälber, Schafe und Hunde werden metaphorisch mit dem kosmischen Geschehen verknüpft. Aus dem Milcheimer wird der «Eimer voll Azur», der mystische Osten ist ein Osten «der junge Kälber wirft», und die Muttergottes selbst «ruft die Kälber ins Paradies».

In den Jahren 1920/22 hielt sich JESENIN vorübergehend zu der Gruppe der «Imaginisten», die sich zu einem Teil aus früheren Anhängern des Futurismus rekrutierte. Diese Imaginisten (u. a. VADIM ŠERŠENEVIČ, RJURIK IVNËV, ANATOLIJ MARIENGOF und ALEKSANDR KUSIKOV), die einen eigenen Verlag gegründet hatten, gaben neben zahlreichen Gedichtbänden auch Almanache heraus, deren Titel auf Sensation berechnet waren (z. B. «Charčevnja zoŕ» – die Garküche der Morgenröten). In ihrer Poetik zeigten diese Dichter gegenüber dem Futurismus und dem Symbolismus jedoch kaum etwas Neues. Ihre «dichterischen» Bilder waren lärmend und im Grunde dilettantisch, obwohl Šeršenevič sogar den Dichter des Hohenliedes (König Salomo) für die Genealogie des Imaginismus in Anspruch nehmen wollte.

Jesenin selbst bewahrte sich auch als Imaginist die Eigenart seiner volksliedhaften, von echtem Gefühl getragenen Verssprache, und die Dichtungen dieser Jahre («Kobyľi korabli»; 1920 – die Stutenschiffe; «Pesn' o chlebe»; 1921 – das Lied vom Brot; «Sorokoust»; 1921 – Gebet der vierzig Tage; «Ispoveď chuligana»; 1921 – Beichte eines Hooligan) stehen durchweg über dem Niveau der übrigen Imaginisten.

Die letzten Dichtungen Jesenins aus den Jahren 1922–25 sind wieder ganz einfach und unverkrampft, in ihnen macht sich ein tragischer Unterton immer mehr geltend. Jesenin wird in dieser Phase zum Sänger der Großstadt und ihrer Spelunken, aber auch zum Sänger des «verlorenen» russischen Dorfes. Die lyrischen Stimmungswerte dieser Gedichte sind von wehmütiger und manchmal träumerischer Zartheit. Bemerkenswert ist auch der späte Zyklus «Persidskije motivy» (1924/25; persische Motive), zu dem Jesenin durch eine Persienreise angeregt wurde.

Am 28. 12. 1925 beging Jesenin, dessen unstetes und skandalumwittertes Leben inzwischen zur Legende geworden war, in einem Leningrader Hotelzimmer Selbstmord. Jesenins Werke erlebten in Rußland und in der Emigration zahlreiche Auflagen, eine neue Ausgabe in 5 Bänden ist in Moskau 1966–1968 erschienen.

Auch der jahrelang sehr produktive Lyriker Nikolaj Kljujev (1887–1937) war ein Dichter aus dem Bauernvolk. Sein Ansehen begründeten die frühen Gedichtzyklen, die 1919 gesammelt unter dem Titel «Pesnoslov» (Lobgesang) herauskamen. Kljujev, der mit dem abschließenden Zyklus dieses Buches («Krasnyj ryk» – Rotes Brüllen) auf die Sowjetmacht große Hoffnungen zu setzen schien, wandte sich später in ähnlich bitterer Enttäuschung wie Jesenin von den Folgen der Revolution ab und lebte in versteckter Gegnerschaft zum Regime. 1933 wurde er verhaftet und nach Sibirien deportiert, wo er 1937 den Tod fand.

Kljujev war besonders gut mit dem Leben, den Stimmungen und den Anschauungen der im Untergrund lebenden reli-

giösen Sektierer vertraut. Elemente ihres Glaubens nahm Kljujev in seinen dichterischen Mythos, der christliche und heid-
nische, bäuerliche und dekadente Züge trägt, stellenweise mit
auf. 1917 geriet auch Kljujev, der besonders das vorpetrinische
Rußland schätzte und der den Propheten Avvakum (17. Jahrhundert) in einem Gedicht seinen Urahnen nannte, unter den
Einfluß der romantischen Utopien IVANOV-RAZUMNIKS. Besonders in der Sammlung «Dolina Jedinoroga» (veröffentlicht in
«Pesnoslov»; das Tal des Einhorns) findet die Vereinigung
eines sektiererischen Kultes der «Brüderlichkeit» mit einer romantischen Verherrlichung des «Ostens» ihren Niederschlag.

KLJUJEVS mystische Hoffnungen auf ein neues bäuerliches
Paradies erhielten damit eine stark exotische Färbung, und
Kljujev erträumte sich sein «Weißes Indien» (Belaja Indija) als
Zentrum der Versöhnung Europas und Asiens.

IV. DIE RUSSISCHE SOWJETLITERATUR
VOM BÜRGERKRIEG BIS 1940

1. Jevgenij Zamjatin

Jevgenij Zamjatin (1884–1937), einer der bedeutendsten modernen Erzähler in Rußland, gehört eigentlich noch zu jener frühen «Avantgarde», deren Einstellung zu künstlerischen Fragan durch die Übergangsperiode von 1910 bis 1922 geprägt ist. Sein Schaffen ist jedoch so eng mit der Entstehung der Sowjetliteratur (besonders in den Jahren 1920–22) verknüpft, daß sein Name einen ganz neuen Abschnitt einleiten soll.

Von der stilistischen Entwicklung her betrachtet steht Zamjatin dem «Symbolisten» Andrej Belyj nicht ferner als dem «Realisten» Aleksej Remizov, und der von Zamjatin selbst so bezeichnete «neo-realistische» Stil verdankt der letzten Entwicklung der symbolistischen Prosa vielleicht sogar mehr als der realistischen Prosa aus dem gleichen Zeitabschnitt.

In der Erzählung «Na kuličkach» (1914; bei des Teufels Großmutter), einem der frühen Werke Zamjatins, zeigt sich noch eine stärkere Abhängigkeit von den Konventionen des Realismus, doch ist Zamjatin bereits hier auf die «ornamentale» Stiltradition festgelegt und macht von der familiären Erzählform des «Skaz» (nach Remizovs Manier) ausgiebigen Gebrauch. Diese Vermittlung der von Gogol' und Leskov ausgehenden Tradition sollte dann über Jahre hinweg den Stil vieler sowjetrussischer Erzähler in ihre Bahnen lenken.

In «Na kuličkach» zeigt sich die besondere Begabung Zamjatins für die Satire bereits ebenso schlagend wie seine Kunst der Isolierung des Details, in der er ein intelligenter Schüler Gogol's gewesen ist. Die Erzählung, in der Zamjatin die Entartung der normalen Formen des Zusammenlebens in einer kleinen Garnison am Rande des Stillen Ozeans schildert, ist das Muster für alle späteren Satiren Zamjatins, in denen das Grundmotiv des Abgeschnürtseins vom eigentlichen Leben beständig wiederkehrt. In «Na kuličkach» erzeugen die geographische Abgeschiedenheit und die Enge des Milieus in den Köpfen der Offiziere alle Arten von Verrohung und Abstumpfung des Gefühls, und in diesem Klima wird der Spleen zur letzten Rettung vor der allgemeinen Auflösung.

Als ZAMJATIN, der im Zivilberuf ursprünglich Marineinge-
nieur war, während des Krieges nach England abkommandiert
wurde, entstand seine geistreiche Satire auf den Puritanismus
der Engländer, die 1918 in dem zweiten Almanach der «Skythen» (IVANOV-RAZUMNIK) unter dem Titel «Ostrovitjane» (die
Insulaner) erschien. Unter dem unverkennbaren Einfluß A.
BELYJS hatte sich ZAMJATINS Erzählsprache inzwischen vom
«Skaz» in Richtung auf einen rhythmisch-symphonischen Or-
namentstil weiterentwickelt, und durch die zahlreichen Wortspiele und grotesken Metaphern verwandelte sich Zamjatins
Realismus nun eher in einen «Surrealismus»: «Der Mond spa-
zierte die ganze Nacht über dem Park mit einem Monokel im
Auge und blickte hinab mit der wohlwollenden Ironie eines
Porzellanmopses» (Ostrovitjane).

Auch an den geometrischen (bzw. kubistischen) Leitmotiven
kann man unschwer erkennen, welchen Eindruck BELYJS
«Peterburg» auf ZAMJATIN gemacht hatte, und dieser neue Stil
wurde bestimmend für die Erzählungen, die Zamjatin unmittelbar nach der Revolution in Petersburg schrieb. Zu den «Insulanern» gehört thematisch noch die etwa gleichzeitig (1917/18)
entstandene groteske Erzählung «Lovec čelovekov» (der Men-
schenfänger), die in London während des Krieges spielt, und in
der deutsche Zeppelinangriffe der Atmosphäre einen weiteren
phantastischen Reiz verleihen.

ZAMJATINS Kompositionsprinzip ist, wie schon angedeutet,
die Isolierung seiner Personen von der «wirklichen» Welt, die
Einengung des Schauplatzes auf einen formelhaften Raum. In
der mathematischen Korrektheit und der Keimfreiheit der englischen Kleinstadt (die Insulaner), am Rande des Eismeeres
(«Na severe»; 1918 – im Norden) oder in der Klostereinsamkeit
am Seeufer («Znamenije»; 1918 – das Wunder), in den eisigen
Petersburger Mietshäusern der Hungerjahre («Peščera»; 1920 –
die Höhle) oder auf der Plattform einer vorüberfahrenden
Straßenbahn («Drakon»; 1918 – der Drache), – überall sind die
Verbindungen zur Wirklichkeit abgerissen, überall befindet man
sich in «geschlossener» Gesellschaft, außerhalb von Raum und
Zeit. Alles, was außerhalb ist, bleibt verhangen, zerfließt im
Nebel.

Die Isolierung des Schauplatzes bot dem Dichter überdies
vermehrte Möglichkeiten der Metaphorisierung, der Verschie-

bung seiner Ansichten in mythische Bereiche. Typisch ist nicht nur die «Höhle», eine Erzählung mit bereits metaphorischer Titelgebung, sondern ebenso der «Drache», der in Wirklichkeit ein Rotgardist ist, ein unwirkliches Wesen, das im winterlichen Nebel auf einer fahrenden Straßenbahn sehr ungewisse Konturen gewinnt. Interessant ist die metaphorische Umsetzung auch in der Erzählung «Mamaj», deren Titel die Zeit der Tatarenherrschaft in Rußland beschwört: «Abends und nachts findet man in Petersburg keine Häuser mehr: nur noch sechsstöckige steinerne Schiffsleiber. Als einsame sechsstöckige Welt schwimmt das Schiff auf steinernen Wellen zwischen anderen einsamen sechsstöckigen Weiten; mit den Lichtern unzähliger Kajüten schimmert das Schiff in dem unruhigen steinernen Ozean der Straßen.» (Niedergeschrieben 1920. Die Erzählungen «Lovec čelovekov», «Sever», «Peščera» und «Mamaj» erschienen im Druck erst 1921/22).

Zamjatin selbst hat in einer späteren Erläuterung zu seinen Werken darauf aufmerksam gemacht, daß sich das Sujet seiner Erzählungen in der Regel von bestimmten Bildsymbolen aus entwickelt, die der ganzen Komposition und ihrem «musikalischen Gewebe» die eigentliche Stütze geben, und er hat diese Symbole als «integrale» Bilder bezeichnet («Zakulisy»; 1930 – hinter den Kulissen).

Von einem solchen «integralen» Bild ist übrigens noch eines der späten Werke Zamjatins getragen, die meisterhafte Erzählung «Navodnenije» (1929; die Überschwemmung). In dieser klassisch strengen Novelle ist das äußerliche Geschehen (eine Überschwemmung in Petersburg) mit der psychologisch dargestellten Eifersuchtstragödie, die einen Mord zur Folge hat, unauflöslich durch die metaphorische Realisierung der «Überschwemmung» im seelischen Bereich verknüpft.

Die satirische Linie in Zamjatins Dichtung setzt sich fort mit dem utopischen Roman «My» (wir), der 1920 begonnen wurde. Der Abdruck erfolgte zuerst im Ausland (1924 in englischer Übersetzung), und Zamjatin wurde deshalb heftig kritisiert. Der vollständige russische Text erschien zuerst 1952 in New York, in der Sowjetunion durfte er nie veröffentlicht werden.

Mit seiner sozialen Phantastik steht der Roman den von Zamjatin sehr geschätzten technisch-sozialen Utopien von

H. G. Wells nahe, doch ist der Aufbau auch hier ähnlich wie in den «Insulanern» von mathematischen Symbolen und Formeln getragen. «My» ist eine sogenannte Gegenutopie (negative Utopie), in der es um die Beugung des Menschen unter das «wohltätige Joch der Vernunft» geht. Die Maßnahmen eines totalitären Zukunftsstaates zielen darauf ab, die «Krümmungen des Lebens zu berichtigen» und die Menschen aus dem «unzivilisierten Zustand der Freiheit» herauszuführen.

Durch die Form der Tagebuchaufzeichnung eines Untertanen des «Einzigen Staates», der im x-ten Jahrhundert bereits 1000 Jahre existiert, ist die Perspektive in der Weise festgelegt, daß alle Beobachtungen und Kommentare für den Leser in ironischer Brechung erscheinen. Der Ingenieur aus dem x-ten Jahrhundert ist zu Anfang der Erzählung ein ergebener Diener des Staates, der an der Fertigstellung des «Integrals» arbeitet, eines riesenhaften Raumschiffes, das ein Symbol nicht nur der technischen, sondern auch der sozialen Wirklichkeit darstellt. Der tyrannische Staat will ja nicht nur die «Gleichung des Universums» integrieren, sondern er will auch die Menschen zu einem echten Kollektivwesen machen: «Ja, die barbarische Kurve geradebiegen, sie ausrichten nach der Tangente, nach der Asymptote, nach der Geraden ... Die große, göttliche, exakte, weise Gerade – die weiseste aller Linien ...»

Das eigentliche romanhafte Geschehen setzt an der Stelle ein, wo sich im Kopf des Berichterstatters zum ersten Mal Zweifel festsetzen, die durch eine unvorhergesehene erotische Beziehung noch genährt werden. Das hinter die große «gläserne Wand» verbannte wirkliche Leben bricht durch viele geheime Kanäle mit seinen irrationalen Symbolen in das künstlich genormte Leben ein, und die «Wildnis» dringt scheinbar unaufhaltsam vor. Es kommt zu einer allgemeinen Ansteckung und zu einer für den Staat gefährlichen revolutionären Situation, die von den Machthabern nur durch ein letztes Mittel gebremst werden kann: durch eine Gehirnoperation, die auch an dem Erzähler erfolgreich durchgeführt wird.

Der Schluß ist in seiner verzweifelten Ironie aufrüttelnd. Der Ingenieur ist endgültig von allen «Abweichungen» geheilt und schreibt wie ein fügsames Kind: «Bei Tag, klar, Barometer 760 ... Keine Phantasien mehr, keine blöden Metaphern, keine Gefühle: nur noch Fakten. Denn ich bin gesund, ich bin völlig,

absolut gesund. Ich lächele, und ich kann nicht anders als
lächeln: aus meinem Kopf hat man irgendeinen Splitter heraus-
gezogen, im Kopf ist es leicht, leer.»

ZAMJATIN, der politisch ganz auf der Seite der Revolution
stand, wurde schon wenige Jahre nach der Revolution zu einem
großen und mutigen Ketzer, der sich nicht scheute, in seinem
Roman zu verkünden: «Es gibt keine letzte Revolution. Revolutionen sind unendlich. Eine ‹letzte Revolution› ist etwas für
Kinder: Unendliches schreckt sie, Kinder müssen aber ruhig
schlafen ...»

Ähnliche Gedanken entwickelte ZAMJATIN auch in seinen
verschiedenen kritisch-publizistischen Schriften, insbesondere
in «O literature, revoljucii, entropii i o pročem» (1924; über
Literatur, Revolution, Entropie und über anderes). Zamjatin
wandte sich hier immer wieder gegen die «Schlafkrankheit» des
Dogmatismus und gegen die Sterilität der offiziellen Literaturpolitik: «Wenn es keine Ketzer gäbe, so müßte man sie erfin-
den».

ZAMJATIN lehnte die Vorstellung von einem «sozialistischen»
Realismus radikal ab und stellte ihn auf eine Ebene mit dem
«bourgeoisen» Realismus: «Der Realität unendlich näher steht
die Projektion auf bewegliche, gekrümmte Flächen ... Der
Realismus, der nicht primitiv sein will – nicht realia, sondern
realiora – liegt in der Verschiebung, in der Entstellung, in der
Krümmung, in der Nichtobjektivität.»

Das Motiv der Ketzerei, das ZAMJATIN publizistisch entwickelte, kehrt auch in seinem Werk wieder. 1922 erschien sein
Drama «Ogni sv. Dominika» (die Feuer des hl. Dominikus),
das die Inquisition in Spanien zum Gegenstand hat, gleichzeitig
jedoch die Parallele zum Sowjetstaat unausgesprochen nahe-
legt.

Weitere Erzählungen ZAMJATINS erschienen sporadisch um
die Mitte der 20er Jahre («Rasskaz o samom glavnom»; 1924 –
die Erzählung vom Allerwichtigsten; «Nečestivyje rasskazy»;
1927 – ruchlose Geschichten), doch fiel es dem Dichter immer
schwerer, sich gegen den wachsenden Druck der politischen
Verhältnisse zu behaupten. 1931 bat er um die Genehmigung
zum Verlassen der Sowjetunion, die ihm nicht verwehrt wurde.
Zamjatin ließ sich in Frankreich nieder, wo er bis zu seinem
Tode in größter Zurückgezogenheit lebte.

2. Die Prosa der «Serapionsbrüder»

I.

Die Gemeinschaft der «Serapionsbrüder» entstand um den Winter 1920/21 in Petersburg, wo sich, besonders dank dem entschlossenen Eintreten Maksim Gořkijs, wenigstens gewisse materielle Voraussetzungen hatten schaffen lassen, um die totale Stagnation des öffentlichen geistigen Lebens nach der Revolution zu überwinden.

Petersburg bot in diesen Jahren des Bürgerkrieges trotz Hunger und Not das überraschende Bild einer geistig und künstlerisch wiedererstarkten Metropole, in der das Leben von der Revolution nur äußerlich berührt schien. Als Zentren des intellektuellen Lebens in Petersburg übten vor allem neu ins Leben gerufene Institutionen wie das «Haus der Gelehrten» (Dom učёnych), das «Haus der Schriftsteller» (Dom literatorov) und das «Haus der Künste» (Dom iskusstv) einen ermutigenden Einfluß aus. Man genoß hier noch überall absolute künstlerische Freiheit und die Freiheit der Gedanken, was die Entstehung neuer Programme und neuer Experimente nur begünstigen konnte.

In dieser freien und schöpferischen Atmosphäre bildete sich auch der Kreis jener jungen Schriftsteller, die sich mit einem von E. Th. A. Hoffmann entlehnten Namen die «Serapionsbrüder» nannten. Die Keimzelle dieser Vereinigung war das «Studio für Literatur» beim «Haus der Künste», in dem als Instruktoren Je. Zamjatin (für die Prosa) und – bis zu seiner Verhaftung – N. Gumilёv (für die Lyrik) tätig waren.

Die bekanntesten Mitglieder der neuen literarischen Bruderschaft waren: Michail Zoščenko, Lev Lunc, Veniamin Kaverin, Konstantin Fedin, Nikolaj Tichonov, Vsevolod Ivanov, Nikolaj Nikitin und Michail Slonimskij.

Ohne Zweifel war Zamjatin ein sehr entscheidendes Vorbild für die größtenteils erst ganz am Anfang ihrer Laufbahn stehenden Schriftsteller. Im Grunde lag aber der von Zamjatin angestrebte «Neo-Realismus» mit seinem Kult der semantisch «verschobenen» Erzählsprache und mit seiner starken Betonung der Erzählform schon einige Zeit in der Luft. Die jungen Kritiker und Sprachtheoretiker, die 1916 in Petersburg die

«Gesellschaft zum Studium der dichterischen Sprache» (Opojaz) gegründet hatten, nahmen in ihren Schriften auch zu Fragen des Prosastils Stellung und verwerteten ihre aus den Analysen der lyrischen Sprache (Symbolismus und Futurismus) gewonnenen Einsichten für eine neuartige «formale» Kritik der Prosa. Vor allem BORIS ÉJCHENBAUM (1886–1959), VIKTOR ŠKLOVSKIJ (* 1893) und JURIJ TYNJANOV (1894–1943) müssen in diesem Zusammenhang genannt werden.

Die Untersuchungen dieser sogenannten «Formalisten» befaßten sich mit den Geheimnissen des Stils vornehmlich der «ornamentalen» Tradition, aber auch mit allgemeinen Fragen der Komposition und Erzähltechnik, mit Gestalten wie Cervantes und Laurence Sterne (V. ŠKLOVSKIJ). Ein neuer formaler Begriff des «Sujets» als der strukturellen Einheit des Erzählgegenstandes und des Erzählvorgangs wurde gerade von Šklovskij entwickelt, und so wurden die seit der Klassik vielfach vernachlässigten Fragen der Architektonik des Erzählens in den Mittelpunkt des Studiums gerückt.

VIKTOR ŠKLOVSKIJ selbst, der in den 20er Jahren einer der glänzendsten Essayisten und Literaturtheoretiker war, wirkte auch im Bereich des «Hauses der Künste» und schloß sich eng an den Kreis der Serapionsbrüder an. Viele seiner Bücher stehen sogar der Belletristik näher als dem Essayismus, und mit Werken wie «Zoo ili piśma ne o ljubvi» (1923; der Zoo oder Briefe nicht über Liebe) und «Sentimentaľnoje putešestvije» (1924; eine empfindsame Reise) begründete er seine eigene Gattung.

ŠKLOVSKIJ spielte in seinen Büchern gern mit der Technik Laurence Sternes, indem er in die Erzählung reportagehafte Skizzen und essayistische Abschweifungen einbettete. Auf diese Weise wurden in den beiden genannten Fällen einmal die Gattung des intimen Briefromans und das andere Mal die Gattung der Autobiographie absichtlich aufgelockert und erweitert.

Die Vereinigung der «Serapionsbrüder» hatte sich in erster Linie das Ziel gesetzt, eine von der bisherigen realistischen Erzähltradition unabhängige Erzählprosa zu schaffen. Bei allem Wohlwollen, das der einflußreiche MAKSIM GOŔKIJ dieser neuen literarischen Avantgarde entgegenbrachte, darf man nicht übersehen, daß die von den «Serapionsbrüdern» vertretene Richtung eine eindeutige Absage an den älteren Realismus und auch an Goŕkij als Erzähler bedeutete.

Am besten spiegeln sich die damaligen Anschauungen in einer Abhandlung, die ZAMJATIN zu Ehren des Malers *Jurij Annenkov* schrieb. In dieser Schrift («O sintetizme»; 1922 – über den Synthetismus), die fast den Charakter eines Manifestes hat, betont ZAMJATIN, daß der ältere Realismus, der die Welt «mit dem bloßen Auge» betrachtete, nach den Erfahrungen der bildenden Kunst (Kubismus, Suprematismus) durch ein «kompliziertes» optisches System abgelöst werden müsse, und daß ohne Humor, Phantastik und Groteske die angestrebte Synthese («Neo-Realismus») nicht zu erreichen sei. Dabei ist aufschlußreich, daß Zamjatin in diesem Zusammenhang an die frühen Vorläufer einer solchen Kunst, an Hieronymus Bosch, an den «Höllenbrueghel» und an Gogoľ erinnert.

Von dieser Haltung her ist erst in ihrer wesentlichen Bedeutung die Rückwendung zu E. Th. A. Hoffmann verständlich, obwohl von dem Geist Hoffmannscher Phantastik direkt eigentlich nur L. LUNC und V. KAVERIN (die am konsequentesten «westlich» orientierten Erzähler) beeinflußt sind.

Der besonders von GOŔKIJ protegierte LEV LUNC (1901 bis 1924), mit dessen allzu frühem Tod eine der großen Hoffnungen der russischen Literatur dahinging, hat nur einige wenige Erzählungen veröffentlicht, sowie vier Dramen, dessen letztes («Gorod pravdy»; 1924 – die Stadt der Gerechtigkeit) bereits postum erschien. Ähnlich wie bei ZAMJATIN gehören Utopie, Satire und Phantastik zu den Mitteln, die LUNC mit Vorliebe benutzt, wenn er sich mit der sowjetischen Wirklichkeit auseinandersetzt. In pointierter Form geschieht dies z. B. in der kurzen Erzählung «Ischodjaščaja No. 37» (1922; Sendschreiben Nr. 37), in der sich der Leiter einer Sowjetkanzlei durch Autohypnose in ein amtliches Schriftstück verwandelt, in das Symbol des bürokratischen Betriebes.

Unter den «Serapionsbrüdern» hat sich LUNC auch als Theoretiker ausgezeichnet, namentlich mit dem Manifest: «Počemu my Serapionovy Braťja» (1922; warum wir Serapionsbrüder sind). Hier tritt Lunc mit Entschiedenheit für die künstlerische Freiheit ein, wenn er nicht ohne Grund in der Zeit der Konsolidierung der Sowjetmacht betont: «Ein Werk kann die Epoche widerspiegeln, braucht es aber nicht, und ist deswegen um nichts schlechter.» Kurz darauf folgte eine weitere Streitschrift von Lunc, die den Titel «Na zapad» (nach Westen) trug und von Gorkij in der Berliner Zeitschrift «Beseda» (1923) veröffentlicht wurde. Lunc formulierte hier die These, daß die westliche Abenteuerliteratur in Rußland zu Unrecht unterschätzt werde, und daß die Verachtung, die man einer spannenden Handlung entgegenbringe, nur für die provinzielle Rückständigkeit Rußlands spreche.

Der kranke Dichter verließ 1923 Rußland und starb im folgenden Jahr in Hamburg.

Gegen den Vorwurf, sie seien Feinde der proletarischen Revolution, wehrten sich die «Serapionsbrüder» immer wieder. Auch Zamjatin, der sich mit getroffen fühlen mußte, äußerte sich dazu in seinem kritischen Essay «Novaja russkaja proza» (1923; die neue russische Prosa): «Schriftsteller, die Feinde der Revolution sind, gibt es in Rußland zur Zeit nicht. Man hat sie erfunden, um es nicht gar so eintönig zu haben. Zum Anlaß hat gedient, daß diese Schriftsteller die Revolution nicht für ein schwindsüchtiges Fräulein halten, das vor dem kleinsten Zugwind behütet werden müßte.»

2.

Eine der Wirklichkeit nur lose verbundene exzentrische Welt erscheint in den ersten Erzählungen, durch die Veniamin Kaverin (Pseudonym für V. Zilber/-g/; * 1902) berühmt wurde. Noch als Student der orientalischen Sprachen an der Universität in Petersburg wurde Kaverin durch Jurij Tynjanov und Je. Zamjatin zur eigenen literarischen Arbeit angeregt und vertrat zunächst eine ultraformalistische Richtung. Seine erste (preisgekrönte) Erzählung «Odinnadcataja aksioma» (1920; das elfte Axiom) beruht in ihrer Komposition auf dem rein mathematischen Problem, wie sich zwei Parallelen im Unendlichen treffen, und die Erzählung spielt daher auf zwei parallelen Ebenen.

Der 1923 veröffentlichte Band «Mastera i podmasterja» (Meister und Gesellen) vereinigte romantische Geschichten, die überwiegend in geographischer und historischer Ferne spielen (u. a. in Deutschland), und in denen die Phantastik E. Th. A. Hoffmanns und E. A. Poes deutliche Spuren hinterlassen hat.

KAVERIN bemühte sich damals nach eigenem Bekenntnis darum, in der Literatur das Volkstum und das Milieu (russ. «byt») möglichst auszumerzen bzw. so zu «verfremden», daß dem Leser nur jene «spitze» Seite zugekehrt blieb, die an das Phantastische grenzt.

KAVERINS frühe Erzählungen sind streng auf ein einziges abenteuerliches Motiv hin angelegt, so daß das Sujet zu einer Art von «algebraischer Formel» *(Zamjatin)* wird. Ein Lieblingsmotiv Kaverins ist das Spiel mit hohem Einsatz (z. B. «Bol'šaja igra»; 1925 – das große Spiel), das Spiel mit dem eigenen Schicksal. Der Begriff des «Spiels» ist aus Kaverins Erzählungen überhaupt nicht wegzudenken, auch seine Metaphorik schöpft stark aus dieser Sphäre, und manchmal nimmt schon der Titel auf das Glücksspiel Bezug («Bubnovaja mast'»; 1927 – die Farbe Karo).

KAVERIN fußt weitgehend auf der Tradition der Abenteurer- und Schelmennovelle, die ihm als Form für seine grotesken und phantastischen Einfälle diente. Spieler, Hochstapler und Defraudanten, Scharlatane und Schwindler sind die Helden seiner Geschichten.

In der romanhaften Erzählung «Konec Chazy» (1925; – das Ende der Chaza – d.h. eigentlich «das Ende des Verbrechernestes»), die dem Andenken an LEV LUNC gewidmet ist, tritt eine ganze Verbrecherbande auf, in deren dunkles Treiben ein scheinbar harmloser Sowjetbürger hineingezogen wird. KAVERIN liefert hier eine auch in der Diktion lebensechte Schilderung der Petersburger Unterwelt in den Nachkriegsjahren.

Auf einer vorwiegend kinematographischen Erfassung der Wirklichkeit beruht der Roman «Devjat' desjatych sud'by» (1925; neun Zehntel des Schicksals), in dem eine abenteuerliche Intrige aus der Zeit des Bürgerkrieges entwickelt wird, die zeigt, wie manchmal auch in einer scheinbar sauberen Lebensgeschichte ein Rädchen aus dem Mechanismus herausspringt und dann die Bilanz stört. Wieder zeigt sich auch der Hang KAVERINS zur Mathematisierung bzw. Formalisierung des Hauptmotivs (Neun Zehntel gegen ein Zehntel).

Die Novelle «Revizor» (1926; der Revisor) lehnt sich in der Ausgestaltung des Sujets teilweise an Gogol' an («Die Nase», «Der Revisor») und schildert einen folgenreichen Personentausch, der durch die Verwechslung von Kleidern im Dampfbad verursacht ist. Die Effekte sind hier ausgesprochen surrealistisch, und die Symbolik streift mit dem Auftritt eines grotesken Priapus eindeutig das Obszöne.

Eine parodistische (teilweise autobiographische) Schilderung des akademischen und literarischen Lebens in Leningrad bietet KAVERIN in dem Schlüsselroman «Skandalist ili večera na Vasiljevskom ostrove» (1929; der Unruhestifter oder Abende auf der Vasiljevinsel). Auch hier verwendet Kaverin häufig die vom Film übernommene Technik überraschender Schnitte und plötzlicher Naheinstellungen.

Der letzte in der Reihe der formalistischen Romane KAVERINS ist «Chudožnik ncizvcstcn» (1931; der anonyme Künstler), eine tagebuchartige Ich-Erzählung in 8 Episoden und einem Epilog, die verschiedene Begegnungen mit einem verkannten und künstlerisch verfemten Maler schildert, der sich im sowjetischen Leningrad nur noch in der Rolle des Don Quijote bewähren kann.

Technisch ist der Roman dadurch besonders interessant, daß er zugleich selbst die Entstehungsgeschichte des Romans ist. Er hat die Form des literarischen Tagebuches, das eigentlich nur aus Vorstudien zu einem noch gar nicht existierenden Roman besteht. Die Begegnungen mit der Romanfigur sind von allerlei Kommentaren und Mutmaßungen des Autors begleitet, es fehlt jedoch ausdrücklich die «allwissende» Überschau. Die Beschreibungen sind wiederum von einer komplizierten Optik beherrscht, die ebenso auf die Welt des Malers weist wie auf den Film: «Für einen Augenblick spiegelte sich der dahinter liegende Raum wie eine verschwommene Großaufnahme in Archimedovs Brille: redende und trinkende Männer, nach Gläsern ausgestreckte Hände, eine Silhouette, die aufgeregt gestikulierend telephonierte, ein in vollem Lauf angehaltener Kellner mit einem schaukelnden Tablett – eine Szene, die alle Merkmale eines jäh unterbrochenen Traums besaß.» Es folgte dann noch der Roman «Ispolnenije želanij» (1934/35; die Erfüllung der Wünsche), der in dem KAVERIN von seiner Jugend her vertrauten Universitätsmilieu spielt. Hier entwickelte sich zwar wieder eine abenteuerliche Handlung, doch verlegte Kaverin das Schwergewicht erstmalig auf die soziale und psychologische Ebene. In politischer Hinsicht machen sich hier die zunehmenden Ansprüche der Zeit (Annäherung an den «sozialistischen» Realismus) geltend, und Kaverin selbst verstand später diesen Roman als Wendepunkt in seinem künstlerischen Schicksal.

3.

Eine ganz andere Richtung vertrat unter den «Serapionsbrüdern» VSEVOLOD IVANOV (1895–1963). Ihm ging es nicht so sehr um die Dynamik der Erzählfabel und um die Architektonik des Ganzen, wie vielmehr um die Stilisierung des Details und um die persönliche Färbung der Erzählsprache.

VSEVOLOD IVANOVS Thematik ist vor allem durch die Erlebnisse während des Partisanenkrieges im Fernen Osten des russischen Reiches bestimmt. Sie bilden den Hintergrund für die berühmte Geschichte vom «Panzerzug 14–69» (1922; Bronepoezd 14–69), die auch eine sehr erfolgreiche Bühnenbearbeitung erfuhr. Der Schauplatz ist die sibirische Bahnlinie vor Vladivostok, wo kommunistische Partisanen 1919 gegen die Truppen des «weißen» Admirals Kolčak kämpften.

Das Besondere an IVANOVS Darstellungskunst ist, daß er nicht ein Bild der politischen oder historischen Perspektiven entwirft, sondern daß er alle Motive im Menschen und in seinem lokalen Milieu sucht. Ähnlich wie bei ZAMJATIN agiert der Mensch auf kleinstem Spielraum, in einer engen, fast animalischen Atmosphäre.

IVANOVS sogenannter «Primitivismus» beruht sowohl auf der bäuerlichen Färbung des Wortschatzes als auch auf den sinnlichen, lokalkoloristischen Reizen der Bilder. ZAMJATIN behauptete von Ivanov im Spaß, er schriebe hauptsächlich mit den Nasenlöchern.

VSEVOLOD IVANOV gilt als der Entdecker der romantischen «Exotik» des Bürgerkrieges, als der Dichter der vitalen und farbigen Unterströmungen der Revolution. Historisch gesehen, ist seine Prosa dem «ornamentalen» Stil verpflichtet, wofür seine beiden weiteren auf Romanlänge angeschwollenen Erzählungen «Cvetnyje vetra» (1922; farbige Winde) und «Golubyje peski» (1923; blauer Sand) ebenfalls zeugen.

Das spannende Sujet steht andererseits im Mittelpunkt des Romans «Vozvraščenije Buddy» (1923; die Rückkehr des Buddha). Die Fabel dreht sich um den Rücktransport einer

Buddhastatue aus Petersburg in die Mongolei (1918/19). Die
abenteuerliche Eisenbahnfahrt des Professors Safonov, der für
den Transport verantwortlich ist, die Wirren des Bürgerkrieges
und der Banditenüberfall in der Wüste (bei Semipalatinsk) geben
das Lokalkolorit und schaffen einen unheimlichen, bedrohlichen Hintergrund.

Der Vergleich Europas mit dem Osten (Asien) weist zurück
auf A. Bloks «Skify» (1918), und in mehreren Vorausdeutungen wird die Weltrevolution mit der neuen «Völkerwanderung»
in Rußland und mit dem Friedensschluß zwischen europäischer
und asiatischer Mentalität in Beziehung gebracht: «Dunkle
Scharen, gekleidet in Leder und Pelze, fahren auf den Resten
der Züge kreuz und quer durch Rußland. Sie sengen, bringen
die Pest und morden. Geradeso werden sie durch das verwüstete Europa fahren und mit Rationen von verfaultem
Pferdefleisch die englischen Lords und die Milliardäre Amerikas
ernähren.»

In den 30er Jahren paßte sich VSEVOLOD IVANOV an den Stil
des «sozialistischen» Realismus an, wie es die gelenkte Kritik
damals bereits zur Pflicht machte. Der 1934/35 veröffentlichte
Roman «Pochoždenija fakira» (die Abenteuer eines Fakirs)
stützt sich auf die Erlebnisse, die der Dichter in seiner Jugend
als Mitglied eines Wanderzirkus sammelte, und der historisch-
biographische Roman «Parchomenko» (1938/39) liefert das
Porträt eines bekannten Truppenführers aus dem Bürgerkrieg.
Beide Romane wurden für die Ausgabe der «Gesammelten
Werke» (8 Bände, 1958 ff.) völlig neu bearbeitet.

4.

Einer der heute prominentesten Schriftsteller ist unter den ehemaligen «Serapionsbrüdern» KONSTANTIN FEDIN (* 1892), dessen Zeitroman «Goroda i gody» (1924; Städte und Jahre) großes Aufsehen erregte. Fedin, der den ersten Weltkrieg als Zivil-
internierter in Deutschland erleben mußte, hatte in Deutschland
den Expressionismus kennengelernt und daraus eigene Anregungen empfangen.

Die Handlung des Romans, die sich auch nach Deutschland
erstreckt, wird psychologisch entwickelt und ist mehr den
modernen europäischen Erzählformen verpflichtet als den da-

maligen – vorwiegend antipsychologischen – russischen Tendenzen. Ein Experiment ist bei FEDIN vor allem die chronologische Verschränkung der einzelnen Teile und die zeitliche Vorwegnahme des Schlusses und damit der Lösung des Knotens. Schon dadurch wird aber klar, daß es Fedin weniger auf das dynamische Moment der abenteuerlichen Fabel ankam als auf das psychologische Moment, auf die psychologische Motivierung und Erhellung der einzelnen zunächst dunklen Vorgänge.

In ähnlicher Weise ist auch der Bürgerkriegsroman «Bratja» (1928; die Brüder) aufgebaut, in dem der Zusammenstoß der Revolution mit einem Künstlerschicksal gestaltet wird. Der Roman, der starke Anlehnungen an Dostojevskij zeigt, setzt sich psychologisch mit dem Problem auseinander, wie der unpolitische Künstler (in diesem Fall ein nur von der reinen Musik ergriffener Komponist) in den Konflikten des Bruderkrieges, der bis in die einzelnen Familien hineinreicht, sich selbst und sein Werk behaupten soll.

Eine große Sicherheit in der Verknüpfung der einzelnen Erzählmomente zeichnen auch FEDINS Erzählungen und Novellen in den 20er Jahren aus. Das Thema ist in den meisten Fällen der Einbruch der neuen Zeit (der Revolution) in bisher scheinbar gesicherte Lebenskreise, der psychologische Konflikt, der sich aus den Schwierigkeiten der Anpassung ergibt.

Längere, z.T. durch ein Leiden bedingte Auslandsaufenthalte in den Jahren 1928 und 1931–34 ließen FEDIN dann (allerdings aus sowjetischer Perspektive) an den Konflikten des Westens Anteil nehmen, an der europäischen Krise der Vorkriegsjahre. Diesem Thema sind die beiden Romane «Pochiščenije Jevropy» (1933/35; der Raub der Europa) und «Sanatorij Arktur» (1940; Sanatorium Arktur) gewidmet.

3. MICHAIL ZOŠČENKO

Als einer der größten Stilisten nimmt MICHAIL ZOŠČENKO (1895–1958) einen besonderen und hervorragenden Platz unter den «Serapionsbrüdern» und ganz allgemein in der Sowjetliteratur der 20er und 30er Jahre ein.

Auffallenderweise war ZOŠČENKO ein Landsmann GOGOĽS, er kam als Sohn eines Malers in Poltava (Ukraine) zur Welt, nahm nach kurzem Studium in Petersburg am Krieg und am Bürgerkrieg teil und ließ sich 1921 endgültig in Petersburg nieder, wo er sich den «Serapionsbrüdern» anschloß.

ZOŠČENKO ist dem nichtrussischen Leser hauptsächlich als der Verfasser humoristisch-satirischer Kurzgeschichten bekannt, doch ist in Wirklichkeit seine Bedeutung als Erzähler noch in einem viel weiteren Umfang zu würdigen. Novellen und längere Geschichten, die eine romantisch-empfindsame und eine romantisch-parodistische Entfaltung des Themas miteinander verschränken, zeigen erst die ganze Tiefgründigkeit seines Humors und seine souveräne Beherrschung der Stilmittel des «Skaz» (Rollenerzählung) und der ironischen Persiflage.

Die satirischen Humoresken, die Novellen und die romanähnlichen Werke haben das eine freilich gemeinsam, daß der Autor ausdrücklich vom «Erzähler» verdeckt wird, daß der Erzähler ein unabhängiges Eigenleben führt und insgeheim zur wichtigsten Figur in der Erzählung aufrückt. Gerade durch die Anwendung und konsequente Weiterentwicklung des «Skaz» erreicht ZOŠČENKO, daß alle Darbietungen von der «Rolle» des Erzählers beherrscht sind, daß die Erzählsituation auf ein konkretes Subjekt bezogen bleibt («auktoriale» Situation).

ZOŠČENKOS boshafte Kurzgeschichten, die während des langen Zeitraums von 1922–1936 entstanden, sind teilweise reine Kunstwerke, die bis in die letzte Wendung hinein auf eine Grundmelodie abgestimmt sind. JE. ZAMJATIN rühmte bereits 1923 die «auf Anhieb treffende und vollendete Meisterschaft» ZOŠČENKOS, von der, wie leider hinzugefügt werden muß, Übersetzungen nur einen ganz ungefähren Begriff geben können.

Der Hauptgrund für die Unübersetzbarkeit ZOŠČENKOS ist, daß zahllose Wörter und ganze Redewendungen (Slang, vertraute Klischees politischer Werbetexte und Belehrungen) immer zugleich auf einen zweiten Bewußtseinsinhalt anspielen, der niemals ausdrücklich in Erscheinung tritt. Der scheinbar beiläufige Gesprächston hat hier die vermittelnde Funktion, er beschwört das Bild des halbgebildeten, halbinformierten, je nach Bedarf naiven oder verschlagenen Durchschnittsbürgers herauf.

Schon in den Kurzgeschichten ist die Komik nicht das allein

Entscheidende an den oft verzwickten und absurden Situationen. Die Pointen sollen nicht nur zum Lachen bringen, sondern zugleich auf die Gefährdung des Humanen in einer Gesellschaft hinweisen, die sich in einem Labyrinth von Halbwahrheiten zu verirren droht.

Zoščenkos ironischer Pessimismus tritt noch deutlicher in den Novellen hervor, in denen die komischen und tragischen Seiten des Alltags sich unmittelbar berühren. Nach «Koza» (1923; die Ziege) und «Mudrost» (1925; Weisheit) erschien 1927 der Band «O čem pel solovej» (was die Nachtigall sang), dem Zoščenko den Untertitel «Sentimental'nyje povesti» (empfindsame Novellen) gab. Dieser anachronistische Untertitel ist bewußt eingesetzt, er motiviert die romantische Ironie der Erzählung, gibt aber zugleich auch das Stichwort für eine versteckte literarische Polemik.

In ausführlichen ironischen Vorreden zu den einzelnen Geschichten erörtert Zoščenko die literarische Situation der Zeit und nimmt zunächst einmal Distanz zu seinem Thema. Dabei erweist es sich aber oft, daß gerade der parodistische Ton nur die Maske ist, um unpopuläre Dinge zu sagen. In der Titelerzählung «O čem pel solovej» behauptet der Erzähler z. B. sein Recht, eine ganz gewöhnliche bescheidene Liebesgeschichte zu schreiben, auch wenn man ihn deswegen für einen «lächerlichen Menschen aus dem vorigen Jahrhundert» halten sollte, wenn man ihm nahelegen sollte, sich doch lieber vor die fahrende Straßenbahn zu werfen. Dieses Motiv wird am Schluß wieder aufgenommen, nachdem die Erzählung ein unvorhergesehen trauriges Ende genommen hat. Der Erzähler bittet den Leser dafür um Nachsicht und äußert die Hoffnung, daß die gleiche Erzählung ein paar hundert Jahre später bestimmt gut ausgehen würde: «Der Autor denkt gerade immer daran: an das zukünftige wundervolle Leben in, sagen wir einmal dreihundert Jahren, vielleicht sogar noch weniger. Ja, lieber Leser, möchten doch diese dreihundert Jahre möglichst schnell, wie im Traum vergehen, und dann wollen wir richtig leben! ... Ja, aber wenn es auch dann nicht besser wird, dann ist der Autor mit leerem und kaltem Herzen bereit, sich für eine überflüssige Figur auf dem Hintergrund des aufgehenden Lebens zu halten. Dann kann er sich auch vor die Straßenbahn werfen.»

Ganz ähnlich ist auch die lange Vorrede zu «Strašnaja noč'»

(1925; eine schreckliche Nacht). Hier stellt ZOŠČENKO die ironische Frage, wo der Schriftsteller eigentlich den vielfach geforderten «ungestümen Flug der Phantasie» hernehmen solle, wenn die russische Wirklichkeit eben nicht «so» sei: «Und was die Revolution angeht, so ist das auch wieder so eine Sache. Ungestüm ist sie. Und erhabene Phantasie hat sie auch. Aber versuche das einer zu beschreiben. Da heißt es dann – unwahr. Das stimmt so nicht, heißt es. Wissenschaftlich, heißt es, ist die Frage nicht angegangen. Und die Ideologie, heißt es, ist ja auch nicht wunderwie.»

Mit dieser witzigen Vorrede kontrastiert dann seltsam die eigentliche Geschichte, die eine gewisse Ähnlichkeit mit Gogol's «Mantel» hat, und in der ein Triangelspieler aus dem städtischen Orchester – in der Furcht plötzlich einmal seinen Beruf zu verlieren – von akuter Daseinsangst gepackt wird, sich wie ein Irrer gebärdet und große Verwirrung stiftet. Besinnungslos flüchtet der arme Musiker vor seinen Verfolgern auf den Kirchturm, wo er die schwere Glocke in Bewegung setzt «als bemühe er sich absichtlich, dadurch die ganze Stadt und alle Menschen aufzuwecken.»

Die komische Seite ist freilich im ganzen stärker unterstrichen als die empfindsame Seite, und in der «Moral» steht ZoŠČENKO hier (wie auch sonst) dem mimischen Künstler Charles Chaplin näher als Gogol' und dessen sozialer Metaphysik.

Weitere Erzählungen dieser Gattung sind in den folgenden Jahren «Vesëloje priključenije» (1927; ein lustiges Erlebnis), «Siren' cvetët» (1930; der Flieder blüht) und «Mišel' Sinjagin» (1930; Michel Sinjagin).

ZOŠČENKOS wichtigste Bücher aus den 30er Jahren sind der Roman «Vozvraščënnaja molodost'» (1933; die wiedererlangte Jugend) und die von ironischen Betrachtungen durchzogene Beispiel- und Anekdotensammlung «Golubaja kniga» (1934/35; Blaubuch). «Vozvraščënnaja molodost'» stellt scheinbar den Versuch dar, eine aus zahlreichen Einzelepisoden zusammengestückte Romanhandlung durch populärwissenschaftliche (medizinische) Kommentare zu einer Art von «Kulturfilm», wie es der Autor nannte, zu gestalten. Ähnlich sollte auch das «Blaubuch» durch eine Reihe von thematisch gegliederten historischen und pseudohistorischen Anekdoten in eine humoristische Kulturgeschichte bzw. eine «Geschichte der menschlichen Beziehungen» verwandelt werden. Beide Bücher werden von der außersowjetischen Kritik (z. B. *G. Struve*, *V. Zavališin*) als geschickte Mystifikationen angesehen, in denen sich eine scharfe Kritik an der sowjetischen Kulturphilosophie ausspricht.

ZOŠČENKO verlegte sich schließlich ganz auf biographische Darstellungen und populärwissenschaftliche historische Bücher («Černyj princ»; 1937 – der Schwarze Prinz); «Kerenskij» – 1937; «Taras Ševčenko» – 1939). 1946 wurde Zoščenkos Werk durch Ždanov ideologisch verdammt, jedoch wurde der Dichter 1957 – kurz vor seinem Tod – in einem gewissen Umfang wieder rehabilitiert.

4. MICHAIL BULGAKOV

Den grotesken Humor Gogoľs spiegeln die satirischen Erzählungen, die MICHAIL BULGAKOV (1891–1940) unter dem Titel «Djavoliada» (1925; Teufelspuk) veröffentlichte. Bis zu dieser Zeit war Bulgakov nur die Teilveröffentlichung seines Bürgerkriegsromans «Belaja gvardija» (die Weiße Garde) gelungen, dessen voller Text in der Sowjetunion erst 1966 ans Tageslicht kam. Der Roman ist teilweise autobiographisch und spielt in den Jahren 1918/19 in Kiev. Er beschreibt in verhalten ironischer und durchaus antiheroischer Weise den Abzug der deutschen Besatzungstruppen, die Flucht des Hetmans Skoropadskij samt seiner Marionettenregierung und die aussichtslose Verteidigung Kievs durch «Junker» und «Weißgardisten» gegen die nationale separatistische ukrainische Armee unter dem «Bandenführer» Petljura. Der etwa gleichzeitige autobiographische Text über die Jahre 1916–1918 «Zapiski junogo vrača» (Aufzeichnungen eines jungen Arztes) wurde ebenfalls im Zuge der Bulgakov-Renaissance 1963 in der Sowjetunion publiziert.

Bulgakovs Satiren haben einen phantastischen bzw. utopischen Hintergrund und geben das reale Leben nur in seltsamer Verzerrung wieder. Die beiden längeren Erzählungen haben die Titel «Djavoliada» (zugleich der Titel der Veröffentlichung) und «Rokovyje jajca» (die fatalen Eier) und sind äußerlich gesehen mysteriöse Abenteuergeschichten. Die kleinere Erzählung «Pochoždenija Čičikova» (die Abenteuer Čičikovs) ist eine Art von Gogoľ-Travestie, in der die Hauptperson aus dem

Roman «Die toten Seelen» in der Sowjetunion seine dunklen Geschäfte wieder aufnimmt und eine unwahrscheinliche Karriere macht, bis er vom Autor selbst dingfest gemacht wird, der die ganze Geschichte schließlich als seinen eigenen Traum entlarvt. Als Moral des amüsanten Einfalls durfte man herauslesen, daß in Rußland eigentlich seit der Zeit Gogoľs alles beim alten geblieben war.

Die im Jahre 1925 niedergeschriebene voluminöse Erzählung «Sobač'je serdce» (Hundeherz) wurde erst 1968 im Westen gedruckt. Der phantastische Stoff, die durch Organtransplantation hervorgerufene Metamorphose eines Hundes in einen Menschen, der sich auf der niedrigsten menschlichen Ebene, aber dafür in Windeseile, an die Sowjetwirklichkeit adaptiert, ist äußerst witzig und in wechselnder Perspektive erzählt.

Der von einem berühmten Professor durchaus bürgerlichen Lebenszuschnitts und dessen Assistenten vorgenommene Eingriff an dem Hund Šarik schafft biologische, ethische und soziale Probleme, die am Ende nur dadurch zu lösen sind, daß dem Hund die aufbewahrten ursprünglichen Organe wieder übertragen werden. Die Idee der «Vermenschlichung» des Tieres wird durchkreuzt durch eine erschreckende Entwicklung, die die schlechtesten Eigenschaften des Menschen wie des Tieres durchschlagen läßt. Der «neue» Mensch aus der Retorte, der sowjetische «Homunkulus» erweist sich als Kretin.

Von 1928 bis kurz vor dem Tode arbeitete Bulgakov an seinem Hauptwerk, dem Roman «Master i Margarita» (der Meister und Margarete). Veröffentlicht wurde sein Text erst im Winter 1966/67 in der sowjetischen Literaturzeitschrift «Moskva».

Das Werk, das Moskau zum Schauplatz hat und das gleichzeitig auf verschiedenen Realitätsebenen «spielt», behandelt in mehrfacher ironischer Brechung so ernste Probleme wie Glaube und Unglaube, Tod und Unsterblichkeit, Geist und Macht sowie Terror und Barmherzigkeit.

Die künstlerische Bewältigung dieser Fragen ist sicherlich am besten auf der satirischen Ebene gelungen, weniger überzeugend auf der rein phantastischen Ebene und auf der legendären Ebene der Passion und Kreuzigung des «Dissidenten» Jeschua vor den Toren der Stadt Jerschalaim im Anschluß an die vier Evangelien. Diese Passion ist Teil des «Romans im Roman» eines Romans über den «Prokurator» Pontius Pilatus, und der

Autor des Romans ist der «Meister», dem gewisse «faustische» Züge zugeschrieben werden, der aber als Patient einer psychiatrischen Klinik in den Roman eingeführt wird.

In erster Linie muß man den Roman natürlich als ein Werk über die Gefährdung des Künstlers und der Kunst in der Zeit (konkret in den dreißiger Jahren) ansehen. Manche Verschlüsselungen lassen indessen verschiedene Deutungen zu, und als Kern bleibt nur die Passion des Menschen, der von der Staatsräson aus der Gesellschaft ausgestoßen ist.

Eine der ironischen Brechungen der Realität liegt darin begründet, daß der Einfluß Satans, der in der Gestalt des Schwarzkünstlers Voland auftritt, spielerische Verwirrungen auslöst, doppelbödige Effekte und Vertauschungen der Grundpositionen im Kampf zwischen Licht und Finsternis. Dem trägt auch das Motto des gesamten Romans aus Goethes «Faust» Rechnung: «... Wer bist du denn? – Ein Teil von jener Kraft, die stets das Böse will und stets das Gute schafft.»

Ausgesprochen heiter und fröhlich sind so die Zusammenstöße zwischen dem Teufel nebst seinen Gesellen und dem «offiziösen» Moskau der späten zwanziger Jahre, dem Schauplatz der äußeren Romanhandlung.

Bulgakovs skurriler Humor und seine satirische Fechtkunst sind hier wahrhaft beeindruckend. Die satirische Bloßstellung des Literaturbetriebes der Zeit und das Spiel mit realen und phantastischen Motivierungen machen den Roman nicht nur zu einem wichtigen Zeitdokument, sondern auch zu einem Kunstwerk eigenen Ranges.

5. EINZELNE STRÖMUNGEN IN DER SOWJETISCHEN PROSA

I.

Das starke Übergewicht, das die Prosa von Anfang an in der Sowjetliteratur über die Lyrik gewinnen konnte, hängt in erster Linie sicher mit dem endgültigen Verklingen der Stimme des Symbolismus zusammen, die gerade in der Lyrik ihre Resonanzebene gefunden hatte. Es wiederholte sich der Vorgang aus den 40er Jahren des 19. Jahrhunderts, wo die Lyrik ebenfalls aus dem Mittelfeld der literarischen Entwicklung verschwunden war und sich in einzelne Reservate zurückgezogen hatte.

Hinzu kamen die historischen Herausforderungen, mit denen Revolution und Bürgerkrieg an die Menschen herantraten, der starke und schicksalhafte Eingriff in die Erlebniswelt des einzelnen.

Dabei ist es durchaus nicht so, daß der unmittelbaren Darstellung der Kriegs- oder Bürgerkriegserlebnisse ein sichtbarer Vorrang eingeräumt worden wäre vor Themen, die keine nähere Beziehung zur Gegenwart hatten. Das Schaffen der «Serapionsbrüder» zeigt, daß die neue Welt der Prosa durchaus verschiedenartige Tendenzen ans Licht förderte, von denen eine neue Phase des literarischen Lebens lange zehren konnte. Daneben bestanden jedoch noch manche älteren Traditionen (sozialkritischer Roman, historischer Roman), die nur wieder neu belebt zu werden brauchten.

Gerade die ältere Generation konnte an das bereits früher Geschaffene anknüpfen und unter den neuen Bedingungen das eigene geschichtliche Bewußtsein und die eigenen Lebensanschauungen kritisch überprüfen. In dieser Lage befanden sich zu Beginn der 20er Jahre z. B. Maksim Gоŕkij und Michail Prišvin.

Gоŕkij war nach der Revolution zunächst nicht viel zu schriftstellerischer Arbeit gekommen. Bis zu seiner Ausreise nach Deutschland (Ende 1921) stellte er seine Kraft und seine Autorität ganz in den Dienst der Hilfeleistung für die bedrängte und notleidende Intelligenz, zugleich in den Dienst großer kultureller Planungen. Gоŕkij war nach den Worten Zamjatins so etwas wie ein «inoffizieller Kultusminister» geworden, ein «Organisator öffentlich bestätigter Arbeiten für die aus dem Geleise geworfene, hungernde Intelligenz».

Nach Abschluß seiner autobiographischen Trilogie mit dem Band «Moi universitety» (Berlin 1923; meine Universitäten) wandte sich Gоŕkij nun nicht etwa einem großen aktuellen Thema zu, sondern er griff wieder auf die Pläne und Gedanken seiner Jugendzeit zurück. Mit «Delo Artamonovych» (1925; das Werk der Artamonovs) schuf er einen bürgerlichen Familienroman, der am ehesten dem Geist des «Foma Gordejev» verwandt war. In Sorrent begann Gоŕkij dann die unvollendet gebliebene Romanchronik «Žizń Klima Samgina» (in Arbeit 1925–36; Klim Samgins Leben), deren erster Teil 1927 erschien. Auch hier bemühte sich Gоŕkij, mit der Lebensgeschichte eines Vertreters der russischen Intelligenz ein typisches Vorkriegsschicksal zu gestalten, und zwar über einen Zeitraum von 40 Jahren hinweg (nicht weiter als bis zur Revolution).

Nach längerem Schweigen trat auch MICHAIL PRIŠVIN in den 20er Jahren mit einer auf viele Teile berechneten autobiographischen Chronik hervor, deren erster Teil («Kurymuška») 1924 erschien, und die später (in der Ausgabe von 1930) den Titel «Kaščeva cep'» (die Kette des Kaščej; d. h. einer sagenhaften Gestalt der russischen Volksüberlieferung) bekam.

Die feinsinnigen Naturstudien des Phänologen PRIŠVIN fanden in den gleichen Jahren ihren Niederschlag in der dokumentarischen Skizzensammlung «Kalendaŕ prirody» (1925/26; Kalender der Natur) und später in den poetischen Miniaturen des aus gesammelten Tagebuchnotizen erwachsenen Buches «Lesnaja kapeľ» (1940–43; Tauwetter im Wald).

Zu der noch in der Vorkriegsgesellschaft verwurzelten Generation gehörte auch Graf ALEKSEJ N. TOLSTOJ (1883–1945), der nach seiner Rückkehr aus der Emigration (d. h. nach den Jahren 1919–23) einen nicht unwichtigen Platz in der Sowjetliteratur einnahm. An die Tradition der russischen Klassik anknüpfend, hatte sich Tolstoj nach Versuchen in der lyrischen Dichtung (1907–11) schon vor dem Kriege dem Gebiet der Erzählung zugewandt und seit 1917 auch Proben seiner Begabung für die Behandlung historischer Stoffe abgelegt (z. B. «Deń Petra»; 1917 – der Tag Peters des Großen; «Povesť smutnogo vremeni»; 1922 – Erzählung von der Wirren Zeit).

Die aus eigenen Kindheitserinnerungen erwachsene Erzählung «Detstvo Nikity» (niedergeschrieben 1919/20; Nikitas Kindheit) brachte TOLSTOJ aus der Emigration mit, und sie bildete dann das Vorspiel für das große zeitgeschichtliche Romanwerk, das später unter dem Titel «Choždenije po mukam» (1922–1941; der Weg durch die Qualen) auf drei Bände anschwoll. Der erste Teil mit dem Titel «Sëstry» (die Schwestern) wurde noch im Exil begonnen und schildert die Zeit bis zur Revolution.

A. N. TOLSTOJS Prosa ist auch in den 20er Jahren nicht «modern» im Sinne einer besonders charakteristischen Sprache oder einer experimentellen Erzählform. Eine konservative Einstellung gegenüber den Erzählmitteln stand jedoch der Neigung Tolstojs zu bisweilen exzentrischen Themen nicht entgegen. Bereits in der Emigration wandte sich Tolstoj dem wissenschaftlich-technischen Abenteuerroman und damit der Phantastik im Stil eines H. G. Wells zu. Das bekannteste dieser Werke («Aėlita») wurde kurz vor der Rückkehr nach Rußland geschrieben (1922) und behandelt die Wirren, die eine kommunistische Expedition auf dem Mars verursacht.

Stärkere politisch-soziale und antiwestliche Tendenzen zeigt die ebenfalls phantastische Erzählung «Sem' dnej, v kotoryje byl ograblen mir» (1925; sieben Tage, in denen die Welt beraubt wurde). Dieser John Reeds Buch «Zehn Tage, die die Welt erschütterten» nachgebildete Titel wurde später in «Sojuz pjati» (die Allianz der Fünf) geändert.

Der in die Gegenwart verlegte geschichtsphilosophische Roman «Golubyje goroda» (1925; blaue Städte) fand weniger Beifall bei der Kritik, und so griff Tolstoj bald wieder auf das bereits einmal behandelte Thema Peters des Großen zurück. 1930 erschien das erste Buch des auch erfolgreich verfilmten Romans «Pëtr Pervyj» (Peter der Erste), der allerdings schließlich unvollendet blieb. Eine etwas «mechanische Archaisierung» (*Mirskij*) und eine stark subjektive Behandlung der geschichtlichen Romanfigur werden aufgewogen durch das fesselnde Panorama, das Tolstoj hier von einer in Auflösung begriffenen Gesellschaft zeichnet, ein Panorama, in dem sich manche eigene historische Erfahrung des Autors spiegelt. Das zweite Buch des Romans konnte 1934 erscheinen, das dritte Buch wurde 1944 begonnen und blieb infolge des Todes des Dichters (1945) Fragment.

A. Tolstojs Werk, zu dem auch verschiedene historische Dramen zählen, liegt in mehrbändigen Ausgaben russisch in seiner Gesamtheit vor (15 Bde. 1946–53; 10 Bde. 1958–61).

2.

Die häufige Verdrängung der unmittelbaren Gegenwart durch eine kontemplative Rückwendung zur Vergangenheit führte in den 20er und 30er Jahren zu einer ganzen Reihe von guten historischen Romanen, unter denen beispielsweise «Odety kamnem» (1925; eingeschlossen in Stein) und «Sovremenniki» (1926; Zeitgenossen) von Oľga Forš (1873 – 1961) zu nennen sind.

«Odety kamnem» schildert in der beschwörenden Rückerinnerung eines alten Mannes das bittere Los der Revolutionäre in den 6oer Jahren des 19. Jahrhunderts, «Sovremenniki» dagegen ist ein Roman, der zu der in Rußland sehr beliebten Gattung des biographisch-literarhistorischen Romans gehört. In ihm setzt sich Ol'ga Forš mit Gogol' und seinem Malerfreund Aleksandr Ivanov auseinander.

Einen selbstironisch-parodistischen Zeitroman legte O. Forš mit «Sumasšedšij korabl'» (1931; das wahnsinnige Schiff) vor, einer Schilderung der literarischen Boheme der Nachkriegsjahre im Petersburger «Haus der Künste» (Dom iskusstv). Später wandte sich die Dichterin – bereits von den Postulaten des «sozialistischen» Realismus ausgehend – mit ihrer Trilogie «Radiščev» (1934–39) einer literarischen Gestalt des 18. Jahrhunderts zu.

Einen besonderen, an die Form der filmischen Montage erinnernden Aufbau zeigen die literarhistorischen Romane des Forschers und Literaturtheoretikers JURIJ TYNJANOV (1894 bis 1943). Es werden in ihnen die Lebensgeschichte des Dichters V. Kjuchel'beker (W. Küchelbecker) und der letzte Lebensabschnitt des Dichters und Diplomaten Aleksandr Gribojedov dargestellt («Kjuchlja»; 1925 – so die freundschaftliche Abkürzung des Namens Küchelbecker, und «Smert' Vazir-Muchtara»; 1927/28 – der Tod des Wazir-Muchtar, – ein Name, den Gribojedov in Persien erhielt).

Die Ablösung der einzelnen Erzählepisoden erfolgt bei TYNJANOV ganz ohne Übergang, und die Fiktion des Dokumentarischen wird durch den gewählten und zeitbezogenen Ton noch unterstrichen. Ein durch beste Faktenkenntnis unterstütztes Einfühlungsvermögen in die Zeit des Dekabristenaufstandes und des russisch-türkischen Krieges von 1828/29 verleiht diesen Werken auf jeden Fall einen hohen intellektuellen Reiz.

Eine ganz andere Art der Umgehung der Gegenwartsthematik zeigt sich in den 20er Jahren in der Zunahme der Abenteuer- und Detektivgeschichten der verschiedensten Art. Das Interesse für die einschlägige anglo-amerikanische Literatur war so groß, daß eine russische Schriftstellerin (MARIÈTTA ŠAGINJAN; * 1888) unter dem parodistischen Pseudonym Jim Dollar ihren Abenteuerroman «Mess-mend, ili janki v Petrograde» (1924; Mess-mend oder ein Yankee in Petrograd) erscheinen ließ. Die

Zeitschrift «Ogonëk» veröffentlichte ferner 1927 einen rein unterhaltenden Abenteuerroman, dessen 25 Kapitel von 25 verschiedenen Sowjetschriftstellern verfaßt waren, unter ihnen V. KAVERIN, A. N. TOLSTOJ, A. GRIN und L. LEONOV («Bol'šije požary» – große Feursbrünste).

Diesen Hunger des sowjetischen Lesers nach abenteuerlicher Romantik und abenteuerlicher Exotik stillte in den 20er Jahren vor allem der versierte ALEKSANDR GRIN (Pseudonym für A. Grinevskij; 1880–1932).

Dieser in Vjatka geborene Sohn eines verbannten Polen hatte nach einem unsteten Leben als Matrose, Abenteurer und Schriftsteller schon vor der Revolution das Renommee eines «russischen E. A. Poe» erlangt, und seine zahlreichen Geschichten, die bereits 1913 in einer mehrbändigen Sammlung vorlagen, zeugen von der Neigung für Träume, Halluzinationen, riskante Spiele, Rätsel, Ängste und psychologische Experimente.

Die literarischen Einflüsse, denen Grin unterlag, sind mit Sicherheit nicht nur in der anglo-amerikanischen Übersetzungsliteratur zu suchen (E. A. Poe, R. L. Stevenson, Bret Harte, Rudyard Kipling), sondern auch im russischen Symbolismus (V. Brjusov) und unter den einheimischen Realisten (A. Kuprin). Die russische Wirklichkeit bildet jedoch nur selten den Hintergrund für die abenteuerlichen und phantastischen Begebnisse, etwa so wie im «Krysolov» (der Rattenfänger), der im ausgepowerten und darbenden Petersburg des Jahres 1920 spielt. Für seine bekanntesten Erzählungen hat Grin eine eigene Wirklichkeit ersonnen, deren «ausländische» Romantik in spielerisch erfundenen Namen und in einem westlichen oder südländischen Lokalkolorit zentral begründet ist. Hafenstädte wie Liss oder Zurbagan, die zwar an Bekanntes anklingen, aber doch «nirgendwo» liegen, werden zu Zentren eines spielerischen «künstlichen Systems», einer phantastischen «algebraischen Welt» (K. Zelinskij), deren Verlockung der Leser um so leichter erliegt, als sie ihm die Flucht aus den Fesseln einer freudlosen Wirklichkeit leicht macht.

Grin hat auf die Revolution nicht mit einer Änderung seiner Thematik oder seiner Helden reagiert, Kornelij Zelinskij nannte ihn 1934 in einem Essay den «verlorenen Sohn der Revolution». Eines der bekanntesten und liebenswertesten Werke

des Dichters, «Alyje parusa» (1923; die purpurroten Segel),
vom Autor selbst mit dem Untertitel «Fejerija» (Zauberspiel)
versehen, hat die glückliche Erfüllung einer Weissagung zum
Gegenstand. Die Tochter eines an Land gebliebenen Matrosen,
der Spielzeugschiffe bastelt, gerät über das Modell eines Segel-
schiffes in den Bann eines verheißungsvollen Schicksals, das sie
nach langen Erprobungen in die Arme des Kapitäns Gray
führt, dessen mit roten Seidensegeln geschmücktes Schiff eines
Tages wirklich auftaucht und ihr langjähriges Sehnen glücklich
stillt.

GRINS Erzählungen und Romane sind erfüllt von Seefahrer-
romantik, märchenhaften Begegnungen und abenteuerlichen
Schicksalen. In einigen Geschichten hat man polemische Auseinandersetzungen mit der bolschewistischen Revolution zu erkennen geglaubt (V. Zavališin), und es unterliegt keinem Zweifel, daß sich Grins Ambitionen nicht in der bloßen Schaffung
von Unterhaltungsliteratur erschöpften.

Ein Schriftsteller, in dessen Werk sich teilweise eine ver-
wandte Einstellung zeigt, ist KONSTANTIN PAUSTOVSKIJ (s. S.
277). Auch in seinen Erzählungen spielt neben dem Abenteuer
die Seefahrt eine beherrschende Rolle, wie schon seine frühe
Veröffentlichung «Morskije nabroski» (1925; Skizzen vom
Meer) zeigt. Paustovskij, der während des Bürgerkrieges die
Hafenstadt Odessa kennenlernte, kam von der Romantik des
Schwarzen Meeres nicht wieder los, und er gab einem seiner
bekanntesten geographisch-historischen Romane den Titel
«Černoje more» (1935; das Schwarze Meer).

PAUSTOVSKIJS Rolle als Erzähler erschöpfte sich freilich in
diesen Gattungen nicht, doch ist für ihn typisch, daß seine
Thematik (Abenteuer, Exotik, wissenschaftliche Entdeckun-
gen, schöpferische Eingriffe des Menschen in die Natur) vom
Alltag und den politischen Gegenwartsfragen weit wegführen.
Die Vorliebe für dokumentarische Schilderungen ließ Paust-
ovskij in den 30er Jahren auch zu der Gattung der historischen
und historisch-biographischen Erzählung finden («Sudba Šarlja
Lonsevilja»; 1932 – das Schicksal des Charles Lonceville;
«Orest Kiprenskij»; 1937, u. a. m.).

In der Schilderung des sowjetischen Alltags wurde der dauerhafteste Erfolg zunächst solchen Autoren zuteil, die sich wie ZOŠČENKO auf eine humoristische Behandlung dieses Themas einließen. Eine ganze Gruppe von Erzählern bediente sich der scheinbar unschuldigen Aussageform der Humoreske in dem Bestreben, einerseits der Wirklichkeit nichts schuldig zu bleiben, sich aber andererseits auch nicht unnötigerweise ideologisch zu exponieren.

Die humoristische Kurzgeschichte, wie sie ČECHOV in seinen Anfängen gepflegt hatte, wurde zunächst durch PANTELEJMON ROMANOV (1884–1938) zu neuem Leben erweckt, der sich in den 20er Jahren großer Beliebtheit erfreute. Seine gelungensten Kurzgeschichten erschienen 1927 gesammelt in dem Band «Chorošije mesta» (schönes Land). Bauern und Kleinbürger sind die Typen, die Romanov hier in ihrer komischen Hilflosigkeit gegenüber den neuen Anforderungen des Lebens unter die Lupe nahm.

In den Jahren 1926–30 schuf ROMANOV eine Reihe von Erzählungen und Romanen, in denen die Beziehungen der Geschlechter untereinander und ebenso das moderne Familienleben in polemischer und satirischer Form dargestellt wurden. In Romanen wie «Novaja skrižaľ» (1928; die neue Gesetzestafel) und «Tovarišč Kisljakov» (1930; Genosse Kisljakov) vermittelte Romanov ein sehr lebendiges und ungeschminktes Bild des sowjetischen Alltagslebens. Mit dem größeren (unvollendet gebliebenen) zeitgeschichtlichen Panorama «Rus» (1923/ 1926; Rußland) hatte Romanov dagegen weniger Glück. Von dem als Trilogie geplanten Werk erschien nur der erste Teil, der mit dem Ausbruch des Weltkrieges 1914 endet.

Als Verfasser satirisch-humoristischer Erzählungen und einiger mit Erfolg aufgeführter Komödien aus dem Alltag hat sich auch VALENTIN KATAJEV (* 1897) einen Namen gemacht. Sein größter Erfolg wurde die romanhafte Erzählung «Rastratčiki» (1927; die Defraudanten), in der sich die satirische Milieuschilderung auf einem abenteuerlichen Hintergrund entfaltet. Zwei Angestellte eines Moskauer Trusts unterschlagen 12 000 Rubel und treten eine lustige Reise an, auf der ihnen nichts weiter zu tun bleibt, als diese ganze Summe in möglichst abwechslungsreicher Art und Weise durchzubringen, bis sie am Schluß doch noch der Arm des Gesetzes erreicht. Katajev nahm die Leser dieses satirischen Abenteuerromans mit der spannenden Handlung, den farbigen Sittenbildern und der frischen, unbekümmerten Art des Erzählens gefangen.

Nach einem Roman über das Pflichtthema des Fünfjahresplans («Vremja vperëd»; 1932 – Zeit voran) gelang KATAJEV noch einmal ein sehr unproblematisches Werk mit dem vielgelesenen Roman «Belejet parus odinokij» (1936; es blinkt ein einsames Segel), dessen Titel Worte aus einem Gedicht Lermontovs zitiert. Im Mittelpunkt der historischen Handlung, die 1905 in Odessa spielt, steht ein kleiner Junge, dessen kindliche Perspektive das Geschehen weitgehend bestimmt.

KATAJEV, der ein bemerkenswertes dramatisches Talent besaß, hat nicht nur «Rastratčiki» und «Vremja vperëd» selbst für die Bühne bearbeitet, sondern mit «Kvadratura kruga» (1928; die Quadratur des Kreises) und «Doroga cvetov» (1934; der Blumenweg) auch sehr unterhaltsame Komödien geschaffen, die sich mit der heiteren Seite der Alltagsprobleme (Wohnungsnot, Liebe und Ehe) befassen.

4.

Der vielleicht populärste humoristisch-satirische Roman der zwanziger Jahre, der zugleich unbestreitbares literarisches Niveau hat, ist das Werk zweier Autoren. Der Roman «Dvenadcať stuľjev» (1928; zwölf Stühle) wurde gemeinsam von IĽJA IĽF (Pseudonym für I. Fajnziľberg; 1897–1937) und JEVGENIJ PETROV (Pseudonym für Je. Katajev, Bruder des Schriftstellers Valentin Katajev; 1903–1942) geschrieben. Nach der Überlieferung stammt die Idee zu der Fabel, die eine schlagend einfache Aufreihung der Episoden ermöglichte, nicht von einem dieser beiden begabten Erzähler, sondern von Petrovs Bruder Valentin Katajev.

Der satirische Schelmenroman kreist vordergründig um eine abenteuerliche Schatzsuche, bei der zwei miteinander rivalisierende Gruppen den Brillanten nachjagen, die eine alte Dame während der Revolutionswirren in dem Polster eines Stuhles versteckt hat. Da zu der inzwischen in alle Winde verstreuten Garnitur 12 Stühle gehören, muß dem Verbleib aller dieser Stühle nachgeforscht werden, müssen alle Stühle durchsucht werden. Die Episoden des Abenteuerromans werden an diesen 12 begehrten Stühlen wie an einem roten Faden einfach aufgefädelt, wobei die Reise kreuz und quer.durch Rußland geht.

Die lustige Hindernisjagd ist jedoch nur die äußere Motivierung für ein Sitten- und Zeitgemälde, in dem das sowjetische Leben während der NEP-Periode (Neue ökonomische Politik, 1921–27) in seiner ganzen verwirrenden Widersprüchlichkeit zur Erscheinung kommt. Der Aufbau des Romans und die witzige Diktion kommen wiederum von Gogoĺ, dem die russiche Prosa der ersten drei Jahrzehnte des 20. Jahrhunderts in einem kaum zu überschätzenden Ausmaß verpflichtet ist. Diese Beziehung zu Gogoĺ ist schon in den ersten Sätzen des Romans deutlich: «In der Kreisstadt N. gab es so viele Frisiersalons und Leichenbestattungsunternehmen, daß es so schien, als würden die Bewohner der Stadt nur dazu geboren, um rasiert und geschoren zu werden, um sich den Kopf mit Végétal erfrischen zu lassen und dann gleich zu sterben. Aber in Wirklichkeit wurden in der Kreisstadt N. ziemlich selten Menschen geboren, rasiert oder zu Grabe getragen.»

Typisch für den bestimmenden Einfluß Gogoĺs sind auch die zahlreichen (in der deutschen Übersetzung fehlenden!) witzigen Abschweifungen, etwa über die verschiedenen Ausdrücke für den Vorgang des Sterbens, über die «Entfremdung» des Reisenden auf Bahnhöfen und in Zügen, über verschiedene Arten von Bremsmechanismen in Pendeltüren und über anderes mehr. Einen modernen Zug erhält der Roman dagegen durch die häufigen (an den Stummfilm erinnernden) Beschleunigungen in der Schilderung der Vorgänge, durch die hauptsächlich in pantomimischer Beschreibung objektivierten Szenen.

Der Held der Erzählung, der Hochstapler und Glücksritter Ostap Bender, ist im Grunde ein «positiver» Gauner, ein unverwüstlicher Schelm und Verwandlungskünstler, und die Autoren sahen sich gut beraten, als sie den «großen Kombinator» ungeachtet seines schmählichen Endes in den «Zwölf Stühlen» später in ihrem neuen Roman («Zolotoj telënok»; 1931 – das goldene Kalb) wieder auferstehen ließen. In diesem zweiten Roman geht es um das Problem, wie man unter den Sowjetverhältnissen als heimlicher Millionär existieren kann, und zu welchen tragikomischen Folgen die widerrechtliche Aneignung einer fremden Million für den neuen Besitzer führen kann. Die

Handlung ist auch hier ziemlich phantastisch ausgesponnen, und sie führt gleichzeitig – wie in den «Zwölf Stühlen» – durch viele Etagen der Sowjetgesellschaft.

Das letzte gemeinsam verfaßte Buch IL'FS und PETROVS war der heitere Bericht über ihre Amerikareise, den sie unter dem Titel «Odnoétažnaja Amerika» (1936; das einstöckige Amerika) veröffentlichten.

5.

Nicht früher als in den Jahren 1923/25 traten die sogenannten «proletarischen» Schriftsteller (damit ist gemeint: die klassenbewußten Schriftsteller) in den Vordergrund des literarischen Lebens. In seiner Betrachtung über die «Neue russische Prosa» (Novaja russkaja proza) konnte JEVGENIJ ZAMJATIN noch 1923 schreiben, es gäbe bislang keinen einzigen proletarischen Belletristen, der – sei es auch nur durch die Hintertür – in die Literaturgeschichte Eingang gefunden hätte: «Trotz der Schaffung besonderer Inkubatoren hat man noch keine proletarische Literatur ausbrüten können.» Zamjatin vertrat hier zugleich die Ansicht, man dürfe auch von den sogenannten «Proletkult»-Vereinigungen nicht mehr erwarten, als sie zu geben vermöchten: «Dogma, Statik und Konsonanz verhindern, daß jemand von der Krankheit ergriffen wird, die Kunst heißt, mindestens von ihren komplizierteren Formen.»

Diese ironische Randbemerkung deutet auf eines der heikelsten Probleme der Sowjetliteratur, auf die Frage, wieweit es der Literatur (als Kunst betrachtet) zuträglich ist, wenn sie sich bewußt in den Dienst politisch-didaktischer und politisch-pädagogischer Aufgaben stellt. Da diese Frage unter den in der Sowjetunion gegebenen Verhältnissen nicht mehr radikal gestellt und noch weniger in der eindeutigen Art *Zamjatins* beantwortet werden kann, ist die Diskussion über manche literarischen Grundfragen seit den frühen 20er Jahren in Rußland keinen Schritt mehr vorangekommen.

Es sollte indessen nicht mehr lange dauern, bis der Begriff des «proletarischen Romans» doch zu einem literarischen Faktum wurde, und bis der proletarischen Literatur die bisher tonangebende Literatur als eine Schöpfung der «Mitläufer» (d. h. der mit dem Kommunismus lediglich sympathisierenden «poputčiki») an die Seite gestellt wurde.

Einen ausdrücklich klassenbewußten Beitrag zur literarischen Gestaltung des Bürgerkrieges leisteten vor allem Dmitrij Furmanov (1891–1926) und Aleksandr Fadejev (1901 bis 1956). Der im Wolgagebiet geborene Furmanov stammte dabei gar nicht einmal aus einem rein proletarischen, sondern eher aus einem bäuerlich-kleinbürgerlichen Milieu. Er konnte nach Beendigung der Realschule einige Jahre an der Petersburger Universität studieren, trat aber nach einem kurzen Zwischenspiel als Anarchist und Pazifist bereits 1918 der kommunistischen Partei bei und nahm am Bürgerkrieg als politischer Kommissar teil. 1923 veröffentlichte er seinen berühmt gewordenen Roman «Čapajev», in dem er den Kampf und die Persönlichkeit des Partisanenführers Čapajev würdigte, in dessen Division er einige Zeit gedient hatte.

Die Besonderheit des Romans ist, daß Furmanov sich nicht (wie etwa Vsevolod Ivanov) auf die drastische Wirklichkeit des Bürgerkrieges beschränkt, sondern zugleich auch der weltanschaulichen Formung des Helden sein Augenmerk zuwendet. Furmanov behandelt die politischen Probleme freilich in recht unorthodoxer Manier, doch liegt das Schwergewicht der Erzählung auf der Interpretation der Charaktere und auf der Interpretation des Geschehens, nicht mehr allein auf dem elementaren Geschehen als solchem.

Künstlerisch war Furmanov mit seinem Roman selbst unzufrieden, wie er in einem Brief an Gor'kij (1925) bekannte, jedoch wird «Čapajev» gerade auf Grund der ideologischen These in der Sowjetunion als klassisches Werk aus der Frühzeit des proletarischen Realismus hoch geschätzt.

Zu einem Erfolgsbuch wurde auch der einige Jahre später entstandene Bürgerkriegsroman, mit dem sich Aleksandr Fadejev einen Namen als proletarischer Schriftsteller machte. Mit «Razgrom» (1926/27; die Niederlage) stellte sich Fadejev in die erste Reihe der Vorboten des «sozialistischen Realismus», dessen bekanntester Exponent er später wurde.

Fadejev hatte selbst den Partisanenkrieg im Fernen Osten mitgemacht, der den Hintergrund für die Romanhandlung bildet. Mit dem Leben der Menschen im Gebiet von Vladivostok war er jedoch schon seit seiner frühen Jugend vertraut, seit sein Vater als Feldscher dort angesiedelt worden war.

Fadejev geht in seinem Roman von der psychologischen Analyse der Charaktere aus, und man hat seine Schilderungen, die dem psychologischen Realismus verpflichtet sind, sogar gelegentlich mit denen Lev Tolstojs verglichen, soweit die äußere Form in Betracht kommt. Die Verbindung von psychologischem Realismus und politischer «Parteilichkeit» sollte dann später eigens zur dogmatischen Konzeption des «sozialistischen Realismus» erhoben werden. Fadejevs pädagogischer Enthusiasmus wird in «Razgrom» ebenso deutlich wie sein nicht zu erschütterndes Vertrauen zur Zukunft und zum Guten in den Menschen. Das menschliche Problem sieht er vor allem als ein Problem der sozialen Rückständigkeit an: «Levinson», so heißt es an einer Stelle im Roman, «wäre nicht er selbst gewesen, sondern ein anderer, wenn in ihm nicht jene gewaltige, mit keinem anderen Wunsche zu vergleichende Begierde lebendig gewesen wäre nach dem neuen, schönen, starken und guten Menschen. Aber wie konnte man von einem neuen, schönen Menschen sprechen, solange zahllose Millionen gezwungen waren, ein derart vorsintflutliches und armseliges, unausdenklich karges Leben zu fristen.»

Als bahnbrechend für die Gattung der später so beliebten «Aufbau»-Romane muß der bereits 1925 erschienene Roman «Cement» (Zement) von Fëdor Gladkov (1883–1958) angesehen werden. Die Handlung rankt sich hier um die Wiederingangsetzung der Produktion in einer während des Bürgerkrieges stillgelegten Zementfabrik am Schwarzen Meer.

Gladkov macht in seinem Roman den Versuch, Menschen zu schildern, die den Übergang in eine neue gesellschaftliche Ordnung und die Ausbildung einer neuen Moral am eigenen Leibe erfahren, und die zum Teil durch krasse Konflikte hindurchgehen müssen. Gladkov macht nicht den Versuch, die Wirklichkeit zu beschönigen, jedoch führt sein Bestreben, die einzelnen Gestalten in ein dialektisches Schema zu pressen, oft zu merkwürdigen Mißverhältnissen. Die erzählerischen Effekte, die an die ältere Schule Kuprins («Moloch») und L. Andrejevs erinnern, sind gleichfalls stark übertrieben und wirken nur auf den ersten Blick neuartig. Die schwelgerische Bildhaftigkeit der Sprache ist im Grunde bei Gladkov eine künstliche Zutat, ebenso wie die an die Vorkriegsliteratur erinnernde forcierte Behandlung der erotischen Thematik. Literarisch gesehen ist

Gladkov in dieser Hinsicht noch ein Epigone der Dekadenz und des frühen Modernismus.

Die eigentliche Bedeutung des Romans liegt in der Behandlung des gesellschaftlichen Themas und in der ausgesprochenen «Parteilichkeit», mit der GLADKOV seine Personen zur Revolution in Beziehung setzte. Der Roman sollte Antwort geben auf ganz bestimmte Fragen, die wirtschaftlich und politisch als aktuell gelten konnten.

6. ILJA ĖRENBURG

Eine gesonderte Stellung im Rahmen der Sowjetliteratur nimmt das Werk des viel bewunderten und viel geschmähten ILJA ĖRENBURG (1891–1967) ein. Ėrenburg stammte aus einer wohlhabenden bürgerlichen Familie, wuchs in Moskau auf, kehrte mit 18 Jahren Rußland den Rücken, erlebte Paris und führte dort bis 1917 das Leben eines heimatlosen Bohemiens und angehenden Poeten. Sein frühes Werk (1916–21) besteht aus Lyrik, zur Prosa wechselte Ėrenburg erst über, nachdem er die Revolutions- und Bürgerkriegsjahre in Rußland erlebt hatte. 1921 reiste Ėrenburg erneut ins Ausland, wo er einen ganzen Teil seines weiteren Schriftstellerlebens verbrachte.

Der Roman, durch den ĖRENBURG zu literarischem Ansehen gelangte, erschien 1922 in Berlin unter dem Titel «Neobyčajnyje pochoždenija Chulio Churenito i jego učenikov» (die ungewöhnlichen Abenteuer des Julio Jurenito und seiner Schüler). Ėrenburg selbst erklärte noch nach Jahrzehnten, er habe nie aufgehört, dieses Buch zu lieben, und er betrachte es als eine Art Autobiographie. Die äußere Darstellungsform ist die des abenteuerlichen Schelmenromans, jedoch ist der Stil satirisch und parodistisch, streckenweise auch ausgesprochen feuilletonistisch, was bereits in der zweiten Hälfte des Untertitels zum Ausdruck kommt: «... ebenso verschiedene Urteile des Meisters über Pfeifen, über Leben und Tod, über die Freiheit, über das Schachspiel, über das Volk der Juden und einige andere Dinge.»

Der Roman von dem pathetischen Zyniker, Anarchisten und Provokateur Julio Jurenito, dessen Jünger den verschiedensten Nationen und Rassen angehören, ist seinem Inhalt nach eine satirische Enzyklopädie der europäischen Zivilisation und eine groteske Geschichte des Weltkrieges und seiner Folgen. «Julio Jurenito» ist bis heute das aufschlußreichste Werk ILJA ĖRENBURGS, und man kann die Rolle, die der Dichter in der Sowjetliteratur spielte, nicht ohne die Rückbesinnung auf die Schelmen und Meister der Paradoxe Julio Jurenito voll würdigen.

Jede nationale Psychologie wird in dem Roman ad absurdum geführt, und parodistische Einblendungen heben den Ernst der Rahmenhandlung und der historischen Betrachtung immer wieder auf. Die Tragödie Europas wird zur Farce, und die scheinbare Parteinahme für hohe Ideen wird zur Persiflage, sobald der «Meister» Julio Jurenito das Wort nimmt. Die interessante Pointe des Buches ist, daß sich Jurenito auch von der sowjetischen Wirklichkeit abgestoßen fühlt. Dem Provokateur und intelligenten Anarchisten mißfällt die doppelte Moral der Machthaber im Sowjetland, und er vermißt ein radikales und ehrliches Bekenntnis zur Umwertung aller Werte. Für Jurenito ist der neue Machtapparat ein Prügelstock, den man «mit Veilchen verziert» hat, und statt gläubiger Terroristen findet er nur «Heuchler, die den Krater des Vesuvs drapieren».

Julio Jurenito ist dagegen ein echter Existentialist, und er beschließt unter solchen Umständen aus dem Leben zu gehen, da seine Ideen auch im Lande der Revolution keinen Anklang finden. Seine Zeit ist noch nicht gekommen.

ILJA ĖRENBURG, der sich stolz als «Sowjetbürger jüdischer Nationalität» bezeichnete, hat sich diese Rolle des Provokateurs und Unruhestifters selbst auf den Leib geschrieben. Sein schriftstellerisches Werk ist der Destruktion des nationalen Egoismus und der nationalen Zwangsvorstellungen gewidmet, und JE. ZAMJATIN traf wohl das Richtige, als er ĖRENBURG 1923 einen quasi «esperantistischen» Schriftsteller nannte.

ĖRENBURG ist der Autor von rund 100 Büchern, die allerdings zu einem großen Teil mehr feuilletonistischen Charakter haben. Auch Ėrenburgs Kolportageromane können keine dauerhafte Geltung beanspruchen, obwohl sie teilweise routiniert und witzig geschrieben sind. Ein glücklicher Wurf gelang Ėrenburg dagegen mit seinen historischen und zeitgenössischen Miniaturen, die in dem Erzählband «13 trubok» (1923; 13 Pfeifen) vereint sind. Die Bindung des Anekdotischen an das stets im Mittelpunkt stehende Objekt (die verschiedenen Pfeifen) führt hier zu einer prägnanten novellistischen Erzählform. Der

Reigen der 13 Pfeifen umspannt dabei Kontinente und Schicksale, die Pfeife wird zum Symbol für Ėrenburgs Kosmopolitismus.

Als geistreiches und von wacher Beobachtungsgabe zeugendes Reisebuch verdient «Viza vremeni» (Berlin 1929; das Visum der Zeit) hervorgehoben zu werden. Es bietet einen anschaulichen Querschnitt durch das Europa der 20er Jahre von Paris bis Istanbul, insbesondere durch Frankreich, Deutschland, Polen und die Slowakei. Auch hier spart Ėrenburg nicht mit boshaften Kommentaren und witzigen Vergleichen in der Art des folgenden: «Durch seinen Geruch erinnert Athen außerordentlich an unsere russische Stadt Gomeľ.»

Die besten Bücher Iľja Ėrenburgs erlebten charakteristischerweise ihr Erscheinen zum überwiegenden Teil bei russischen Verlegern im Ausland, so auch der in Rußland wenig bekannte weitere Schelmenroman, dessen Held der arme Jude Lazik Rojtšvanec ist («Burnaja žizń Lazika Rojtšvaneca»; Paris 1928 – das stürmische Leben des Lasik Rojtšvanec). Dem kleinen jüdischen Schneider aus Gomeľ, der von der «großen Gerechtigkeit» träumt, fällt hier die Rolle des Provokateurs zu, die er konsequent, aber eigentlich gegen seinen Willen spielt. Rojtšvanec ist der «reine Tor», so etwas wie ein jüdischer Candide, der in das bolschewistische Rußland verschlagen ist.

Als es Lazik gelingt, aus Rußland zu fliehen, spielt er seine Rolle in der Emigration weiter, um auch in Berlin, Paris, London und anderswo immer wieder in die blamabelsten Situationen, wenn nicht ins Gefängnis zu geraten. Seine lange Reise endet in Palästina, wo er zerschunden und ausgespien vom Leben schließlich auf der Strecke bleibt. Am Grab der Rahel in Jerusalem gibt er seinen Geist auf.

In ihrem lässigen Zynismus wirken Ėrenburgs Bücher zweifellos auf manche Leser abstoßend, und auch die literarische Technik der Persiflage kann zu unangenehmen Überspitzungen führen, wie sie bei Ėrenburg nicht selten sind. Man muß jedoch dabei berücksichtigen, daß Ėrenburgs Manier zugleich eine Art Narrenkappe ist, und daß sich hinter seiner Respektlosigkeit ein wirkliches Pathos verbirgt, das seinem Stil Leben und dichterische Farbigkeit gibt.

7. ISAAK BABEĽ

In seiner deutsch geschriebenen Betrachtung «Randbemerkun-
gen zur heutigen russischen Literatur» (1930) nannte ILJA
ÉRENBURG den Namen ISAAK BABEĽs noch an vorderster Stelle
neben PASTERNAK und ZAMJATIN unter denjenigen russischen
Namen, die in der Literatur europäische Geltung beanspruchen
dürften. Diese Zusammenstellung ist weder zufällig noch un-
begründet, und sie kann in sehr lehrreicher Weise dartun, daß
es durchaus nicht westliche Sensationslust ist, wenn diese
Dichter entgegen der in der Sowjetunion heute vorgeschriebe-
nen Meinung als repräsentativ für ihre Epoche angesehen werden.

ISAAK BABEĽ (1894–1941) stammte aus einer jüdischen Kaufmannsfamilie und kam in Odessa zur Welt, der Stadt, die man
einst das «russische Marseille» nannte. Als Kind wurde Babeľ
streng jüdisch erzogen, er erlernte früh das Französische wie
auch das Hebräische, und er erinnerte sich später an ein Elternhaus, das «von dem Geruch nach Zwiebeln und jüdischem
Schicksal erfüllt» gewesen war. Babeľs neugierige und phanta-
sievolle Intelligenz suchte nicht nur schon in den frühesten
Jahren den vielen Geheimnissen der Hafenstadt Odessa auf die
Spur zu kommen, sie drang wie spielend auch in die Welt der
Bücher ein und fand eine erste Offenbarung in den französischen Novellen Maupassants.

Die ersten eigenen Erzählungen BABEĽs wurden 1916 in
GOŔKIJS Monatsschrift «Letopiś» (1915–17) aufgenommen, je-
doch ließ sich Babeľ von Goŕkij den Rat geben, lieber noch
einige Zeit weiter an sich zu arbeiten, als zu früh auf den ersten
Erfolg zu bauen. BABEĽ wurde in den folgenden Jahren in den
Strudel der Revolution und des Bürgerkrieges gerissen, und
erst 1923/24 tauchte sein Name in den neuen Zeitschriften
«Krasnaja Nov» und «Lef» wieder auf.

Zum entscheidenden Erlebnis war für BABEĽ der Dienst in
der roten Reiterarmee des Generals Budënnyj geworden, die
Teilnahme an dem Feldzug gegen Polen im Jahr 1920. Aus den
Tagebuchnotizen, die Babeľ in diesem Krieg gesammelt hatte,
entstand der Novellenkranz, der unter dem Titel «Konarmija»
(1926; Reiterarmee) ihre endgültige Form erhielt. Mehrere
Novellen aus diesem Zyklus waren jedoch schon vorher in

Zeitschriften abgedruckt worden, parallel mit Erzählungen aus dem Zyklus «Odesskije rasskazy» (Geschichten aus Odessa).

Die beiden genannten Zyklen haben gemeinsame sprachliche und formale Eigenschaften. Sie bestehen aus Kurzgeschichten und Novellen, die in wechselnder Beleuchtung einen charakteristischen geographischen und historischen Hintergrund fixieren, zugleich aber auch einen festen Personenkreis umspannen. Babel's Geschichten kreisen um bestimmte archetypische Symbole und lassen die psychologischen Motive häufig nur am Rande hervortreten. Die einzelnen Akzente sind durch krasse Bilder und grelle Farben gesetzt, die an den Expressionismus erinnern. Besonderen Nachdruck legt Babel auf die animalische Sphäre des Menschen, in deren Wirkungsmechanismus auch das Heroische gerät. Die Kosaken der Reiterarmee und ihre Gegner, die Polen, sind bei Babel keine Helden, aber auch keine Verbrecher nach dem üblichen Klischee, denn sie handeln nach den Gesetzen, die in der Natur des Krieges liegen.

Babel geht dabei niemals so weit, das Humane auf bloße Triebkräfte zu reduzieren, vielmehr erscheinen gerade die primitiven Handlungen als ein wichtiges und kompliziertes Ritual. Babel's Geschichten spielen nicht zufällig in solchen menschlichen Gemeinschaften, die unter einem erhöhten «sozialen» Anspruch stehen, im Kreis der aufeinander angewiesenen Soldaten (Konarmija) und in der Unterwelt von Odessa (Odesskije rasskazy).

Die Haltung des Erzählers in einem Teil der Novellen aus «Konarmija» ist dabei sehr interessant. Für ihn ist die Welt, die er schildert, eigentlich eine fremde Welt, von der er sich angezogen fühlt, der er aber geistig und physisch nicht wirklich angehören kann. Aus diesem zwiespältigen Verhältnis schöpfen die Erzählungen jedoch gerade ihre innere Spannung und ihre kontrastreiche Farbigkeit, und nichts kann so zwingend den Zusammenhalt der Kosakenarmee zum Bewußtsein bringen wie die Tatsache, daß der Erzähler, der in den Augen der Frontsoldaten ein «Vieräugiger» ist (Babel war Brillenträger), sich immer wieder quälen und abmühen muß, in den Bannkreis einzudringen. Die phantastische Wirklichkeit des Krieges bleibt für das Bewußtsein des Erzählers eine Paradoxie, die ihn selbst zu einem passiven, grüblerischen Wesen werden läßt: «Ich hatte allen Mut verloren und schritt gebeugt unter der grabesdunklen

Krone (scil. der Nacht) immer weiter. Ich flehte das Schicksal an, mir die einfachste aller Fähigkeiten zu schenken, die Fähigkeit, einen Menschen zu töten.»

Polen wie Russen fluchen, morden und schänden völlig unbekümmert um die äußerliche Moral, sie leben jedoch im Innern nach einem eigenen strengen Gesetz, nach einem eigenen Ehrenkodex. Diese phantastische und mit dem normalen Verstand unzugängliche Wirklichkeit des Krieges war gerade das, was BABEĽ darstellen wollte, und mit der «Entstellung» des gewohnten Lebens, wie sie uns hier entgegentritt, bewältigte Babeľ zugleich eine große künstlerische Aufgabe. Das Bild des Menschen, das Babeľ in seinen Novellen zeichnet, entspricht den genau berechneten Verzerrungen, wie sie auf den «lästerlichen» Heiligenbildern des Pan Apolek zu finden sind, von denen Babeľ mit so viel Anteilnahme erzählt («Pan Apolek»; «U svjatogo Valentina» – bei Sankt Valentin).

Den Kosakenhelden entsprechen in den Geschichten aus Odessa die Helden der Unterwelt, die Banditen, deren «König» der junge und listenreiche Benja Krik ist. Die Gestalt des jüdischen Bandenführers aus der Moldavanka in Odessa hat BABEĽ sehr lange beschäftigt, und als ihr Pendant könnte man in der «Reiterarmee» den Rabbinersohn Iľja ansehen, den der Erzähler den «letzten Prinzen» nennt, und dessen übriggebliebene Habseligkeiten er nach dem Tode des Jungen durchforscht: «Wie ein trauriger und geiziger Regen fielen sie mir entgegen: Seiten des Hohenliedes und Revolverpatronen».

Das jüdische Viertel der Moldavanka kannte BABEĽ so gut wie die ukrainischen und galizischen Dörfer, die die einprägsame Kulisse des Feldzuges der Reiterarmee bilden, denn in der Moldavanka spielte sich Babeľs eigene Jugend ab, von der er in den autobiographischen Erzählungen («V podvale»; 1931 – im Keller; «Probuždenije»; 1932 – Erwachen) berichtet. Einzelne Figuren kommen sowohl in diesen autobiographischen Schilderungen vor als auch in den Banditengeschichten («Koroľ»; 1923 – der König; «Otec»; 1924 – der Vater; «Kak èto delaloś v Odesse»; 1923 – wie man es in Odessa machte; «Ljubka Kazak» – 1924).

Mit großer Kunst hat BABEĽ überall das einstige Kolorit der weltoffenen Hafenstadt ausgemalt und dabei das exotische Element besonders unterstrichen, das in alle möglichen Bildkomplexe eingeht («eine rote Wassermelone mit schwarzen Kernen, Kernen so schräg wie die Augen listiger Chinesinnen»). Ähnlich wie in «Konarmija» zeigt sich hier bei Babel' eine besondere Vorliebe für die grellen Sonnen- und Fleischfarben in allen ihren Spielarten, vor allem Rosa, Himbeerrot, Karminrot, Braunrot, Orange und Gelb. Babel' steht mit diesem Farbspektrum dem frühen Gogol' nahe, und beiden Dichtern gemeinsam ist auch die üppige, bisweilen orientalisierende Bildhaftigkeit. Besonders häufig sind jedoch bei Babel' die animalischen Vergleiche, so wenn die Sonne vom Himmel herabhängt wie «die rosige Zunge eines durstigen Hundes», oder wenn die schwangeren Frauen, die am Abend auf der Bank beieinandersitzen, sich «mit allerlei vermischten Neuigkeiten» füllen, «wie sich ein Kuheuter auf der Weide mit der rosigen Milch des Frühlings» füllt. Anklänge an die Lyrik der «Imaginisten» sind hier manchmal zu konstatieren.

Wie eigentlich fast alle Sowjetdichter der 20er und 30er Jahre sah sich Babel' auch mit der tiefen Kluft konfrontiert, die zwischen der Revolution und den alten Lebensgewohnheiten entstanden war. Durch diese Kluft waren auch die jüdischen Traditionen zu einem Anachronismus geworden, und die tragikomischen Folgen des Zusammenstoßes zwischen den alten Gewohnheiten und den neuen gesellschaftlichen Begriffen hat Babel' in einigen Erzählungen wie «Konec bogadel'ni» (1932; das Ende des Altersheims) und «Karl-Jankel'» (1932) anschaulich geschildert.

1932/33 lebte Babel' einige Zeit in Frankreich bei seiner dorthin übergesiedelten Familie, und aus dieser Zeit stammt die Novelle «Ulica Dante» (1934; rue Dante), eine Huldigung Babel's an Paris. Viele Manuskripte aus den 30er Jahren sind indessen nie veröffentlicht worden, u. a. ein Roman, dessen Anfang unter dem Titel «Gapa Gužva» 1931 in einer Zeitschrift abgedruckt wurde. Diese Manuskripte gelten heute als verschollen.

Der Dichter geriet in den dreißiger Jahren immer mehr in einen Gegensatz zu der offiziell anerkannten und herrschenden Kunstauffassung und mußte schließlich resignieren. 1939 wurde er verhaftet, und über sein weiteres Schicksal ist nichts mehr bekannt. Sein Tod wurde erst Mitte der 50er Jahre zugegeben, nachdem Babel' als Opfer des Stalinismus in einem gewissen Umfang rehabilitiert worden war.

8. BORIS PIĹNJAK

Ein umfangreiches und stilistisch vielschichtiges Prosawerk hat BORIS PIĹNJAK (Pseudonym für B. Vogau; 1894–1937) hinterlassen, der wie BABEĹ ein Opfer der politischen Verfolgungen wurde. PIĹNJAK kam als Sohn eines Veterinärs wolgadeutscher Abstammung zur Welt und verlebte seine Jugend in verschiedenen Moskau benachbarten Provinzstädten, deren liebevoller Schilderer er später wurde. Die ersten Veröffentlichungen Piĺnjaks datieren ebenfalls noch aus der Zeit vor der Revolution, doch wurde der Dichter erst mit seinem Roman «Golyj god» (1922; das kahle Jahr) wirklich bekannt.

PIĹNJAK begeisterte sich von Anfang an für das literarische Experiment und fand seine stilistischen Vorbilder u. a. in BELYJ und REMIZOV. Sein Thema ist die kulturphilosophische Deutung der Revolution, die er ähnlich wie die Anhänger der «Skythen»-Bewegung als den Ausdruck einer doppelgesichtigen Wahrheit verstand, einer Wahrheit, deren zwei Seiten Europa und Asien sind. Als romantischer Anarchist suchte PIĹNJAK in dem großen Gärungsprozeß, der Rußland ergriffen hatte, die Züge einer primitiven und «nationalen» Revolte zu erkennen, in der sich die historisch gewachsene Eigenart gegen den Rationalismus der «westlichen» Strömung wieder durchsetzen würde.

Trotz der rein gefühlsmäßigen Bejahung der Revolution wurde PIĹNJAK auf diese Weise in seiner slavophil-romantischen Geschichtsauffassung zum Dichter des sterbenden Rußland und zum Analytiker einer versinkenden Kultur.

Der Roman «Golyj god» enthält bereits alle diese für PIĹNJAK typischen Elemente. Die rhapsodische Chronik des Jahres 1919 zeigt Rußland, wie es von Hunger, Fieber und Terror geschüttelt wird, und wie sich die Waage der Geschichte bald nach der einen und bald nach der anderen Seite neigt. Den Ausklang bildet die Erinnerung an eine ländliche Hochzeit, und Piĺnjak konfrontiert hier den Leser mit jenem Gesicht Rußlands, das ihm die reinere Wahrheit zu sagen schien als das andere, von den Kommunisten in Lederjacken geprägte Gesicht: «Die Hochzeit wird an den ‹Schwarzen Flüssen› nach dem Kanon der Jahrhunderte wie eine Liturgie gefeiert, in den strohgedeckten Bauernhütten, unter den Vordächern, auf der Straße, auf den Feldern, in den Wäldern, im Schneegestöber, bei Tag und bei Nacht. Sie erklingt in Gesang und Schellentrommeln, sie schleicht herum als berauschendes Getränk, sie ist bunt bemalt und frisch gefärbt wie ein neuer Firstbalken, an Abenden so blau wie das Papier von Zuckerwerk.»

Das «Kahle Jahr» ist dadurch als literarisches Experiment gekennzeichnet, daß eine lockere Folge von Episoden an die Stelle einer durchgehenden Romanhandlung tritt. Das verbindende Element ist vor allem sprachlich-stilistischer Art und besteht aus Leitmotiven, stereotypen Erzählsegmenten und bestimmten aufeinander bezogenen symbolischen Bildkomplexen. Mehrere Kapitel werden von PIĽNJAK ausdrücklich mit dem Untertitel «Triptychon» versehen, und die Wechselbeziehung der einzelnen Szenen ist damit ganz in den bildlichen Symbolzusammenhang gestellt.

PIĽNJAKS lyrisch-ornamentale Sprache ist so stark persönlich gefärbt, daß auch alle auftretenden Figuren von ihr angesteckt werden. Erst in einer späteren Phase gelingen Piľnjak wirklich besondere und typische Gestalten mit eigenem Leben und individueller Umwelt. Piľnjak verzichtet in der frühen Periode ganz bewußt auf die Prägung lebendiger Charaktere, sein Darstellungsstil ist streng monologisch.

Kennzeichnend für Piľnjaks manchmal schwer zu durchschauendes Kompositionsschema ist der Roman «Mašiny i volki» (1925; Maschinen und Wölfe), der thematisch und stilistisch an das «Kahle Jahr» anschließt und sogar ausführliche Zitate aus dem früheren Roman enthält. PIĽNJAK hat überhaupt sehr gern ganze Segmente aus einem Werk in das andere verpflanzt, bisweilen in variierter Form, bisweilen in völlig unveränderter Gestalt. Die Möglichkeit für eine solche Austauschbarkeit schaffte sich Piľnjak selbst durch den stereotypen Charakter seiner Bilder und durch seine epische Syntax, die gelegentlich in einen inneren Monolog übergeht.

In «Mašiny i volki» ist die Neigung zum inneren Monolog noch stärker als in «Golyj god», und die Erzählsprache weist alle Merkmale des ununterbrochenen Bewußtseinsstromes auf, wie er bei A. BELYJ erscheint, bei James Joyce oder bei Alfred Döblin. Die Vorliebe für das russische 17. und 18. Jahrhundert zeigt sich dabei (ähnlich wie bei REMIZOV) in den historischen Digressionen und in den dokumentarischen Notizen, die

PILNJAK ebenso in seine Monologe einstreut, wie Zeitungsausschnitte, Plakate, folkloristische Texte oder statistische Angaben.

Den Übergang zu einer mehr handlungsmäßigen Kompositionsform bilden erst Erzählungen wie «Povest' nepogašennoj
luny» (1926; die Geschichte vom nichtausgelöschten Mond)
und «Ivan-Moskva» (1927). In der «Geschichte vom nichtausgelöschten Mond» geht es um das Schicksal eines bekannten
Heerführers der Roten Armee, der sich zwangsweise einer
Operation unterziehen muß, die offensichtlich unter der Bei-
hilfe der Ärzte zum Tode des Patienten führt. Die deutliche
Anspielung auf das Schicksal des Generals Frunze wurde
Pilnjak nicht vergessen, und seine Stellung in der Öffentlichkeit
verschlechterte sich noch weiter, als er 1929 die Erzählung
«Krasnoje derevo» (Mahagoni) in dem Berliner Petropolis-
Verlag veröffentlichte.

In «Mahagoni» kehrt PILNJAK wieder zu seinem alten kultur-
philosophischen Thema zurück und zeigt, wie sich die ent-
täuschten Hoffnungen in dem Bewußtsein der Bewohner einer
kleinen Stadt an der oberen Wolga spiegeln, die Pilnjak «das
russische Brügge» nennt. Das Symbol für das Ende der bisherigen Geschichtsepoche ist in der Erzählung das «Sterben» der
Glocken, die für den Aufbau der Industrie benötigt werden,
und die mit dumpfem Getöse von den Kirchtürmen herab-
stürzen.

Die eigentlichen Helden der Erzählung «Mahagoni» sind
närrische Sonderlinge, enttäuschte Revolutionäre und politische Sektierer. In ihnen sieht Pilnjak jetzt die Kontinuität der
russischen Geschichte: «Bettelbrüder, Almosensammler, Hellseher, Straßensänger, Lazarusse, Pilger, Armselige im Geiste,
Krüppel, Propheten, Narren «in Christo» – das alles sind die
Verzierungen der Mentalität des Heiligen Rußland, das in die
Ewigkeit versunken ist, Bettler im Heiligen Rußland, Narren
des Heiligen Rußland um Christi willen.»

Ohne wirklichen Erfolg versuchte PILNJAK durch den bald
danach verfaßten Roman «Volga vpadajet v Kaspijskoje more»
(1930; die Wolga fließt ins Kaspische Meer) sein öffentliches
Ansehen wiederherzustellen. Auch das Thema der Industriali-
sierung Rußlands konnte Pilnjak nicht vor weiterer Isolierung
bewahren. Überdies waren große Partien aus «Mahagoni» in

den neuen Roman hineingearbeitet worden, und die Sympathie Pil'njaks für die auf verlorenem Posten Stehenden ließ sich doch nicht genügend verdecken. Pil'njak blieb in den 30er Jahren ein gerade noch geduldeter Schriftsteller, und in der Zeit der «Säuberungen» (nach 1936) verschwand er von der Bildfläche. Über die Umstände seiner Verhaftung und seines Todes ist nichts Genaues bekannt.

Pil'njaks zahlreiche Novellen und kürzere Geschichten füllen einige Bände seiner «Gesammelten Werke», die 1929/30 gedruckt wurden (insgesamt in 8 Bänden). Am eindrucksvollsten sind vielleicht die in dem Band «Prostyje rasskazy» (einfache Erzählungen) vereinigten Geschichten, insbesondere aus den Jahren 1925–28 (z. B. «Gorod vetrov»; 1928 – die Stadt der Winde).

9. ANDREJ PLATONOV

Als eigenwilliger Stilist und als Erzähler mit einer schon fast magisch wirkenden Tiefendimension wurde ANDREJ PLATONOV (1899–1951) erst in der Mitte der 60er Jahre wiederentdeckt. Nachdem es 25 Jahre lang aus politischen Gründen um den 1924 diplomierten Elektroingenieur ganz still geworden war, wurde ihm endlich die verdiente Ehre der Neuauflage seiner Werke aus den frühen und mittleren Jahren zuteil.

Platonov, der anscheinend früh das Vertrauen zu den emanzipatorischen Anstrengungen der kommunistischen Partei verloren hatte, blieb zeitlebens ein glühender Anwalt der Befreiung des Menschen von Angst, Hunger, Mißhandlung und Verachtung.

Auf dem Hintergrund seiner beruflichen Arbeit für die Melioration des Bodens in den Hungergebieten und in Anlehnung an magische Strömungen der modernen russischen Naturphilosophie (N. Fëdorov) entwickelte er sein Idealbild vom altruistischen, dem Rhythmus der Natur gehorchenden, freien Menschen, der jede Lebensgier und jeden Selbstbetrug verachtet.

Seine literarische Vorliebe für Außenseitertypen, für scheinbar naive Sonderlinge, für «besinnungsloses» und «sprachloses» intuitives Handeln trug ihm bald den politischen Vorwurf des Anarchismus ein, zumal Platonov in seinem Werk besonders die Auseinandersetzung dieser im tiefsten Sinne «armen» Prototypen mit der Welt der Technik und mit der seelenlosen despotischen Staatsverwaltung suchte.

Aus den zwanziger Jahren stammen die Erzählungen «Epifanskije šljuzy» (1927; die Schleusen von Epifań), «Sokrovennyj čelovek» (1928; ein Mensch im Verborgenen), «Gorod Gradov» (1926; die Stadt Gradov) und «Proischoždenije mastera» (1929; die Herkunft eines Meisters).

«Gorod Gradov» (1966 aus dem Nachlaß herausgegeben) ist eine eindeutige Satire auf die neue Sowjetbürokratie und ihre abstoßend-grotesken Auswüchse, erzählt im Stil des mildironischen, gewissermaßen augenzwinkernden «Skaz». «Epifanskije šljuzy» ist ein auch sprachlich im «historischen Gewand» einfühlsam stilisiertes Sittenbild aus der Zeit Peters des Großen, in dem Gigantomanie (Bau einer Wasserstraße zwischen den Flüssen Don und Oka mit völlig unzureichender Planung und mit unzulänglichen Mitteln) und Menschenverachtung (Verurteilung und Hinrichtung des unschuldigen englischen Ingenieurs Bertrand Perry) ihre tiefen Schatten auf das Leben werfen.

Die Erzählung «Sokrovennyj čelovek», die die Erlebnisse des Lokomotivführers Foma Puchov während des Bürgerkrieges ganz aus der persönlichen Perspektive des «unbedarften» Helden wiedergibt, ist vielleicht das typischste Werk Platonovs überhaupt. Puchov ist der intuitiv – meistens gegen seine Interessen – handelnde, volkstümlich wertende, «besinnungslose» Held, dessen Unvermögen auf der sprachlichen Ebene sich in den sprachlichen «Defekten» der Erzählung getreu spiegelt. Von sich selbst sagt Puchov: «Ich bin ein Narr von Natur aus!», und in den Augen der anderen zeichnet er sich wie folgt ab: «Man entließ Puchov gern und schnell, umsomehr, als er für die Arbeiter ein verworrener Mensch war, kein Feind, aber ein gewisser Wind, der an den Segeln der Revolution vorbeiblies.»

Aus den dreißiger Jahren gehört zu Platonovs stärksten Erzählungen neben «Reka Potudań» (1937; der Fluß Potudań), wo es um die Überwindung der Lebensangst eines jungen demobilisierten Rotarmisten geht, noch «Musornyj veter» (1934; Kehricht im Wind), eine philosophisch-kosmologische Auseinandersetzung mit dem Totalitarismus, die in das nationalsozialistische Deutschland verlegt ist. Platonovs Held, der Physiker Albert Lichtenberg, beleidigt und verspottet ein bronzenes Hitlerdenkmal in aller Öffentlichkeit und wird dafür mißhandelt und verstümmelt. Seine Metamorphose, die sich in einer Abfallgrube vollzieht, die Tiergestalt, in die sich das Opfer verwandelt, ist für dieses der letzte physische Zufluchtsort, für die Henker aber der Spiegel, in dem sie sich selbst wiedererkennen müssen.

Bisher nur im Ausland wurde Platonovs Roman «Čevengur» (1929) als vollständiger Text veröffentlicht (YMCA-Press, Paris 1972). Das Thema der «närrischen Revolution», der Utopie der absoluten Freiheit wird schon in der mit dem Roman eng verbundenen Erzählung «Proischoždenije mastera» (1929; die Herkunft des Meisters) angeschlagen: «An der Macht halten wieder die vernünftigsten Leute Wache – daraus wird nichts Gutes.»

10. Leonid Leonov

Einer der begabtesten, heute bereits «klassischen» Romanciers aus den literarisch so regsamen 20er Jahren ist ganz sicher Leonid Leonov (* 1899). Aus einer intelligenten bäuerlichen Familie stammend, wuchs Leonov größtenteils in Moskau, eine Zeitlang aber auch auf dem Lande auf. Er beendete das Moskauer Gymnasium und diente in der Roten Armee, wo er u. a. als Mitarbeiter an Soldatenzeitungen tätig war.

Leonovs erste Veröffentlichungen erschienen durchweg bei «bürgerlichen» Verlagen und in nichtkommunistischen Almanachen (1922/23), erst 1924 wurde Leonov Mitarbeiter der Zeitschrift «Krasnaja Nov'». Das erste literarische Werk, die vielversprechende märchenhafte Erzählung «Buryga» (1922) wurde noch in dem von Fëdor Stepun (kurz vor seiner Emigration) redigierten Almanach «Šipovnik» gedruckt. Gerade die frühen Erzählungen sind indessen als Zeugnisse für die stilistische Vielseitigkeit des Autors sehr aufschlußreich, da sie das Bemühen der jungen Schriftsteller dieser Generation verdeutlichen, durch die Einbeziehung ganz anderer Erzähltraditionen dem Realismus der Vorkriegszeit (Gor'kij, Kuprin, L. Andrejev) zu entkommen. Leonov erprobte nicht nur den typischen «Skaz» der älteren russischen Tradition («Zapiski Kovjakina;

1924 – Kovjakins Aufzeichnungen), sondern er versuchte sich auch in der Märchenerzählung im Stil H.Chr. Andersens (z. B. «Valina kukla»; 1923 – Valjas Puppe), in der «orientalischen» Erzählung («Tuatamur»; 1924) und in der romantisch-phantastischen Erzählung («Derevjannaja koroleva»; 1923 – die hölzerne Königin; «Gibeľ Jegoruški»; 1924 – Jegoruškas Untergang).

Von dem großen inneren Erlebnis, das Dostojevskij für LEONOV bedeutete, zeugt die Erzählung «Konec melkogo čeloveka» (1923; das Ende eines kleinen Mannes). Die quälenden Erlebnisse und Traumphantasien des scheuen Fëdor Andreič Licharëv, des «Professors der ehemaligen Wissenschaften» rufen die bedrückendsten Szenen aus Dostojevskijs «Doppelgänger» ins Gedächtnis. Den Hintergrund bildet das zerfallende einstmalige Petersburg, das sich unter den Entbehrungen der Nachkriegszeit in eine «Wüste» zu verwandeln droht. In der ziemlich langen Erzählung zeigt sich zum ersten Mal Leonovs Begabung für die psychologische Darstellung, das «Ende des kleinen Mannes» ist der erste Schritt zum Roman.

LEONOVS bald danach entstandener Roman «Barsuki» (1924; die Dachse) ist der Psychologie eines bäuerlichen Rebellen gewidmet, der auch in der Berührung mit den städtischen Lebensformen nicht seine Liebe zum Land verloren hat und der nach der Revolution einen Bauernaufstand gegen die Sowjetmacht organisiert. Der dreiteilige Roman weist ein kompliziertes kompositionelles Gefüge auf, das überhaupt für Leonov charakteristisch ist. Leonovs Erzählstil ist auf eine mehrsträngige Handlung zugeschnitten, und die einzelnen kurzen Szenen wechseln rasch zwischen verschiedenen Schauplätzen. Zwischendurch gibt Leonov wieder längere epische Überleitungen (Landschaftsbilder), und sogar einzelne Novellen sind in die Handlung eingeschoben.

LEONOVS Stil ist realistisch, aber er umgeht geschickt alle überkommenen Klischees. Von der Metapher wird kein übertriebener Gebrauch gemacht, doch meidet Leonov das Bild nicht. Das Leben in den ältesten stillen Geschäftsstraßen Moskaus, die den Schauplatz des ersten Teiles bilden, schildert Leonov an einer Stelle wie folgt: «Dumpf und feierlich, wie unter den Fluten eines großen Stromes. Nur das gesellige Gurren der Tauben, nur das wimmernde Weinen einer Drehorgel, nur das Abendgeläut. Still und verschneit. Das Leben gleicht hier einem langsamen Rad, aber jede Speiche für sich.»

LEONOV gibt in seinem Roman ein ziemlich objektives Bild von den Verhältnissen. Die sozialen Konflikte, die sich mit familiären und allgemein menschlichen Konflikten vielfältig überschneiden, sind nicht einer Doktrin zuliebe vereinfacht, sie behalten ihren Sinn auch außerhalb der historischen Umstände. Der Sieg der Ordnung über die anarchischen Gelüste der Bauern liegt in der Logik der Erzählung und bedeutet keine Abwertung der Gefühle dieser vom Staat drangsalierten Menschen.

Eine weit ausgreifende Darstellung sozialer und menschlicher Probleme während der Phase der NEP hat LEONOV in seinem Roman «Vor» (1927; der Dieb) gegeben. Leonov verteidigt hier zwar den Glauben an eine bessere Zukunft im Zeichen des Sozialismus, beschönigt aber auch nichts an den trüben Zuständen der Gegenwart. Die Epoche, in der der «Dieb» spielt (Mitte der 20er Jahre), findet hier vielleicht ihren fesselndsten dichterischen Ausdruck in der gesamten Sowjetliteratur.

Der «Dieb» ist der Roman der Stadt Moskau, der Großstadt, in deren mittlere und untere soziale Etagen (Kleinbürger, Handwerker, Artisten, Ganoven) LEONOV hineinleuchtet. Das Vorbild Leonovs ist wiederum Dostojevskij, jedoch in diesem Fall weniger was die Art der Darstellung betrifft, als im Hinblick auf die verschiedenen Charaktere und ihr Verhältnis zueinander. Die zentrale Gestalt ist als Mittelpunkt eines ganzen Wirbels von Geschehnissen der Dieb Mitja Vekšin, Verbrecher aus gekränktem Stolz und aus Enttäuschung. In ihm vereinigen sich Züge Raskoľnikovs mit Zügen Mitja Karamazovs, und die soziale Bedeutung dieser Figur ist für Leonov, daß Mitja als ehemaliger Kommissar in der Roten Armee seine romantischen Träume in der Wirklichkeit der NEP-Zeit nicht wiedererkennen kann und daher nun als Enttäuschter in den Untergrund geht.

Schuld an dem Abgleiten Mitjas ist aber nach LEONOVS Vorstellung auch die Lieblosigkeit, die die Revolution mit sich gebracht hat: «In jenen Jahren kämpfte man um die großen Errungenschaften der Menschen und dachte wenig an die Menschen selbst. Eine große Liebe, auf alle gleichmäßig verteilt, spendete dem einzelnen nicht mehr Wärme als eine Stearinkerze.»

Das psychologische Problem wird von LEONOV im «Dieb» ausgeweitet zu dem Problem der Literatur überhaupt. Die Schlüsselfigur ist der Schriftsteller Firsov, der einen «Roman im Roman» schreibt, einen Roman über Mitja, dessen früherem und jetzigem Leben er überall nachspürt. Leonov spielt hier gelegentlich auch auf die Verhältnisse an, mit denen in der Sowjetunion die Literatur schon damals zu rechnen hatte: «Monumentale Bauten soll man immer nur von der Ferne betrachten. So soll man auch heutzutage vorläufig nur die Fakten vermerken, sie jedoch nicht kommentieren ... (Firsov) zeichnete nur ein Häuschen mit vergitterten Fenstern. Es ist klar, daß seine Gedanken nach zwei Richtungen gingen ...»

Mitja ist in LEONOVS Sicht für eine bessere Zukunft jedoch noch nicht verloren. «Mitkas Stirn ist hell und aufrührerisch», schreibt Firsov in seinen Notizen über ihn, und die ideologische Läuterung des Diebes ist am Schluß des Romans angedeutet.

LEONOV bemühte sich auch in den folgenden Romanen, die sich der Tendenz des «sozialistischen Realismus» immer mehr annäherten, um die Differenzierung seiner Gestalten und um möglichst lebendige menschliche Umrisse. Im «Dieb» noch hatte er dem Schriftsteller Firsov die Worte in den Mund gelegt: «Der Mensch existiert nicht in Reinkultur, sondern sozusagen – im Ornament! (Das ist von mir aus so etwas wie ein Vorhang, oder vielleicht wie falsches Gold, ein Kravattenmuster, die Manier eine Zigarette zu halten, der Zuschnitt der Gedanken, die Familientraditionen, das Kulturniveau ...) Der Mensch ohne Ornament ist ein nackter Mensch.»

Mit dem Roman «Sot» (1930) erfüllte LEONOV das Versprechen, das er mit dem Schluß des «Diebes» gegeben hatte. «Sot» ist ein Roman des industriellen Aufbaus, und Leonov versuchte hier nach eigenem Bekenntnis zum ersten Mal, ein Bild der «kollektiven Seele» zu geben. Die Errichtung einer Papierfabrik in der verschlossenen Waldregion Rußlands ist jedoch nicht das einzige Thema dieses Buches. Der technische und soziale Fortschritt findet seine Widersacher in der Trägheit der russischen Natur, aber auch in der oppositionellen Haltung der aus ihrer Ruhe aufgeschreckten Mönche eines alten Waldklosters, und der bei Leonov vielfach variierte Konflikt zwischen dem «dunklen» Rußland und dem Willen zum Aufbau eines neuen Lebens findet so auch hier seinen Ausdruck.

Als am wenigsten geglückt muß LEONOVS zweiter Industria-
lisierungsroman gelten, der 1932 herauskam («Skutarevskij»).
Das damals gerade aktuelle und vieldiskutierte Problem der
geistigen Umerziehung der vorrevolutionären Intelligenz wird
hier im Sinne einer rein ideologischen Konzeption gelöst.

Ein langer und literarisch anspruchsvoller Roman ist «Doroga na Okean» (1935; der Weg nach Ozean), wo LEONOV versucht, die Erzählung auf verschiedenen zeitlichen Ebenen
durchzuhalten. Eine historische und eine utopische Handlung
begleiten und kommentieren die gegenwärtige Handlung, die
von den politischen und menschlichen Problemen des Eisen-
bahnkommissars Kurilov bestimmt ist.

Obwohl LEONOVS Erzählkunst in den 30er Jahren immer
mehr zur angewandten Kunst degeneriert, hebt sich LEONOVS
psychologischer Stil doch in einprägsamer Weise von den bloß
reportagehaften oder propagandistischen Werken ab, die in den
30er Jahren das Ergebnis der literarischen Gleichschaltung
dokumentierten.

11. JURIJ OLEŠA

Eine subtile Art des künstlerischen Sehens zeichnet in besonderer Weise den Erzähler JURIJ OLEŠA (1899–1960) aus, dessen
Werk nur seinem Umfang nach hinter LEONOV oder PIĽNJAK
zurücksteht. Der aus der Ukraine stammende Dichter wuchs in
Odessa auf, der Stadt, die der modernen russischen Literatur
so viele bedeutende Talente schenken sollte (u. a. BABEĽ, VA-
LENTIN KATAJEV, IĽF und PETROV, ÉDUARD BAGRICKIJ). Mit
einem Schlage stellte ihn dann 1927 die Veröffentlichung seines
Romans «Zavisť» (der Neid) in die vorderste Reihe der Sowjetschriftsteller.

«Zavisť» behandelt den Antagonismus zwischen dem vitalen
aber völlig amusischen Wirtschaftsfunktionär Andrej Babičev
und seinem exzentrischen Bruder Ivan, der zwar äußerlich her-
untergekommen ist, dafür aber in einer Welt der Phantasie lebt
und von einer «Konspiration der Gefühle» gegen den seelenlosen Rhythmus der materialistischen Arbeitswelt träumt.
Zwischen diesen beiden Figuren steht Nikolaj Kavalerov, ein
gescheiterter Intellektueller, für den der erfolgreiche Andrej
Babičev sorgt, der aber seinerseits Babičev schon wegen seiner
überlegenen physischen Kräfte haßt. Gegen die problemlose

Selbstsicherheit des Nahrungsmittelkommissars verbünden sich Kavalerov und Ivan Babičev, die beide in ähnlicher Weise auf die Herausforderung durch den erfolgreichen Funktionär reagieren.

Aus dieser Konstellation entwickelt sich die Romanhandlung, die allerdings mit der schmählichen Niederlage der beiden weicheren Naturen endet. Der erste Teil des Romans besteht aus der Exposition der Hauptfiguren, wie sie in der Einbildungskraft Kavalerovs existieren. In diesem stillen Bewußtseinsmonolog Kavalerovs wächst die Figur Andrej Babičevs, die mit «neidischen» Augen betrachtet wird, ins Überdimensionale.

OLEŠAS Kunst, die in einer besonders zugespitzten Bewußtseinsdarstellung zu sehen ist, führt zu einer eigenartigen Optik, die alle Dinge in ihren Bann zieht. Isolierte Gegenstände haben dabei die Tendenz, sich in einer Art von traumhaftem Gleitzustand zu emanzipieren und das ganze Bewußtsein auszufüllen. Oleša steht darin vor allem dem französischen Surrealismus und seinen verschiedenen Seitenströmungen nahe, und es ist aufschlußreich, daß sich Oleša seinerseits in einer Novelle auf die Psychologie Henri Bergsons berief.

In der Bewußtseinsdarstellung OLEŠAS kann man den Versuch sehen, die gespannte Aufmerksamkeit über die äußerliche Wahrnehmung hinaus in die Dinge zu versenken, d. h. die einzelnen Dinge zum Erlebnis zu machen. Für das Erscheinungsbild der verschiedenen Gestalten sind auch Details von ausschlaggebender Bedeutung, so z. B. wenn es von Andrej Babičev ironisch heißt: «Auf den metallischen Plättchen seiner Hosenträger sammelt sich die Sonne in zwei glühenden Bündeln, ihn haben die Dinge gern.»

Dem Problem der inneren, künstlerischen Wahrnehmung hat OLEŠA eine ganze programmatische Erzählung gewidmet, die den Titel «Višnëvaja kostočka» (1930; der Kirschkern) trägt. Hier wird in verschiedenen Ansätzen ausführlich die Entstehung poetischer Visionen beschrieben, und der auf einem großen Bauplatz vergrabene Kirschkern ist nicht nur Zeichen der Erinnerung an ein unerwidert gebliebenes Liebeswerben, sondern auch ein Symbol für die geheimen Kräfte der Phantasie, die auch inmitten technischer Anlagen zu einem Baum aufblühen kann, wie der Kirschbaum aus dem unscheinbaren Kern.

Von der gleichen Geistesart zeugen auch verschiedene autobiographische Fragmente und andere kleine Erzählungen aus
den Jahren 1928–31. Der in einem Phantasiereich spielende
Roman «Tri tolstjaka» (die drei Dicken) entstand bereits 1924,
wurde jedoch erst 1928 veröffentlicht. Er wendet sich vor allem
an Kinder und bietet eine bunte und abenteuerliche Handlung
mit vielen phantastischen Einfällen.

Nachdem OLEŠAS Name in der Sowjetunion lange Jahre
nicht mehr genannt worden war, wurde der Dichter einige Zeit
nach dem Tod Stalins rehabilitiert, und eine Auswahl aus seinem Werk wurde 1956 wieder gedruckt.

12. Michail Šolochov

Als Vertreter der sogenannten «proletarischen» Richtung in der
Literatur reihte sich in der zweiten Hälfte der 20er Jahre
MICHAIL ŠOLOCHOV (* 1905) in die vorderste Reihe der Sowjet-
schriftsteller ein.

ŠOLOCHOV kam am unteren Don in der sog. Provinz des
Donheeres zur Welt. Seine Mutter war eine einfache Bäuerin,
sein Vater Sohn eines Kaufmanns, dessen Familie ursprünglich
aus Rußland zugewandert war. Šolochov gehört bereits zu jener Generation, die Krieg und Bürgerkrieg nicht mehr vom
Fronterlebnis her in ihre Erfahrung aufnehmen konnte. Seine
Familie schickte ihn 1915 auf das Gymnasium (zunächst nach
Moskau, dann in die Nähe von Voronež), von wo er 1918 nach
der Hälfte der Ausbildungszeit in sein Elternhaus zurückkehrte.
Der junge Šolochov lebte am Don zwei Jahre unter der Herrschaft der «Weißen», dann unter der Herrschaft der «Roten»,
bevor er 1922 nach Moskau ging. In Moskau wurde Šolochov
einfacher Arbeiter, veröffentlichte jedoch 1923 seine ersten literarischen Beiträge in kommunistischen Jugendzeitschriften.

Zwei Jahre später kehrte ŠOLOCHOV bereits wieder an den
Don zurück, wo er ernsthaft an seinem Stil zu arbeiten begann,
und wo dann die «Donskije rasskazy» (Erzählungen vom Don)
entstanden, die 1926 in einem Moskauer Verlag erschienen.
Šolochov schilderte in ihnen das Kosakenleben und die abenteuerlichen Verhältnisse, die der Bürgerkrieg in seiner Heimat
mit sich gebracht hatte.

Mit dem Don blieb auch ŠOLOCHOVS weiteres Schaffen verbunden. Die Idee einer großen epischen Dichtung vom Kosakenleben entstand 1926, und 1928 legte Šolochov den ersten Band seines berühmten Romans «Tichij Don» (der stille Don) vor, der heute zu den klassischen Werken der Sowjetliteratur zählt.

Šolochov ist in der Behandlung des historischen Stoffes eher ein Vertreter der konservativen Richtung, und neben Piľnjak oder Babeľ erscheint er nicht gerade als ein Avantgardist. Den größten Einfluß auf sein Werk hatten wohl Lev Tolstoj und Maksim Goŕkij, zwei Dichter die ihrerseits auf ganz verschiedenen Ebenen standen. Von Tolstoj übernahm Šolochov die Form des historischen Epos, an Goŕkij erinnert dagegen die Kraßheit der naturalistischen Darstellung und darüber hinaus die bei allem Aufwand ziemlich leicht zugängliche Psychologie.

Auf das erste, retrospektive Buch des Romans folgte noch im gleichen Jahr (1928) das zweite Buch, in dem die geschilderten Ereignisse bis ins Jahr 1918 verfolgt werden. Das dritte Buch erschien in der Zeitschriftenfassung in den Jahren 1929/32, die Fertigstellung wurde durch Šolochovs Arbeit an einem Roman über die Kollektivierung der Landwirtschaft («Podnjataja celina»; 1931 – umgebrochenes Neuland) verzögert. 1938/40 wurden die beiden Teile des letzten Buches herausgegeben, in denen das Schicksal des Kosaken Grigorij Melechov eine düstere Wendung nimmt.

Der «Stille Don» ist ein innerlich recht zwiespältiger Roman, und man hat eigentlich das Gefühl, daß Šolochovs politischer Wille wenig gegen die zwingenden und elementaren Motive ausrichtet, die sich als «überhistorische» Macht in der Erzählung Geltung verschaffen. Šolochov ist mit dem Bewußtsein auf der Seite der neuen «roten» Macht, mit dem Herzen jedoch auf der Seite des «epischen» Kosakentums, das sich der fremden Ordnung nicht kampflos zu beugen gedenkt. Grigorij Melechov vertritt das ursprünglich starke, durch die historischen Ereignisse aus der natürlichen Bahn gedrängte Kosakentum, er lehnt sich ebenso gegen die patriarchalischen Lebensgesetze seiner Vorfahren auf, wie gegen die ihm innerlich fremde Sowjetisierung. Seine persönliche Vorstellung vom Leben und von der Freiheit ist mit der geschichtlichen Realität nicht in Einklang zu bringen, er wird zum Empörer gegen die Geschichte.

Der historische Entwurf und das hervorbrechende Unterbe-
wußte stehen bei Šolochov in einem schroffen Gegensatz zueinander *(D.S. Mirskij)*, und der Ausweg, den Šolochov
allein wählen konnte, um den Sieg der Geschichte zu retten,
war die Blamage seines Helden. In seinem vorzeitigen Verfall
hat Grigorij Melechov viel Ähnlichkeit mit Goŕkijs Foma
Gordejev. Beide sind in einem falschen historischen Augenblick geboren und müssen die Niederlage des Lebens vor der
Ordnung hinnehmen.

Grigorij kämpft schließlich in der weiteren Konsequenz
seiner Haltung auf der Seite der «Weißen», und zum Schluß
auch noch in den Reihen einer Bande, die den langsam in Gewohnheit übergegangenen Guerillakrieg fortsetzt. Erst als
Grigorijs Widerstandskraft physisch gebrochen ist, kehrt er am
Ende des Romans in sein Heimatdorf zurück, er ist am Schluß
keineswegs geläutert, sondern nur geschlagen.

Mit dem Lokalkolorit des kraftstrotzenden Lebens der Donkosaken hatte Šolochov ohne Frage einen besonders wir-
kungsvollen Rahmen geschaffen, der zu einem erheblichen Teil
die große Anziehungskraft erklärt, die der Roman auf seine
Leser ausübte und noch immer ausübt. Erheblich umstritten
ist dabei neuerdings wieder die Frage, wie weit sich Šolochov
im «Stillen Don» auf ausgearbeitete Vorlagen eines ganz anderen Autors gestützt hat.

Šolochovs zweiter Roman «Podnjataja celina» (vgl. oben)
setzt sich mit den erbarmungslosen Kollektivierungsmaßnah-
men auseinander, durch die im Zuge des ersten Fünfjah010espla-
nes die Landwirtschaft auch am Don eine einschneidende Struk-
turveränderung erfuhr.

13. Die sowjetrussische Versdichtung

I.

In der Zeit vom Ende des Bürgerkrieges bis zum Ausbruch des
zweiten Weltkrieges verläuft die Geschichte der lyrischen
Sprache in Rußland weit weniger stürmisch als in den zwei
vorangegangenen Jahrzehnten. Der geistig-ideologische Spielraum erfährt eine merkliche Einengung, und in den formalen

Mitteln zeigt sich weithin nur eine mehr oder weniger geschickte Variation des bereits bis dahin Erprobten.

Die noch überlebenden Vertreter des Symbolismus, des Akmeismus oder ähnlicher Strömungen sind entweder bald zur Enthaltung verurteilt (SOLOGUB, KUZMIN, ANNA ACHMATOVA, MANDEĽŠTAM) oder wählen das Exil (VJAČESLAV IVANOV, MARINA CVETAJEVA, V. CHODASEVIČ und andere). ANDREJ BELYJ tritt nach seiner Rückkehr in die Sowjetunion nur noch mit Prosawerken hervor, und als einziger der ehemals führenden Symbolisten versucht sich V. BRJUSOV mit einer neuartigen Mischung aus symbolistischen und futuristischen Stilmitteln in seinen letzten Gedichtbänden einer betont sozialistischen Thematik anzunehmen («Dali»; 1922 – Fernen; «Mea»; 1924).

Über JESENIN wurde bereits in einem anderen Abschnitt gehandelt, er sollte das Jahr 1925 nicht überleben, und VELIMIR CHLEBNIKOV, der Spiritus rector der Futuristen, starb sogar schon 1922. Unter den Dichtern, die noch vor der Revolution größere Aufmerksamkeit auf sich gezogen hatten, war es nur MAJAKOVSKIJ, PASTERNAK und ASEJEV beschieden, über längere Jahre hinweg noch eine Rolle zu spielen.

Die Anhänger des Futurismus, darunter auch Theoretiker und Kritiker wie OSIP BRIK und NIKOLAJ ČUŽAK, schlossen sich nach dem Bürgerkrieg zu einer unabhängigen Front zusammen, die sie «Lef» («Levyj front iskusstv» – linke Front der Künste) nannten. Unter dem Titel «Lef» erschien in den Jahren 1923–25 sogar eine besondere Zeitschrift, deren Redaktion MAJAKOVSKIJ übernommen hatte. Die Gruppe, zu der vor allem die Dichter V. MAJAKOVSKIJ, N. ASEJEV und SERGEJ TRET'JAKOV (1892–1939) gehörten, der aber auch B. PASTERNAK zeitweilig nahestand, geriet mit ihrer Ablehnung des «Realismus» ziemlich bald in einen Widerspruch zur offiziellen Kunstpolitik und fristete ihr Dasein schließlich nur noch am Rande der staatlich gebilligten Marschroute. Auch der 1927 erneuerte Zusammenschluß («Novyj Lef») konnte nicht verhindern, daß die Front 1929 ihre Rolle endgültig ausgespielt hatte.

Damit war die Ära auch des politisch eindeutig engagierten und prosowjetischen Futurismus praktisch beendet, wobei interessant ist, daß der Zeitpunkt mit den entscheidenden Vorstößen gegen den «Formalismus» in der Prosa und in der Literaturkritik zusammenfällt. Auch in der bildenden Kunst und auf der Bühne verlief die Entwicklung analog, was auf die Lenkung der ganzen Kampagne überdeutlich hinweist.

Bei MAJAKOVSKIJ dominiert zwischen 1923 und 1930 (dem Todesjahr des Dichters) die politische Thematik eindeutig, obwohl ein gattungsmäßiger Unterschied zwischen satirisch-feuilletonistischen Gelegenheitsgedichten und heroischen «Poemen» weiterhin besteht. Zu der letzteren Gruppe von Dichtungen gehören in erster Linie die Verserzählungen «Vladimir Il'jič Lenin» (1924), die für die Zehnjahresfeier der Oktoberrevolution bestimmte rhapsodische Chronik «Chorošo!» (1927 – schön!), deren Titel ursprünglich «Oktjabŕ» (Oktober) lautete, sowie das Fragment «Vo veś golos» (1930; aus vollem Halse).

Zu den formalen Errungenschaften seiner früher erschienenen Gedichte fügt MAJAKOVSKIJ freilich kaum Neues hinzu. Die sehr freie Reimtechnik, die besondere poetische Syntax und der damit verbundene rhythmische Stufenbau werden dafür jetzt ganz in den Dienst der Agitation und des revolutionären Auftrags gestellt.

In ganz ähnlicher Weise wie Majakovskij bemühte sich auch NIKOLAJ ASEJEV (1889–1963) um die Sichtbarmachung einer Brücke zwischen der «formalen» Revolution des Futurismus und der revolutionären Wirklichkeit der zwanziger Jahre. Asejev kam dabei von allen russischen Dichtern dem Stil Majakovskijs am nächsten, den er in allen Einzelheiten studiert hatte. Asejev war als Theoretiker Majakovskij sogar überlegen (vgl. die Aufsätze in Asejevs «Dnevnik poèta»; 1929 – Tagebuch eines Dichters). Seine Darstellungen über Reim, Melodie und Intonation zeigen einen wachen kritischen Sinn und echte theoretische Begabung.

Vor der Revolution hatte ASEJEV mit PASTERNAK zur Gruppe der «Centrifuga» gehört, und seine frühen Dichtungen standen im Grunde noch außerhalb des Futurismus, zumindest in den Motiven. Den Anschluß an den revolutionären Futurismus fand Asejev mit seinem Gedichtband «Bomba» (1921; die Bombe), der in Vladivostok erschien. Hier im Fernen Osten gehörte ASEJEV in den ersten Jahren nach der Revolution mit DAVID BURLJUK und SERGEJ TRET'JAKOV zu einem sehr lebendigen Zweig des zeitweise von der Peripherie aus wirkenden Futurismus.

Nachdem ASEJEV nach Moskau übergesiedelt war, trat er mit dem Bändchen «Staľnoj solovej» (1922; die stählerne Nachtigall), mit einer Verserzählung über Budënnyj («Budënnyj»; 1922) und mit einer Auswahl seiner Gedichte aus den Jahren 1912–22 hervor («Izbraṅ»; 1923 – Ausgewähltes – in mehrdeutiger Deformation des russischen Wortes).

Auf die heroischen Themen der Revolutions- und Bürgerkriegsjahre folgten dann die zum Teil zeitkritischen, zum Teil die Technik verherrlichenden Gedichte aus der Zeit der NEP (neue ökonomische Politik). Bezeichnend für diese Epoche sind besonders die Verserzählungen aus der Mitte der 2oer Jahre, z. B. «Liričeskoje otstuplenije» (Lyrische Digression), «Ogoṅ» (das Feuer) und «Ėlektriada». Eine Sonderstellung nimmt ASEJEVS balladeske Verserzählung «Černyj princ» (vor 1925; der Schwarze Prinz) ein, in dem ein sehr kunstvolles musikalisches Wortgewebe in kleinste Verseinheiten zerlegt ist, wie sie der eigenwilligen syntaktischen Struktur entsprechen. Der Gegenstand dieser Erzählung ist das Schicksal des englischen, angeblich mit Gold beladenen Schiffes, das im Krimkrieg in der Bucht von Balaklava (1854) versenkt wurde. Dem gleichen Thema ist übrigens auch ZOŠČENKOS spätere Erzählung «Černyj princ» (1937) gewidmet. Die weiteren Gedichtbände ASEJEVS von «Gromy o mramor» (1926; Donner gegen Marmor) bis «Obnova» (1934; Erneuerung) nehmen sich vor allem der unheroischen Themen des Alltags an, enthalten aber auch Gedichte, die rein feuilletonistischen Charakter haben oder politische Losungen paraphrasieren.

Der in den 2oer Jahren durch die Futuristen wieder zu großem Ansehen verholfenen Gattung der Verserzählung (russ. «poéma») wandte sich auch BORIS PASTERNAK zu. Seine um die Geschichte der Revolution kreisenden Epen «Devjaťsot pjatyj god» (das Jahr 1905) und «Lejtenant Šmidt» (Leutnant Schmidt) erschienen 1927. Eine intimere Note hat die ursprünglich als Versroman angelegte Erzählung «Spektorskij» (1931; einzelne Bruchstücke bereits seit 1925), in der sich Pasternak offensichtlich bemühte, Puškins lyrisch-ironischem Roman «Jevgenij Onegin» ein modernes Gegenstück an die Seite zu stellen. Die einzelnen Szenen sind indessen fragmentarisch geblieben, und der Reiz des «Poems» liegt vor allem in den persönlichen Betrachtungen und Erinnerungen des Erzählers.

Lyrische Beschreibung und ironischen Kommentar hat Pasternak hier in einem doppelten Entwurf zusammengefaßt.

Mit dem Gedichtband «Vtoroje roždenije» (1932; die zweite Geburt) zeigte sich PASTERNAK zu Beginn der 30er Jahre als gereifter und seines Könnens bewußter Dichter, der sich keiner Mode mehr anzuschließen gedachte. Die neuen Gedichte haben im ganzen die Tendenz zu jener Einfachheit und Natürlichkeit, die Pasternak selbst als «Häresie» apostrophierte und die etwa in Versen wie den folgenden zum Ausdruck kommt:

> Es rauscht die Brandung, und ohne Wandel
> senkt sich eine Welle nach der anderen,
> und ihre Spuren wäscht der Schaum fort
> von den Sandhügeln, wie Schriftzeichen.

2.

Die sowjetrussische Lyrik wurde in den 20er Jahren besonders durch die Wiederentdeckung der Ballade bereichert. Einer ihrer Meister war NIKOLAJ TICHONOW (* 1896), der sich 1922 den «Serapionsbrüdern» anschloß. Tichonov hat zwar auch Prosaerzählungen geschrieben, seinen Ruf begründeten jedoch viel nachhaltiger die Gedichte, in denen das romantische Pathos der «Serapionsbrüder» zur Balladenform drängte.

Die beiden 1922 erschienen Bände «Orda» (die Horde) und «Braga» (Bauernbier) zeigen bereits eine neue konkrete Romantik der Kriegs- und Bürgerkriegsgeneration, die sich – wie es bei Tichonov in einem Gedicht heißt – «Feuer, Schlinge, Kugel und Beil» zu dienstbaren Geistern gemacht hatte. Stilistisch war TICHONOV dabei der Schule des Akmeismus mehr verpflichtet als dem Futurismus, und sein dynamischer Vers klingt stark an GUMILËV an, der ja auch seinerseits der Ballade schon große Aufmerksamkeit geschenkt hatte.

Außer dem vielfach variierten Thema des Krieges behandelt TICHONOVS frühe Lyrik auch exotische Themen («Afganskaja ballada» – afghanische Ballade) sowie historische Themen nach dem Geschmack der Serapionsbrüder (in dem Gedicht über «Swift»). Am bekanntesten wurden aus den frühen Sammlungen die «Ballade vom blauen Paket» (Ballada o sinem pakete) und die «Ballade von den Nägeln» (Ballada o gvozdjach), in denen die dramatischen Pointen einen starken Effekt hervorrufen.

1927 folgte der Gedichtband «Poiski geroja» (die Suche nach einem Helden), in dem Tichonov die verschiedensten Themen aufgriff, u. a. auch noch einmal das Swift-Thema («Gulliver spielt Karten»). Mit dem 1936 erschienenen Band «Teń druga» (der Schatten des Freundes; der Titel spielt auf ein Gedicht von K. Batjuškov an) stellte Tichonov seine Kunst in den Dienst politischer Thesen. Die Gedichte, die nach Tichonovs Reise zum internationalen Schriftstellerkongreß in Paris (1935) entstanden, sind dem Kampf der Proletarier und Antifaschisten in den verschiedenen Ländern Europas gewidmet.

3.

Eine besondere Gruppe bildeten in der zweiten Hälfte der 20er Jahre die sogenannten «Konstruktivisten», die 1924 mit einer «Deklaration des literarischen Zentrums der Konstruktivisten» hervorgetreten waren. Die Forderungen der Konstruktivisten gingen dahin, die Lyrik nach technischen Prinzipien zu rationalisieren und in ein «System der maximalen Exploitation des Themas» zu bringen. Das Schlagwort von der «lokalen» Semantik bedeutete in diesem Zusammenhang, daß jede Metapher und jedes Bild in sichtbarer Weise durch das Gesamtthema «motiviert» sein wollte, daß der Vers in allen seinen Aspekten jeweils ausdrücklich auf den Sinngehalt des Themas bezogen bleiben sollte.

Mitverfasser der Deklaration des Konstruktivismus war als eigentlicher Theoretiker der Gruppe Kornelij Zelinskij (* 1896), der 1929 seine spitzfindige Abhandlung «Poėzija kak smysl» (die Poesie als Sinn) veröffentlichte. Zelinskijs Definition der Poesie («Ein Gedicht ist die Maschine des Sinns») ist indessen in der Sprache des Konstruktivismus ebenfalls nur eine «lokale» Metapher, die sich aus der Idee der technischen Konstruktion ergibt.

Die theoretischen Forderungen des Konstruktivismus ließen sich gar nicht wörtlich in die Praxis umsetzen, und was schließlich von den Konstruktivisten in dieser Richtung geleistet wurde, hatten vor ihnen auch schon die Futuristen ausprobiert.

Die wichtigsten Vertreter dieser technisch-lokalkoloristischen Richtung in der Lyrik waren Iľja Seľvinskij, Vera Inber (1890–1972) und Ėduard Bagrickij. Iľja Seľvinskij

(1899–1968), der überzeugteste Anhänger des Konstruktivismus, veröffentlichte 1925 in dem Almanach des Zentrums der Konstruktivisten («Gosplan literatury» – staatlicher Literaturplan) einen ersten Ausschnitt aus dem Versepos «Uljalajevščina» (Buchveröffentlichung 1927; das Uljalajev-Abenteuer), das sein bekanntestes Werk wurde. Seľvinskij machte sich hier vor allem die konstruktivistische Forderung nach einer angemessenen «Couleur locale» zu eigen, und er schmückte seine romanhafte Erzählung von den Bandenkämpfen im südöstlichen Steppengebiet Rußlands mit einem exotischen Vokabular, mit zahllosen Dialektformen und mit parodistischen Sprachspielereien in allen Teilen reich aus.

Neben weiteren lyrischen Erzählungen (z. B. «Puštorg»; 1929 – Pelzhandel) hat SEĽVINSKIJ auch eine Reihe von Versdramen geschaffen, die eine avantgardistische Haltung bekundeten. Zu ihnen gehören «Komandarm 2» (1929; Kommandeur der 2. Armee) und «Pao-Pao» (1932), die groteske Geschichte eines Menschenaffen, der sein proletarisches Herz entdeckt und zum Marxismus findet.

SEĽVINSKIJS Sprachkunst, die im Grunde CHLEBNIKOV und PASTERNAK mehr verpflichtet ist als den Theoremen des Konstruktivismus, beschließt die letzte Phase einer aus dem wagemutigen Experiment geborenen lyrischen Revolution, deren Ausgangspunkt in Rußland der Futurismus war.

4.

Der größte rein lyrische Dichter unter den Konstruktivisten war zweifellos ÉDUARD BAGRICKIJ (Pseudonym für E. Dzjubin; 1895–1934). Bagrickij stammte aus einer armen jüdischen Familie in Odessa und nahm während des Bürgerkrieges als Frontagitator an den Partisanenkämpfen im Süden Rußlands teil (1919/20). 1925 siedelte er von Odessa nach Moskau über, wo er sich 1926 den Konstruktivisten anschloß.

BAGRICKIJ hatte schon 1915 mit dem Schreiben von Gedichten im Stil des späten BLOK und der Akmeisten begonnen, doch erschien sein erster Gedichtband erst 1928 («Jugo-zapad» – Südwesten). Hier sind die besten Arbeiten der Jahre 1922–27 vereinigt, die BAGRICKIJ zu einem mit Recht geschätzten Dichter machten. Mit seiner besonderen Vorliebe für die kurze, dramatisch bewegte Zeile fand Bagrickij sowohl den Weg zur Ballade als zum dialogischen Gedicht und zur dramatischen Verserzählung.

In seinen Dichtungen ist BAGRICKIJ erkennbar von angelsächsischen Vorbildern beeinflußt (Burns und Scott – die er auch übersetzte – sowie E. A. Poe und Kipling), und seine ganze Romantik ist in ihrem Geist eher westlich orientiert. 1922 schrieb Bagrickij eine «Sage vom Meer, den Matrosen und dem Fliegenden Holländer» (Skazanije o more, matrosach i Letučem gollandce), und verschiedene lyrische Monologe aus den Jahren 1921/22 kreisen um die Gestalt des flämischen Till Ulenspiegel, mit dem sich der Dichter in seiner vagantenhaften Pose gern verglich.

Die geglücktesten Balladen BAGRICKIJS sind u. a. die Geschichte eines Schiffbruchs im Schwarzen Meer («Arbuz»; 1924 – die Wassermelone) und die nächtliche Phantasie «Papirosnyj korobok» (1927; die Zigarettenschachtel), in welcher der Geist des 100 Jahre zuvor erhängten Dichters der Dekabristen, Rylejevs, wiederkehrt. Balladeske Motive finden sich aber auch in «Kontrabandisty» (1927; die Schmuggler) und in «Razgovor s komsomoľcem N. Demeňtjevym» (1927; Unterhaltung mit dem Komsomolzen N. Demeňtjev). In dem letztgenannten Gedicht verteidigt Bagrickij seine romantischen Anschauungen und gibt in wenigen überzeugenden Strichen eine poetische Vision des Bürgerkrieges und der Zeit, als die Feldtasche des Kämpfers nicht nur «Streichhölzer und Tabak», sondern auch «Tichonov, Seľvinskij, Pasternak», d.h. die Gedichte junger Romantiker barg. Aber diese Zeit liegt schon lange zurück, und in seine wehmütige Betrachtung bezieht der Dichter auch das Krächzen des Raben (aus dem Gedicht von E. A. Poe) und das schicksalhafte Zitat «Nevermore» mit ein.

Das Gefühl einer Enttäuschung an der neuen Wirklichkeit und die Vorstellung des Ausgeschlossenseins vom Leben ist in vielen Gedichten aus den Jahren 1925/27 sehr deutlich zu spüren («Noč'» – die Nacht; «Stichi o solov'je i poète» – die Verse von der Nachtigall und dem Dichter). Allerdings hat sich BAGRICKIJ in seinen späteren Veröffentlichungen («Pobediteli»; 1932 – die Sieger; «Poslednjaja noč'»; 1932 – die letzte Nacht) wieder ausdrücklich zum Kommunismus bekannt, ungeachtet seiner romantischen Auffassungen.

BAGRICKIJS Hauptwerk ist die Verserzählung «Duma pro
Opanasa» (1926; die Mär von Opanas), die das tragische Schicksal eines Verräters schildert, der sich im Bürgerkrieg dem bekannten Bandenführer Machno anschloß. Diese in der Ukraine
spielende lyrisch-dramatische Erzählung ist formal bereits vom
Konstruktivismus beeinflußt (in der «lokalen» Semantik),
nimmt aber auch folkloristische Traditionen auf. Die historische ukrainische «Duma» ist ja eigentlich eine Zwischenform
zwischen Volksballade und Epos, und in dieser Richtung hat
auch Bagrickij seine Dichtung stilisiert. Kurz vor seinem Tode
(1933) formte Bagrickij dieses Werk noch zu einem Libretto
für die Oper um.

5.

Ein letzter Ausläufer des russischen Futurismus zeigt sich in
dem Werk des begabten NIKOLAJ ZABOLOCKIJ (1903–58). Zabolockijs erste gesammelte Gedichte erschienen 1929 unter dem
Titel «Stolbcy» (Kolumnen) und erregten großes Aufsehen bei
der Kritik, die Zabolockij scharf verurteilte.

ZABOLOCKIJS Gedichte, die zu einer ironisch-parodistischen
Darstellungsform neigen, strotzen von widersinnigen Vergleichen und burlesken, an die Malerei der Primitiven erinnernden *(G. Struve)* Bildern. In der kraftvollen, auf Wortspiele und
überraschende lautliche Zusammenklänge zielenden Sprache
zeigt sich eine Verwandtschaft mit VELIMIR CHLEBNIKOV, zu
dem sich ZABOLOCKIJ stark hingezogen fühlte. Die Gedichte
sind dabei ganz dem bunten und pulsierenden Leben zugewandt, sie führen auf die Märkte und Straßen Leningrads, in
den Zirkus, auf den Fußballplatz und in die Bierhallen.

Eine Art von burlesker Utopie ist ZABOLOCKIJS «Poem» über
den «Triumph der Landwirtschaft» (1933; Toržestvo zemle-
delija), das die Kritik ebenfalls erschreckte. Wenn man vom
tiefer gründenden philosophischen Programm (Verteidigung
der beseelten Natur) absieht, läßt sich dieses Werk am ehesten
an die heroisch-komischen Epen des 18. Jahrhunderts anknüpfen *(G. Petrov)*, und es besteht kein Zweifel, daß Zabolockijs Gedicht kein Preislied auf die Kollektivierung der Landwirtschaft war.

Nach dieser als skandalös empfundenen Dichtung veröffentlichte ZABOLOCKIJ vor dem Krieg nur noch die Gedichtsammlung «Vtoraja kniga» (1937; zweites Buch), anschließend war er vorübergehend verhaftet, interniert und verbannt. Nach dem Ende des Krieges erschienen im Druck neue Gedichte Zabolockijs, die freilich weniger herausfordernd und «anstößig» wirkten.

14. DIE LENINGRADER «OBĖRIU» – GRUPPE

Als letzte ausdrücklich «linke» Künstlergruppe trat Ende der zwanziger Jahre in Leningrad die Vereinigung mit dem ungewöhnlichen Namen «Obėriu» auf. Zu verstehen ist das Wort als Abkürzung für «Vereinigung der realen Kunst» (Ob-jedinenije real'nogo iskusstva).

Zu dieser eigentlich vom späten Futurismus herkommenden, jedoch auch Tendenzen des Dadaismus und des Surrealismus ausdrückenden Gruppe gehörten außer dem schon erwähnten NIKOLAJ ZABOLOCKIJ sowie neben einigen auch heute noch fast nur dem Namen nach bekannten Mitgliedern die erst in den sechziger Jahren wieder entdeckten eigenartigen Dichter Aleksandr Vvedenskij und Daniil Charms.

Schon 1926 hatten sich Zabolockij, Vvedenskij und Charms in Leningrad zusammengefunden und eine neue Richtung in der Wortkunst eingeschlagen, die auf eine Enthierarchisierung der dichterischen Grundgattungen und auf eine Auflösung der Gattungsgrenzen insbesondere zwischen Lyrik und Dramatik hinauslief. So sehr die «Texte» als solche im Mittelpunkt des Interesses standen, so offenkundig ist doch auch in den folgenden Jahren das Bestreben, die Improvisation, das Experiment, das Spiel in einem größeren Rahmen künstlerischer Betätigung – zusammen mit Fachleuten vom Theater und vom Film, im Gespräch auch mit bildenden Künstlern wie Kazimir Malevič und Pavel Filonov – neue Formen gewinnen zu lassen. Viele der neuartigen Projekte – über sie gibt nur das erhaltene «Manifest» des Obėriu (veröffentlicht im Januar 1928) eine Vorstellung – wurden nie mehr realisiert, da Ende der zwanziger Jahre eine strengere, zentral gesteuerte Kulturpolitik gegen unabhängige Gruppen und besonders gegen experimentell orientierte Richtungen in der Kunst drastisch vorging. Um 1930 war auch «Obėriu» die Möglichkeit weiterer Arbeit in der

Öffentlichkeit genommen, und Vvedenskij und Charms sahen sich gezwungen, in die Arbeit für Kinderbuchverlage auszuweichen. Dennoch entgingen sie nicht späteren Verfolgungen, beide sind sie in der Haft umgekommen.

«Obëriu» läßt sich am besten als eine Richtung charakterisieren, wo die Arbeit an der Sprache nicht mehr den Zwängen «vernünftiger» und kausal-final abgesicherter Kompositionsprinzipien untergeordnet ist. Zum freien Spiel mit Assoziationen tritt die bewußt herbeigeführte Kollision semantischer Reihen, der komische Zusammenstoß der Wortsinne und die scheinbar «naive» Perspektive der Kinderwelt. Der «konkrete Gegenstand» wird, wie es das Manifest ausdrückt, mit «nackten Augen» betrachtet, von seiner «Vergoldung» befreit und von den «Schalen» des konventionellen und literarischen Umgangs gereinigt.

Sehr konsequent ging diesen Weg ALEKSANDR VVEDENSKIJ (1904–1941), der außer zwei absurden Dramen, mehreren Dialogen in Versen und vielen bedeutenden Gedichten seit 1927 noch etwa 30 Kinderbücher verfaßt hat.

Die zum größeren Teil ungedruckten, rein literarischen Texte wurden 1974 in Köln gesammelt und in einer Buchveröffentlichung erstmalig vorgelegt. Besonders in den Gedichten zeigt sich Vvedenskijs Kunst der Verschiebung der Grenzen zwischen Traum und Wirklichkeit, zwischen Tragik und Komik, zwischen Makrokosmos und Mikrokosmos, zwischen Mensch und Tier.

Formal sind die Verse sowohl vom volkstümlichen Couplet als auch vom Kindervers herzuleiten. In der Funktion haben sie sich jedoch von diesen Vorbildern emanzipiert, und die Sprache gibt ihren Hintersinn durch überraschende Wortspiele, durch mehrdeutige Assonanzen, durch Reimkomik, durch groteske Metaphern und absurde Pointen auf Schritt und Tritt zu erkennen.

Ähnlich wie Zabolockij und wie schon die Futuristen ist Vvedenskij von dem Thema der Metamorphose angezogen, das etwa in dem Gedicht «Mne žalko, čto ja ne zver'...» (wie schade, daß ich kein Tier bin ...) entwickelt ist. Das Gedicht ist im Grunde eine tiefsinnige Elegie über die Sterblichkeit des Menschen und die Trennung der Elemente im Universum:

Wie schade, daß ich kein Dach bin,
das nach und nach auseinanderfällt,
das der Regen mit seiner Nässe aufweicht,
dessen Tod im Nu erfolgt.
. . . .
. . . .
Der Wurm kriecht allen nach,
er trägt Eintönigkeit.
Mir ist es unheimlich, daß ich das Unbekannte bin,
wie schade, daß ich kein Feuer bin.

DANIIL CHARMS (Pseudonym für D. Juvačëv; 1906–1942), dessen nachgelassene Werke ebenfalls 1974 in Deutschland gedruckt wurden, hat nicht nur dramatische und lyrische Texte
gedichtet, sondern er ist auch der Meister der «nicht kanonischen russischen Prosa» (A. Flaker). Es handelt sich dabei sowohl um die für Charms typischen «Mikroerzählungen» als
auch um längere Prosastücke wie «Starucha» (die alte Frau), die
in ihrem makabren Humor meistens von absurden Voraussetzungen ausgehen. Ihre Dynamik beziehen die Erzählungen
jedoch nicht von dem jeweiligen «Ereignis», sondern von der
Erzählhaltung, die mit den Erwartungen des Lesers spielt und
sich oft als Parodie auf eine klassische Erzählsituation oder auf
konventionelle Erzählverfahren und Erzählklischees zu erkennen gibt. Verstärkt wird die komische Wirkung des Erzählten
durch automatische Wiederholungen im Erzählablauf, wie im
Fall der fünf alten Frauen, die nacheinander aus dem Fenster
fallen, da sie sich neugierig zu weit ins Freie beugen. Lakonisch
beendet der Erzähler seinen Bericht: «Als die sechste alte Frau
herunterfiel, wurde es mir zu langweilig ihnen zuzuschauen,
und ich ging zum Mal'cevskij-Markt, wo man angeblich einem
Blinden einen gestrickten Schal geschenkt hatte.»
Charms eliminiert aus seiner Darstellung alle Elemente des
persönlichen Charakters, der persönlichen Anteilnahme und
der Moral, aber gerade dieses Fehlen macht die Bedrohung des
Menschen durch den makabren Automatismus der «Geschehnisse» und der sie berichtenden Sprache fühlbar.
Bewußt gestört sind bei Charms die Beziehungen zwischen
den Bedeutungsgliedern «natürlich-unnatürlich», «motiviert-
nicht motiviert» und «Aktion–Reaktion». Charms schildert eine

«Gegenwelt», deren groteske Clownerien die satirische Absicht nur scheinbar überspielen.

Das gilt auch für das absurde Drama «Elizaveta Bam» (1927), das in seinen 19 Bildern eine äußerst bedrohliche Situation (Anklage und Verfolgung) variiert, zugleich aber konsequent die verschiedenen dramatischen Gattungen und szenischen Techniken parodiert.

2. TEIL:
RUSSLAND IM ZWEITEN WELTKRIEG,
«TAUWETTER», SOWJETRUSSISCHE
GEGENWARTSLITERATUR (1941–1975)

ÜBERLEITUNG

DIE ÄUSSEREN BEDINGUNGEN

In der Entwicklung der russischen Sowjetliteratur ist durch den zweiten Weltkrieg nicht nur äußerlich eine Zäsur gesetzt. Die Mobilisierung des ganzen Landes und die Wiederbelebung der Ideen des «vaterländischen» Abwehrkampfes und des Volkskrieges (in der speziellen Sicht L. Tolstojs) wecken starke patriotische Kräfte, durch welche die Vorstellung von der «russischen» Sache und vom «allgemeinen russischen Unglück» (V. PANOVA) stetig an Boden gewinnt.

Opfermut und Widerstandswille bleiben nicht auf die öffentliche Sphäre beschränkt, sie haben sich überall und in jeder Situation zu bewähren, an jedem Arbeitsplatz, in der Familie, im privatesten Bezirk. Der Krieg fordert absolute Solidarität, aber er gibt auch die Sicherheit, daß die gemeinsame Sache die gute Sache ist, und für die Literatur bedeutet das, daß jede denkbare Lebenssituation diese gemeinsame Sache ausdrücken kann, und daß im «totalen» Krieg auch der ganze Mensch, gerade der gefährdete und der leidende Mensch, als dichterischer Vorwurf gerechtfertigt ist. Nicht nur der «politische» Mensch, sondern auch der «nackte» und schließlich der sterbende Mensch ist Held dieser Wirklichkeit, die noch während des Krieges in Gedicht, Erzählung und Roman Eingang findet.

Die vom kürzlichen und unmittelbaren Erleben geprägte Kriegsliteratur der vierziger Jahre ist in vieler Hinsicht entschieden weniger kritisch als die nachträgliche Welle der Kriegsbücher, die in der zweiten Hälfte der fünfziger Jahre und in den sechziger Jahren registriert werden kann. Der «Konflikt» greift zunächst in keinem Fall auf die Frage der angemessenen oder nicht angemessenen Kriegsvorbereitung oder auf den Sinn bestimmter strategischer Einzelentscheidungen über. Die in diesem Sinn «kritische» Kriegsliteratur wurde erst durch die Umwertung des Stalinbildes ermöglicht (nach 1956), und man muß objektiv sagen, daß gerade die Kriegsjahre eher im Zeichen einer Aufwertung des Ansehens Josef Stalins gestanden haben. Zu diesem Ansehen trug der Mythos von Stalingrad nicht unwesentlich bei, und man kann in einer der Erzählungen von VIKTOR NEKRASOV (vgl. S. 198f.) sogar eine Kri-

tik an der Umbenennung Stalingrads in «Volgograd» heraus-
hören.

Im Verlauf des Krieges und unmittelbar nach dem Krieg trat
eine ganz neue Generation von Autoren hervor, und zwar die
Generation der kaum mehr aktiv am revolutionären Kampf beteiligten kommunistischen Jugend, die während der Jahre des
stürmischen Aufbaus groß geworden war. Die meisten Ange-
hörigen dieser Gruppe waren um das Jahr 1910 herum geboren,
auch etwas früher oder etwas später, und einige hatten schon
in den dreißiger Jahren oder sogar noch früher ihre Erstlings-
werke veröffentlicht. Allgemein bekannt machte sie aber erst
der Krieg mit seiner ganz neuen und brennenden Thematik,
die über viele Jahre hinweg gerade in Rußland zur beherr-
schenden Thematik wurde. Zu dieser wichtigen Gruppe gehören Vera Panova (1905–1973), Oľga Berggoľc (1910–1975),
Aleksandr Tvardovskij (1910–1971), Viktor Nekrasov (* 1911),
Emmanuil Kazakevič (1913–1962), Konstantin Simonov
(* 1915) und viele andere.

Bemerkenswert ist vielleicht, daß die Kriegsliteratur dieser
Generation zunächst dem unmittelbaren Erleben und der persönlichen Erfahrung an der Front und im Hinterland Ausdruck
zu verleihen suchte, während die ältere Generation (Ėrenburg
und andere) den Kampf gegen den «Faschismus» als die eigentliche Aufgabe der Zeit ansah. Wenn man einige typische Werke
der Autoren, die hier gemeint sind, durchsieht, so kann man
feststellen, daß die Deutschen, und das bedeutete ja die «Fa-
schisten», eine im Vergleich mit der Literatur der fünfziger und
sechziger Jahre recht untergeordnete Rolle spielen.

Das weitgehende Desinteresse an dem Thema «Faschismus»
spiegelt sich zum Beispiel in der gelassenen Ironie, mit der
Viktor Nekrasov in seinem Roman «V okopach Stalingrada»
(in den Gräben von Stalingrad, vgl. S. 195f.) die Behaglichkeit
eines eroberten deutschen Bunkers beschreibt: «Über dem
Spieltisch mit dem grünen Tuch und mit geschweiften Füßen
ein Fächer von Postkartenbildern: ein Tannenzweig mit trop-
fender Kerze, ein glotzäugiger Mops, der gerade ein Tintenfaß
umgekippt hat, ein Zwerg mit roter Zipfelmütze und ein Engel,
der durch die Lüfte schwebt. Ein bißchen höher – der Führer,
exaltiert, mit aufeinandergepreßten Lippen, im schimmernden
Mantel.»

Die politischen Aspekte des Krieges lagen zu sehr auf der Hand, als daß ein Bedürfnis nach ihrer Gestaltung bestanden hätte, und insofern spiegelt die Literatur der letzten Kriegsjahre und des ersten Nachkriegsjahres Kampf, Not und Entbehrungen, Bangen und Hoffnung, und immer wieder das Warten auf die Heimkehr. Um den häuslichen Herd und die Familie kreisen die meisten Gedanken, und in der Literatur erwacht ein immer größeres Interesse an der Welt der engeren Objekte, am Detail, an den klar und eindeutig fixierbaren Dingen.

Diese Befunde gelten in starkem Maße auch für die Kriegs- und Nachkriegslyrik, die in ihrer einfachen Gefühlslage heimat- verbunden bleibt und die mehr den Stimmen des «Kammer»- Orchesters gleicht als den großen Solopartien der Virtuosen.

Die Welle des Patriotismus hat besonders die Lyrik in diesen Kriegsjahren in sehr eigenartiger Weise gezeichnet, und als un- bedingt typisch darf etwa ein 1945 in der Zeitschrift *Znamja* ab- gedrucktes Gedicht von Jaroslav Smeljakov angesehen wer- den, das in mystischer Überhöhung des erdhaften russischen Patriotismus den gefallenen jungen Rotarmisten zum Richter über die Völker erhebt:

. . . .

Und wenn wahrhaftig einst die Zeit kommt,
da die Menschen zum Jüngsten Gericht
aus allen Ländern, mit allen Sünden,
dreifach von der Posaune gerufen werden –

dann erhebt sich hinter dem Richtertisch
nicht Gott mit dem wallenden Bart,
sondern der schlichte Junge aus der Roten Armee
vor der niedergeschlagenen Menge,

und er hält in seiner rechten Hand,
die von den Deutschen im Kampf zertreten ist,
nicht die Symbole himmlischer Glorie,
sondern seine russische Erde.

. . . .

Dieses neue nationale Pathos, das sich mit dem Sieg über Deutschland da und dort ausbreitete, wurde indessen bald wieder von der Parteiführung in politische Kanäle geleitet, und mit der Ždanov-Deklaration von 1946 wurde der absolute

Führungsanspruch der Partei im literarischen Leben erneut
etabliert und fortan rigoros durchgesetzt. Unter dieser neuen
und verhängnisvollen Beschränkung der literarischen Aus-
drucksmöglichkeiten hatten besonders die namentlich ange-
griffenen Vertreter der älteren Generation (Michail Zoščenko
und Anna Achmatova, vgl. S. 215) zu leiden. Auch die jüngeren Autoren wurden aber in ihrer Entwicklung aufgehalten,
und angesichts der dogmatischen und geistlosen Auslegung des
«sozialistischen Realismus» sowie der rechthaberischen und
unduldsamen Literaturkritik, die diesen Namen kaum mehr
verdiente, wurde der literarische Betrieb zwischen 1947 und
1953 immer steriler und immer ärmer an Perspektiven.

Der Umschwung deutete sich mit dem Todesjahr Stalins
(1953) an, und schon im Dezember 1953 veröffentlichte die
Zeitschrift *Novyj mir* die Thesen des Erzählers und Publizisten
VLADIMIR POMERANCEV (* 1907), die für die weitere Entwicklung bedeutungsvoll wurden: «Ob iskrennosti v literature»
(über die Aufrichtigkeit in der Literatur). Unmittelbarkeit und
Aufrichtigkeit stellte Pomerancev in seinem publizistischen
Beitrag der weithin dominierenden «Unaufrichtigkeit» und der
«Lackierung» der Wirklichkeit entgegen. Die Beseitigung jeglicher wirklicher Problematik in der Literatur tadelte Pome-
rancev ebenso streng wie den «bequemen Opportunismus», die
«Feigheit» und den «blinden Praktizismus». Nicht «Predigt»
(propoved) sei die Sache des Schriftstellers, sondern «Bekenntnis» *(ispoved)*, und es sei sinnvoller, nicht Ereignisse, sondern
Menschen und ihre Umwelt zu beschreiben.

Gerade mit dem Hinweis auf das weithin fehlende «Bekenntnis» des Schriftstellers zeigte Pomerancev die eigentliche
Schwäche des sogenannten «sozialistischen Realismus» auf.
Das, was Pomerancev hier als «scholastische» Behandlung
praktischer literarischer Probleme bezeichnete, hatte ja dazu
geführt, daß die Darstellung des Bewußtseins aus der Literatur
nahezu verschwunden war, und damit auch das Experimentier-
feld für individuelle stilistische Verfahrensweisen.

Die von POMERANCEV aufgezeigten Irrwege, darunter auch
der in die Literatur eingedrungene Kult des «Überhelden»
(sverchgeroj) wurden auf dem 2. Schriftstellerkongreß 1954 heftig diskutiert. Ohne daß zunächst sehr radikale Konsequenzen
gezogen worden wären, blieb doch der Boden für das soge-

nannte «Tauwetter» vorbereitet, das ILJA ĔRENBURG in seinem kleinen Roman gleichen Titels (vgl. S. 223) noch im gleichen Jahr 1954 apostrophierte. Nach dem 2. Schriftstellerkongreß kam es auch zu den ersten «Rehabilitierungen» von Schriftstellern, die unter Stalin verboten gewesen waren, und diese Welle stieg nach dem XX. Parteitag der KPdSU (Februar 1956) steil an.

Der Parteitag selbst und die im gleichen Jahr entfachte Diskussion um den neuen Roman von V. DUDINCEV «Ne chlebom jedinym» (nicht vom Brot allein, vgl. S. 248) stellen keinen eigentlichen Wendepunkt in der Literaturpolitik dar – einen solchen hat es bis heute nicht gegeben –, aber es zeigte sich nun doch, daß gewisse Positionen der Partei nach der Abrechnung mit Stalin und dem «Personenkult» nicht mehr zu halten waren. Eine große Zahl von Rehabilitierungen konnte nur noch postum erfolgen, aber die wirkliche Aktualität und die literarische Qualität der angebotenen Werke nahmen 1956/1957 in einem solchen Maße zu, daß es zu verschiedenen spontanen Gemeinschaftsunternehmungen kam, wie z. B. *Literaturnaja Moskva* (I–II.), und daß auch die Gründung neuer literarischer Zeitschriften wie *Neva* (seit 1957) und *Moskva* (seit 1957) nicht allzu lange auf sich warten ließ. Die literarische Diskussion wurde überall lebhafter, das Niveau der Kritik hob sich im allgemeinen, und die Schriftsteller fanden sich hie und da sogar wieder zu gemeinsamen Aktionen und zu gemeinsamen Willensäußerungen zusammen. Diese Solidarität einzelner Gruppen kann nicht nur an der Veröffentlichung neuer Almanache (bis hin zu *Tarusskije stranicy*, 1961) abgelesen werden, sondern auch an der Häufigkeit der Widmungsgedichte, in denen sich einzelne Stimmen jeweils zueinander bekannten.

Seit 1961/62 hat auch die jüngere Generation ihre eigene Sprache und ihren Stil gefunden, und man wird vielleicht später einmal diese Jahre, ähnlich wie den Beginn der sechziger Jahre des 19. Jahrhunderts, als eine Art Epocheneinschnitt betrachten können. Vorläufig scheinen die Dinge freilich noch zu sehr im Fluß, als daß man sich auf eine solche Deutung festlegen möchte. Tatsache ist auch, daß die Wurzeln eines jeden Neubeginns um viele Jahre (wenn nicht Jahrzehnte) früher gesucht werden müssen, und so gibt es in der Literatur nur scheinbar und äußerlich betrachtet so etwas wie «Umstürze». Sicher ist, daß mindestens seit 1958 ganz verschiedene neue literarische Bestrebungen miteinander konkurrieren und daß die Dimension des persönlichen kritischen «Bewußtseins» in der Literatur seit dieser Zeit eine dominierende Rolle spielt.

Die Literatur der Gegenwart bietet auf jeden Fall eine reizvolle Vielfalt der Strömungen und auch der Standpunkte. Es kann hier nicht der Versuch unternommen werden, auf den Beifall und die Kritik einzugehen, den die zu nennenden Werke und ihre Autoren in jedem einzelnen Fall gefunden haben. Es ist vorläufig nicht erwiesen, daß die spontane Reaktion auf die Werke der sowjetischen Literatur – sei es im Osten oder im Westen – ein wirklich objektives Bild der literarischen Entwicklung zu geben vermag, und es muß wohl angemessener erscheinen, diese Literatur wenigstens versuchsweise von ihren immanenten Intentionen her zu erschließen, von jenen Intentionen her, die in Anspielungen, in der jeweiligen Stilisierung oder in der Anwendung anderer allgemein bekannter literarischer Mittel mit einiger Sicherheit vermutet werden dürfen.

V. DIE NACHREVOLUTIONÄRE GENERATION

1. DER «SOZIALISTISCHE REALISMUS» IN DER PROSA

Mit dem Begriff «sozialistischer Realismus» werden heute keine einheitlichen Vorstellungen mehr verknüpft. Im engeren Sinn erscheint der Begriff zeitgebunden, als Literatur der Stalin-Ära, zeitlich begrenzt durch den I. Schriftstellerkongreß (1934) und durch den Beginn des «Tauwetters» (1954–56). Im weiteren Sinn wird der sozialistische Realismus als einzige vernünftige Methode des literarischen Schaffens im Zeitalter des Sozialismus angesehen, als verbindlicher Ausdruck eines «neuen» Bewußtseins. Die Geschichte der letzten zwanzig Jahre hat allerdings gezeigt, daß der Begriff wahrscheinlich so stark belastet ist, daß er kaum mehr als Epochenbegriff (Epoche des Sozialismus), sondern nur noch als Name eines inzwischen gescheiterten Bemühens angesehen werden kann. Daß diese Ansicht auch in der Sowjetunion verbreitet ist, zeigt eine recht polemische Untersuchung des im sogenannten «Schriftstellerprozeß» (1966) verurteilten ANDREJ SINJAVSKIJ (Pseudonym ABRAM TERC, vgl. S. 266), die allerdings nicht in der Sowjetunion, sondern nur im «Westen» (erstmalig 1959, in französischer Übersetzung) erschienen ist.

In dem Essay «Čto takoje socialističeskij realizm» (was ist sozialistischer Realismus?) stellt Sinjavskij die berechtigte Frage, ob Realismus «sozialistisch, kapitalistisch, christlich, mohammedanisch» sein könne, er weist damit auf die vertrackte Verbindung eines offenbar doch nur ideologisch gemeinten Begriffes mit einem literarischen Phänomen hin. Für Sinjavskij ist es eine ernste Frage, ob «sozialistischer Realismus» nicht bloß noch «Fiktion, Mythos, Propaganda» sei.

Von den Theoretikern der historischen Entwicklung und insbesondere der Gattungspoetik des Realismus wird der «sozialistische Realismus» genetisch vor allem mit dem Werk MAKSIM GORʼKIJS verbunden, das eine in der Tat sehr eigenwillige Reaktion auf die Krise der erzählenden Gattungen etwa knapp vor der Jahrhundertwende darstellt. Die Einführung des «sozialistischen Realismus» ist in dieser Sicht das Werk der um Goŕkij gescharten «proletarischen» Schriftsteller, und zwar in den letzten zehn bis zwölf Jahren vor der Oktoberrevolution. Das erwachende soziale Bewußtsein wird als wichtigstes Kriterium betrachtet, und zwar interessanterweise gerade in seinem «romantischen» Aspekt. So schreibt zum Beispiel K. D. MURATOVA in ihrem Buch «Vozniknovenije socialističeskogo realizma v russkoj literature» (1966; die Entstehung des sozialistischen Realismus in der russischen Literatur): «Der revolutionäre (soziale) Romantismus, der sich mit dem verstärkt aktiven Verhalten des Menschen gegenüber dem Leben und seiner Ortsbestimmung in ihm verband, enthüllte erst das Wesen des emotionalen Untergrundes der Welterkenntnis des sozialistischen Realismus.»

Man tut auf alle Fälle gut daran, sich zu erinnern, daß der Name «sozialistischer Realismus» unter direkter Mitwirkung STALINS aus der Taufe gehoben wurde (am 26. Oktober 1932) und daß damals gleichzeitig die Attribute «monumental», «romantisch», «tendenziös» und «dynamisch» in der Diskussion waren. Die Verpflichtung zum «sozialistischen Realismus» wurde nach der Rede ŽDANOVS auf dem ersten zentralen Schriftstellerkongreß in Moskau (1934) in die Statuten des Schriftstellerverbandes aufgenommen und lautet dort folgendermaßen: «Der sozialistische Realismus ist die grundlegende Methode der sowjetischen schönen Literatur und Kritik. Er verlangt vom Künstler eine wahrhafte, historisch-konkrete Darstellung der Wirklichkeit in ihrer revolutionären Entwicklung. Die Wahrhaftigkeit und die historische Konkretheit der künstlerischen Darstellung der Wirklichkeit muß dabei mit der Aufgabe eines ideellen Umbaus und einer Erziehung der Werktätigen im Geiste des Sozialismus übereinstimmen.»

Diese frühe Definition des «sozialistischen Realismus» wurde dann weiter ergänzt durch die LENINsche Forderung (1905) nach «Parteilichkeit» der Literatur und durch die Bestimmung des Schriftstellers als eines «Ingenieurs der menschlichen Seele» (STALIN). Aus dieser Perspektive ergeben sich zwei bedeutsame Gestaltungsprinzipien: die Suche nach dem «neuen Menschen» und die Bereitschaft zu einer «optimistischen» Lösung aller Konflikte.

Wenn man den Begriff des «sozialistischen Realismus» auf

die im engeren Sinne ideologischen und «parteilichen» Forderungen reduziert, die Stalin selbst an die Literatur stellte und die eine soziale «Romantik» durchaus miteinschließen, so muß man feststellen, daß die hier als «nachrevolutionäre» Generation bezeichnete Altersgruppe die meisten Vertreter dieser Richtung stellt. Das soll nicht heißen, daß sich irgend jemand während der zwei Jahrzehnte von 1934 bis 1953 ohne Schaden grundsätzlich jenem Anspruch hätte entziehen können, aber die Praxis weist doch eine Reihe von bedeutsamen Schattierungen auf.

Obwohl der «sozialistische Realismus» niemals als «Methode» konkret definiert worden ist, haben sich aus den genannten Forderungen gewisse gesetzmäßige Folgen ergeben. Die führende Rolle des «Helden» bedingt eine klare Scheidung in «positive» und «negative» Akteure in der Handlung, und in den Verhaltensmustern haben sich verschiedene konventionelle Vereinfachungen und Typisierungen entwickelt. Diese Vereinfachungen entsprechen vergleichsweise den modernen Typisierungen in der «westlichen» Trivialliteratur oder, in anderer Hinsicht, den Typisierungen in der «pseudo»-klassizistischen Tragödie des 18. Jahrhunderts. Ihre genaue Beschreibung würde eine eingehendere Studie erfordern, doch heben sich Kämpfer, Organisator, Held der Arbeit und Parteifunktionär auf der einen Seite sehr klar vom Feigling, Streber, Saboteur und Verräter auf der anderen Seite ab.

Für die Sonderung der positiven und negativen Seiten gibt es eine ganze Reihe von konventionellen «Signalen», die dem Leser die Entwirrung der Intrige erleichtern und die den Gang der Ereignisse vorausbestimmen. Als Randfiguren treten verschiedene «naive» Charaktere auf, unter denen ganz junge Menschen ebensowenig fehlen wie der räsonierende «Großvater» mit wallendem Bart. Auch das vorübergehende Straucheln der Helden ist möglich, muß aber immer Episode bleiben.

Die Erzählsprache ist meistens eine Mischung aus konventioneller «Literatursprache», amtlichen Abkürzungen, mäßig dosierter «Volkssprache» und verschiedenen Fachsprachen, die dem jeweiligen «Milieu» zugeordnet sind. Der Dialog spielt im Fortgang der Handlung die tragende Rolle, während die «Wirklichkeit» in oft recht umständlichen Beschreibungen und Erläuterungen von Arbeitsvorgängen ebenso zu Wort kommt wie in «realistischen Genreszenen, vorzugsweise «romantischen» Naturbeschreibungen und mundartlichen Charakterisierungen der Nebenfiguren.

Die Bewußtseinsdarstellung ist entweder ganz ausgespart oder auf erinnerte Neben- und Begleitumstände beschränkt. Die Bewußtseinsdarstellung steht mehr im Dienst der Handlung als im Dienst der Individualisierung und Konkretisierung einzelner Gestalten. Als ästhetisch relevant wird vor allem die «Natur» begriffen, die äußere Porträtierung der Personen und die Schilderung des Milieus, fast nie das Bewußtsein des Menschen, das durch politische, soziale oder andere zwingende Faktoren vorherbestimmt erscheint. Auf diese Weise fällt es oft schwer, literarisch interpretierbare Strukturen zu finden, und tatsächlich hat sich die literarische Kritik in der Zeit des «sozialistischen Realismus» vorzugsweise als ideologische Kritik verstanden. Sie entzündete sich an den einzelnen «Konflikten», deren politische Logik unermüdlich zur Diskussion gestellt wurde.

Fast vergessen ist heute der Ruhm von SEMËN BABAJEVSKIJ (* 1909), dessen «Ritter vom goldenen Stern» (1948; «Kaveler Zolotoj Zvezdy») als typischer Ausdruck der Zeit des «Personenkultes» gelten kann. Auch BORIS GORBATOV (1908–1954) muß als Vertreter der «offiziösen» Literatur angesehen werden, und sein «Aufbauroman» mit dem Titel «Donbass» (1951; Donez-Bassin) zeigt alle Schwächen dieser einst so beliebten pathetischen Gattung.

Am bekanntesten ist aus dieser Gruppe vielleicht BORIS POLEVOJ (Pseudonym für Boris Kampov, * 1908 in Moskau), Mitglied des sowjetischen Friedenskomitees und des Weltfriedensrates. Polevoj ist als Journalist (Mitarbeiter der *Pravda*) weit in der Welt herumgekommen, und er hat sowohl Amerika als auch China besucht. Während des Krieges war er ein bekannter Frontkorrespondent, und nach dem Kriege festigte sein Roman «Povesť o nastojaščem čeloveke» (1946; Geschichte vom wahren Menschen), der Mut und Willenskraft der sowjetischen Kämpfer feiert, sein Ansehen als politisch vorbildlicher Autor.

POLEVOJ schreibt schon seit den zwanziger Jahren, und 1939 erschien sein Roman («Gorjačij cech»; die heiße Zeche), der dem Thema der industriellen Arbeit gewidmet ist. Polevoj hat sich aber nicht nur in der Industrielandschaft umgesehen, sondern auch an den großen Baustellen der Verkehrs- und Energiewirtschaft (Wolga-Don-Kanal, Bratsk-Staudamm an der Angara). Ein «Aufbauroman» im genauen Sinn des Wortes ist noch eines der letzten Werke von Polevoj («Na dikom brege»; 1962; am wilden Ufer), das dem Bau des großen Wasserkraftwerkes in der Tajga (Bratsk) gewidmet ist. Hier tritt als weiterer Typus der Karrierist stalinistischer Prägung auf, der in den Industrie- und Produktionsromanen seit 1956 ebenso zu Hause ist wie in den Romanen über die Welt der Wissenschaft (etwa bei KAVERIN oder LEONOV).

In den fünfziger Jahren und während der sechziger Jahre hat POLEVOJ auch das Kriegsthema wieder aufgegriffen, das vor allem in bezug auf die Verhältnisse in den vom Feind besetzten Gebieten (offener und geheimer Widerstand) diskutiert wird («Glubokij tyl»; 1958; tiefes Hinterland). Polevoj schreibt journalistisch routiniert und nicht ohne spannende Züge. Vielfach führen seine protokollarischen Schilderungen und die manchmal allzu trivialen Dialoge jedoch weit weg von der Kunst, und Polevojs Reputation als Erzähler muß nach wie vor mit vielen Fragezeichen versehen werden.

Zu den in der Gunst gewisser Parteikreise stehenden Autoren gehörte auch VSEVOLOD KOČETOV (1912–1973), der die offiziöse Literaturzeitschrift *Oktjabr'* (Oktober) leitete. Noch im Krieg entstand der Roman über einen Kolchosbetrieb am Rande der belagerten Festung Leningrad («Predmesťje»; 1944; Stadtrand), der die Kriegsereignisse aus einem etwas ungewohnten Blickwinkel beschrieb. 1950 erschien der Roman «Tovarišč agronom» (Genosse Agronom), und darauf folgten noch ein Werftarbeiterroman («Žurbiny»; 1952; die Žurbins) und ein umfangreicher Familienroman («Braťja Jeršovy»; 1958; die Brüder Jeršov).

Als letzter in dieser Reihe sei noch der einst gefeierte VASILIJ AŽAJEV (1915–1968) genannt, dessen Roman «Daleko ot Moskvy» (1948; fern von Moskau) vom Bau einer Erdölleitung im fernen Sibirien während des Krieges handelt. V. Ažajev war auch Chefredakteur der in deutscher, englischer, polnischer und spanischer Sprache erscheinenden Zeitschrift *Sowjetliteratur*.

2. Lyrik während des Krieges

Die Kriegsjahre 1941–1945 brachten in Rußland eine bemerkenswerte Ausbreitung der lyrischen Poesie mit sich. Man kann dieses Phänomen sowohl von der neuen Thematik her erklären, als auch unter der Berücksichtigung des Umstandes, daß der schöpferischen Intelligenz nun die Aufgabe zufiel, den Widerstandswillen an der «psychologischen» Front zu stärken und dem nationalen («vaterländischen») Krieg die notwendige Artikulation auch im Raum der Sprache zu geben. Das von Mund zu Mund getragene Gedicht hat tatsächlich, wie durch viele Zeugen verbürgt ist, in diesen Jahren der russischen Sache nicht zu unterschätzende Dienste geleistet und die papierenen Parolen der ideologischen Propaganda von ihrem ersten Platz verdrängt. Die Zeit der «Schauprozesse» war zwar nicht vergessen, aber nach dem Überfall durch Hitler fühlte sich jedermann zur Verteidigung der «russischen Erde» aufgerufen, und die Parteiführung war klug genug, diesen patriotischen Willen zum Durchhalten durch viele kleine Konzessionen zu stärken.

Angehörige zweier Altersgruppen haben in ganz besonderer Weise die Lyrik dieser Kriegsjahre getragen: die «nachrevolutionäre» Generation der kurz vor 1914 oder während des ersten Weltkrieges Geborenen und die in den dreißiger Jahren etablierte Gruppe der um 1900 Geborenen.

Die Vertreter der letzten Jahrgänge gehörten nur teilweise noch zur älteren «Avantgarde», und sie hatten meist einer sehr unfruchtbaren literarischen Strömung treu und ergeben gedient. Die Kriegsjahre brachten für manche von ihnen eine Entkrampfung des Stils und eine Befreiung ihres Talents, und daher ist die Kriegslyrik mancher Autoren, die sonst ohne eigentliche Farbe erscheinen, doch der Erwähnung wert.

Ganz sicher gehört zum Kreis dieser ausgesprochenen «Dichter des Krieges» ALEKSEJ SURKOV (* 1899 im Gouvernement Jaroslavľ), der inzwischen als literarischer Funktionär, Publizist, Übersetzer und Kritiker sehr bekannt geworden ist. Surkovs Schützengrabenlyrik ist zwar traditionell in ihrer Sprachform und auch im Versbau, aber gerade durch ihre Schlichtheit und betont nationale Traditionsbewußtheit fallen jene Kriegsgedichte auf, die nicht einfach pathetische Deklarationen zum Inhalt haben.

Diese Lyrik ist manchmal «Erlebnisdichtung» im strengen Sinn des Wortes, literarisch vielleicht anspruchslos, aber auch frei von falschen Ansprüchen. Historische Anspielungen (auf den Tatareneinfall; auf das Jahr 1812) sind nicht selten, und es ist das «russische» Herz, an das gern appelliert wird. Auch die russische Schwermütigkeit *(toska)* wird nicht verheimlicht, wie Surkovs Gedicht «Kogda dolgo idët dožď» (1942; wenn es lange regnet) zeigt:

Die sumpfige trübe Nacht hat weiße Augenbrauen.
Auf dem feuchten fauligen Holz liegt Schimmel.
Die Schwermut, als wäre sie eine alte, kahle Ratte,
ist mir im Dunkeln wieder unter den Mantel gekrochen.

Neben Surkov wären noch besonders STEPAN ŠČIPAČËV (* 1899 im Gouvernement Perm') und ALEKSANDR PROKOF'JEV (1900–1971) zu nennen, die beide als Kriegsdichter bekannt geworden sind. ŠČIPAČËV folgt in den dreißiger Jahren vorwiegend den ehemaligen akmeistischen und imaginistischen Strömungen, aber sein Vers war nie sehr kühn, und die Berührung mit dem Avantgardismus blieb äußerlich. Im Krieg beeindruckte sein Gedichtband «Stroki ljubvi» (1944; Zeilen der Liebe), und auch in der Zeit nach dem Krieg hat sich ŠČIPAČËV in der Beliebtheit beim Leser gehalten. Anfangs der fünfziger Jahre war er sogar einer der wenigen ständig publizierenden Lyriker.

ALEKSANDR PROKOF'JEV gehört zu den Dichtern, die eine volkstümliche und volkssprachliche Stilisierung bevorzugen und die auch die Formen der Volksdichtung imitieren. Seine Kriegslyrik trägt daher betont nationale Züge, etwa in der Verserzählung «Rossija» (1944; Rußland).

Von JAROSLAV SMELJAKOV (1913–1972) war oben schon die Rede (vgl. S. 176), doch hat dieser Dichter nicht ganz die Erwartungen erfüllt, die man nach seiner Kriegslyrik in ihn setzen durfte. Seine (im ganzen äußerst konventionellen) Gedichte der letzten beiden Jahrzehnte haben nur deklamatorischen und publizistischen Wert.

Ein nicht viel interessanterer Dichter ist JEVGENIJ DOLMATOVSKIJ (* 1915 in Moskau), dessen Verse sich nur eine Zeitlang größerer Popularität erfreuten. Ganz von der russischen Folklore beeinflußt ist dagegen ALEKSANDR JAŠIN (1913–1968), dessen Kriegslieder wie «Šinel̕» (1941; der Mantel) oder «Chmel̕» (1944; Trunkenheit) außerordentlich einprägsam sind. Seit den fünfziger Jahren ist Jašin auch mit Prosawerken (vgl. S. 249) hervorgetreten.

Einer der wichtigsten Lyriker während des Krieges ist KONSTANTIN SIMONOV, von dem weiter unten die Rede sein wird.

ALEKSANDR TVARDOVSKIJ, OL̕GA BERGGOL̕C und MARGARITA ALIGER müssen ebenfalls in gesonderten Abschnitten besprochen werden.

3. VERA PANOVA

Völlig unbekannt blieb bis zum Jahr 1945 die seither nicht nur in Rußland berühmte Schriftstellerin VERA PANOVA (1905 bis 1973). Ihren Lebensunterhalt verdiente sie sich zunächst (seit etwa 1923) als Journalistin bei einer Zeitung lokalen Formats in Rostov, und diese wichtigen Erfahrungen an der südlichen Peripherie des Sowjetreiches spiegeln sich in höchster Lebendigkeit in ihrem späteren Buch «Sentimental̕nyj roman» (s. u.).

Im Kriege wurde Vera Panova nach Perm̕ verschlagen, und ihre Erlebnisse als Korrespondentin in einem Lazarettzug lieferten ihr den Stoff für ihren ersten und bis heute ungewöhnlich erfolgreichen Roman «Sputniki» (1946; Reisegefährten).

Die «Sputniki» weisen eine ringförmige, in sich symmetrische Gliederung auf, die es der Dichterin erlaubt, auf knapp 300 Seiten die Zeit vom Kriegsausbruch bis zum Kriegsende mit dem Lazarettzug und seiner Besatzung «abzufahren». Während der Zug als «Milieu» *(byt)* immer mehr prägende Kraft gewinnt, bringen mehrere Exkurse auch die Lebensgeschichten der beteiligten Akteure ans Licht, so daß sich Krieg und Frieden im Bewußtsein der Personen begegnen. Das dynamische Motiv der Handlung ist der Krieg mit allen seinen Schrecken, aber auch mit allen seinen skurrilen Nebengeschichten, und der Lazarettzug fängt diesen Krieg wie ein sich drehender Spiegel ein.

Patriotisch ist Panovas Roman in dem für die Jahre 1941 bis 1946 typischen Sinn, daß das Wort «russisch» eine deutliche Aufwertung erfährt und daß die Dichterin sehr bestimmt von dem «allgemeinen russischen Unglück» spricht.

Wichtig ist die Funktion, die schon in «Sputniki» das erinnernde und über sich reflektierende Bewußtsein hat, denn die Technik der retrospektiven und introspektiven Abschweifungen (Erinnerungen, Tagebuchausschnitte) kommt auch in den späteren Romanen wieder zur Anwendung.

Nach einigen nicht ganz geglückten Werken wie «Kružilicha» (1947; Name einer Produktionsstätte im Ural) und «Jasnyj bereg» (1949; helles Ufer, Roman über das Leben auf einem großen Staatsgut) veröffentlichte V. Panova unmittelbar nach Stalins Tod ihren Roman «Vremena goda» (1953; Jahreszeiten), der als Chronik zweier Familien eine gesellschaftskritische Absicht verfolgt, und zwar im Hinblick auf die in verschiedenen Diskussionen bereits 1952 von Literaturkritikern bekämpfte Theorie der «Konfliktlosigkeit» *(teorija beskonfliktnosti)*.

Der neue Roman spielt im Jahr 1950 und ist wiederum in der Komposition sehr klar gegliedert, und zwar in drei Teile, die, äußerlich betrachtet, Winter, Frühling, Sommer und Herbst schildern. Man fühlt sich an die Dreiteilung in «Sputniki» («Nacht», «Morgen», «Tag») erinnert, die eine natürliche Kreisbewegung in Gang zu setzen scheint. In «Vremena goda» ist die Handlung eingerahmt durch die jeweiligen Vorbereitungen zur Sylvesterfeier, so daß die Chronik genau ein Kalenderjahr erfaßt. Auch hier wird in die Erzählung, die in einer mittleren sowjetischen Stadt spielt, die Vorgeschichte hineingenommen, und zwar durch Exkurse, die über ganze Kapitel laufen.

Die Konflikte liegen auf zwei verschiedenen Ebenen, einmal auf der Familienebene und zum anderen auf der sozialen Ebene. Der verwöhnte Sohn einer ehrbaren Kommunistin, Gennadij Kuprijanov (*Genja*, «der verlorene Sohn»), gerät auf kriminelle Abwege und wird von Banditen durch einen Messerstich am Ende lebensgefährlich verletzt, während in der Familie Bortaševič der schwächliche Serëža als lauterer Charakter dominiert, obwohl seine Eltern der Häresie des «Geldmachens» und dem Traum vom sozialen Prestige verfallen sind.

Auch die neue Gesellschaft hat ihre alten «Konflikte», und man fühlt sich durchaus an die großen Familiengemälde bei Gor'kij erinnert. Mit ihrem Wink, daß brave Eltern durchaus nicht mit braven Kindern gesegnet sein müssen, hat V. Panova an manche Tabus gerührt, und die «Milieutheorie» im schematischen Verstande wird im Roman eigentlich ad absurdum geführt.

Eine Vereinfachung und Straffung des Ausdrucks, etwa im Sinn der späteren Schreibweise L. Tolstojs, zeigen besonders die in den späteren Jahren entstandenen Geschichten über Kinder, zum Beispiel «Valja» und «Volodja» (1960) oder «Saša» (1965). Einfachheit und Geradlinigkeit ist überhaupt Vera Panovas wichtigstes Stilprinzip.

Die Zeit des eigenen Jungseins und das ehemalige Kolorit ihrer Heimatstadt Rostov am Don läßt Panova im «Sentimentalʹnyj roman» (1958; empfindsamer Roman) wieder lebendig werden, und dieser Versuch führte auch stilistisch zu neuen Lösungen. Obwohl viele autobiographische Materialien hier verarbeitet sind, macht die Dichterin den angehenden Journalisten Sevasťjanov zu ihrem Helden und erzählt die ganze Geschichte aus der Perspektive seiner Wiedererinnerung heraus. Der Rahmen des Romans ist die Bahnfahrt Sevasťjanovs in seine Heimat, nach rund dreißig Jahren, und der Roman endet mit der Ankunft des Helden in seiner Stadt.

Die Erzählung ist als durchlaufende Erinnerung in einen Strom gehörter und gedachter Sätze verwandelt, aber viele Signale weisen beim Erzählen auf die unmittelbare Gegenwart: Fragen, Parenthesen, Ellipsen, nachträgliche Kommentare. Der Roman ist sprachlich ganz in der Gegenwart angesiedelt, und die Perspektive ist auf diese Weise eine doppelte: erlebende Person und erinnernde Person.

Ein solches Buch konnte erst nach Stalins Verurteilung geschrieben werden, da hier die «goldenen» zwanziger Jahre zum ersten Mal von allem ideologischen Ballast befreit erscheinen, leicht geworden in wehmütig liebender und doch durch und durch ironischer Distanz zu Namen, Schlagwörtern, beinahe grotesken Sitten und «revolutionären» Diskussionen.

Auch an diesem Buch beeindrucken die menschlichen Proportionen, was durch ein einziges Zitat belegt sein mag: «Die Glocken läuteten immer noch. Da schauten Sevasťjanov und die *kleine Zojka* noch schnell in den Jugendklub hinein und hörten einem Disput zu: ‹Kann ein Komsomolze Osterbrot essen›. Man kam überein, daß er das nicht konnte, aber am nächsten Tag aß Sevasťjanov Osterbrot zu Hause bei Tante Manja, und auch bei Vańka Jakovenko, und auch bei der kleinen Zojka. In allen Häusern feierte man ja Ostern; wenn nicht die Eltern, dann die Großmütter und Großväter ... Sevasťjanov war kein Doppelzüngler, er hatte einfach immer Appetit, und schmackhaftes Essen war eine Seltenheit in seinem Leben.»

VERA PANOVA, die sich schon bald nach dem Krieg in Leningrad niederließ, ist auch mit mehreren Theaterstücken auf der Bühne und mit Stoffen für Filmdrehbücher erfolgreich gewesen. Zu den verfilmten Werken gehören zum Beispiel «Sputniki», aber auch die Erzählungen «Jevdokija» (1958), «Volodja» (1960), «Rano utrom» (1964; früh am Morgen) und schließlich die als *Kinopovesť* (Filmerzählung) bezeichnete Geschichte «Rabočij posëlok» (1964; Arbeitersiedlung).

In der Folgezeit erprobte die Dichterin ihr Können an einer Sammlung von legendenhaft stilisierten Erzählungen aus der älteren russischen Geschichte, die den Titel «Liki na zare» (1969; Gesichter der Frühe) erhielt. In der Zeitschrift *Zvezda* wurden 1966 bereits die Teile «Skazanije ob Oľge» (die Sage über Olga) und «Feodorec, Belyj Klobučok» (eine Geschichte aus dem 12. Jahrhundert, aus der Zeit Andrej Bogoljubskijs) veröffentlicht.

4. ALEKSANDR TVARDOVSKIJ

ALEKSANDR TVARDOVSKIJ (1910–1971), der Autor des «Vasilij Tërkin», gehörte seit den fünfziger Jahren als Herausgeber der angesehenen Zeitschrift *Novyj mir* zum Kreis der prominentesten Persönlichkeiten der sowjetischen literarischen Welt. 1961 wurde ihm der Leninpreis zuerkannt. Wegen seiner im Grunde «liberalen» Redaktionspolitik war Tvardovskij nicht eben wenigen Anfeindungen ausgesetzt, doch hat er seine gemäßigte Linie stets konsequent weitergeführt. Die Anfänge der schriftstellerischen Arbeit Tvardovskijs liegen noch in den dreißiger Jahren, aber der Ruhm kam erst mit dem Versepos «Vasilij Tërkin» (1945). In den Jahren 1941–45 entstand diese populäre Dichtung aus den Kriegsjahren, von der Teile seit 1942 veröffentlicht wurden.

Tvardovskijs «Buch über den Soldaten» (*Kniga pro bojca*) entwirft in 30 Kapiteln ein Porträt des unbekannten Volkshelden des zweiten Weltkrieges, des sowjetischen Frontkämpfers, der im Strudel der Ereignisse nicht untergeht, weil ihm Zähigkeit und Mutterwitz immer noch einen Ausweg aus drohendem Verhängnis zeigen. Vasilij *(Vasja)* Tërkin, der zu einem Symbol für die Kunst des Überstehens und Überlebens heranwuchs, ist eine heroisch-komische Fiktion des Dichters, die als Schablone zur Aufreihung von Anekdoten bereits im Finnlandkrieg 1939–40 von einem Autorenkollektiv, dem TVARDOVSKIJ angehörte, ersonnen wurde (vgl. «Kak byl napisan Vasilij Tërkin»; 1951, erweitert 1962; wie der Vasilij Tërkin geschrieben wurde). *Vasilij Tërkin* ist ein Buch *«ohne Anfang und ohne Ende»* und schildert in volkstümlichen Trochäen den Krieg, wie er sich in der Perspektive des einfachen, im Urteil beschränkten Frontsoldaten darstellen mußte.

Parallelen zu J. HAŠEKS «Švejk» kann man allerdings nicht ziehen, da jede direkte Satire fehlt und *Vasilij Tërkin* auch nicht als Antithese gegen den Krieg oder als Vertreter individualistischer Gesinnung erscheinen kann. Nur in der erfinderischen Anpassung des «einfältigen» Helden an die oft grotesken Umstände des Krieges könnte man verwandte Züge erblicken. Tërkin ist nicht auf Belobigungen und Auszeichnungen bedacht, sondern er packt zu, wann immer und wie es die Umstände für ihn so fügen. Tërkin kämpft «nicht um den Ruhm, sondern für das Leben auf der Erde».

Vasilij Tërkin ist der russische *Jedermann*, und seine innere Fröhlichkeit, seine Liebe zum Harmonikaspiel, zu offenen und manchmal bitteren Scherzworten, seine Selbstlosigkeit und Hingabebereitschaft erklären die Beliebtheit dieser völlig unpolitischen Figur, deren Haupttriebkraft naiver und unreflektierter Patriotismus ist.

Als Lyriker ist TVARDOVSKIJ keine besonders markante Erscheinung, obwohl mehrere Bände mit Gedichten vorliegen. Eine zweifellos vorhandene «gnomische» Begabung kann nicht verhindern, daß Tvardovskij leicht in die gereimte Umgangssprache oder in konventionelle Rhetorik verfällt. Das Vorbild N. NEKRASOV liegt immer nahe und läßt die volkstümliche Stilisierung oder Folklorisierung leicht in epigonenhafte Manier abgleiten. Positiv fällt aber auf, daß Tvardovskij jedes falsche Pathos zu umgehen sucht und die Sprache lieber reduziert als hypertrophiert. Komische Kontraste durch eingestreute Prosaismen gehören mit zu Tvardovskijs volkstümlichem Stil.

Unter den späteren Werken ist besonders die Verserzählung «Za dal'ju dal'» (1960; Ferne um Ferne) zu nennen, die als fiktives Reisetagebuch aufgemacht ist und eine Fahrt mit dem Transsibirienexpreß von Moskau in den Fernen Osten schildert. Einzelne Teile dieses Werkes, das mit dem Koreakrieg beginnt, wurden bereits 1953 veröffentlicht, insgesamt hat Tvardovskij 10 Jahre daran gearbeitet.

Im Stil der Verserzählungen des 19. Jahrhunderts reflektiert der Autor in seiner jambischen Dichtung ständig über sein Vorhaben, über sein eigenes bisheriges Leben und über die jüngste Geschichte. Es entsteht so eine Doppelperspektive, die einmal der Bewegung des Zuges in die Ferne folgt und zum anderen einer Reise in die Vergangenheit gleicht («Es gibt zwei Arten von Reisen: eine – vom Fleck weg in die Ferne streben, eine andere: – am Fleck sitzen und den Kalender rückwärts aufblättern»).

Unter Benutzung der alten und ehrwürdigen Fiktion der Reise setzt sich TVARDOVSKIJ mit der jüngsten Geschichte Rußlands auseinander, und die Erzählung kulminiert in dem vorletzten Kapitel *Tak èto bylo* (so war das damals) in der Abrechnung mit der Schreckensherrschaft Stalins. Das moralische Problem wird sehr vorsichtig berührt, doch werden die abstoßenden Eigenschaften und der Wahn des Diktators, «der sich selbst nicht selten in der dritten Person nannte» und sich selbst zum göttlichen Wesen erwählte, nicht verschwiegen: «Seine Größe in der Ewigkeit, die unser ganzer Chor ihm verhieß, wollte er selbst neben den anderen Werken noch bei Lebzeiten sehen. Er hatte Eile. Und alles schien noch zu wenig. Schon schloß sich die Wolga mit dem Don zusammen, und Moskau wuchs in die Höhe wie irgendein seltsamer Pavillon ... Nur ein Kanal fehlte noch, den man vom Mars aus hätte sehen können! ...».

Die Mitte des Buches markiert die dramatische Begegnung des Autors mit einem verschollen geglaubten Jugendfreund auf einer kleinen Bahnstation in der Tajga. Der Freund reist als entlassener Strafhäftling in der Gegenrichtung vom Fernen Osten nach Rußland, und seine nur angedeutete Leidensgeschichte liegt als Schatten über der ganzen zweiten Hälfte der Erzählung.

Die zehn Tage der Reise weiten sich zu zehn Jahren der russischen Geschichte aus, die die Lehre erteilt haben, «daß auch im Kreml niemand ewig ist».

Im Anschluß an das Epos «Vasilij Tërkin» schrieb TVARDOVSKIJ in den Jahren 1954–63 eine Travestie in Versen mit dem Titel «Tërkin na tom svete» (1963; Tërkin in der Unterwelt). Tvardovskij travestiert darin sein eigenes Werk und – wie aus einigen Anspielungen deutlich wird – die Idee von Dantes *Divina Commedia*. Die heroisch-komischen Züge des Vasilij Tërkin werden in Richtung auf das burleske Genre verstärkt, und das ganze Werk erweist sich als eine Satire auf den Polizeistaat der stalinistischen Ära. Aus «Vasilij Tërkin» übernimmt Tvardovskij die scherzhaften vierfüßigen Trochäen und die ironische Diskussion mit dem Leser über die Vorzüge und den Charakter seines Helden.

Die Unterwelt mit ihrem ganzen absurden Zermoniell, mit Überprüfungen und Verhören, Polizeiterror und Strafabteilungen ist lediglich das Spiegelbild einer allzu bekannten Wirklichkeit, die hier geschickt «verfremdet» wird. Der arme Vasja Tërkin, für den ein früherer Kriegskamerad den Führer durch die verschiedenen Regionen der Unterwelt macht, kommt aus dem Staunen nicht heraus, besonders, als er erfährt, daß dies nur die «normale» Unterwelt ist, und daß es in der Nachbarschaft noch eine «bourgeoise» Unterwelt gibt, in der die «Disziplin» sehr viel schwächer sein soll und die der schleichenden «Zersetzung» ausgeliefert ist.

Kaum ein Bereich des Lebens wird von Tvardovskijs sarkastischer Feder verschont, und man muß dieses Werk zu den amüsantesten gesellschaftlich-politischen Satiren der letzten Jahre rechnen. Die Vorentwürfe zu «Tërkin na tom svete» sind offenbar noch umfangreicher als die endgültig von TVARDOVSKIJ beschlossene Fassung. In dem von Exilrussen herausgegebenen Almanach «Mosty» (München) erschien im gleichen Jahr (1963) eine von dieser Fassung abweichende Version des gleichen Werkes, in der verschiedene Episoden umgestellt sind und in der manche Einzelheiten noch krasser betont oder anders dargestellt werden.

Das Ende der Reise durch die Unterwelt ist Tërkins glückliche Rückkehr ans Licht und die Charakterisierung seiner Erlebnisse als «Märchen». So bleibt Tërkin für weitere Abenteuer gerettet.

Ein nicht vorauszusehendes Schicksal war dem Werk des als Kriegsschriftsteller bekannt gewordenen Erzählers Vasilij Grossman (Iosif Solomonovič Grossman, 1905–1964) beschieden. Der aus der Ukraine stammende Sohn eines Ingenieurs und einer Lehrerin hatte an der Universität Moskau Naturwissenschaften studiert und arbeitete vor dem Krieg als Ingenieur im Donez-Steinkohlebecken. Aus dieser Zeit stammen auch sein Bergarbeiterroman mit dem deutschen Titel «Glückauf» (1934) und der im Stil des «sozialistischen Realismus» gehaltene Proletarier-Roman aus der Zeit des Niedergangs des Zarenreiches «Stepan Kol'čugin» (1937–1940).

Als Kriegskorrespondent ging Grossman dann an die Front, und sein erstes Kriegsbuch «Narod bessmerten» (1942; das Volk ist unsterblich), in dem der heroische Kampf eines eingekesselten Fronttruppenteils beschworen wird, hatte den deutlichen Sinn, durch sein militantes Pathos die Widerstandskraft der Roten Armee zu festigen.

Nüchterner, wenn auch eher der Gattung des Journalismus zuzurechnen, ist Grossmans Stalingrad-Buch «Stalingrad» (1944), in dem vor allem persönliche Eindrücke verarbeitet werden.

Das Kriegsthema hat Grossman dann nicht wieder losgelassen, und bis 1963 arbeitete er an einer monumentalen Darstellung des Krieges, wie er sich im militärischen und im zivilen Bereich «global» auswirkte. Den ersten Teil dieses Romantorsos veröffentlichte Grossman schon 1952 (in einer revidierten Fassung 1954) unter dem Titel «Za pravoje delo» (für die gerechte Sache). Die «offiziöse» Kritik nahm dieses Werk ungünstig auf und bemängelte die unklare Position des Autors gegenüber der Rolle der Partei im Krieg. Nach 1956 gab Grossman seinem Kriegspanorama eine ganz neue Dimension durch eine unerwartet scharfe Auseinandersetzung mit dem Stalinismus und seinen historischen Wurzeln. Das zweite Buch konnte nicht nur nicht erscheinen, sondern das Manuskript wurde bei seinem Autor noch vor dessen Tod konfisziert.

Auszüge aus diesem Teil des Romans, der den Titel «Žizn' i sud'ba» (Leben und Schicksal) tragen sollte, wurden im westlichen Ausland 1975 gedruckt.

Grossmans Kritik zielt nicht nur auf die Blößen im militärischen Bereich, den russischen Nationalismus, den Antisemitismus und die privilegierte Stellung der Parteiführer, sondern sie erfaßt auch den ganzen ideologisch-gesellschaftlichen Hintergrund. Dadurch, daß viele persönliche Einzelschicksale in das Romangeschehen eingebettet sind, bringt es Grossman fertig, in ein und demselben Werk die Transportzüge zu den deutschen Vernichtungslagern, deutsche Gefangenenlager und sowjetische Häftlingslager in rundum gestreuten perspektivischen Überlagerungen zu erfassen.

Grossmans totale Absage an den Kommunismus ist auch der Inhalt des 1970 in Deutschland veröffentlichten Buches «Vsë tečët ...» (alles fließt ...), an dem der Autor parallel mit seinem Roman bis 1963 gearbeitet hat. «Vsë tečët ...» beschreibt die Lage eines heimkehrenden Häftlings nach Stalins Tod, seine Begegnung mit der Welt der scheinbar gar nicht Betroffenen und wirft die Frage auf: «Wer ist schuld, wer wird die Verantwortung tragen ...». Das Buch, das auch geschichtsphilosophische Besinnungen enthält, benutzt die Rahmenerzählung hauptsächlich als Vorwand für Rückerinnerungen, Erzählungen und bohrende Gedanken, wie es in Rußland zum Verlust der Freiheit hatte kommen können.

Grossmans Nachlaß enthält auf jeden Fall auch noch ungedruckte Erzählungen sowie einen Reisebericht über Armenien, der – teilweise – 1965 in der Zeitschrift «Literaturnaja Armenija» veröffentlicht werden konnte.

Viktor Nekrasov (* 1911 in Kiev) verbrachte seine früheste Kindheit in Frankreich und in der Schweiz, und er genoß später eine sehr vielseitige künstlerische Ausbildung (Architektur, Dramaturgie, Schauspielkunst). Zum zentralen Erlebnis, zu dem auch seine Erzählungen oft wieder zurückkehren, wurden ihm die Jahre als Frontoffizier (von 1941 bis zur Verwundung 1944), und vor allem die Schlacht um Stalingrad.

Einen Roman über Stalingrad begann Nekrasov sehr früh unter dem unmittelbaren Eindruck des Krieges «V okopach Stalingrada» (1946; in den Gräben von Stalingrad).

Mit diesem Buch reihte sich Nekrasov unter die ersten und erfolgreichsten Kriegsschriftsteller ein. Die Figur des Erzählers, Leutnant Keržencev, trägt unverkennbar autobiographische Züge, und die einzelnen Erlebnisse, Begegnungen und

Verwicklungen erhalten auf diese Weise jenseits der konkreten Fiktion das Gewicht authentischer Zeugnisse.

In streng chronologischer Folge beschreibt Nekrasov zunächst den Rückzug im Sommer 1942 und schildert dann die einzelnen Phasen der Verteidigung der vom bösen Schicksal getroffenen Stadt aus der Perspektive eines in den vordersten Linien eingesetzten Pionieroffiziers.

Der Roman ist ohne jeden falschen Aufwand geschrieben und tastet mit aller Vorsicht den menschlichen und «dienstlichen» Horizont der unter die Erde verbannten Grabenkämpfer ab. Nekrasov schildert den «typischen» russischen Soldaten des zweiten Weltkrieges in seiner unsentimentalen Wirklichkeit, unter Vermeidung jeglicher Art von pathetischer Schönfärberei.

Ähnlich wie Tolstoj in seinen Erzählungen aus Sevastopol', beseitigt Nekrasov alle heroischen Erwartungen, indem er auf die Blindheit dessen hinweist, der an einen fixierten Punkt des Geschehens gefesselt ist: «Im Krieg weiß man nie das Geringste, höchstens, was direkt vor der Nase vorgeht. Wenn der Deutsche nicht gerade auf dich schießt, dann denkst du, daß es auf der ganzen Welt still und friedlich ist, und wenn dann die Bomben fallen, dann bist du schon überzeugt, daß die ganze Front von der Ostsee bis zum Schwarzen Meer in Bewegung ist». Die Begriffe «Front» und «Schlacht» als anschauliche Bilder werden von Nekrasov öfters in Zweifel gezogen, ihm geht es nur um die Nähe, um die Details. Diese, nach Nekrasovs eigenen Worten, symbolhaften Details machen die Lebendigkeit und Authentizität des Buches aus.

Die kleinen «realistischen» Einzelheiten erreichen an einer Stelle ihren beunruhigenden Gipfel in der Beschreibung eines eben Gefallenen: «Er lag auf dem Rücken, die Arme von sich gestreckt, und an seinen Lippen klebte ein Stummel. Ein kleiner, noch rauchender Zigarettenstummel. Und das war gräßlicher als alles, was ich vor und seit dem Kriege gesehen habe».

Obwohl in Nekrasovs Roman von Partei und Sozialismus so gut wie überhaupt nie die Rede ist, wurde dem Buch, das von den Lesern verschlungen wurde, und das zahlreiche Auflagen erlebte, auch offizielle Anerkennung zuteil.

Mit seinen nächsten Werken tat sich Nekrasov schwerer, und sowohl sein Heimkehrerroman («V rodnom gorode»; 1954; in der Heimatstadt) als auch die gesammelten Kriegsnovellen, die 1961 unter dem Titel «Vasja Konakov» herauskamen, stehen im Schatten des Erstlingswerkes.

Als bemerkenswerte Leistung wurde von der Kritik jedoch die Novelle «Kira Georgijevna» (1961) angesehen, und auch mit den vielschichtigen Reiseberichten aus Italien («Pervoje znakomstvo»; 1958; erste Bekanntschaft), aus Amerika («Po obe storony okeana»; 1962; auf beiden Seiten des Ozeans), aus Frankreich («Mesjac vo Francii»; 1965; ein Monat in Frankreich) und von der Halbinsel Kamatschatka («Za dvenadcaťtysjač kilometrov»; 1965; 12000 Kilometer weit) machte sich NEKRASOV einen Namen.

Während die Reiseschilderungen dem persönlichen Erlebnis immer auch den geschichtlichen und den räumlichen Hintergrund öffnen, beruht die Komposition der umfangreichen Novelle «Kira Georgijevna» ganz auf der realen und der «erlebten» Zeit, in der die handelnden Personen bald scheinbar zueinander, bald aber wieder auseinander streben. Die Bildhauerin Kira Georgijevna, die vom Schicksal in ihrer zweiten Ehe an einen über zwanzig Jahre älteren Mann gebunden ist, steht im Schnittpunkt verschiedener «personaler» Zeitabläufe, die alle getrennten individuellen Perspektiven entsprechen und die sich nicht miteinander in Einklang bringen lassen. So entgleitet der Heldin am Schluß nicht nur der endlich nach über zwanzigjähriger Haft aus dem Straflager entlassene frühere Gatte, nicht nur der durch einen plötzlichen Infarkt zum Siechtum verurteilte ältere Lebensgefährte, sondern auch der zwanzig Jahre jüngere Freund, der Kira für eine Arbeit Modell gesessen hat.

Die schicksalhaften zwei Jahrzehnte nehmen in der Novelle verschiedenerlei Gestalt an und treten als unüberbrückbare Schranke zwischen Kira und ihre Illusionen vom unbeschwerten Leben: als fortschreitendes Altern, als Abstand der persönlichen Entwicklung, als Werk der irreversiblen Geschichte. Nur im Hinblick auf die in eine andere Zeit hineingeborene Jugend läßt Nekrasov einen wirklichen Hoffnungsstrahl aufleuchten, der auf den sympathischen naturhaften Jungen (*Juročka*) fällt, in dessen Lebensfrische die alternde Kira noch einmal ihre eigene Jugend verführen zu können glaubt.

Auch Fragen der Kunst werden in dieser Novelle oft berührt, und auf dieser Ebene wird eine unüberhörbare Kritik an der falschen «Festlichkeit» und «Feierlichkeit» des «kommerziellen Realismus» laut. In dieser anerzogenen Oberflächlichkeit läßt Nekrasov auch den künstlerischen Mißerfolg der Titelheldin wurzeln.

Die Kritik an fehlgeleiteten Kunstauffassungen ist auch in Nekrasovs Reiseberichten ein besonderes Nebenthema. Vor allem in dem Rechenschaftsbericht über Frankreich diskutiert Nekrasov eingehend einzelne Probleme des Films, des Theaters, der Oper, der bildenden Kunst und der Architektur. NEKRASOV erweist sich hier als sehr kluger Beobachter und als liberaler sowjetischer Kulturkritiker. Die französische Kultur schneidet entschieden besser ab als bei den meisten russischen Kulturkritikern des 19. Jahrhunderts, und für Paris findet Nekrasov nur begeisterte Worte. Sachlich interessant ist unter anderem die Schilderung der Begegnung mit LE CORBUSIER und das dabei bekundete bedingungslose Eintreten für dessen Architektur.

Eine komplizierte Form weist die Erzählung «Slučaj na Mamajevom kurgane» (1965; das Erlebnis am Mamaj-Hügel) auf. Als autobiographisches Reiseerlebnis eingeleitet, entwickelt sich die Erzählung zu einer phantastischen Begegnung mit der Vergangenheit. Das Wiedersehen mit dem für den Veteranen unvergeßlichen Schauplatz der Schlacht um Stalingrad mündet in einen Wachtraum, der den Autor scheinbar in den Oktober 1942 zurückversetzt, der ihn aber auch mit den Figuren seines Stalingrad-Romans («V okopach Stalingrada») und seines Stalingrad-Films (*Soldaty*; 1957; Soldaten) konfrontiert.

In der Erzählung spielt das Problem des Widerspruchs zwischen eigener Erinnerung und Tradition eine große Rolle. Die Schlacht bei Stalingrad tritt in ihrer «lebendigen» Realität ausdrücklich neben die Geschichte und die Tradition, und die Figuren, die NEKRASOV die «ersonnenen und nicht ersonnenen, lebendigen und toten Freunde der vielleicht bedeutungsvollsten Jahre» seines Lebens nennt, scheinen von stärkerer Wahrhaftigkeit geprägt als die politischen Entscheidungen der inzwischen verstrichenen 23 Jahre, durch die die geschichtliche Wahrheit oft ausgehöhlt wurde.

«Wie soll man denen das alles erklären?», so fragt der Autor im Hinblick auf die Entlarvung des «Personenkultes» und die

Umbenennung der Stadt Stalingrad in *Volgograd*, ebenso aber auch im Hinblick auf das pompöse Ehrenmal für die Gefallenen und die nachträglichen Erläuterungen der Museumswächter. «Worte, Worte, Worte ...» antwortet die Romanfigur *(Farber)* mit einem *Hamlet*-Zitat, «das trifft alles nicht den Kern».

Als Symbol für das Auseinanderklaffen zwischen vergangener und heutiger Gegenwart benutzt Nekrasov die protzigen Gedenkbriefmarken zum zwanzigsten Jahrestag des Sieges (1965), die der träumende Tourist seinen Traumfiguren zeigt und die für die noch lebend gedachten Kämpfer das Monument vorwegnehmen, das man ihnen errichten wird. Aber sie selbst vermögen sich darin nicht wiederzuerkennen.

In der zweiten Hälfte der sechziger Jahre wurde es stiller um Nekrasov, nachdem er schon unter N. Chruščёv streng kritisiert worden war. Man rechnete ihn zu den Regimegegnern, und die üblichen Folgen blieben nicht lange aus. 1974 wurde Nekrasov endgültig aus der Partei ausgestoßen, und er mußte sich dazu entschließen, seine Heimat zu verlassen (1974) und nach Paris überzusiedeln.

Erst im Ausland erschienen 1975 seine «Zapiski zevaki» (Aufzeichnungen eines Gaffers), autobiographische Rückblenden auf verschiedene Lebensabschnitte von der Kindheit in Paris und in Kiev über die Studienzeit als Architekturstudent in der Sowjetunion. In loser chronologischer Folge erzählt Nekrasov auf mehr als 150 Seiten sehr fesselnd von seinen Lieblingsthemen: der Literatur, dem geselligen Leben mit Freunden, den zahlreichen Reisen, dem Leben der großen Städte (Kiev, Moskau, New York) einschließlich ihrer individuellen Architektur, und schließlich von seiner über alles geliebten Mutter.

6. Oľga Berggoľc und Margarita Aliger

Die beiden Dichterinnen, die besonders durch ihre Kriegslyrik breiteren Leserkreisen bekannt wurden, sind mit ihrem Werk in Wirklichkeit noch in der Vorkriegszeit verwurzelt. Während M. Aliger anfänglich mehr der akmeistischen Tradition verhaftet zu sein scheint, knüpft Oľga Berggoľc (1910–1975) unmittelbar an die populären Vertreter der russischen Lyrik in den späteren zwanziger und frühen dreißiger Jahren (zum Beispiel È. Bagrickij, N. Tichonov) an. In ihrem männlichen, beinahe stoisch zu nennden Pathos ist O. Berggoĺc zwar eine ausgeprägte Individualität, aber ihre beziehungsreiche, gedrängte Sprache ist kaum vorstellbar ohne das Vorbild Pasternaks, dessen Verse ihr gelegentlich als Motto dienten.

Die Kriegsgedichte haben die Verteidigung Leningrads zum Thema («Fevraĺskij dnevnik»; 1942; Februar-Tagebuch, «Leningradskaja poêma»; 1942; Leningrader Poem), die die Dichterin in der belagerten Stadt vom Anfang bis zum Ende miterlebte. Das Nomadenleben in der darbenden, unter ständigem Beschuß liegenden Stadt beschreibt O. Berggoĺc in wahrhaft ans Herz greifenden Tönen, doch sie hütet sich dabei vor falschem Pathos. Vom «urwelthaften Schmuck des Reifes» ist die Rede, von «ländlichen Schneebergen», unter denen die Straßenbahngeleise verschwunden sind, und von den knirschenden Schlittenkufen, die Brennholz und Leichen befördern. Die Leningrader leben «im Einschließungsring, im Dunkel, im Hunger, im Schmerz», aber sie haben nicht aufgehört, sich manchmal Gedichte aufzusagen «in Wohnungen, schwarz wie Höhlen, neben Lautsprechern, die stumm sind». O. Berggoĺc arbeitete selbst beim Leningrader Rundfunkkomitee, und ihre gesprochenen Kommentare erschienen 1946 unter dem Titel: «Govorit Leningrad» (hier spricht Leningrad).

Die Dichterin, die in erster Ehe mit dem in der Zeit der «Säuberungen» (1938) erschossenen Lyriker Boris Kornilov verheiratet war, verlor im Krieg auch ihren zweiten Mann, und der Erinnerung an diese schwersten Jahre (1937–45) ist vor allem der zuletzt erschienene Gedichtband «Uzel» (1965; der Knoten) gewidmet. O. BERGGOĹC nennt diesen schmalen Band «Neues Gedichtbuch» (Novaja kniga stichov), doch hat sie hier auch eine ganze Anzahl von früheren Gedichten, die von alten Verlusten und von alter Verzweiflung sprechen, aufgenommen. Der Zyklus «Ispytanije» (Heimsuchung) gibt in schmuckloser lakonischer Form Kunde von den Erfahrungen der Dichterin, die nur noch in der Liebe zur Heimat den Quell findet, der ihr die nötige Kraft zum Durchhalten gibt. Zum Tage des Kriegsausbruchs im Juni 1941 notiert sie:

Auch an diesem Tage vergesse ich nicht
die bitteren Jahre der Verfolgung und des Bösen,
aber in dem blendenden Blitz habe ich begriffen:

das ist nicht mir geschehen, sondern Dir geschehen,
das war Dein Warten und Dein Reifen.
Nein, ich habe nichts vergessen!
Aber möchte ich auch tot sein, oder verurteilt –,
auf Deinen Ruf hin würde ich mich aus dem Grab erheben,
würden wir uns alle erheben, nicht ich allein.

Mit diesen an Rußland gerichteten Versen gibt Oľga Berggoľc einer Haltung Ausdruck, die sich tatsächlich in die Geschichte eingeschrieben hat.

Die Gedichte in dem Band «Uzel» sind zugleich intimes Bekenntnis und öffentliche Rechenschaftslegung, und so will
OLGA BERGGOĽC überhaupt das Bekenntnishafte der Dichtung
verstehen. In ihrem Prosaband «Dnevnyje zvëzdy» (1959; Sterne
am Tag) bezeichnet sie ihr persönliches Leben als das «wichtigste Buch», das sie schreiben könne, weil in ihm «Beichte»
und «Verkündigung» *(ispoved, propoved)* notwendigerweise zu-
sammenfielen. Tatsächlich ist dieses ganz unchronologisch angelegte Buch der Kern einer Autobiographie, in dem Kindheitserinnerungen, spätere Reisen und Reminiszenzen an die
Belagerung Leningrads miteinander vermischt sind. Der erste
Teil («Pojezdka v gorod detstva»; Reise in eine Stadt der Kindheit) enthält eine sehr poetische Schilderung der alten russischen Stadt Uglič an der Wolga, und damit korrespondiert in
«Uzel» wiederum das schöne Gedicht «Cerkov Divnaja v
Ugliče» (1953; *Divnaja*-Kirche in Uglič). Der Heimatstadt
Petersburg ist hier die Erzählung «Pochod za Nevskuju zasta-
vu» (Ausflug über die Neva-Stadtgrenze) gewidmet, in der sich
Erinnerungen aus vielen Jahren miteinander mischen.

MARGARITA ALIGER (* 1915 in Odessa) verlor im Krieg ebenfalls ihren Mann, und ihre Kriegslyrik aus dem Band «Pamjati
chrabrych» (1942; dem Gedächtnis der Tapferen) läßt sich in
vieler Hinsicht mit dem Werk der Berggoľc vergleichen. Auch
M. Aliger schlägt nur gedämpft pathetische Töne an, und manche ihrer Kriegsgedichte («Iz Kazanskoj tetradi»; Herbst 1941;
aus dem Kazaner Notizbuch, oder «Muzyka»; 1942; Musik)
geben vom Geschehen nur in indirekten, darum aber nicht
weniger deutlichen Bildern Kunde.

Die Klage um den gefallenen Mann wird am eindrucksvollsten in dem Gedicht «Muzyka», das eigentlich nur von dem Klavier handelt, auf dem der Tote einst zu spielen pflegte. M. Aliger orientiert sich immer an den «naheliegenden», sichtbaren Gegenständen, am «Stoff» der Welt, auch wenn sie zu philosophischer Meditation ansetzt. In der ausdrücklichen Diesseitsbezogenheit und in der Beachtung, die die Dichterin den sinnlichen Reizen ihrer Umgebung (Klang, Farbe, Geräusch, Geruch) schenkt, ist sie ganz den ehemaligen Forderungen des Akmeismus treu.

Aus der Nachkriegszeit sind besonders die «Krymskije stichi» (1952; Verse aus der Krim) zu nennen, in der Aligers «gegenständliche» Dichtung ihren Höhepunkt erreicht. Hier zeigt sich nicht nur die Freude an immer neuen beschreibenden und fixierenden Adjektiven, sondern auch an exotischen Namen und Klängen (etwa in «Vinograd» – Weinberg).

Gedichte der Jahre 1935–1956 sind in dem Band «Stichotvorenija» (1958; Gedichte) vereint, und die Fortsetzung bildet die Sammlung «Neskoľko šagov» (1962, erweiterte Neuauflage 1964; einige Schritte), in der Aligers spätere Gedichte zu finden sind. In diesem neuen Buch macht sich stärker als früher die Tendenz zur «Erzählung» geltend, obwohl diese Entwicklung eigentlich verständlich ist, da die Dichterin schon immer die epische Verserzählung gepflegt hat. Die Verserzählung über das Partisanenmädchen Zoja Kosmodemjanskaja («Zoja») war schon 1942 erschienen, und im Grunde ist auch der Zyklus «Leninskije gory» (1953; Leninberge), der vom Neubau der Moskauer Universität handelt, reine *Verserzählung*.

MARGARITA ALIGER hat sogar zahlreiche lyrische Reportagen geschrieben, besonders über ihre Auslandsreisen (Ende der fünfziger, Anfang der sechziger Jahre). M. Aliger besuchte nicht nur Japan und Lateinamerika, sondern u. a. auch beide Teile Deutschlands. Die Deutschlandgedichte machen einen ganzen Zyklus aus («Dve vstreči: 1958, 1960»; zwei Begegnungen: 1958, 1960), und die Reportagen über Berlin, Weimar, Dresden, Nürnberg, München handeln vor allem von dem Riß, der durch Deutschland geht, stellen, wenn man so will, aber auch eine Schuldforderung dar. Die deutsche Landschaft wirkt auf die Dichterin wie allzu harmlose Postkartenschönheit, und aus der Ferne noch erinnert sie sich an die «ausdauernden Häuschen» und an die «Heinzelmännchen aus Steingut»:

Haben nicht ihre kleinen fleißigen Hände
das Vaterland vor dem Feuer errettet?
Aber um so quälender, Deutschland,
Entziehst du dich mir.
....   («Izdali»; aus der Entfernung)

7. ÈMMANUIL KAZAKEVIČ UND
KONSTANTIN SIMONOV

Die beiden Dichter, deren Themen sich in vieler Hinsicht über-
schneiden und deren Geburtsjahre verhältnismäßig dicht bei-
einander liegen, ähneln einander auch darin, daß sich in ihrem
Werk zwei jeweils eigengesetzliche Phasen erkennen lassen.
Während aber bei K. SIMONOV die neueste Phase, wenigstens
quantitativ betrachtet, die ergiebigere zu werden verspricht, ist
KAZAKEVIČ durch seinen verfrühten Tod nicht mehr zur Fertig-
stellung eines geplanten großen Romans gekommen, der die
Geschichte der letzten Jahrzehnte umspannen sollte. KAZA-
KEVIČ notierte selbst in seinem Tagebuch (1961): «Ich habe das
Gefühl, daß erst jetzt mein eigentliches Leben in der Literatur
beginnt».

ÈMMANUIL KAZAKEVIČ (1913–1962) wurde in Kremenčug
(Ukraine) geboren, seine beiden Elternteile waren Lehrer. Nach
dem Besuch eines Technikums in Charʼkov fuhr Kazakevič 1931
mit einer Gruppe Komsomolzen in den Fernen Osten, wo er
die verschiedensten Berufe ausübte, u.a. den eines Theaterlei-
ters im jüdischen autonomen Gebiet Birobidžan. 1938 zog er
nach Moskau, um sich ausschließlich der Literatur zu widmen.
Erzählungen, ein Roman in Versen, Lyrik und eine Komödie,
die zum Teil noch in den dreißiger Jahren entstanden, schrieb
Kazakevič in jiddischer Sprache. Erst nach dem Krieg, an dem
er als Freiwilliger teilnahm, wechselte er zur russischen Sprache
über.

Das Werk, das Kazakevič schlagartig als russischen Dichter
bekannt machte, ist die Kriegsnovelle «Zvezda» (1947; Stern),
deren geschlossene Komposition und deren klarer Stil mit
Recht als bemerkenswert empfunden wurden. «Stern» ist das
Rufzeichen einer im Rücken der gerade aufmarschierenden SS-
Division *Wiking* operierenden Gruppe von «Aufklärern», die
von den Deutschen gejagt und schließlich vernichtet wird. Die

Funkleitstelle, mit der die Soldaten in Verbindung stehen, ist die «Erde», und aus diesem Spiel mit Tarnbezeichnungen gewinnt die Erzählung ihr symbolisches Relief. Der mit mehreren Tapferkeitsorden dekorierte Kazakevič hat selbst an der Front einem solchen «Aufklärer»-Truppenteil angehört, und seine Schilderung ist in dieser Hinsicht absolut authentisch. Kazakevičs Sprache ist außerordentlich präzise und lakonisch, und die Trockenheit des Ausdrucks steigert sich nicht selten bis zum Sarkasmus. Heroisierung und Verherrlichung des Krieges liegen Kazakevič fern, und pathetische Töne werden gewiß mit Absicht vermieden.

In einer anderen Novelle aus dem Krieg sucht sich KAZA-KEVIČ wieder eine sehr krasse Situation aus, doch kommen hier einige Momente ins Spiel, die die Glaubwürdigkeit in Frage stellen müssen. In «Dvoje v stepi» (1948; zwei in der Steppe) wird die Geschichte eines vom Kriegsgericht zum Tode verurteilten Offiziers erzählt, der mit seinem Bewacher in der Steppe vom Krieg eingeholt wird und sich nach abenteuerlichen Verwicklungen und nach dem Tod seines Bewachers wieder den Militärbehörden stellt, um dann doch begnadigt zu werden. Die Geschichte ist vielleicht nur unter den besonderen Verhältnissen des Stalinismus ganz verständlich, sie bedeutete 1948 eine mutige Öffnung der Perspektive im Hinblick auf die «ungerechten» Todesurteile von Feldgerichten.

Kazakevič ließ bald zwei Romane folgen, die besonders das den Dichter ernsthaft beschäftigende Verhältnis zwischen Deutschland und Rußland berühren. «Vesna na Odere» (1949; Frühling an der Oder) und «Dom na ploščadi» (1955; das Haus am Platz) schildern die Schlacht an der Oder im April 1945 und die Problematik der Begegnungen zwischen russischen Besatzungstruppen und Deutschen, jedoch zeigt sich hier (abgesehen von der politisch nahezu unlösbaren Aufgabe einer «objektiven» Haltung), daß die große Form den Dichter, wenigstens zu jenem Zeitpunkt, überforderte.

Eine neue Phase leitete bei Kazakevič die historische Erzählung über Lenin ein, die 1961 unter dem Titel «Sinjaja tetrad'» erschien und die im Sommer 1917 spielt, als sich Lenin in der Nähe von Petersburg vor den Agenten Kerenskijs verbergen mußte. Obwohl Lenin hier höchstwahrscheinlich idealisiert wird, kann man doch nicht von einem besonderen Kult um

Lenin sprechen, da Kasakevičs direkte Sicht aus der Nähe und seine feine Ironie dem entgegenstehen.

Psychologische Charakterzeichnung, verbunden mit sparsamer, keinesfalls vernichtender Ironie, ist in den letzten Novellen, die Kazakevič hinterlassen hat, ein hervorstechendes Merkmal. «Pri svete dnja» (1961; im Tageslicht) ist eine komplizierte Erzählung, in der das Porträt eines im Kriege gefallenen Hauptmanns aus doppelter Nahsicht gezeichnet wird: in der naiven und liebevollen Erzählung des plötzlich auftauchenden Kriegskameraden, und in der ebenso naiven, aber inzwischen kühlen Erinnerung der nach zwei Jahren bereits wieder verheirateten Kriegerwitwe. Die eine Sicht scheint die andere zu bestreiten, und so wird die Erzählung zur versteckt gestellten Frage nach der Wirklichkeit des Menschen.

Die Erzählung vom «Besuch des Vaters bei seinem Sohn» (1962; «Prijezd otca v gosti k synu») ist eine Geschichte von der Verkennung und vom Mißverstehen der Wirklichkeit. Der bauernschlaue greise Vater versucht seinen nach sowjetischen Maßstäben bereits in behäbigen Verhältnissen lebenden Sohn zu übervorteilen, und Vater wie Sohn vermögen sich gegenseitig nicht mehr zu begreifen und bis ins Herz zu sehen. Das moderne Thema der «Entfremdung» klingt hier an, und eigentlich durchzieht dieses Thema Kazakevičs Novellen von Anfang an, schon in «Zvezda». Die «offizielle» Fürsorge des Gemeinwesens ist jedenfalls für Kazakevičs Helden kein Unterpfand der Geborgenheit, und in der Novelle vom Besuch des Vaters bei seinem Sohn wird recht despektierlich von der «bemüht sonnigen Radiostimme» gesprochen und ironisch angemerkt: «Der Lautsprecher jubilierte im Kindersendungston».

KONSTANTIN SIMONOV (* 1915 in Petrograd), der 1931 in Moskau als einfacher Arbeiter (Dreher) angefangen hatte, machte seinen Weg über das Moskauer Institut für Literatur, das er 1938 beendete, und wurde 1939 als Berichterstatter in die Mongolei geschickt, wo sich erbitterte Grenzgefechte an der mandschurisch-mongolischen Grenze mit den Japanern abspielten. 1940/41 wurde Simonov von der Roten Armee als Militärkorrespondent ausgebildet, und kurz vor Kriegsausbruch wurde ihm ein militärischer Rang verliehen. Im Krieg nahm Simonov als Berichterstatter für den *Roten Stern* oft in vorderster Linie an den Operationen teil und erhielt mehrere

Kriegsauszeichnungen. Der Krieg machte Konstantin Simonov auch als Dichter bekannt, und seine Verse wurden, wie berichtet wird, im belagerten Leningrad in Riesenlettern an die Häuserwände gemalt.

Die während des Kriegs entstandenen oder über den Krieg sprechenden Gedichte machen den größten Teil des lyrischen Oeuvres aus, das Simonov 1964 in einer eigenen Auswahl gesammelt neu herausgab: «Tri tetradi; Stichi, poėmy» (drei Hefte, Verse und Verserzählungen). Das mittlere «Heft» (über 200 Seiten) ist dem Krieg gewidmet, und es fehlen hier natürlich auch nicht die bekannten Zeilen:

> Warte auf mich, dann komme ich zurück.
> Nur mußt du sehr warten,
> Warten, wenn du traurig wirst,
> in gelben Regengüssen,
> Warten, wenn der Schnee herabfegt,
> Warten in der Hitze,
> Warten, wenn man auf andere nicht mehr wartet,
> nicht mehr an gestern denkend.
> . . . .
> (1941)

Nicht alle Gedichte SIMONOVS sind so einprägsam wie dieses, aber viele Verse Simonovs sprachen den leidenden Menschen aus dem Herzen und aus der Seele. Simonovs eigentliche Domäne ist die Ballade und die epische Versdichtung, aber nach dem Krieg hat er sich nur noch sporadisch der Lyrik zugewandt.

Der erste, auf Anhieb erfolgreiche und 1946 mit einem Stalinpreis ausgezeichnete Roman erschien noch während des Krieges unter dem Titel «Dni i noči» (1944; Tage und Nächte). Dieses Werk schildert die erste Phase der Verteidigung Stalingrads vom Spätsommer 1942 bis zur Novemberoffensive, die die Einschließung Stalingrads und der deutschen 6. Armee einleitete. Im Mittelpunkt der Handlung steht das von Hauptmann Saburov geführte Bataillon, das in die Kämpfe mitten in der Stadt geworfen wird und die ganze «Hölle» dieser Schlacht erlebt. Durch den Kampf in der Stadt selbst rücken Front und Hinterland zusammen, und die kleinen Details machen deutlich, daß es in erster Linie wirklich um die Verteidigung von Haus und Herd geht.

Immer wieder kehrte Simonov in der Folgezeit zur Kriegsthematik zurück, und auch in der «neuen Welle» der kritischen Literatur zum zweiten Weltkrieg ist Simonov einer der führenden Exponenten der Entlarvung des «Personenkultes» um Stalin. In dem Roman «Soldatami ne roždajutsja» (1964; man wird nicht als Soldat geboren) läßt er sogar Stalin persönlich auftreten und zeichnet ein wohl recht zutreffendes Bild des Diktators in der Unterhaltung mit einem Frontkommandeur. Dieser Roman ist das dritte Glied in einem Zyklus von historischen Romanen über den zweiten Weltkrieg, der mit «Tovarišči po oružiju» (1952; Waffengefährten) begann. Dieser erste, 1961 überarbeitete Roman spielt 1939 im Fernen Osten an der mongolischen Grenze, und einen Teil der Personen, wie den Politruk und Kriegskorrespondenten Sincov, hat Simonov in die weiteren Teile des Zyklus übernommen.

Die eigentlich «neue» Phase beginnt erst mit dem Roman «Živyje i mertvyje» (1959; die Lebenden und die Toten), in dem der verhängnisvolle Kriegsbeginn bis zur Wende in der Schlacht vor Moskau beschrieben wird. Kritisch muß man allerdings sagen, daß Simonov der historischen Gerechtigkeit mehr Beachtung schenkt als den künstlerischen Problemen, und daß die neuen Romane, auch wenn sie sich einiger Kunstgriffe Tolstojs bedienen, keine so überzeugende dichterische Wahrheit enthalten wie «Dni i noči». Die Mühen, die Simonov auf sich genommen hat, werden noch deutlicher, wenn man die vom Autor selbst kommentierten Notizen aus dem Kriegstagebuch liest: «Každyj deń – dlinnyj» (1965; jeder Tag ist lang). Die unmittelbaren Eindrücke sind hier bei aller Bruchstückhaftigkeit und Zufälligkeit viel lebendiger und zwingender als die kritischen und grüblerischen Gedanken der Protagonisten aus dem Romanzyklus.

8. Boris Sluckij

Erst in der Mitte der fünfziger Jahre wurde man auf den Dichter Boris Sluckij (* 1919 in Slavjansk) aufmerksam, dessen nicht-konformistische Lyrik dem Geschmack der Jahre vor Stalins Tod wenig entsprach. Den ersten Band mit gesammelten Gedichten veröffentlichte Sluckij tatsächlich erst 1957 («Pamjat»; Gedächtnis), obwohl auch Gedichte aus den vierziger Jahren und sogar eine Ballade aus dem Krieg in dieser Sammlung enthalten sind.

Die Ballade, die Sluckij schon 1944 (nach den mündlichen Erzählungen eines jugoslavischen Lehrers, den er auf dem Balkan traf) verfaßt hatte, behandelt unter dem Titel «Kelnskaja jama» (die kölnische Grube) den Untergang Tausender von Kriegsgefangenen in einer Höhle in der Nähe von Köln. Auch ein anderes balladeskes Gedicht aus der Nachkriegszeit, das sich «Lošadi v okeane» (Pferde im Ozean) nennt, erzählt von einem tragischen Kriegsereignis. Das von einer Mine getroffene Transportschiff «Gloria» versinkt in den Fluten, und während sich die Menschen in die Boote retten können, sind die 100 im Wasser schwimmenden Pferde hilflos dem Ertrinken ausgeliefert:

> Pferde können schwimmen.
> Aber – nicht gut. Nicht weit.

Der besondere Stil dieses Gedichtes und überhaupt der Mehrzahl der Gedichte Sluckijs besteht darin, daß die Intonation fast ganz «trocken» ist, daß die Sprache prosaisch, ja fast nüchtern wirkt, daß aber trotzdem eine eigenartige, sehr«männliche» Poesie entsteht, ein starker Rhythmus, der sich erst beim lauten Lesen ganz erschließt. Sluckij setzt starke Akzente durch die reine syntaktische Gliederung, in der er hie und da Majakovskij und den Futuristen nachzufolgen versucht. Die Sprache ist auf diese Weise nicht pathetisch, aber sehr lapidar, wenn man will «primitiv».

Sluckij verwendet nie abgenutzte Wörter, aber er scheut sich auch nicht, ausgesprochen «unpoetische» Wörter und Wendungen einzuführen. Charakteristisch ist etwa das Gedicht «Banja» (entstanden 1947; Badeanstalt), in dem schon in der zweiten Zeile das wirklich nicht poetische moderne Wort für «provinziell» («periferijnyj», an der Peripherie gelegen) vorkommt. Die ganze Bezirks-Badeanstalt ist wohl kein sehr poetischer Gegenstand mit ihren nackten und zum Teil durch den Krieg verkrüppelten Badegästen, und darauf kommt es Sluckij gerade an: den Krieg in der Erinnerung zu behalten, das Thema Mensch und Krieg ohne Fanfarenstöße und Marmortafeln, aus der Nahsicht heraus, zu präsentieren. In der letzten Strophe schließt Sluckij mit einem Wortspiel: das Wort *raj* («Paradies» und Abkürzung für «Rayon-», das heißt «Bezirks-», in Wortkompositionen) wird in der doppelsinnigen Bedeutung verwendet:

> Sie kennen das Bezirksbad («Paradiesbad», *rajbanja*),
> oder nicht?
> Für jeden Eintritt zahlen Sie zwei Rubel.

Obwohl Sluckij, der den ganzen Krieg als Freiwilliger mitgemacht hat und dreimal verwundet wurde, im Kriege kaum etwas geschrieben hat, wirkt der Krieg thematisch in seinem Werk stark nach. So ist auch der Titel seines Erstlingsbuches «Pamjať» (Gedächtnis) zu verstehen, das dem Krieg viel Platz einräumt. Als weitere Bände erschienen inzwischen «Vremja» (1958; Zeit), «Segodnja i včera» (1961; heute und gestern) sowie «Rabota» (1964; Arbeit).

Auch in der anspruchsloseren Kurzform, die Spielerisches mit Didaktischem verbindet, hat sich Sluckij, der häufig in Jugendverlagen gedruckt wird, weithin durchgesetzt. Typisch für diese durch spielerische Reime und durch eine liedhafte Satzgliederung leicht zugänglich gemachte Sprache ist etwa das Bändchen «Sovremennyje istorii» (1969; Geschichten aus der Gegenwart), das nur noch teilweise auf die Kriegsjahre zurückweist.

Themen der Gedichte sind sehr oft kleine Vorfälle aus dem Alltag, die Rolle des Dichters in der Gesellschaft und eine praktische Lebensphilosophie, die für die Zukunft positiv gestimmt bleibt. Sluckij nimmt dabei die «demokratische» Position der Mitte ein, indem er den einfachen Bürgern und den Arbeitern vertraut und indem er die Welt durch eine Art «Hausordnung» für regierbar hält. Die neuesten Gedichte der siebziger Jahre erschienen unter den Titeln «Dobrota dnja» (1973; die Güte des Tages) und «Prodlënnyj polden'» (1975; verlängerter Mittag).

VI. DIE GENERATION DER
EHEMALIGEN AVANTGARDE

1. AUSKLANG UND RÜCKSCHAU

Der Avantgardismus in der Literatur hat spätestens in den frühen dreißiger Jahren aufgehört zu bestehen. Der Begriff «Avantgarde» ist in dem allgemeineren Sinn, in dem er dabei als tonangebende Zeitströmung verstanden wird, in Wirklichkeit natürlich nicht ganz wörtlich zu verstehen. Nicht jeder Dichter aus der Zeit, die besonders den Avantgardismus begünstigt hatte, kann als Vertreter der Avantgarde eingestuft werden, und viele gehörten zu ihr nur vorübergehend und nur mit wenigen ihrer Werke.

Kein Zweifel besteht indessen, daß mit der Wendung zu einer konservativen, wenn nicht reaktionären Kulturpolitik eine einst stürmische Entwicklung künstlich zurückgedrängt oder abgeschnitten wurde, und man kann nur darüber streiten, ob nicht manche Gestaltungsprozesse ihren Höhepunkt schon vor 1930 deutlich überschritten hatten. Auf der anderen Seite zeigt sich gerade in der letzten Zeit, daß die zwanziger Jahre und ebenso die letzten vier bis fünf Jahre vor dem ersten Weltkrieg und natürlich die Jahre der revolutionären Auseinandersetzungen vor und nach dem Oktober 1917 im Bewußtsein der Beteiligten untilgbare Spuren hinterlassen haben. Die entscheidende Welle der Memoiren und literarischen Erinnerungsbücher hat sich inzwischen über den Markt ergossen, und der aufmerksame Beobachter muß daran erkennen, daß die ältere Generation diesen Jahren gegenüber das Gefühl einer uneingelösten Schuld hat, die nun beglichen wird.

Namen, Fakten und Versuche aus der Zeit der experimentierfreudigen, jungen Avantgarde sind inzwischen wieder «rehabilitiert», und es ist für den kulturellen Prozeß wichtig, daß die Erinnerungen kompetenter Zeugen der Epoche nun nicht mehr zurückgehalten werden können. Leider muß man trotzdem bedenken, daß die Reihen der ehemaligen Avantgarde durch die «Säuberungen» der dreißiger Jahre erschreckend gelichtet worden sind und daß viele Zeugen, Dokumente und sogar Handschriften einfach nicht mehr existieren. Diese düsteren Seiten der Epoche werden heute zwar nicht verheimlicht, aber sie werden doch meist mehr oder weniger lakonisch und nicht selten verharmlosend umschrieben. So steht zum Beispiel in einer Ausgabe der Erzählungen von ISAAK BABEĽ (1894–1941) im Vorwort (L. Poljak): «Am 15. Mai 1939 wurde Babeľ einer ungesetzlichen Repression unterworfen und kam ums Leben» (1966). In einer anderen, gleichfalls 1966 erschienenen Babeľ-Ausgabe schreibt im Vorwort ILJA ÉRENBURG mit einem gleichsam um Absolution bittenden Kommentar: «Babeľ verhaftete man im Frühling 1939. Ich erfuhr davon mit Verspätung – ich war in Frankreich. Mobilisierte zogen durch die Straßen, die Damen flanierten mit Gasmasken, die Fenster waren mit Papierstreifen verklebt.»

Zu den ältesten Vertretern der Avantgarde-Generation gehört der interessante Übersetzer und Kinderbuchautor SAMUIL MARŠAK (1887–1964), der mit eigener Lyrik («für Erwachsene») erst nach dem Krieg wirklich bekannt wurde. Maršak war der Freund vieler Dichter der Avantgarde, und seine Verdienste um das sowjetische Kinderbuch und das sowjetische Kindertheater wurden erst in den letzten Jahren umfassend gewürdigt. Maršak, der noch vor dem ersten Weltkrieg in London studierte und ein naher Freund Maksim Goŕkijs war, veröffentlichte erst nach dem zweiten Weltkrieg seine überall gerühmte Übersetzung der Sonette Shakespeares, die wahrhaft «klassich» streng und dabei eminent dichterisch ist. Bemerkenswert sind auch Maršaks Übersetzungen aus den Werken Robert Burns', Byrons, Shelleys, Keats', Heines und Petöfis. Maršaks beste eigene Gedichte («Izbrannaja lirika»; 1962; ausgewählte Lyrik) sind einfach und ungekünstelt in ihrer Aussage und werden schließlich immer kürzer und lapidarer in ihrer Form. Wichtig sind daher MARŠAKS Epigramme, die gesammelt erst postum herauskamen: «Liričeskije épigrammy» (1965; lyrische Epigramme). So einfach und schlagend diese Epigramme formuliert sind, so viel Weisheit geben sie aus der Sicht des Alters:

> Teuer ist zu ihrer Zeit die Zeit.
> Zeit hat man viel und wenig.
> Lange Zeit ist keine Zeit,
> wenn sie abgelaufen ist.

Ein anderer Dichter der älteren Generation, PAVEL ANTO-KOĽSKIJ (* 1896 in Petersburg), Sohn eines Rechtsanwaltes und später Schauspieler und Regisseur am Vachtangov-Theater in Moskau, ist auch erst spät einer breiteren Öffentlichkeit bekannt geworden. Seine intime Verserzählung über den gefallenen Sohn («Syn»; 1943; mein Sohn) gehört zu den besonders eindrucksvollen lyrischen Zeugnissen aus dem Krieg, auch wenn Sprache und bildlicher Ausdruck sehr traditionell, ja «altmodisch» wirken. Das gilt ebenso für die in Teilen autobiographische Verserzählung über Moskau, die den Titel «V pereulke za Arbatom» (1954; in der Gasse hinter dem Arbat) trägt.

Aus dem Kreis der ehemaligen *Serapionsbrüder* sind inzwischen die Memoiren von MICHAIL SLONIMSKIJ (1897–1972) erschienen. Das Buch trägt den Titel «Kniga vospominanij» (1966; Buch der Erinnerungen) und ergänzt vor allem die Vorstellungen, die man sich von dem sagenumwobenen «Haus der Künste» («Dom iskusstv», Petersburg 1921–22) machen kann. Besonderen Raum widmet der Autor M. Gorʹkij, dem heute wieder stark aufgewerteten Aleksandr Grin, Olʹga Forš, Boris Pilʹnjak, N. Nikitin, M. Zoščenko und dem Dramatiker Jevgenij Švarc.

Slonimskijs Romane der späteren Zeit («Inženery»; 1950; Ingenieure; «Vernyje druzja», 1951; treue Freunde) zeugen leider davon, daß Slonimskij mehr ein «Mitläufer» gewesen ist, der nur durch die Atmosphäre einer lebendigen Gemeinschaft zu seinen ersten und einzigen Erfolgen inspiriert wurde.

NIKOLAJ TICHONOV (* 1896 in Petersburg), ehedem gleichfalls Mitglied der «Serapions»-Bruderschaft, hat sich im Krieg und nach dem Krieg fast ganz der Arbeit in der Öffentlichkeit, der Reportage und den publizistischen Gattungen gewidmet. Erzählungen und Verse sind weitgehend auf politische Themen oder auf exotische Szenerien beschränkt. So erschienen 1950 die «Rasskazy o Pakistane» (Erzählungen über Pakistan), 1951 der Lyrikband «Dva potoka, Stichi o Pakistane i Afganistane» (zwei Ströme, Verse über Pakistan und Afganistan) und 1954 die «Rasskazy gornoj strany» (Erzählungen des Berglandes), die wiederum nach Afganistan führen.

Während des Krieges hat Tichonov Reportagen und Feuilletons aus dem belagerten Leningrad geschrieben («Leningradskije rasskazy»; Leningrader Erzählungen und «Leningrad prinimajet boj»; Leningrad nimmt den Kampf an; 1942–1944). Daneben ist Tichonov ein anerkannter Übersetzer, besonders aus der mittelasiatischen Dichtung (Georgien, Armenien, Tadžikistan, Uzbekistan). Auch durch eine Reise nach China («Stichi o Kitaje»; 1959; Verse über China) hat Tichonov wichtige Anregungen empfangen. Die gesammelten Werke des Dichters erschienen 1958/59 in 6 Bänden.

Von NIKOLAJ ASEJEV (1898–1963) liegen ebenfalls die gesammelten Werke (5 Bände, 1963–64) vor. Gerade die Gedichte Asejevs zeigen aber, wie schwer es für die ehemaligen «Avantgardisten» ist, sich selbst und ihre Zeit hinter sich zu lassen. Während Asejevs Verse aus dem Krieg lediglich rhetorische Elemente enthalten, zeigen die nach 1955 erschienenen Bücher zunehmend das Bestreben, einen «neuen» Asejev auftreten zu lassen, der sich in dem einfacheren, schmucklosen und abgeklärten Stil des Alters präsentiert. Der Band «Lad» (1961; Einklang) enthält Gedichte, die manchmal wie fremde Gedichte wirken, in denen der eigentliche Asejev fehlt. Man muß feststellen, daß Asejev nicht wie Pasternak eine «Wiedergeburt» erlebt hat, auch wenn einzelne von den ganz «kleinen» Gedichten (wie «Zolotyje šary»; 1956; goldene Kugeln) untadelig geformt sind. Die rhetorischen Gedichte wie «Načalo» (1960; Anfang) oder «Vremja Lenina» (1960; Lenins Zeit) können hier außer Betracht bleiben, da sie formal nichts Neues bringen. Ähnliches gilt auch für den Band «Samyje moi stichi» (1962; meine eigensten Verse), in dem jedoch ein bekenntnishaftes Gedicht über den nun wieder rehabilitierten VELIMIR CHLEBNIKOV auffällt.

Asejevs Gedicht trägt den Titel «Son» (Traum) und beschreibt in einer Vision die Rückkehr Chlebnikovs in den «Verband der Dichter» *(Sojuz poêtov)*. Der «Prophet», der nur die «nackte Wahrheit» zu verkünden hat, steht mitten unter den Händlern im Tempel, und er wirkt «feierlich hilflos und ehrlich». Aber der Träumer ist wie gelähmt und kann ihm nicht zu Hilfe eilen:

Ich habe nicht abgeschworen, und kein Hahn hat
                    Mitternacht gekräht,
aber der Traum riß ab, und es war Zeit zum Aufstehen ...
Wenn man durch den Gedanken kein Staubkorn weg-
                    blasen kann,
wie sollte dann ein Berg durch ihn versetzt werden?

Aus dem Kreis der einstigen «Konstruktivisten» sind noch VERA INBER (1890–1972) und IĽJA SEĽVINSKIJ (1899–1968) zu erwähnen. Vera Inber wurde vor allem bekannt durch ihre große Verserzählung aus dem belagerten Leningrad, die 1943 mit dem Titel «Pulkovskij Meridian» (der Meridian von Pulkovo) herauskam. Etwas später veröffentlichte sie ihr «Leningrader Tagebuch» («Počti tri goda. Leningradskij dnevnik»; 1946; fast drei Jahre. Leningrader Tagebuch), das wie so viele andere Dokumente aus diesen Jahren die Schreckenszeit in der eingeschlossenen Stadt schildert.

IľJa Seľvinskij ist in den verflossenen Jahren wieder gedruckt worden, und 1962 trat er auch mit einem pädagogischen Werk («Studija sticha»; Versstudio) hervor. Seľvinskij hat gewisse Elemente der konstruktivistischen Poetik nie aufgegeben, und selbst die Kriegsgedichte lassen noch einen Hauch von Avantgardismus verspüren: «Ballady i pesni» (1943; Balladen und Lieder). Seľvinskijs Sprache ist stets frisch, rhythmischer Schwung und Witz sind ihr in hohem Maße eigen. Unter den späteren Gedichten finden sich viele Gelegenheitsgedichte, satirische Verse und Verse für Kinder. Unter dem Eindruck des XX. Parteitages schrieb SEĽVINSKIJ 1956 folgende Verse:

> Zu euch rede ich, den Schüsselleckern,
> die alle Spuren verwischen möchten,
> die bereit sind, den Sozialismus
> gegen einen Schweinetrog zu vertauschen.
> Drescht kein leeres Stroh
> über Freundschaft, Freiheit und Glück!
> Das Volk braucht die Wahrheit:
> Je bitterer sie ist, desto süßer.

An neueren Ausgaben liegen vor: «Lirika» (1959; Lyrik), «O vremeni, o suďbach, o ljubvi» (1962; über die Zeit, über Schicksale, über Liebe), «Lirika» (1964; Lyrik).

Der ehemalige Theoretiker des «Literarischen Zentrums der Konstruktivisten», KORNELIJ ZELINSKIJ (* 1896) hat inzwischen seine Memoiren geschrieben, die unter dem Titel «Na rubeže dvuch époch. Literaturnyje vstreči 1917–1920 godov» (1959; an der Grenze zweier Epochen. Literarische Begegnungen von 1917 bis in die zwanziger Jahre) erschienen sind.

Erinnerungen liegen auch von Viktor Šklovskij (* 1893 in Petersburg) vor, dessen Produktion an Sachbüchern über Literatur, Film und einzelne Künstler in den letzten Jahren außerordentlich imponierend ist. Im Zusammenhang mit der «Avantgarde» ist in erster Linie der Memoirenband «Žili-byli» (1964; es waren einmal ...) wichtig, der die persönlichen Lebenserinnerungen, Erinnerungen an Majakovskij («O Majakovskom»; über Majakovskij) und «Begegnungen» («Vstreči») enthält, die vom avantgardistischen Film handeln, aber auch von I. Babeľ, Ju. Tynjanov und anderen Zeitgenossen. Speziell der Entwicklung des sowjetischen Films ist das Buch «Za sorok let» (1965; während vierzig Jahren) gewidmet, das eine Fundgrube für den Historiker und den Filmenthusiasten darstellt.

2. Anna Achmatova

Mit dem Tode Anna Achmatovas (1889–1966) erlosch der letzte der großen «Sterne» am russischen Dichterhimmel, deren Licht noch vor der Revolution aufgegangen war. Die persönlich so bescheidene Künstlerin fand erst in den letzten Lebensjahren zu Hause und im Ausland die weite Anerkennung, die sie im Grunde immer verdiente. 1964 wurde ihr (in Italien) der Etna-Taormina-Preis verliehen, und 1965 wurde sie mit dem Oxforder Ehrendoktor ausgezeichnet.

Anna Achmatova wird heute nicht nur wegen ihrer Gedichte bewundert, sondern auch wegen der unerschütterlichen Geradlinigkeit, mit der sie ihrer Heimat in schwersten Zeiten die Treue gehalten hat. Ihre Verse zeugen von einem starken, unmittelbaren, freien und ungekünstelten Gefühl, zugleich aber auch von alter und traditionsbestimmter Kultur, der die Dichterin durch alle Anfeindungen hindurch immer verhaftet geblieben ist.

Ein wesentlicher Teil der seit 1940 entstandenen Lyrik ist erst in den Jahren nach 1958 dem Leser zugänglich geworden, da Anna Achmatova 1946 vom Bannstrahl Ždanovs getroffen und als Vertreterin des «ideenfeindlichen und reaktionären literarischen Sumpfes» gebrandmarkt wurde.

Seit 1958 gibt es in der Sowjetunion wieder einige Bände mit gesammelten Gedichten, von denen der abschließende 1965 mit dem Titel «Beg vremeni» (die Flucht der Zeit) erschien.

1965–1968 wurde auch eine zusammenfassende Ausgabe von russischen Emigranten («Sočinenija I–II» – Werke) herausgegeben. Die vollständigste sowjetische Auswahl trägt denTitel «Izbrannoje» (1974; Ausgewähltes).

Anna Achmatovas Hauptwerk aus der späteren Schaffensperiode ist das Versepos «Poèma bez geroja» (Poem ohne Helden), an dem die Dichterin seit 1940 gearbeitet hat. Von diesem Werk existieren mehrere Fassungen, die am vollständigsten im Ausland erschienen sind. Der erste Teil der Dichtung trägt den Titel «Devjat'sot trinadcatyj god» (das Jahr Neunzehnhundertdreizehn) und ist in Anlehnung an PUŠKINS «Mednyj Vsadnik» (der eherne Reiter) *Peterburgskaja povest'* (Petersburger Erzählung) betitelt (vertreten in «Beg vremeni»). Es handelt sich hier um das Epos eines Untergangs oder einer Endzeit, und nicht zufällig steht das Jahr 1913, das letzte Friedensjahr, im Mittelpunkt des Geschehens.

Der anekdotische Kern, der Selbstmord eines 20jährigen Dragoner-Kornetts vor dem Haus einer berühmten, aber untreuen Schauspielerin, ist überwuchert von den Visionen einer epochalen Auseinandersetzung um das weitere Schicksal Rußlands, das ANNA ACHMATOVA hier am Mythos Petersburgs paradigmatisch untersucht. Die Erzählung ist zugleich Gericht über die Vergangenheit und Purgatorium, in ihr spielt das Gewissen die Hauptrolle. In der äußeren Form lehnt sich dieser Teil an ein karnevalistisches Spiel an, in dem nur Masken auftreten, und das an persönlichen und literarischen Anspielungen außerordentlich reich ist. Die Masken sind aber Schlüsselfiguren, deren Inkognito A. Pavlovskij in seinem Buch über «Anna Achmatova» (Leningrad 1966) aufgedeckt hat.

Die Dichterin greift auf die Sprache des *Silbernen Zeitalters*, das heißt auf den «Code» des Symbolismus und seiner großen Gestalten zurück, aber die grotesken Elemente dieser mitternächtlichen «Hoffmanniade» weisen auf den Ausgangspunkt des ganzen Petersburger Mythos bei Puškin und Gogol' hin.

Der wesentlich kürzere zweite Teil des Epos («Intermezzo») ist eine Erörterung um den Sinn der Erzählung und eine Abschweifung in eigener Sache. Das Thema des Poems wird mit einer am Boden zertretenen Chrysantheme verglichen – «nach dem Heraustragen des Sarges».

Der eigentliche Held des «Poems ohne Helden» ist aber die

Geschichte oder der besondere Mythos St. Petersburgs, um dessen Synthese die Dichterin ihr Leben lang gerungen hat. So ist der Schauplatz des dritten Teils Leningrad, das leidende Leningrad der Kriegs- und Blockadejahre:

> Und es steht meine Stadt eingenäht ...
> Schwer lasten die Grabesplatten
> auf deinen schlaflosen Augen ...

Die Dichterin befindet sich in dieser Zeit in der Evakuierung in Taschkent (1942–44), aber sie sieht sich an das Los ihrer geliebten Stadt gekettet:

> Mein Schatten ist auf deinen Wänden,
> meine Spiegelung in den Kanälen,
> das Hallen meiner Schritte in den Sälen der Eremitage ...

Dem Untergang der alten Welt (1913) und den Prüfungen der neuen Jahre ist das Epos gewidmet, und diese Thematik zieht sich wie ein roter Faden durch das Schaffen der letzten Jahrzehnte, beginnend mit «Rekvijem» (1940; Requiem).

Das Thema «Petersburg», das A. ACHMATOVA persönlich immer im Zusammenhang mit der literarischen Tradition erlebte, ist gegenwärtig in den «Severnyje ėlegii» (1943 und ff. Jahre; nördliche Elegien, teilweise als «Leningrader» Elegien bezeichnet), in den meisten Gedichten der Kriegsjahre, in «Letnij sad» (1959; Sommergarten), in «Vtoraja godovščina» (1946; zweiter Jahrestag, gemeint ist der Jahrestag der Rückkehr der Dichterin nach Leningrad), in «Tri stichotvorenija» (drei Gedichte, über A. Blok, 1944–1960) und zahllosen anderen Versen.

PUŠKIN nimmt einen besonderen Platz im Schaffen der Dichterin ein, und seinem Kult sind ebenfalls nicht wenige Gedichte gewidmet («Puškin», 1943; «Gorodu Puškina», 1957; der Stadt Puškins). *Carskoje Selo* (heute *Puškin*) blieb für Anna Achmatova immer eine «Ideallandschaft», und in ihrer «Ode über Carskoje Selo» (1961; Carskoseľskaja oda) nimmt sie sich vor, die Stadt «wie sein Witebsk – Chagall» zu beschreiben. Auch das erotische Thema kommt in der Nachkriegspoesie zu Wort, im Zyklus «Cinque» (1945/46), obwohl bewußte Abwehr und Entsagung immer mehr dominieren: «Iz sožžennoj tetradi» (1946 bis 1964; aus einer verbrannten Kladde).

Ein gewisses Übergewicht hat in der späten Lyrik der Dichterin die anthologische und epigrammatische Form, die ihrer festen und lapidaren Diktion besonders entspricht. Ihrer eigenen Dichtung widmet Anna Achmatova den Zyklus «Tajny remesla» (1936–60; Geheimnisse des Handwerks). In einem Gedicht des Jahres 1940 heißt es da:

> Ich finde, in Versen muß alles mal à propos
> (*nekstati*) sein,
> nicht so, wie bei den Menschen.
> Wenn ihr wüßtet, aus welchem Abfallhaufen
> Verse wachsen, ohne Scham zu kennen,
> wie gelber Löwenzahn am Zaun,
> wie Klette und Melde.

Hier spricht Anna Achmatova ihr Geheimnis aus, warum ihre Gedichte nicht «schön» und «harmonisch» im Sinn des klassischen Parnaß genannt werden können. Ihr Geheimnis besteht in verborgenen Dissonanzen und Disharmonien der Bilder, Reime und Rhythmen, im konsequenten Vermeiden der Glätte und des geschmeidigen Wohllautes.

Eine Bereicherung durch orientalisierende Bilder erfuhr die Lyrik der Dichterin in der Taschkenter Zeit, die als außerordentlich fruchtbar angesehen werden darf. Taschkent und Leningrad durchdringen sich hier und führen so zu einer reizvollen Nachbarschaft.

Das «Siebte Buch» (Seďmaja kniga) in «Beg vremeni» (1965) sollte Anna Achmatovas letztes Buch werden, und sie ruht selbst in der Erde, von der sie in ihrem Gedicht «Rodnaja zemlja» (1961; Erde der Heimat) sagt:

> Ja, für uns ist sie der Schmutz auf den Galoschen,
> ja, für uns ist sie das Knirschen zwischen den Zähnen.
> Und wir mahlen, wir kneten und krümeln
> diesen an nichts beteiligten Staub.
> Doch wir werden in sie gelegt und werden ihr gleich,
> deshalb nennen wir sie so frei – unsere.

3. BORIS PASTERNAK

Nach krisenhaften Pausen in seinem lyrischen Schaffen findet BORIS PASTERNAK (1890–1960) am Vorabend des zweiten Weltkrieges den endgültigen sprachlichen Ausdruck für jene Gedankenwelt, durch welche die letzte Schaffensperiode gekennzeichnet ist.

Der 1943 veröffentlichte Band «Na rannich pojezdach» (in den Frühzügen) besteht hauptsächlich aus den zwei Zyklen «Peredelkino» (Januar 1941) und den Kriegsgedichten («Stichi o vojne»; Verse vom Krieg). Pasternaks dichterische Meditation ist hier ganz der Gegenwart zugewandt, umgreift jedoch einerseits auch die lebendige Vergangenheit und das zeitlose russische Schicksal («Staryj park», 1941; der alte Park; «Zima približajetsja», 1943; der Winter naht) und gibt sich andererseits ganz dem Vertrauen auf die Zukunft hin («Na rannich pojezdach», 1941; «Vesna», 1944; Frühling).

Die Gedichte sind rhythmisch stark akzentuiert, durch kraftvolle Reime gebunden und in klar heraustretende syntaktische Gruppen gegliedert. Die Metapher wird sparsamer und gemessener als früher gebraucht, behält aber ihr ganzes Gewicht und ihre dichterische Suggestionskraft (etwa die Sternbilder «in der kalten Höhle des Januar»). Der letzte Gedichtband («Kogda razguljajetsja»; wenn es aufklart) wurde russisch im Rahmen der nahezu vollständigen Ausgabe «Stichotvorenija i poėmy» (1965; Gedichte und Verserzählungen) veröffentlicht. «Kogda razguljajetsja» enthält die Gedichte der Jahre 1956–59 und ist von Freude, seelischer Heiterkeit und Zuversicht erfüllt. Besonders sind die vier Gedichte über A. Blok («Veter» – Wind) zu nennen, das schöne Gedicht «Muzyka» (Musik), das mit dem Gedanken an Čajkovskijs *Paolo und Francesca* ausklingt, und der Zyklus «Vakchanalija» (Das Bacchanal), der seine Entstehung einem realen Anlaß, der Premiere der *Maria Stuart* (in Pasternaks Übersetzung), verdankt. Das Schauspiel, das heißt die Bühne als Chiffre des Daseins hat Pasternak immer viel bedeutet, und so rückt hier die Spielmetapher, von Pasternak auch als «Wahnsinn des Wagnisses» umschrieben, in den Mittelpunkt der Aufmerksamkeit.

1958 wurde PASTERNAK (in erster Linie für seine Lyrik) der Nobelpreis zuerkannt, doch sah sich der Dichter aus politischen Rücksichten genötigt, auf die Annahme des Preises nachträglich zu verzichten. Eine 1956 geplante Sammlung der Gedichte ist in der vorgesehenen Form nie erschienen, und das Vorwort zu diesem Buch (1956, 1957 zwei Fassungen) ist unter dem

Titel «Avtobiografičeskij očerk» (Autobiographie, deutsch «Über mich selbst») 1959 zunächst außerhalb Rußlands erschienen. Die von Pasternaks Sohn autorisierte Fassung von 1957 wurde 1967 in der Zeitschrift *Novyj mir* unter dem Titel «Ljudi i položenija» (Menschen und Situationen) veröffentlicht.

Seinen gerade beendeten Roman «Doktor Živago» nennt Pasternak in der Autobiographie (Fassung des Jahres 1956) «mein entscheidendes und wichtigstes Werk», «das einzige, dessen ich mich nicht schäme, und für das ich mutig einstehe». Das ganze bisherige lyrische Werk sieht Pasternak darin nur als «Vorstufen zum Roman» an.

Der architektonische Aufbau des Romans erscheint flüchtigen Lesern ebenso verwirrend wie enttäuschend im Hinblick auf neue formale Errungenschaften. Die vielen schicksalhaften «Zufälle» in der Führung der handelnden Figuren hat man sogar oft als Schwäche des Autors getadelt, ohne sich darüber Rechenschaft zu geben, daß der Roman als Erzählwerk zugleich nach einem historisch-chronologischen (die Jahre zwischen 1903 und 1943) und einem symbolischen Plan angelegt ist. Ganz wie im traditionellen Roman treten die Stationen der Lebensgeschichte des Doktors Jurij Živago in den Vordergrund der Erzählung, doch ist das Buch von der Erzählhaltung her betrachtet in Wirklichkeit eine fortgesetzte Konfession des Autors und eine in den tiefsten Schichten des Bewußtseins verankerte optimistische Vision vom Sieg des Lichtes und von der unveräußerlichen Freiheit der menschlichen Seele.

Ähnlich wie die späten Romane Dostojevskijs enthält *Doktor Živago* eine bestimmte persönliche Botschaft, die Pasternak selbst als die Essenz seiner Lebenserfahrungen und seines künstlerischen Strebens verstand. Hier liegt auch die Motivierung für die Einbeziehung eines vollständigen Gedichtzyklus (XVII. Teil: «Stichotvorenija Jurija Živago» – Die Gedichte Jurij Živagos) in den Roman. Die Gedichte, die zu einem wesentlichen Teil religiöse Motive variieren, sind als Bewußtseinsinhalte des Romanhelden völlig in das Werk integriert und vielfältig mit der Romanhandlung verflochten. Zugleich sind die 25 Gedichte, deren erstes den Titel «Hamlet» und deren letztes den Titel «der Garten Gethsemane» trägt, aber auch ein Werk des Dichters Pasternak und zeigen seine ganz persönliche

Handschrift. Sie sind nur scheinbar im Hinblick auf die epische Figur stilisiert. Mit größerem Recht könnte man sagen, daß Jurij Živago im Hinblick auf Pasternak stilisiert sei, wenn auch gerade nicht im autobiographischen Verstand.

Die Romanfiguren (insbesondere Živago, Lara, Antipov-Streľnikov) bilden von Anfang an eine feste «Konstellation», die ebenso symbolisch zu verstehen ist wie die Treff- und Schnittpunkte der verschiedenen Lebensbahnen: das Haus im Ural *(Varykino)*, das Zimmer in der Kammerherrengasse in Moskau, das Viertel um den Brester Bahnhof, die Tverskaja *(Tverskaja-Jamskaja)* und die Petrovka, die Landschaft der eigenen Kindheit Pasternaks.

Immer wieder hat die Kritik die Lichtmystik bei Pasternak hervorgehoben (die strahlende Kerze im *Auge* des Fensters der Kammerherrengasse), und tatsächlich ist das brennende Licht Leitmotiv und zentrales Symbol des Romans (vgl. das Gedicht «Zimnjaja noč'» – Winternacht).

Die geschichtlichen Umwälzungen und die schweren Schicksale der Menschen in dunkler Zeit bezieht Pasternak auf einen symbolischen Plan (das *Reich Gottes* in der Welt), und er verwirft ausdrücklich den Menschen als «stolzen» (Goŕkij) Maßstab der Geschichte. Im stark verdichteten Schlußteil (Teil XV) ist es Lara, die an der Leiche Jurij Živagos dem gemeinsamen Glauben den letzten und zugleich offen polemischen Ausdruck verleiht: «Das gerade, eben das war ja die Hauptsache, die sie einander ähnlich machte und verband: Nie, nie, nicht einmal in den Augenblicken des königlichsten, besinnungslosesten Glücks hatte das Höchste und den Atem benehmende sie verlassen: die Freude am gesamten Modell der Welt, das Gefühl der Einbezogenheit ihrer selbst in das ganze Gemälde, das Empfinden der Zugehörigkeit zur Schönheit des ganzen Schauspiels, zum ganzen Universum. Nur in dieser Gemeinsamkeit hatten sie geatmet. Und deswegen hatte sie die Erhebung des Menschen über die übrige Natur, seine modische Verhätschelung und die Menschenanbetung nicht angezogen. Die Prinzipien einer hohlen Gesellschaftlichkeit, die man in Politik verwandelt hatte, erschienen ihnen wie dürftige Heimarbeit und blieben ihnen unverständlich.»

Der Roman ist in freier «auktorialer» Art erzählt und künstlerisch wie moralisch auf die Figur des Autors zu beziehen. Daher dominiert eine von allen lokalen Färbungen freie, gehobene «literarische» Erzählsprache. Lediglich an den Rändern (Nebenfiguren, zeittypische Dialoge) bricht etwas Lokalkolorit ein, mit familiärer, vulgärer oder mundartlicher Rede. Mit Pasternaks Lyrik sind vor allem die kraftvollen und von zahlreichen suggestiven Vergleichen durchsetzten Landschaftsbilder verbunden. Von ihrer dichterischen Intensität profitiert der Roman als ästhetisches Gebilde, und aus diesen knappen, meisterhaften Schilderungen ersteht im Roman ebenso die russische Natur wie die *heilige Stadt* Moskau der Vorkriegs-, Kriegs- und Revolutionsjahre.

Die Gesamtausgabe (4 Bände) der Werke Boris Pasternaks erschien 1961 im Verlag der University of Michigan (USA).

4. ILJA ĖRENBURG

ILJA ĖRENBURG (1891–1967) stellte während des Krieges, der für ihn nach seinen eigenen Worten schon im Sommer 1936 (Bürgerkrieg in Spanien) ausgebrochen war, seine Stimme in den Dienst des Kampfes und der Agitation gegen den Faschismus. Das Geschehen dieser Jahre hat er – in mehr oder weniger parteilicher Interpretation – auf drei verschiedenen Ebenen festgehalten: als Journalist, als Romancier und als Verfasser seiner persönlichen Memoiren.

Die historische Trilogie der Kriegsromane leitet «Der Fall von Paris» (1942; Padenije Pariža) ein, den Ėrenburg als Pariser Korrespondent der *Izvestija* 1940 selbst miterlebt hat.

Die Fülle der Figuren aus den verschiedensten Schichten der französischen Gesellschaft dient Ėrenburg hier dazu, die Ursachen des französischen Zusammenbruchs materialistisch-historisch zu deuten und auf einen epochalen Konflikt zu beziehen. Die erzählte Zeit erstreckt sich von der Mitte der dreißiger Jahre über Volksfront und Spanienkrieg bis zum 14. Juli 1940 im besetzten Paris. Ėrenburgs eigentlicher Kriegsroman «Burja» (1947; der Sturm) ist um so mehr Tendenzroman, als hier auch die Gegenseite, die Welt der Gestapo und der Konzentrationslager dargestellt wird. Das Panorama der offenen Romanhandlung erstreckt sich von Frankreich und England über ganz Europa bis zur sowjetisch-deutschen Front. Ėrenburg folgt in «Burja» wie in «Padenije Pariža» genau der

Chronologie der historisch belegbaren Situationen, und seine Phantasie spielt mit allen Möglichkeiten, die sich aus der Vorstellung von zahllosen zur gleichen Zeit von den nämlichen Ereignissen betroffenen Akteuren und Zuschauern ergeben.

Im Gegensatz zum ersten Weltkrieg, wie er sich etwa in Ėrenburgs Roman «Julio Jurenito» spiegelt, ist der Erzähler jetzt für die eigene Sache unwiderruflich engagiert, und der Gang der Ereignisse ist teleologisch durch den Gedanken an den Endsieg zusammengehalten. An die Stelle der Selbstironie sind bitterer Zorn und die Überzeugung von der Unanfechtbarkeit der eigenen Position getreten, der Position des Kommunismus und der Sache des jüdischen Volkes.

Die Unterordnung des psychologischen Moments unter das Schema des Freund-Feind-Denkens während des Krieges und im «Kalten Krieg» der Nachkriegsjahre bestimmt auch den Roman «Devjatyj val» (1952; die neunte Woge), den Ėrenburg allerdings nicht in die letzte neunbändige Werkausgabe (1962 ff.) aufgenommen hat.

Die Rückkehr zur psychologischen Erzählung und zur Tradition ČECHOVS in Ėrenburgs «Ottepel» (1954; Tauwetter) bedeutete für die Leser und die Kritik eine Überraschung. In diesem Werk, das im kleinen und intimen Kreis der Intelligenz einer unbedeutenden Stadt an der Wolga spielt, geht es vorwiegend um private Gefühle und Ansichten, um Menschen, die nicht an irgendein Ziel, sondern die «überhaupt» denken.

Noch nicht wirklich Gelöstes, Andeutungen und Halbtöne wirkten in dieser Erzählung Ėrenburgs viel stärker als alle früheren Deklarationen, und so konnte der in voller Absicht und glücklich gewählte Titel «Tauwetter» zum Schlagwort für die ganze Übergangsepoche von der falschen Monumentalität des Stalinismus zur Gegenwart erhoben werden. Tatsächlich übt ĖRENBURG hier unüberhörbare und freie Kritik an der kalten und routinierten Pseudo-Kunst, der Kunst «auf Bestellung», und er zieht ihr entschieden das echte «Fühlen» eines Gegenstandes vor. Die wahre Kunst muß erst allmählich und behutsam wieder entdeckt werden, und «Raffael würde man heute die Aufnahme in den Künstlerverband verweigern».

Der Fabrikdirektor und Manager alter Schule, der zu den «Überversicherern» und zu denen gehört, die die Norm zu «116%» erfüllen möchten, wird von Ėrenburg höchst ironisch bloßgestellt und am Schluß im wahrsten Sinne des Wortes durch einen «Wetterumsturz» um seine Stelle gebracht.

Als das Hauptwerk ĖRENBURGS wird man vielleicht einmal die sechs Bücher der Memoiren (Erstabdruck in der Zeitschrift *Novyj mir*, 1961–65; «Ljudi, gody, žizń» – Menschen, Jahre, Leben) ansehen. Diese spannenden Lebenserinnerungen reichen von der Kindheit bis zum Jahr 1954 und erfassen einen wirklich bedeutsamen Ausschnitt aus der europäischen politischen und geistigen Entwicklung.

Die Länge des Personenregisters ist kaum zu überbieten, und was in Kunst und Literatur zwischen 1911 und 1954 links von der Mitte Rang und Namen besitzt, hat irgendwann auch einmal den Weg Ėrenburgs gekreuzt. Sehr freimütig äußert sich Ėrenburg über ein ganzes Kapitel russischer Literaturgeschichte, von den Symbolisten über Vološin, Mandeľštam, Jesenin, Majakovskij, Cvetajeva, Pasternak bis fast zur unmittelbaren Gegenwart.

Aufschlüsse, die man sich bis zum Erscheinen des sechsten Buches (1965) über das System des Stalinismus und über Ėrenburgs persönliches Verhältnis zu Stalin erhoffen durfte, sind allerdings nur in minimalen Andeutungen zu finden. Diese Seite des öffentlichen und privaten Lebens ist in der Sowjetunion anscheinend noch nicht memoirenreif, und wir erfahren darüber aus Ėrenburgs Mund: «Ich habe mich mehr als einmal an dieses Kapitel gemacht, skizziert, das Geschriebene zerrissen und schließlich begriffen, daß ich mein Versprechen nicht einlösen kann ...».

5. Konstantin Fedin

Der schon am Anfang seines Weges (in den zwanziger Jahren) so erfolgreiche Romancier, KONSTANTIN FEDIN (* 1892 in Saratov), hat erst in reiferen Jahren sein Hauptwerk – eine bis heute nicht endgültig abgeschlossene Romantrilogie – begonnen. Die Entstehung des Planes, der die Bewegung wesentlicher künstlerischer Fragen im Wandel der vom Dichter persönlich erinnerten historischen Zeit vorsah, hat Fedin selbst in seinem Buch «Pisateľ, iskusstvo, vremja» (1957; Schriftsteller, Kunst, Zeit) erläutert. Wir erfahren hier, daß der große *Roman* seit den dreißiger Jahren als Roman über die Theaterwelt in Fedins Vorstellungskraft lebte und daß der Krieg dann den Anstoß zur Verlagerung der Akzente auf geschichtliche und geschichtsphilosophische Fragen gab.

Noch während des Krieges schuf Fedin den ersten Teil seiner Trilogie («Pervyje radosti»; 1945; erste Freuden), der in dem völlig unkriegerischen Jahr 1910 in Saratov an der Wolga spielt. Die geschichtliche und soziale Situation ist natürlich von der unterschwellig agierenden Revolution her bestimmt, aber an ihr haben direkt nur die späteren «positiven» Helden, der Student Kirill Izvekov und der illegal arbeitende Eisenbahnschlosser Petr Ragozin, teil. Die eigentlich problematische Figur ist im Zentrum der junge Schriftsteller und Theaterdichter Aleksandr Pastuchov, der mit seiner intelligenten Ironie hauptsächlich Beobachter und nur widerwillig Handelnder ist. Wenn man Pastuchov als Hauptfigur der Trilogie begreift, so ist seine Entwicklung vom verwöhnten und überlegenen Weltkind zum leidenschaftlichen Fürsprecher der gemeinsamen Sache und damit zum Vollstrecker der historischen Notwendigkeit der eigentliche Kern der Trilogie. Pastuchov, vom guten Leben auch äußerlich recht behäbig geformt, ist ohne Zweifel ein Nachfahre Pierre Bezuchovs aus «Krieg und Frieden» (L. Tolstoj), und mit Tolstoj ist Fedins Trilogie tatsächlich durch zahlreiche Rückbezüge verknüpft. In dem Essay «Iskusstvo Ľva Tolstogo» (1954; die Kunst Lev Tolstojs) und in der Skizze «Letom v Jasnoj Poljane» (1959; zur Sommerszeit in Jasnaja Poljana) läßt FEDIN durchblicken, welche Bedeutung für ihn seit langem das Vorbild Tolstojs gewonnen hat. Die Trilogie ist nicht eine Wiederholung von «Krieg und Frieden», aber ihre Konzeption wäre ohne «Krieg und Frieden» auch nicht denkbar.

Fedins Trilogie ist zeitlich stärker als Tolstojs Epos aufgefächert, aber sie bringt doch wieder eine eigentümliche und zwingende Kontinuität ins Spiel, und zwar gerade in der geschichtlichen Dimension *(1910–1919–1941)*. Das Theater- und Kunstthema entwickelt seine eigene Dynamik durch den Beruf Pastuchovs und durch die in allen Teilen der Trilogie durchgehaltene Lebensgeschichte der späteren Schauspielerin Anna Ulina *(Anočka)*, die ihr Leben mit dem in Krieg und Frieden (und auch in der Partei) aktiven Organisator Kirill Izvekov verbindet.

Im zweiten Teil der Trilogie («Neobyknovennoje leto»; 1947/48; ein ungewöhnlicher Sommer) ist der historische Bezugspunkt die entscheidende Krise des Bürgerkrieges im Sommer 1919, und der Schauplatz ist wieder über große Strecken die Provinzstadt Saratov. Dieser Mittelteil ist am stärksten von den Regeln des «sozialistischen Realismus» bestimmt, und daneben sogar vom «Personenkult», insofern als am Schluß im Lager der Roten Armee Stalin persönlich auftritt und Kirill Izvekov die Gunst einer ermunternden Begrüßung schenkt. Pastuchov, der am Ende des ersten Romans die große Erschütterung durch die Nachricht von der Flucht und dem Tod Tolstojs durchmacht, wird im Mittelteil durch die Helden der Tat etwas in den Hintergrund gedrängt, und seine entscheidende Entwicklung deutet sich erst in den bisher vorliegenden Teilen des dritten und wesentlichsten Romans der Trilogie an.

An diesem Werk arbeitet Fedin bereits wieder seit Jahren, und in ihm zeichnet sich eine Synthese des ganzen bisherigen Schaffens ab. «Kostër» (der Scheiterhaufen) ist der symbolische Titel dieses Werkes, bei dem sowohl an die Flamme des Krieges wie an die Flamme des nationalen und vereinten Widerstandes gegen Hitler zu denken ist. Das erste Buch dieses Romans, dessen Schauplätze ständig wechseln, liegt unter dem Titel «Vtorženije» (1961; der Einfall des Feindes) abgeschlossen vor, und in ihm geht Fedin vom rein auktorialen Prinzip des Mittelteils wieder ab, um die Zeit des Kriegsausbruches (Juni 1941) in psychologisch-analytischer Weise zu durchleuchten. Das erste Buch des Romans erfaßt nur die beiden Tage des 21. und 22. Juni 1941 sowie die wenigen unmittelbar auf den Kriegsausbruch folgenden Tage. Da die Perspektive durch immer andere Personen mehrmals neu eingerichtet wird, bricht der Krieg drei- oder viermal aus, bis endlich eine Bündelung der Handlungsstränge möglich ist.

Zum Kulminationspunkt des Romans «Kostër» sind zweifellos die im Vorabdruck bereits veröffentlichten Kapitel 13 und 14 des zweiten Buches (*Čas nastal* – Die Stunde ist da) bestimmt, in denen der Schriftsteller Pastuchov im Angesicht der vordringenden deutschen Truppen die Tolstoj-Gedenkstätte in Jasnaja Poljana besucht (Zeitschrift *Novyj mir*, Februar 1967). Fedin schildert den Krieg und die Kriegshandlungen vorläufig durch die Augen von Zivilisten, und auch dazu mag Tolstoj ihn angeregt haben. Charakteristisch ist dafür vor allem die Episode in Brest, wo die als Gast des Theaters soeben eingetroffene Anna Ulina den Ausbruch des Infernos in der Nacht zum 22. Juni erlebt.

Das 2. Buch des dritten Teils (*Čas nastal*) ist bisher noch nicht abgeschlossen, und die veröffentlichten drei Abschnitte (*Novyj mir*, 1965–67) lassen ein abschließendes Urteil nicht zu. Offensichtlich ist auch der nachwachsenden Generation (den Kindern der Pastuchovs, Izvekovs, Ragozins) hier eine bedeutende Rolle zugedacht.

Konstantin Fedin nimmt seit Jahrzehnten im öffentlichen Leben eine einflußreiche Stellung ein, wurde mehrfach mit Literaturpreisen ausgezeichnet und gehört zur Führungsgruppe des sowjetischen Schriftstellerverbandes. Seine publizistische Aktivität ist ebenfalls groß, und ein 1966 veröffentlichtes Publikationsverzeichnis umfaßt weit über 600 Positionen. Die Ausgabe der gesammelten Werke erschien 1959–1962 in 9 Bänden.

6. Konstantin Paustovskij

Als eine der sicheren und unverrückbaren Größen im literarischen Leben der letzten Jahrzehnte hat sich Konstantin Paustovskij (1892–1968) erwiesen, dessen umfangreiche Lebenserinnerungen *Povest' o žizni* (1947–1963; Lebensgeschichte) zu den poetischsten Autobiographien – sicher nicht nur in Rußland – gezählt werden müssen.

Entsprechend den Fähigkeiten des menschlichen Gedächtnisses sind unter den fünf Büchern die ersten, den fernen Erinnerungen gewidmeten, am farbigsten und lebendigsten geraten, während das letzte Buch («Kniga skitanij»; 1963; Buch der Wanderungen), das die Jahre 1923 bis 1933 zusammenrafft, vorwiegend literarische Memorabilien enthält.

In den fünf ersten Büchern («Dalëkije gody»; 1947; ferne Jahre, «Bespokojnaja junost'»; 1955; unruhige Jugend, «Načalo nevedomogo veka»; 1956; Beginn einer unbekannten Epoche, «Vremja boľšich ožidanij»; 1958; die Zeit großer Erwartungen, «Brosok na jug»; 1960; Abstecher in den Süden) spielt Paustovskijs eigentliche Heimat, der Süden Rußlands, die Hauptrolle als romantisch-legendärer Hintergrund für das eigene

Leben und für die ganze Epoche. Die «historische» Ukraine, Kiev, Odessa, die südlichen Schwarzmeerhäfen und der Kaukasus spiegeln das Dasein und zugleich die romantischen Neigungen des jungen Paustovskij, der vielleicht durch seine aus der Türkei stammende Großmutter väterlicherseits ein besonderes Organ für die Aufnahme des «orientalischen» Aromas dieser Gegenden mitbekommen hat.

Paustovskij ist überall ein bildhafter und stark mit der Natur verbundener Erzähler, dem keine wichtige Einzelheit zu entgehen scheint. In seinem «Roman» über das Handwerk desErzählens («Zolotaja roza»; 1955; die goldene Rose) hat sich Paustovskij während der Arbeit an den Memoiren über die Bedeutung, die für ihn das richtige «Sehen» und das richtige «Gedächtnis» haben, sehr klar ausgesprochen.

Besonders auffallend ist, mit welcher Kunst Paustovskij die ertastbaren Dinge und Gegenstände zu «Helden» seiner Erzählung macht und wie stark die Epoche indirekt in ihren Attributen zu leben scheint. Nicht nur die Natur, sondern auch die Gegenstände des täglichen oder besonderen Gebrauchs strahlen eine Atmosphäre aus, in die sich der Leser ganz versenken zu können meint.

Das ist kein Zufall, denn Paustovskij selbst erhebt immer wieder die Gegenstände zum Schlüssel für seine poetischen Verwandlungen, und er schreibt in «Načalo nevedomogo veka»: «Die Dinge sind von unseren Händen gemacht, wie der Burattino mit der langen Nase aus einem Holzklotz von dem alten Schreiner Carlo geschnitzt ist ... Wenn die Dinge zum Leben erwachen könnten, was für eine Verwirrung würden sie in unsere Beziehungen tragen, und wie könnte sich daran die Geschichte bereichern. Sie wüßten schon etwas zu erzählen.»

Geradezu symbolhaft wirkt unter diesem Gesichtspunkt die Erzählung von der frühen Kindheit mit den Erinnerungen an die Ukraine (etwa der in wenigen Strichen aufgebaute *Basar*). Aber auch die farbigen Hafenstädte von Odessa bis Batum üben so, wie sie Paustovskij in seiner Erzählung verwandelt, einen besonderen Zauber aus. Das vierte Buch behandelt nur Odessa, in den bewegten Jahren 1920/1921, und man begreift nach der Lektüre die Rolle, die diese Stadt in den zwanziger Jahren im literarischen Leben der Sowjetunion gespielt hat.

Die vielen Erzählungen und Kurzgeschichten, die Paustovskij geschrieben hat, sind ebenfalls weniger in der Erfindung bestechend als in der konkreten Anschaulichkeit der Bilder und der dinghaften Symbole, die bei Paustovskij eine so entscheidende Rolle zugewiesen bekommen. In der zurückhaltenden Skizzierung der menschlichen Verhältnisse und in der leisen, unauffälligen und indirekten psychologischen Skizzierung folgt Paustovskij manchmal Čechov, während die eigentliche Atmosphäre mehr an Bunin oder auch an Kuprin gemahnt.

Die letzten Erzählungen spiegeln oft vorwiegend anekdotisches Material (Dichterbiographien, Reiseerlebnisse) und vermeiden jeden Aufwand an persönlicher Vermittlung. Typisch für diese Haltung, die sich der «reinen» Erzählung Puškins nähert, ist etwa «Skazočnik» (1955; der Märchenerzähler), dessen thematischen Vorwurf der dänische Dichter Hans-Christian Andersen darstellt. Aber auch die Reiseerlebnisse in Neapel («Tolpa na nabereznoj»; 1958; die Menge am Quai) und an der bulgarischen Schwarzmeerküste («Amfora»; 1961; die Amphora) dürften in diesem Zusammenhang genannt werden.

Paustovskijs Erlebnisse im zweiten Weltkrieg sind in den Roman «Dym otečestva» (1964; der Rauch des Vaterlandes, entstanden 1944) und in den Roman «Povesť o lesach» (1948; Geschichte von den Wäldern) eingegangen. In dem letzteren Buch folgt Paustovskij seiner oft geübten Praxis und verbindet Erinnerungen, anekdotisches und dokumentarisches Material, zu einer lockeren Erzählfolge, in der am Anfang sogar der Komponist Čajkovskij auftritt.

Paustovskij war jahrelang Leiter eines Seminars für Prosa am Gořkij-Literaturinstitut in Moskau, und er hat auch als Freund und Förderer vieler junger Talente für die Entwicklung der russischen Literatur nach dem Krieg gewirkt.

Auf seine pädagogische Tätigkeit geht das Buch «Zolotaja roza» (s. o.) zurück, ein Werk über die Kunst und den Künstler, in dem viele persönliche Einsichten und Erfahrungen ausgesprochen werden. Paustovskij räumt mit allen Vorurteilen über das «Feierliche» der Kunst auf und klagt über das verlogensüßliche Čajkovskij-Denkmal in Moskau, das diese offiziell verbreiteten Vorstellungen widerspiegelt: «Nein! Die Inspiration ist ein strenger Arbeitszustand des Menschen. Die Erhebung der Seele drückt sich nicht in theatralischer Pose und Erhabenheit aus.»

Aus der russischen Literatur und aus der Weltliteratur diskutiert Paustovskij besonders Andersen, Balzac, Čechov, Flaubert, Goŕkij, Aleksandr Grin, V. Hugo und Prišvin. Daneben werden zur Lektüre u. a. Aksakov, Bunin, Leskov und A. N. Tolstoj empfohlen.

Über die Entstehungsgeschichte mehrerer eigener Erzählungen macht Paustovskij in dem Buch wertvolle Angaben, die auch die Sammlung und Sichtung des Materials betreffen. Das Material kann, wie Paustovskij vermerkt, von außen nicht «bestellt» werden, sondern der Künstler muß im Innern dieses Materials selbst leben. Verschiedene Exkurse über das Gedächtnis, über die Phantasie, über «das Studium geographischer Karten», über imaginäre Wörterbücher, über «Natur und Sprache» beleuchten Paustovskijs Arbeitsweise sehr anschaulich. Gesammelte Werke des Dichters erschienen 1957/58 (6 Bde.) und 1967/70 (8 Bde.).

7. LEONID LEONOV

Im Werk des Klassikers der Sowjetliteratur, als welcher LEONID LEONOV (* 1899 in der Umgebung von Moskau) heute angesehen werden darf, sind die Jahre 1938–1947 durch eine Verlagerung des Schwergewichtes der schöpferischen Bemühungen auf die Gebiete der Dramatik und der Publizistik gekennzeichnet.

Das publizistische Hervortreten Leonovs steht natürlich besonders im Zusammenhang mit dem Krieg und seinen Folgen. Leonov arbeitete als Militärkorrespondent an verschiedenen Abschnitten der Front und wurde später als Berichterstatter zum Nürnberger Prozeß entsandt. 1947 erschien seine stark beachtete Mahnung, den Waldreichtum Rußlands zu konservieren («V zaščitu druga» – Zur Verteidigung eines Freundes), eine Mahnung, die auch den ideologischen Beziehungspunkt für Leonovs Roman «Russkij les» (1953; der russische Wald) darstellt.

Noch während des Krieges erschien die reich stilisierte epische Erzählung «Vzjatije Velikošumska» (1944; die Einnahme von Velikošumsk), in der Leonov eine dichterische Überhöhung der großen Panzerschlacht westlich von Kiev im Dezember 1943 versuchte. Leonov ist es hier vor allem um die dominierende Rolle des Volkes zu tun, um die Verschmelzung russischer und ukrainischer heldischer Traditionen, um eine romantische Verklärung der Wirklichkeit.

Leonovs eigentliches russisches Epos, das weit mehr Zeiträume und Themen umfaßt als den im Vordergrund stehenden Sommer 1941 und den anschließenden Kriegswinter 1941/42, ist der monumental angelegte Roman «Russkij les». Dieses Werk bietet eine Zusammenfassung aller bisherigen Tendenzen Leonovs und muß als sein persönlichstes Prosawerk betrachtet werden.

Die Handlung ist zu beinahe gleichen Teilen historische Handlung und gegenwärtige Handlung, und die Erzählung ist wie schon in «Vor» (der Dieb) und «Doroga na Okean» (der Weg nach Ozean) mehrsträngig *(Doppelroman)*.

Die junge Studentin Apollinarija *(Polja)* Vichrova, die auf der einen Seite im Zentrum der Aufmerksamkeit steht, ergründet nach und nach die Geschichte ihrer (getrennt lebenden) Eltern, besonders des Vaters, eines in den dreißiger Jahren lebensbedrohenden Anwürfen ausgesetzten Professors der Holzwirtschaft.

Die eigentliche Intrige ist weniger durch die verschlungene Familiengeschichte bestimmt, als vielmehr durch das lebenslange wissenschaftliche und moralische «Duell» der beiden Protagonisten, des Professors Vichrov und seines in jeder Beziehung fragwürdigen Widersachers Professor Gracianskij, mit dessen Entlarvung und kläglicher Niederlage der Roman endet. Auf der moralischen Ebene geht es um die absolute Lauterkeit der Mittel, die zum Ziel führen sollen, und darin ist Leonovs Roman das erste deutliche Signal für das *Tauwetter*, das für alle sichtbar erst 1956 nach dem XX. Parteitag einsetzte. Auf der ideologischen Ebene geht es um die Erhaltung des für das ganze Volk und für kommende Generationen noch entscheidenden wirtschaftlichen Potentials, des *russischen Waldes*, dessen leidenschaftlicher Hüter Vichrov ist. Im Sinne eines «sozialen Auftrages» geht Leonov die ganze Diskussion der beiden professoralen Gegner in Sachen Wald durch und führt sogar wörtlich eine zweistündige Vorlesung Vichrovs an, die 40 Seiten Text ausmacht und die als Glanzleistung rhetorischer Stilisierung gelten muß.

Der eindringliche Höhepunkt des Romans ist etwa in der

Mitte die Erwartung der denkwürdigen Parade auf dem Roten Platz am 7. November 1941, der Polja beiwohnt: «Umsonst trieb Polja die Uhrzeiger an, zum ersten Mal erahnte sie die Empfindungslosigkeit der Geschichte, die nichts eher geschehen läßt, als bis das vorhergehende richtig placiert ist: noch waren die Zuspätkommenden nicht angelangt, die Postenkette vor den Tribünen hatte sich noch nicht formiert, die Kinooperateure hatten ihre Objektive noch nicht in alle Richtungen eingestellt, damit auch die Nachfahren in einem Jahrhundert sehen könnten, wie das vor sich gegangen sein würde.»

Leonovs Erzählung ist mit philosophischen Aperçus und allgemeinen Lebenswahrheiten durchsetzt, wie schon besonders im «Dieb», aber die Jugend wird nun von Leonov mehr aus dem liebevoll-ironischen Winkel des Alters gesehen. Die Weisheit und Originalität des Volkes ist für Leonov wieder der tragende Grund, und das Thema des Waldes mit seinem natürlichen Lebenszyklus weitet sich zu einer alles umgreifenden Historie aus, in der Sage und Legenden, Mächtige und Demütige ebenso ihren Platz finden wie die Flüchtigen und die Partisanen, die hier die Todeserwartung und die letzte Hoffnung miteinander teilen.

1963 veröffentlichte LEONOV noch eine sehr eigentümliche Novelle mit einem Titel in lateinischer Umschrift: «Evgenia Ivanovna». In dieser bereits 1938 begonnenen Geschichte beschreibt Leonov ein Emigrantenschicksal und die zerstörende Wirkung des *russischen* Heimwehs. Evgenia Ivanovna besucht Anfang der zwanziger Jahre mit ihrem Mann, einem englischen Archäologen, Georgien und begegnet hier jenem Mann wieder, der sie vorher in der Emigration schnöde verlassen hat. Dieser Mann, der jetzt als Fremdenführer ausländische Gäste betreut, wird von Evgenia Ivanovna endgültig blamiert, doch trotz der liebevollen Zuneigung Mr. Pickerings, ihres jetzigen Mannes, überlebt die Titelheldin die Reise in ihr russisches Vaterland nur um wenige Monate.

Die Novelle ist wiederum stilisiert, und zwar in Richtung der ironisch-empfindsamen Erzählung des 18. Jahrhunderts, jener Tonlage, die M. KUZMIN so gut beherrschte. Auch diese Novelle zeigt noch einmal Leonovs Meisterschaft der Stilisierung, die schon in den zwanziger Jahren erkennbar wurde und auf der Leonovs nachhaltigste Erfolge beruhen.

Leonovs gesammelte Werke erschienen in einer neun-
bändigen russischen Ausgabe in den Jahren 1960–1962.
Der dritte Band enthält den Roman «Vor» (1927; der Dieb),
aber nur in einer vom Autor revidierten Fassung des Jahres
1959.

8. Veniamin Kaverin

Einer der ersten sowjetischen Autoren, mit dem das deutsche
Lesepublikum nach 1945 wieder bekannt gemacht wurde, war
Veniamin Kaverin (* 1902 in Pskov). Sein zweiteiliger Roman
«Dva kapitana» (1940, 1944; zwei Kapitäne) ist ein Geflecht
von Reisen und Nachforschungen im nördlichen Polargebiet
(Nachforschungen nach dem 1914 verschollenen Kapitän Tata-
rinov), und in die Handlung ist schließlich auch der zweite
Weltkrieg und der Einsatz der russischen Luftwaffe im Hohen
Norden mit einbezogen.

Durch das abenteuerliche Sujet wurde dieser Roman zu
einem beliebten Jugendbuch, und die sowjetische Militärad-
ministration verbreitete die «Zwei Kapitäne» unmittelbar nach
Beendigung des Krieges in deutscher Übersetzung. Tatsächlich
hatte Kaverin schon mit «Ispolnenije želanij» (1934/35; Erfüllung der Wünsche) den Weg zum Forscher- und Entdecker-
roman beschritten, und es zeigte sich bald, daß Kaverin mit der
Aufreihung von Episoden an dem Faden wissenschaftlicher
Problemstellungen seine neue epische Kompositionstechnik gefunden hatte.

Auch die Romantrilogie «Otkrytaja kniga» (1949–56; das
offene Buch) ist die Geschichte eines Forscherlebens, in diesem
Fall von der Bakteriologin und Mikrobiologin Taťjana Vlasenkova in der Ich-Form selbst erzählt. Die sowjetische Kritik der
Stalin-Zeit verwarf den ersten Teil der Trilogie («Otkrytaja
kniga», 1949; später unter dem Titel «Junosť»; Jugendzeit) als
Flucht in die «Exotik» und als «formalistische» Abweichung
von der Norm, vor allem wegen der nahezu unpolitischen Geschichte der Kindheit, die sich in der fiktiven Provinzstadt
Lopachin (eigentlich wohl Pskov) abspielt. Kaverins Sinn für
abenteuerliche Verknüpfungen, seine Freude an Kuriositäten
und intellektuellen Gedankenspielen macht sich in Wirklichkeit hier weit weniger breit als in den früheren Geschichten aus

der Epoche der «Serapionsbrüder», und im ganzen gesehen ist die Trilogie wirklich kein besonders aufregendes Werk.

Der zweite Teil («Doktor Vlasenkova», 1952; später unter dem Titel «Poiski»; auf der Suche) ist dem eigentlichen Forscherleben, den Wirrungen von Liebe und Ehe, der Mutterschaft, den Expeditionen zur Seuchenbekämpfung, der wechselvollen Arbeit im Moskauer Laboratorium gewidmet.

Hier, in der Mitte der Trilogie, macht sich am stärksten die Einengung durch die Gebote und Verbote des «sozialistischen Realismus» bemerkbar, zumal nun vor allem die dreißiger Jahre des Jahrhunderts ins Bild kommen. Die eigentlichen Konflikte der Trilogie (Zusammenstoß und Auseinandersetzung mit dem Institutsleiter Professor Kramov; Verhaftung und Deportation Andrej Ľvovs, des Gatten der Taťjana Vlasenkova) werden erst im dritten Teil sichtbar, der 1956 unter dem Titel «Poiski i nadeždy» (Suchen und Hoffen; endgültiger Titel: «Nadeždy») erschienen ist. In der Auseinandersetzung mit dem Stalinismus in der Wissenschaft, durch den – schon während des Krieges – die Forscherehe gewaltsam auseinandergerissen wird, zeigt sich das dynamische Motiv dieses Buches.

Für die Ausgabe der gesammelten Werke (6 Bände, 1963 bis 1966) hat Kaverin die ganze Trilogie noch einmal überarbeitet und den einzelnen Teilen ihre jetzigen Titel gegeben.

Nach längerer schwerer Krankheit begann KAVERIN Ende der fünfziger Jahre seine Memoiren zu schreiben, und der erste Teil, der die Zeit bis zu den Studienjahren in Petersburg umfaßt, wurde 1960 unter dem Titel «Neizvestnyj drug» (unbekannter Freund) herausgegeben.

Die sechziger Jahre brachten – für viele Leser unerwartet – neue literarische Erfolge Kaverins mit mehreren Erzählungen und einem Roman. Beachtlich erscheint vor allem vom Stoff her die Erzählung «Sem' par nečistych» (1962; sieben Paar Teufel), die in die Tage des Kriegsausbruchs zurückführt. Auf dem alten Frachtdampfer «Onega», der ironischerweise früher einmal dem Soloveckij-Kloster gehörte und auf den Namen *Ljubov'* (Liebe) getauft war, werden Strafgefangene (darunter auch Opfer der politischen Justiz) über die Barents-See transportiert, und nur durch die turbulenten Ereignisse der ersten Kriegstage wird eine Meuterei auf dem Schiff im letzten Augenblick verhindert. KAVERIN ist hier wieder in seinem eigentlichen

Element, und die Handlung verbindet das rein Abenteuerliche (darunter deutsche Fliegerangriffe auf das Schiff) mit der offenen Anklage gegen den Stalinismus.

Der Generationenkonflikt und das Problem der alleinstehenden, vom Leben hart herangenommenen reifen Frau und Mutter sind die Achse, um die sich die wie ein Film montierte Novelle «Kosoj dožď» (1962; schräger Regen) dreht. Die Handlung spielt teilweise in Italien, wo eine russische Touristengruppe ständig neuen und aufregenden Eindrücken ausgesetzt ist. Die Handlung in Rußland (auf der Seite der zurückgebliebenen halbwüchsigen Jugend) und in Italien (auf der Seite der Erwachsenen) kulminiert zur genau gleichen Zeit im symbolisch bedeutungsvollen Platzregen, der intensiv und in «schrägen Strichen» vom Himmel fällt, in Florenz ebenso wie in Murmansk. Die filmmäßigen «Schnitte», die ja schon in Kaverins frühesten Erzählungen ein beliebtes Kompositionsprinzip sind, werden hier noch untermalt durch eine Diskussion über Fellinis Filmwerk *La dolce vita*, von dem die Italien-Touristen ganz erfüllt sind.

Der Roman «Dvojnoj portret» (1966; Doppelporträt) ist kompositionsmäßig in vieler Hinsicht mit dem früheren Roman «Chudožnik neizvesten» (1931; deutsch übersetzt unter dem Titel «Unbekannter Meister») zu vergleichen. Die Handlung ist diktiert vom Prozeß des methodischen Ausforschens, in diesem Fall des Ausforschens der moralischen Verbrechen eines Wissenschaftlers in der Stalin-Zeit. Die Handlung spielt 1954, als der durch Mitschuld seines Widersachers in ein Lager verschleppte Professor Ostrogradskij schwer krank nach Moskau zurückkehrt, ohne noch formell rehabilitiert zu sein. Ein Journalist und der Ich-Erzähler des Romans betreiben diese Rehabilitierung, aber bevor sie ausgesprochen wird, stirbt Ostrogradskij an seinem Herzleiden.

Psychologisch interessant ist die Figur des Gegners, Professor Snegirëv, der durch sein scheinbares Entgegenkommen und durch die Verschleierung der Wahrheit das Geschehene zu bagatellisieren sucht und seiner persönlichen Schuld nicht ins Angesicht zu blicken vermag. Die Frage der Schuld wird aber mit aller Eindringlichkeit gestellt, und der Erzähler vergleicht seine Arbeit mit dem Wiederlesbarmachen eines Palimpsests. Dieser Roman ist einer der wichtigsten Romane über die Stalin-Zeit, und die Atmosphäre der Jahre nach 1937 wird hier ganz ohne Schonung beschrieben. In dem für die letzte Ausgabe des Romans (1967) neu verfaßten Epilog schließt der Erzähler mit den bekenntnishaften Sätzen: «Auch ich war ein Betrogener und ohne Schuld schuldig und gestraft mit Erniedrigung und Angst. Auch ich glaubte und glaubte nicht, arbeitete emsig und strauchelte doch bei jedem Schritt, verwickelte mich in Widersprüche, um mir zu beweisen, daß wahr sei, was Lüge war. Und ich grämte mich in dem Bemühen, die düsteren Träume zu vergessen, in denen man sich mit dem Widersinn abzufinden hatte, in Verstellung und Heuchelei. Aber das ist schon ein ganz anderes Buch, das ich einmal schreiben muß.»

«Dvojnoj portret» ist auch ein Roman über das Werden einer Geschichte, nur daß diese Geschichte nicht im ganzen Zusammenhang erzählt wird. Einer der Höhepunkte im Roman ist das aus der Erinnerung des Erzählers beschworene Bild von der ängstlichen Verbrennung aller der Quellen für die authentische Geschichte des russischen Volkes: Private Tagebücher, Briefe, Photographen, Dokumente ziehen in Leningrad 1937 als feiner Rauch durch die Hinterhöfe, «Splitter der Zeit», die im Gesamtbild ewig fehlen werden: «Sie waren scheinbar längst vergessen, im Gedächtnis erloschen, diese Tage, ein leerer Hof, ein Geruch nach Brenzligem, die Tauben auf und davon geflogen, leichte Asche in den Strahlen der Herbstsonne!»

Kaverins jüngstes Werk ist die Wiederaufnahme der autobiographischen Erzählung in «Neizvestnyj drug» (s. o.). Mit sehr viel größerer Ausführlichkeit stellt Kaverin nun in Form eines Ich-Romans seine eigene Kindheit und die Schulzeit in Pskov (bis 1918) dar, die Studienjahre in Moskau (1918–20), sein Verhältnis zur Literatur und die frühen Beziehungen zu Jurij Tynjanov. Der Roman «Osveščënnyje okna» (1976; erleuchtete Fenster) dürfte wohl noch eine Fortsetzung erfahren, da Kaverin den Plan zu seiner Lebensgeschichte mit den berühmten Memoiren Alexander Herzens (A. Gercen: Byloje i dumy – 1852/67; Gelebtes und Durchdachtes) verknüpft.

9. Nikolaj Zabolockij

Erst im Zuge der beginnenden «Entstalinisierung» (seit 1956) wurde der fast 20 Jahre lang vergessene Nikolaj Zabolockij (1903–1958) von den Lesern und von der Kritik als Dichter wiederentdeckt. Nachdem nun auch das Gesamtwerk Zabolockijs vorliegt (in einer sowjetischen Ausgabe und in einer Ausgabe der russischen Emigranten, beide 1965), drängt sich das Urteil auf, daß Zabolockij zu den wirklich großen Lyrikern in Rußland gehört.

Verhaftung, Einkerkerung und Deportation (1938–1946) hatte Zabolockij zwar nicht ohne gesundheitlichen Schaden überstanden, doch blieben ihm noch zwölf schöpferische Jahre, in denen er neue Zeugnisse seiner sehr persönlich geprägten Begabung vorlegen konnte. Zabolockijs Arbeit als Übersetzer (Adaption des *Igorliedes*, 1946, Übersetzungen aus dem Georgischen, 1947–1958, Übersetzungen klassischer und moderner Gedichte aus dem Deutschen, Serbischen, Ungarischen, Italienischen, Uzbekischen und Tadžikischen) ist für seine zweite Schaffensperiode ebenso kennzeichnend wie die neuen, vom Nachdenken über den Menschen und den Kosmos inspirierten Gedichte der Jahre 1946–1958.

Der Ertrag dieser Jahre erschien in Zeitschriften und Almanachen sowie in verschiedenen Einzelausgaben von vergleichsweise geringer Auflagenhöhe: «Stichotvorenija» (1948; Gedichte), «Stichotvorenija» (1957), «Stichotvorenija» (1959), «Izbrannoje» (1960; Auswahl). Einige wichtige Gedichte sind erst aus dem Nachlaß (in der sowjetischen Ausgabe, 1965) ans Tageslicht gekommen.

Zabolockij war schon in den dreißiger Jahren von den paradoxen, an den Surrealismus erinnernden Gedankenspielen und dem grotesk-bildhaften Stil seiner frühen Gedichte wieder abgegangen. Das Werk der vierziger und fünfziger Jahre hat seine Wurzeln im Symbolismus und in der russischen Klassik, wenn man dabei auch unbedingt hervorheben sollte, daß es Zabolockij im Grunde immer nur auf den modernen Effekt der überraschenden Engführung eines Themas und der metaphorischen Reihe ankommt.

Die Natur ist in Zabolockijs Gedichten nicht eigentlich als «Gegenstand» gemeint, sondern als Kontrapunkt zur fragwürdigen und unruhigen Existenz des Menschen, als fester Gegenhalt im Angesicht des Zweifels, des Verzagens, der nicht erfüllbaren Sehnsucht. Zabolockijs Gedichte sind auf dem Prinzip aufgebaut, daß Außermenschliches und Menschenwelt fest ineinander verfugt werden. Entsprechend der Poetik des Klassizismus arbeitet Zabolockij dabei auch mit Personifikationen, allegorischen Metaphern und mythologischen Assoziationen (Götter, Helden, Musen):

> Mit zu später Stunde erhobenen Wimpern
> Blickte auf uns aufmerksam
> Der blutige Mars aus der blauen Tiefe.

(«Protivostojanije Marsa»; 1956; Opposition des Mars)

In seiner Vorliebe für Musikinstrumente und musikalische Vergleiche bringt ZABOLOCKIJ immer wieder die «Musik der Welten» ins Spiel, und die Natur wird ihm einmal zum Konzertsaal:

> Beginn mit der Serenade, Star!
> Zu den Pauken und Tamburinen der Geschichte
> Bist du unser erster Frühlingssänger
> Aus dem Birkenkonservatorium.

(«Beethoven»; 1946)

In der Natur findet der Mensch seine Welt noch einmal, und so werden die Birken zu Schülerinnen, denen die Schulglocke läutet und die hören, wie die Wasserfälle «Verben konjugieren» (1946). Pfützen sehen wie durchsichtige Untertassen aus («Ottepel'»; 1948; Tauwetter), und die Seele der schreienden Hähne wird den Zifferblättern alter Uhren verglichen («Petuchi pojut»; 1958; die Hähne krähen). Die Kriege lassen ihre Flügel kreisen «wie wahnwitzige Mühlen», die in einem weißen Wirbel Häuser zusammenfegen (1946), und die «blutköpfigen Disteln», die «Sterne mit scharfen Ecken» sind dem Dichter «direkt ins Herz geritzt» («Čertopoloch»; 1956; Distel).

Der antike Mythos ist dem Dichter ebenso vertraut wie die klassischen Themen der russischen Poesie: Birkenhain, Winterlandschaft, Regen, Nacht, Gewitter, Meer, der Gipfel des Kaukasus («Kazbek»; 1957), das Porträt («Portret»; 1953), der «Dichter» («Poėt»; 1953), die Erinnerung («Vospominanije»; 1952), das «Vermächtnis» («Zaveščanije»; 1947), Mikrokosmos und Makrokosmos («Skvoż volšebnyj pribor Levenguka»; durch Leeuwenhoeks Wunderapparat).

Auch die Reihe der klassischen Gedichte über Venedig hat der Dichter, der 1957 Italien besuchen konnte, fortgesetzt («Venecija»; 1957). Von besonderer eindringlicher Bildhaftigkeit sind Gedichte wie «Die Wäsche» («Stirka beľja»; 1957), «Der Wald von Gombory» («Gomborskij les»; 1957) oder «Večer na Oke» (1957; Abend an der Oka). In dem Gedicht «Gomborskij les» träumt der Dichter davon, in das ganze Gemälde einzugehen, sich selbst in der Natur aufzulösen:

> Ich wurde zum Nervensystem der Gewächse,
> Ich wurde zum Gedanken der steinernen Felsen,
> Und die Erfahrung meiner herbstlichen Beobachtungen
> Wünschte ich dem Menschengeschlecht wiederzuschenken.

Zu den Gedichten mit musikalischen Motiven gehören neben «Beethoven» noch das Gedicht über Ravel («Bolero»; 1957), das Poem des Frühlings («Poèma vesny»; 1956), «Nad morem» (über dem Meer; 1956) und «Pozdnjaja vesna» (1948; später Frühling).

ZABOLOCKIJS Gedichte der fünfziger Jahre haben fast ausnahmslos «große» lyrische Themen zum Gegenstand, durch die das menschliche Erfassen immer wieder an die Grenzen seiner Möglichkeit kommt. Das Problem des Eros ist in dem eindrucksvollen Zyklus «Poslednjaja ljubov» (1956–57; letzte Liebe) angerührt, und menschliche Leidenswege beschwört die Erfahrung des Dichters in Versen wie «Gde-to v pole vozle Magadana» (1956; irgendwo draußen bei Magadan), «Begstvo v Egipet» (1955; Flucht nach Ägypten) oder «Na vokzale» (1958; auf dem Bahnhof).

Die Verserzählung «Rubruk v Mongolii» (1958; Rubruck in der Mongolei) ist eigentlich ein heroisch-komisches Epos und beschreibt die Reise des flämischen Franziskanermönchs Wilhelm von Rubruck (Rubruquis) zu den Nachfahren Dschingis-Chans nach Karakorum (1254). Die Erzählung ist ironisch sowohl in ihren gewollten Anachronismen als auch in ihren Anspielungen auf die Herrschaft Stalins. Der Chan wird als «Generalissimus der Steppen» eingeführt, die mongolischen Krieger werden als ein «Aktiv» bezeichnet, und die mongolische Wagenkarawane führt die «sechste Symphonie des Teufels» auf. Der vierfüßige Jambus steht in der ungebrochenen russischen Tradition, und stellenweise wird wohl bewußt der Stil der klassischen Verserzählung parodiert.

10. Michail Svetlov und Semën Kirsanov

Die Entwicklung der Sowjetliteratur im Krieg und dann besonders in den nachfolgenden Jahren hat noch neue Namen hervortreten lassen, die in der Epoche nach der Revolution mehr im Schatten der großen Zeitgenossen gestanden haben.

Der aus einer jüdischen Kleinbürgerfamilie stammende Michail Svetlov (1903–1964) war als Dichter des *Komsomol* schon in den zwanziger Jahren bekannt, obwohl damals nur wenige Gedichte wie die Ballade «Grenada» (1926) wirklich überall populär geworden sind. Im zweiten Weltkrieg wagte Svetlov den Sprung von der rein liedhaften Poesie zur erzählenden Dichtung in den gebundenen Zyklen über die Helden des Krieges («Dvadcať vosem'»; 1942; achtundzwanzig) und «Liza Čajkina» (1942). In dem einen Zyklus wird der Tod von 28 Gardesoldaten beklagt, und in dem anderen das Opfer eines jungen Partisanenmädchens.

Kämpferisches Pathos, verbunden mit jungkommunistisch-romantischer Aufbruchsstimmung, blieb noch bis zum Anfang der fünfziger Jahre Svetlovs charakteristischer Stil, obwohl der Dichter in diesen Jahren fast verstummt war. Ein ganz neuer Svetlov präsentierte sich dann in der Gedichtsammlung «Gorizont» (1959; Horizont) und vor allem in dem letzten Band mit dem Titel «Ochotničij domik» (1964; die Jagdhütte).

Svetlovs neue Gedichte, zu denen schon «Odinočestvo» (1957; Einsamkeit) gehört, kreisen eigentlich nur um das Thema des Alterns und stellen nachdenkliche Betrachtungen über den Verlust der romantischen Träume der Jugend an:

> Zur Nachtzeit geht die Liebe durch die Welt.
> Warum nur bist du zum Dichter nicht gekommen?

Angst um die schwindende Gesundheit und Trauer um die unwiederbringliche Gegenwart der versunkenen Zeit sind das tragische Grundmotiv der späten Lyrik Svetlovs. An Puškin, Tjutčev und Blok wendet sich der Dichter nun («Puškinu»; an

Puškin; «Dožd»; Regen), und der, der auf die Erfüllung des Traums gewartet hat, muß bekennen:

Wie habe ich geträumt von den schwarzen Brauen,
die an der Brücke warten,
doch nicht als Mädchen, als verwitwete Frau
kommst du zu mir, mein Traum!

SVETLOV ist auch im Alter dem vorwiegend liedhaften Stil treu geblieben, aber in der Wortwahl und im Ausdruck nähert er sich nun den besten klassischen und modernen Vorbildern an. Auch die Selbstironie fehlt in den Altersgedichten nicht, und in einem der letzten Gedichte («V boľnice»; 1964; im Krankenhaus) kommen die Zeilen vor:

Es will mir scheinen, daß man mich bereits mit Ehren
umgibt wie den Hering mit Zwiebeln.

Svetlov war auch als Lehrer am Goŕkij-Literaturinstitut sehr beliebt (GENNADIJ AJGI war zum Beispiel sein Schüler!), und drei Jahre nach seinem Tod wurde Svetlov schließlich der Leninpreis zugesprochen (1967). Die gesammelten Gedichte erschienen 1966 in einer Ausgabe der «Biblioteka poèta», was praktisch mit der Erhebung in den Stand des «Klassikers» gleichzusetzen ist.

Ein noch späteres Geburtsdatum weist SEMËN KIRSANOV (1906–1972) auf, aber das Debüt dieses Dichters fällt ebenfalls noch in die zwanziger Jahre. Kirsanov organisierte seinerzeit eine Filiale des LEF (Linke Front der Künste) in Odessa und war mit Majakovskij befreundet. Es ist aber auffällig, daß Kirsanov in den von ihm zusammengestellten Band zum 40jährigen Jubiläum als Dichter («Kniga liriki»; 1965; Buch der Lyrik) nur verhältnismäßig wenige Gedichte aus der frühen Zeit aufgenommen hat. Etwas hatte Kirsanov immer im Schatten Majakovskijs gestanden, und die dreißiger Jahre waren dann ohnehin keine sehr fruchtbare Zeit mehr für die russische Lyrik. Immerhin hat der Dichter noch die Verserzählung «Tvoja poèma» (1937; dein Poem) aufgenommen, die einige interessante Stellen enthält und mit dem leidenschaftlichen Eintreten für die Sache der spanischen Republikaner im Bürgerkrieg endet.

Kirsanovs Kriegsgedichte heben sich sehr deutlich vom Durchschnitt der damaligen Frontlyrik ab, und das eigentümliche Gedicht «Frontovoj vaľs» (Frontwalzer) verdient besonders genannt zu werden. Hier zeigt sich augenfällig Kirsanovs Neigung zur absoluten Stilisierung, von der die erst lange nach dem Krieg (1956) beendete Verserzählung «Poěma poětov» (Poem der Poeten) einen Begriff gibt. KIRSANOV stellt damit eine fingierte Sammlung von fünf (später sechs) «unbekannten» Dichtern vor, von denen jeder Gedichte in seinem eigenen Stil schreibt. Eine der Abteilungen ist dabei ganz im Stil der volkstümlichen *Rajěšniki* («Guckkasten»-Verse, Reimereien der Narren und Spaßmacher) gehalten. Ein Pendant dazu ist Kirsanovs 1964 veröffentlichtes Epos «Skazanije pro carja Maksa-Jemeľjana» (Legende vom Zaren Max-Jemeľjan), das eine ähnliche Stilisierung aufweist und in 13 Stücke gegliedert ist, die jeweils als «Skaz» (hier etwa in der Bedeutung der arabischen *Makame*) bezeichnet sind.

1956 erschien Kirsanovs ironisch-groteske Verserzählung «Sem' dnej nedeli» (sieben Tage der Woche), die in einer Art Travestie der Schöpfungsgeschichte von der Erneuerung der «falschen Herzen», die aus der stalinistischen Epoche stammen, – zunächst vergeblich – träumt:

> Überall hatten die Läden anzubieten
> Herzen aus Blech oder auch aus Gummi,
> ebenso zum Aufblasen, mit einem quiekenden Knopf,
> wie zum Ausstopfen, mit der Aufschrift «Glückauf».
> Flakons als Herzen mit süßem Parfüm,
> Herz-Alben mit einschmeichelnden Versen,
> Herz-Sparbüchsen, um recht wenig auszugeben,
> Makkaroni-Herzen für die Suppe,
> und kleine Rahmen für die lieblichen Damen,
> für persönliche und Familien-Feiertage.

Kirsanovs Lyrik der letzten Jahre ist sehr oft überraschend in ihrer Stilisierung: tiefsinnig-scherzhaft, spielerisch oder empfindsam, selten feierlich, immer mündig und unbefangen.

Die 1961 erschienene Sammlung «Izbrannyje proizvedenija» (ausgewählte Werke) bietet, abgesehen von «Kniga liriki» (s. o.), den vollständigsten Überblick über das Werk, jedoch

publizierte Kirsanov noch 1967 in dem Band «Iskanija –
Stichotvorenija i poėmy 1923–1965» (Experimente – Gedichte
und Verserzählungen 1923–1965) ungedruckte bzw. lange nicht
wiedergedruckte Texte. Im Vorwort gibt Kirsanov die Erläuterung, daß die «Suche nach dem neuen Wort in der Poesie
während gewisser Jahre als für den Dichter nicht schicklich
angesehen» worden sei.

Sehr schöne eigenartige späte Gedichte enthält der letzte
1970 und in nochmaliger erweiterter Auflage 1972 vorgelegte
Band «Zerkala» (Spiegel). Hier sind die Zyklen «Ėti letnije
doždi» (diese Sommerregen) mit dem an Dante anknüpfenden
Figurengedicht «Ad» (Hölle) und «Bol'ničnaja tetrad'» (Notiz-
heft aus dem Krankenhaus) hervorzuheben. Kirsanovs Gedichte über Krankheit und Schmerz gehören zweifellos zu den
bedeutendsten Errungenschaften seiner erfindungsreichen
Sprachkunst.

11. LEONID MARTYNOV

Erst seit den späten fünfziger Jahren hat LEONID MARTYNOV
(*1905 in Omsk) die lange ausgebliebene Anerkennung als
einer der wichtigen Vertreter russischer Avantgarde-Traditio-
nen gefunden.

Martynov, dessen Heimat Sibirien in seiner Lyrik eine bedeutende Rolle spielt, schöpft vor allem aus der Sprache Jesenins, Chlebnikovs und Pasternaks, und zuweilen mag man sich
sogar an die von ihm bewunderten Vorbilder Villon und Rimbaud erinnert fühlen.

Die Gedichte der zwanziger und frühen dreißiger Jahre sind
im Vergleich zum Spätwerk nur von untergeordneter Bedeutung, der erste Gedichtband («Stichi i poėmy»; Verse und
Verserzählungen) erschien erst 1939. Bereits in dieser Zeit ist
aber die Tendenz zum witzigen oder polemischen Wortspiel
und zur burlesken Erzählung deutlich. Unter den bis dahin
fertiggestellten Versepen befinden sich nicht nur Bilder aus der
sibirischen Vergangenheit («Tobol'skij letopisec»; 1937; der
Chronist von Tobolsk), sondern auch ein burleskes Epos mit
dem Titel «Domotkanaja Venera» (1939; die hausgewirkte Venus), dessen Schauplatz ebenfalls Tobolsk ist, und ein parodi-

stisches Epos, das auf den Symbolisten K. Baľmont zielt («Poèzija kak volšebstvo»; 1939; Poesie als Zauberei).

Nach dem Kriege erschienen mehrere neue Bände Martynovs, die in teils scherzhafter, teils ironisch-pathetischer Diktion gehalten sind (so «Lukomoŕje»; 1945; der Golf). Die Motive entstammen teilweise der russischen Folklore, und im Vordergrund stehen die russische Natur, das russische Klima, die Bodenschätze, der jahreszeitliche Rhythmus und die russische Geschichte. Charakteristisch für Martynovs Lyrik ist die Kombination von mythisch-utopischen Vorstellungen und ganz prosaischer Wirklichkeit. Der menschliche Maßstab bestimmt sich sowohl nach der Welt der Arbeitsfäuste als auch nach der Welt der Sage und des Mythos. Beide Vorstellungsweisen durchdringen sich auch im Wortschatz, in dem Bruchstücke antiker Mythen neben prosaischen oder sogar idiomatischen Wendungen stehen (etwa in den Gedichten «Severnaja skazka»; 1946; nordisches Märchen; «Pereprava»; 1946; die Überfahrt). Diese Technik bestimmt auch noch viel spätere Gedichte wie «Ovidiopoľ» (1961; Ovidiopolis) oder «Afrodita» (1961; Aphrodite).

Erst die folgenden Gedichtbände «Stichi» (1955; Verse), «Lirika» (1958; Lyrik) und «Stichotvorenija» (1961; Gedichte) machten Martynov weithin bekannt und befreiten ihn von dem Odium eines «regionalen» Talents. Den zwanziger Jahren setzte Martynov ein Denkmal in dem Gedicht «Dvadcatyje gody» (1954; zwanziger Jahre), und auch der *Tauwetter*-Thematik sind einige Gedichte der Jahre 1954 und 1955 gewidmet, etwa «Golosa» (Stimmen) und «Gradus tepla» (ein Grad Wärme). Die «Heilung der Aussätzigen» und die «Auferstehung des unschuldig Gerichteten» kehren als Motive in einigen Gedichten wieder, die sich jetzt konkreter mit den Sinnfragen des menschlichen Lebens befassen.

Obwohl sich MARTYNOV ganz dem kommunistischen Fortschrittsoptimismus verschrieben zu haben scheint und die russische Vergangenheit mit ihren «byzantinisch-gespensterhaften Gesichtern», ihren «Kienspänen und Kerzen», und mit ihren «schluchzenden Harmonikas» gern dem Spott anheimgibt, sind die neuesten Gedichte zunehmend von eigenen melancholischen Erinnerungen gespeist. In dem Gedicht «Memuary» (1964; Memoiren) sagt der Dichter:

O, mein Atomzeitalter,
Antiquare umgeben dich
wie die Janitscharen
den Pascha!
Ich hatte nicht die Absicht, Memoiren zu schreiben,
aber faktisch
schreibe ich sie.

Die Produktion der letzten Jahre hat Martynov in den Bänden «Novaja kniga» (1962; neues Buch) und «Pervorodstvo» (1965; Erstgeburt) gesammelt, eine Auswahl der Gedichte erschien ebenfalls 1965 («Stichotvorenija i poèmy»; Gedichte und Verserzählungen, 2 Bde.). Martynovs Vers ist immer absichtsvoll geregelt und setzt sowohl die Tradition des Symbolismus als auch die Errungenschaften seiner Nachfolger fort. Die klanglichen Elemente stehen im Vordergrund, und die Klangwiederholungen arten manchmal in bewußte spielerische Manier aus, die mit der früheren Gewohnheit der *Rajëšniki* (Guckkastenerzähler) zu vergleichen ist. Die überraschende klangliche Assoziation und das Wortspiel gehören als integrierender Bestandteil zu Martynovs Lyrik, die sich selten der üblichen Konvention beugt und von den Maßstäben der Klassik ausdrücklich nichts wissen will.

12. Michail Šolochov

Mit der Beendigung des vierbändigen Romans vom «Stillen Don» (1928–40; Tichij Don) hatte Michail Šolochov (* 1905 im Gebiet der Donkosaken) die Erwartungen, die man in ihn als den epischen Bändiger elementarer Widersprüche und als Propheten der Psyche des südrussischen Kosaken gesetzt hatte, weitgehend erfüllt. Durch den Krieg wurde Šolochov aus seiner Arbeit herausgerissen, und wie auch eine Reihe anderer Schriftsteller beteiligte er sich als Kriegskorrespondent aktiv am Weltgeschehen.

Šolochov hat in dieser Zeit nur eine einzige regelrechte Erzählung veröffentlicht, die sich mit den grausigen Erlebnissen eines in deutsche Kriegsgefangenschaft gefallenen Offiziers beschäftigt, dem schließlich die Flucht gelingt: «Nauka nenavisti» (1942; Schule des Hasses). Das gleiche Thema klingt auch

in der später geschriebenen Novelle «Suďba čeloveka» (1957;
ein Menschenschicksal) an, in der durch den Mund des Chauf-
feurs Andrej Sokolov haarsträubende Einzelheiten aus der Praxis der Behandlung sowjetischer Kriegsgefangener beim Gegner laut werden. Da das Problem der Kriegsgefangenen bis
1956 in der Literatur weitgehend ausgespart wurde, muß man
annehmen, daß es hier nicht nur um eine Anklage gegen die
Deutschen gehen soll, sondern auch um die moralische Rehabilitierung der Soldaten, die in Gefangenschaft gerieten.

Der sonst so sehr auf Authentizität bedachte Autor kann hier
freilich nicht aus eigener Anschauung und Erfahrung berichten, und so ist die literarische Bedeutung der Novelle auch
nicht so sehr in diesem Ausschnitt aus den Erinnerungen des
Erzählers zu suchen, wie vielmehr in der Zuspitzung auf den
Begriff des blinden Schicksals und in der auf Distanz bedachten
volkhaft stilisierten Erzählform.

1960 legte ŠOLOCHOV den lange erwarteten zweiten Teil seines Kollektivierungs-Romans «Podnjataja celina» (Teil I –
1932; deutsch bekannt geworden unter dem Titel «Neuland
unterm Pflug») vor. Das Kosakenmilieu und die melancholische
Landschaft am unteren Don tragen hier wie im ersten Teil das
Handlungsgefüge, dessen ideologische Implikationen in der
sowjetischen Kritik ausführlich diskutiert werden. Das (nahezu
fertige?) Manuskript dieser Fortsetzung scheint im Kriege verbrannt zu sein, und Šolochov mußte sich später noch einmal
an die Arbeit machen. In der direkten Porträtierung und in der
indirekten Charakterzeichnung gelingen dem Dichter wieder
sehr lebendige Gestalten, doch ist die Sprache weniger stilisiert
und in der neuen Stillage auch weniger «naiv» als im ersten
Teil. Man muß hier auch die Wandlung des Epochenstils bedenken, und manchen Freund des frühen Šolochov mag die
geschliffenere und nuanciertere Sprache des späten Šolochov
etwas enttäuschen. Die Schilderungen sind alle stärker psycho-
logisiert, und gelegentlich gewinnt Šolochovs skurriler Humor
die Oberhand wie in der Episode mit dem zur Unzeit krähen-
den Hahn im vierten Kapitel.

Für dieses zweite Buch des Romans wurde Šolochov 1960
der Leninpreis verliehen, und 1965 wurde ihm für sein Gesamtwerk schließlich der Nobelpreis zuerkannt.

Der große Kriegsroman, an dem Šolochov bereits 1942/43

die Arbeit begonnen hat, und aus dem Kapitel bereits 1943 und dann besonders in den fünfziger Jahren in Vorabdrucken erschienen sind, ist bis heute nicht zu einem Ende gekommen. Der Arbeitstitel lautet *Oni sražalis' za Rodinu* (sie kämpften für die Heimat), und so viel man bisher sehen kann, ist zunächst wieder die Landschaft des Don im Spiel (beim Rückzug der Roten Armee im Sommer 1942). Der Krieg wird vor allem als Volkskrieg begriffen, und die bisher eingeführten Helden repräsentieren die verschiedenen Schichten der Bevölkerung, die durch den Krieg eine neue Solidarität erleben: Bauern, Arbeiter, Intelligenz.

VII. DIE ABLÖSUNG VOM
«SOZIALISTISCHEN REALISMUS»

1. PROTEST GEGEN DEN DOGMATISMUS

Die Stimme der jüngeren Sowjetschriftsteller, die größtenteils erst viele Jahre nach der Revolution geboren wurden, erhielt nach dem Parteitag von 1956 ihr besonderes Gewicht. Die Literatur der *Erben* des revolutionären Aufbruchs der zwanziger Jahre und der unheilvollen Stagnation, die dann folgte, war von Anfang an «kritische» Literatur. Die Kritik richtete sich ebensowohl gegen den «sozialistischen Realismus» selbst, wie gegen die moralischen und gesellschaftlichen Normen, die unangefochten über Stalins Tod hinaus bis in die Mitte der fünfziger Jahre als gültig angesehen wurden.

Die ersten Einbrüche in die Front des «Dogmatismus» waren schon von der älteren Generation (I. ÉRENBURG, L. LEONOV) vorbereitet worden, aber die direkte und polemische Auseinandersetzung um die moralischen und ästhetischen Probleme konnte erst mit der öffentlichen Verurteilung Stalins und des «Personenkultes» beginnen. Als erste erhoben ihre Stimme verschiedene Schriftsteller, die einer Übergangsgeneration zuzurechnen sind und zu der auch der damals noch zum Schweigen verurteilte ALEKSANDR SOLŽENICYN (* 1918) gehört. Die allgemeine Diskussion begann mit VLADIMIR DUDINCEV (* 1918) und seinem Roman «Ne chlebom jedinym» (1956; nicht vom Brot allein), und bald schwenkten Autoren wie DANIIL GRANIN (* 1919), JURIJ NAGIBIN (* 1920) und der einige Jahre ältere ALEKSANDR JAŠIN (s. o.) in diese Linie ein.

Dudincevs im Spätsommer 1956 erschienener Roman entspricht eigentlich noch ganz dem Programm des «sozialistischen Realismus», denn im Mittelpunkt der Handlung steht ja ein großes Industriekombinat, und, äußerlich betrachtet, sind auch die Typisierungen nur unmerklich verschoben. Am auffälligsten ist wohl der Titel selbst, der auf ein Bibelwort anspielt: *Der Mensch lebt nicht vom Brot allein.* Der literarische Wert des Romans tritt in jedem Fall ganz hinter die politische und soziale Bedeutung des Buches zurück, aber gerade auf die letzteren Fragen reagierte die Kritik besonders empfindlich. Der Roman löste bei der Partei Unruhe und Alarmstimmung aus, und nach ersten zustimmenden Urteilen wurde gegen den Roman schon im November 1956 heftig polemisiert.

Der positive Held des Romans, der Ingenieur und «Erfinder» Lopatkin, wurde als individualistischer «Asket» und «kynischer» Typus verschrien, und der ganze Roman als «Angriff auf die Gesellschaft» betrachtet. Tatsächlich bietet DUDINCEVS Roman die erste Kritik der industriellen «Kleinbürgergesellschaft», und zwar weniger eine soziale als eine moralische Kritik. Der Fabrikdirektor Drozdov ist der korrumpierte «autoritäre» Bürokrat, hinter dem aber, wie angedeutet wird, noch andere «Erzengel und Propheten» stehen. Lopatkin ist dagegen nicht mehr der bisherige «Held des Sozialismus» und auch nicht der eiserne Willensmensch, den man zu sehen gewohnt war, sondern er hört sich Chopin und Rachmaninov an, und er predigt wirklich so etwas wie *Askese*: «Der Mensch ist nicht dazu geboren, um im Namen von fettem Essen und Wohlstand Erniedrigung zu erdulden, zu lügen und Verrat zu üben.» Diese «Freude der Würmer, die von der Sonne erwärmt sind» will Dudincev durch das «Brennen» des Menschen für seine Sache (sein Symbol ist der Komet) ersetzt wissen. Ironischerweise wurde Dudincev hier entgegengehalten, daß die Verachtung materieller Güter anomal sei und daß sich Askese nur im Kampf für den materiellen Fortschritt der Menschheit lohne. Genau das hatte Dudincev in der Tat bestritten.

Im gleichen Jahr 1956 erschienen einige kürzere Erzählungen, die ein ähnlich skeptisches Bild der sowjetischen Gesellschaft entwarfen. ALEKSANDR JAŠIN (1913–1968), der bis dahin als Lyriker bekannt gewesen war, brachte seine Kurzgeschichte mit dem Titel «Ryčagi» (die Hebel) heraus, in der eine fast parodistisch zu nennende Kritik an dem Stil der Parteiversammlungen laut wird. In einem Kolchosbetrieb sitzen einige Funktionäre beisammen und beschließen, da nun einmal das Rayonkomitee zwei Sitzungen im Monat angeordnet hat, sich als Parteiversammlung zu konstituieren. Das Radio wird ausgeschaltet, und alle verwandeln sich plötzlich in Masken oder, wie es der Titel andeutet, in *Hebel* der Partei. Kurz vorher waren noch zynische Bemerkungen gefallen wie etwa: «Die Wahrheit setzt man bei uns im Rayon nur in das Ehrenpräsidium, damit sie nicht beleidigt ist und ihren Mund hält.» Auf einmal aber folgen die fünf Versammelten dem gleichen Ritus, bis das ersehnte Ende der Sitzung gekommen ist. Die einzelnen Äußerungen der Sitzungsteilnehmer sind auch nur als Parodie gemeint, und die Kritik reagierte um so verstimmter.

DANIIL GRANIN (* 1919) hatte schon 1954 seinen Wissenschaftler-Roman «Iskateli» (in deutscher Übersetzung bekannt als «Bahnbrecher») veröffentlicht, und er kämpfte jetzt ebenfalls gegen Karrierismus und Bürokratie, gegen die Erniedrigung des Menschen zur bloßen «kleinen Schraube». Gleichzeitig mit Dudincevs Roman erschien Granins Erzählung mit dem programmatischen Titel «Sobstvennoje mnenije» (1956; die eigene Meinung). Auch hier schwelt der Konflikt zwischen dem mutigen Ingenieur Oľchovskij und dem jedes Risiko scheuenden, dem «Personenkult» ergebenen Institutsdirektor Minajev.

Granin, der selbst Elektromechanik studiert hat, ist auch weiterhin seinem Milieu der technischen Intelligenz treu geblieben, und 1962 legte er seinen unter anderem über Wetterflieger handelnden Roman «Idu na grozu» (ich fliege dem Gewitter entgegen, deutsch auch unter dem Titel «Zähmung des Himmels») vor. 1966 erschien Granins amüsanter und ausführlicher Reisebericht über Australien («Mesjac vverch nogami»; einen Monat auf dem Kopf).

JURIJ NAGIBIN (* 1920 in Moskau) gehört ebenfalls zu dieser Gruppe von kritischen Realisten, obwohl er vor allem als Drehbuchautor auf dem Gebiet des Films gearbeitet hat. Geschätzt werden seine zahlreichen Erzählungen ebenso wie seine Reisebeschreibungen, besonders aus Skandinavien.

Im 2. Band des Almanachs *Literaturnaja Moskva* (1956) erschien Nagibins bekannteste Kurzgeschichte mit dem Titel «Svet v okne» (das Licht im Fenster). In einer kleinen psychologischen Studie wird hier das Bild des Direktors eines Erholungsheims gezeichnet, in dem seit undenklichen Zeiten ein komplettes Dreizimmer-Appartement mit Fernsehapparat und Billardtisch leersteht, weil man immer mit dem unerwarteten Besuch eines nicht näher bestimmten hohen Gastes *in eigener Person* rechnet. Trotz Überbelegung des Heims und obwohl der Direktor oft aus Mitleid gern die Zimmer an unwürdig untergebrachte Gäste abgeben möchte, bleiben diese Räume ewig leer, werden jedoch von der Zimmerfrau Nastja besser gepflegt, als wenn es ihre eigenen Zimmer wären. Der «Perso-

nenkult» wird hier symbolisch dargestellt in dem rührenden
Eifer, mit dem die Fenster täglich geputzt werden: «Hier wurde
ihre gewöhnliche Arbeit zur schöpferischen Tätigkeit. Man
kann einfach ein Fenster putzen, aber man kann auch ein Wunder vollbringen: es so durchsichtig machen, leuchtend, sonnig,
daß es in das Zimmer geradezu die Bläue des Himmels hinein-
zieht, das Weiß des Schnees, das Grün der Tannennadeln. Die
Wände verschwinden, das Zimmer wird ein Teil der weiten
Welt.»

Auch NAGIBINS gleichzeitig erschienene Erzählung «Chazar-
skij ornament» (das chazarische Ornament) fand große Beachtung, da hier die Rückständigkeit des russischen Dorfes und
der ganzen Agrarwirtschaft in ähnlicher Schonungslosigkeit
bloßgelegt wird wie später von A. Solženicyn in «Matrënin
dvor» (Matrjonas Hof).

Nagibins Prosa der fünfziger und sechziger Jahre ist im
Grunde unpolitisch, und sie stellt die Zufälle des menschlichen
Schicksals als unausweichliches Widerspiel menschlicher Weich-
heit und menschlicher Härte dar, wobei psychologisch die
Schwäche beider Verhaltensweisen vertieft wird. Nagibin ist
ein scharfer, menschlich beteiligter Beobachter, der die han-
delnden Figuren in die Verantwortung nimmt und an die stetige
Entwicklung zum Guten glaubt. Die moralische Position
bleibt jedoch absolut und kann nicht – wie im «sozialistischen
Realismus» – dem politischen Zweck untergeordnet werden.
Die soziale Umwelt ist für Nagibin eher amorph und mehr von
der Natur bestimmt als von den geschriebenen Gesetzen.

Für Nagibins «raumgebundene» Erzählwelt ist besonders
der Band «Na tichom ozere i drugije rasskazy» (1966; auf dem
stillen See und andere Erzählungen) typisch, der die zentralrussischen Menschen im Gebiet der Meščora-Moorlandschaft
mit ihren Wäldern, Seen und Sümpfen schildert. Ebenso vom
Thema der Jagd (vor allem auf Wildenten und andere Wasser-
vögel) her wie im Hinblick auf die locker verbundenen skizzen-
haften Berichte über Natur und Menschen bietet sich der Vergleich mit Turgenevs «Zapiski ochotnika» (1847–51; Aufzeichnungen eines Jägers) an. Obwohl die Kritik bei Nagibin mehr
unterschwellig erfolgt, ist der Tadel für Härte und Selbstge-
rechtigkeit der vollziehenden Gewalt nicht zu überhören, und
die partielle Sympathie mit den Wilderern und Fischfrevlern,

deren einfältige Perspektive nicht bis zum «Raubbau an der Natur» reicht, ist kaum verhüllt.

Die Jagderzählungen, die in dem langen Zeitraum zwischen 1956 und 1965 entstanden sind, bestechen durch ihren spannenden Aufbau ebenso wie durch ihre kontrastreiche Sprache, die sich durch treffsichere Metaphern, poetische Epitheta, typische lokale Fachausdrücke und einen straffen Satzbau auszeichnet.

1968 veröffentlichte Nagibin das Buch «Ne daj jemu pogibnut̔» (laß ihn nicht umkommen), in dem er sein Filmdrehbuch über Umberto Nobile und die dramatische Rettungsaktion im Polareis (1928) einer breiten Leserschaft zugänglich machte. Angeschlossen sind der Bericht über Nagibins eigene Nachforschungen zu den damaligen Polarexpeditionen (Aufenthalt in Rom und Skandinavien) sowie Reiseberichte aus Belgien, Luxemburg, Wien, Prag, Paris, Auschwitz und aus dem Fernen Osten.

Die Abwendung von den Dogmen des «sozialistischen Realismus» aus der Perspektive eines noch jungen Menschen zeigt das Frühwerk des später zur dokumentarischen Erzählung tendierenden ANATOLIJ KUZNECOV (* 1929 in Kiev). Kuznecov, der inzwischen im Westen lebt, veröffentlichte 1957 seinen Entwicklungsroman «Prodolženije legendy» (Fortsetzung einer Legende), in dem vor allem die Entromantisierung der modernen Arbeitswelt und die Durchbrechung des Klischees vom «Helden der Arbeit» auffallen. Der Abiturient Tolja, der auf eigene Faust nach Sibirien reist, um beim Bau eines Staudamms seine ersten Lebenserfahrungen zu sammeln, sieht vor sich die Notwendigkeit, zunächst einmal sein persönliches Leben zu gestalten, was nicht ohne Auflehnung gegen die Umwelt, gegen Gleichgültigkeit und Routine möglich erscheint. Eine ähnliche Thematik ist noch in der Erzählung «Maša» (1959) zu konstatieren, oder auch in «Štorm na puti v Stokgoľm» (1965; Sturm auf der Reise nach Stockholm), wo die politische Realität es vereitelt, daß die Liebesbeziehung eines jungen Schweden zu einem russischen Mädchen – während einer Schiffsreise über die Ostsee – zu einem Happy-end führt.

Besondere Beachtung hat vor allem Kuznecovs autobiographischer Roman «Babij Jar» (1966) gefunden, in dessen Mittelpunkt die Massenerschießung der Kiever Juden 1941 nach dem Einmarsch der deutschen Wehrmacht steht. Kuznecov hat dieses Buch einen «Dokumentarroman» (roman-document) genannt, und tatsächlich sind in die Erzählung aus der deutschen Besatzungszeit, die Kuznecov als Knabe miterlebte, echte Dokumente (Aufrufe, Maueranschläge und Zeitungsausschnitte, Wehrmachtsberichte usw.) eingeflochten.

Der Roman, der eines der verfänglichsten und sonst gern gemiedenen Themen der jüngeren Vergangenheit behandelt, ist sehr lebendig geschrieben. Die Verbindung von Zeitgeschichte und Autobiographie (die vorsichtige Bekenntnisse nicht ausschließt) zeigt erneut Kuznecovs Vorliebe für den Erziehungsroman und für das Problem der Psyche des heranwachsenden Menschen.

Durch die Erinnerung an das grausige Schicksal der sowjetischen Juden im Krieg erhielt das Buch eine zusätzliche politische Funktion, die auch in den folgenden Jahren aktuell bleiben mußte. Den Roman «Babij Jar» hat der Autor bald nach seiner freiwilligen Übersiedelung ins Exil unter seinem neuen Schriftstellernamen A. Anatolij (Kuznecov) neu herausgegeben (1970). Diese Fassung enthält Zusätze aus den Jahren 1967 bis 1969 und daneben Stellen, die Kuznecov in der ersten Fassung nicht hatte drucken lassen können. Dokumentarisch sind hier von besonderem Interesse die nachträglichen Erläuterungen Kuznecovs zur Sprengung der Hauptstraße Kievs, des «Krešcatik», nach dem Einmarsch der deutschen Truppen, sowie zur Zerstörung des Kiever Höhlenklosters am 3. November 1941.

2. ALEKSANDR SOLŽENICYN

ALEKSANDR SOLŽENICYN (* 1918 in Kislovodsk) ist seit der Mitte der sechziger Jahre weltweit nicht nur als Autor zeitkritischer und historischer Dichtungen monumentalen Zuschnitts, sondern auch als eigenwillige und alle beschönigenden Kompromisse verschmähende Figur der Zeitgeschichte bekannt geworden.

1970 wurde ihm der Nobelpreis zugesprochen, und nach mehrjährigen, von der Weltpresse stark beachteten Auseinandersetzungen mit dem sowjetischen Regime wurde er 1974 zwangsweise aus der Sowjetunion ausgeflogen.

Solženicyn, der in Südrußland (Rostov am Don) aufwuchs,

studierte vor dem Krieg in Moskau Mathematik, Geschichte, Philosophie und Literatur. Den Gedanken an den Schauspielerberuf mußte er wegen eines Kehlkopfleidens aufgeben, und seinen Broterwerb fand er schließlich nach Krieg und Lagerhaft (1945–1953) als Mathematiklehrer. Bis 1956 lebte Solženicyn noch weiter in der Verbannung, erst danach wurde er rehabilitiert, er fand schließlich eine Bleibe in der zentralrussischen Stadt Rjazań.

Das erste Werk Solženicyns, das mit höchster Erlaubnis zur Veröffentlichung freigegeben wurde, war der Roman «Odin deń Ivana Denisoviča» (1962; ein Tag des Ivan Denisovič), in dem das Lagerleben der Zwangsarbeiter in der Zeit des Terrors beispielhaft und authentisch beschrieben wird. Nach Solženicyns eigenem Bekenntnis knüpft der Roman in seiner Gestalt an einen Lieblingsgedanken L. TOLSTOJS an, die Ereignisse eines einzigen Tages zum Gegenstand eines Romans zu machen (vgl. Tolstojs Erstlingswerk: «Istorija včerašnego dnja»; 1851; Geschichte des gestrigen Tages).

SOLŽENICYN verzichtet ganz gewiß aus guten Gründen darauf, die Wertungen des Häftlings Ivan Denisovič Šuchov vor dem Gewissen eines persönlichen Erzählers zu verantworten und sich auf eine distanzierte Stellungnahme einzulassen. Alle Wahrnehmungen entsprechen dem unter ganz bestimmten eingeschränkten Bedingungen arbeitenden Bewußtsein des Zimmermanns Šuchov, und die Äußerung dieser Wahrnehmungen erfolgt häufig in unpersönlich-verallgemeinernden Wendungen, die sich dabei unbestimmter Pronomina wie *man*, das im Russischen auf vielfältige Weise umschrieben werden kann, oder auch des gnomischen *du* bedienen. Der Held Ivan Denisovič ist zwar der Ausgangspunkt der Perspektive des Erzählens, jedoch ist diese Figur stellvertretend für alle anderen gemeint, die Individualität erschöpft sich in der bestimmten Häftlingsnummer. Dem entspricht genau auch die Auffassung der Zeit, die nur einen relativen Fixpunkt erreicht. Die Erzählung endet mit dem sarkastischen Satz: «Der Tag war vergangen, durch nichts getrübt, nahezu glücklich. Solcher Tage waren es in seiner Haftzeit vom Wecken bis zum Zapfenstreich 3653. Drei Tage zusätzlich, wegen der Schaltjahre.»

Der Tag hinter Stacheldraht, der Fiktion zufolge ein Januartag des Jahres 1951, ist nicht durch die Wertmaßstäbe und nicht durch das Vokabular des normalen freien Menschen geprägt. Solženicyn greift hier jene Wertungen und jene Sprache auf, die wirklich der Unmittelbarkeit und dem allgemeinen Jammer des Lagers entspringen: die unverblümte Sprache der Alteingesessenen, den Jargon, der dieser degradierten Wirklichkeit entspricht. Es stellt sich heraus, daß Šuchov ein gewitztes Kind dieser Welt ist, nahezu ein Schelm, dem wir weniger unser Mitleid als unsere stille Sympathie schulden. Die scheinbare Spannungslosigkeit der Handlung wird kompensiert durch das Interesse, das das Bestehen dieses einen Tages erregt, ein kompliziertes Problem, das unablässig nicht nur physische Zähigkeit, sondern auch vorausschauende Kombinationsgabe fordert.

Solženicyns genauer und lakonischer, scheinbar «unbeteiligter» Bericht stellt in Sprache und Erzählform ein nahtloses Kunstwerk dar, das in der russischen Literatur schon heute einen besonderen Platz einnimmt.

Beachtung verdient ebenso Solženicyns Erzählung «Matrënin dvor» (1963; Matrjonas Hof), die man als ein Lob der Armut und der Bedürfnislosigkeit, als ein Lob der Hilfsbereitschaft und der Heiterkeit des Herzens auffassen kann. Die Heldin der Erzählung, die noch in den fünfziger Jahren spielt, die alte Bäuerin Matrëna, ist ebenfalls weniger konkrete Person als vielmehr symbolische Mitte einer imaginären Welt, der Welt des alten, versinkenden Rußland. Matrënas Weg ist der Weg einer *Gerechten*, so wird sie ausdrücklich mit dem biblischen Wort genannt, aber einer Gerechten mitten in der Welt, einer Gerechten mitten aus dem russischen Volk.

Der Erzähler, dessen Schicksal hier nur indirekt beleuchtet wird (auch er ist Heimkehrer aus der Verbannung), beobachtet und erforscht Matrëna in ihrer Umwelt, und er wird nach ihrem tragischen Tod schließlich zum «Hagiographen», der Matrënas Legende niederschreibt. Die Erzählung könnte beinahe *erbaulich* genannt werden, doch bleibt Solženicyn mit seinem distanzierten Humor der didaktischen Haltung ebenso fern wie jeder Trivialität.

Solženicyn kokettiert in Sprache und Requisiten zwar mit den religiösen Legenden des russischen Volkes; der eigentliche Sinn der Erzählung ist jedoch nicht die Verherrlichung des gottgefälligen Lebens der Matrëna, sondern die sarkastische

Entlarvung des Durchschnittsinteresses der Menschen und der Durchschnittssorgen auf dieser Welt. Gerechter und ehrlicher als die meisten Menschen erscheinen dem Erzähler sogar Matrënas Küchenschaben, die er respektvoll erwähnt: «Ich hatte mich an sie gewöhnt, denn in ihrem Rascheln war nichts Böses, war keine Lüge. Sie lebten, um zu rascheln.»

In der gleichzeitig erschienenen Erzählung «Slučaj na stancii Krečetovka» (1963; der Vorfall am Verschiebebahnhof Krečetovka) beschwört Solženicyn die Tragik der ersten Kriegsmonate (Oktober 1941) und zwar am Beispiel der sogenannten *Okružency*, der Soldaten, die aus den großen Kesselschlachten entkommen sind und dabei nur die nackte Haut gerettet haben. Diese ehemaligen Kämpfer werden jetzt in Sammeltransporten abgeschoben und müssen – zunächst dem NKWD unterstellt – fast als vogelfrei gelten. Die spontanen menschlichen Regungen, die der junge Leutnant Vasja Zotov, diensthabender Offizier der Bahnhofskommandantur, im Gespräch mit einem dieser Unglücklichen, einem ergrauten Schauspieler des Moskauer dramatischen Theaters fühlt, werden indessen schnell erstickt. Zotov, der biedere, aber eigentlich anständige Durchschnittsvertreter der mittleren Sowjetintelligenz, schöpft aus einem Mißverständnis den Verdacht, einen «Agenten» vor sich zu haben und liefert seinen Gesprächspartner am Ende den NKWD-Stellen aus.

Nach einigen weiteren kleineren, im ganzen weniger bedeutenden Veröffentlichungen setzte Solženicyn seine ganze Hoffnung auf den 1963–1965 entstandenen Roman «Rakovyj korpus» (Krebsstation), der noch 1967 von der Zeitschrift «Novyj mir» und ihrem damaligen Redakteur A. Tvardovskij angenommen wurde. Einflußreiche Kreise hintertrieben jedoch den Druck, und so zirkulierten zunächst nur die privat vervielfältigten Exemplare des «Samizdat» (was nicht «Selbstverlag», sondern etwa «Handverlag» bedeutet). Das bald ins westliche Ausland gelangte Werk wurde dort 1968 gleich mehrfach auf russisch verlegt.

«Krebsstation» ist zunächst die Geschichte einer Krankheit, die Geschichte der gelungenen Heilung eines Krebsleidens, und der Held des Romans, der frühere Lagerhäftling Kostoglotov, trägt zweifellos autobiographische Züge. Das Krebskrankenhaus, in dem der Roman spielt, liegt in der mittelasiatischen

Region der Sowjetunion, und Solženicyn selbst wurde Anfang 1954 in Taschkent wegen einer ernsten Krebserkrankung stationär behandelt. Der damaligen Genesung schreibt er in seiner literarischen Autobiographie «Bodalsja telënok s dubom» (1975; es raufte das Kalb mit der Eiche) eine besonders tiefe Bedeutung zu, er nennt sie dort ein «Wunder Gottes». Die symbolische Bedeutung hingegen, die Freund und Feind in den Titel «Krebsstation» hineingelesen haben, der eigentliche Krebspatient sei Rußland, hat Solženicyn nie akzeptiert. 1967 hat er sich in diesem Sinn klar geäußert, daß es sich um den «Krebs als solchen» handele, im Endeffekt aber um die «Überwindung des Todes durch das Leben, der Vergangenheit durch die Zukunft.»

Tatsächlich verschließt sich der Roman weitgehend einer allegorisch-politischen Deutung, und die politische Sprengkraft, die der Roman gleichwohl enthält, wirkt vor allem indirekt in der kritischen Aufhellung und in der Konfrontation der Lebenseinstellung so vieler einzelner auf engem Raum zusammengedrängter Patienten. Es ist die Krankheit, die dadurch, daß sie Jung und Alt, Arm und Reich gleich macht, die Unterschiede auf der moralischen Ebene aufdeckt. Es geht hier wirklich um das praktische Leben, um die Beziehung zum «Nächsten», um die vielfältigen Erprobungen des Charakters.

«Krebsstation» ist ein von der Romantechnik her gesehen sujetarmes, sozial jedoch äußerst komplexes und künstlerisch sehr glücklich ausgewogenes Epos des menschlichen Erduldens, der Selbstüberwindung und des menschlichen Hoffens.

Solženicyns anderes gleichfalls 1968 im Ausland veröffentlichtes Werk hatte nicht einmal die Chance einer Veröffentlichung in der Sowjetunion. Es ist dies der schon etwas früher beendete Roman «V kruge pervom» (im ersten Kreis), dessen Thematik ausgesprochen politisch ist.

Mehrere Handlungsstränge verknoten sich hier schicksalhaft, indem sie alle zum gleichen Zeitpunkt an eine kritische Wende kommen. Der Roman spielt gleichzeitig auf drei Ebenen: in der Umgebung des Sowjetdiplomaten und Staatsrates 2. Ranges Innokentij Volodin, in einem Lager für technisch hochqualifizierte Sonder-Häftlinge und in der privaten Umgebung Stalins. Der Schauplatz ist Moskau mit seiner näheren

Umgebung, die Handlungszeit umfaßt nur wenige Tage gegen Ende Dezember 1949.

Solženicyn verzichtet hier auf den «zentralen» Helden und macht zu seinem künstlerischen Anliegen den Zauberkreis der diabolischen Macht, der sich um alle Figuren zusammenzieht, und dem niemand zu entrinnen vermag, nicht einmal Stalin selbst.

Das von Stalin direkt inspirierte Arbeitsprojekt der gefangenen Techniker und Wissenschaftler ist sowohl für die Fabel als auch für die sehr offene Gesellschaftskritik Solženicyns maßgebend: der Selbstverrat durch die menschliche Stimme, durch die menschliche Sprache. Volodin wird ins Gefängnis gebracht, nachdem er durch die Analyse seiner Stimme, die bei einem Telefonanruf festgehalten worden ist, in den engsten Kreis der Verdächtigen gekommen ist, einen bekannten Arzt vor der Verhaftung gewarnt zu haben. Und mit der akustischen Identifizierung von Stimmen («Phonoskopie») beschäftigen sich die in dem Lager Mavrino inhaftierten Wissenschaftler.

Der Roman hat aber im weitesten Sinne mit der Sprache als Kommunikationssystem zu tun, und in keinem Werk Solženicyns ist der Wortlaut der Sprache so wichtig, gibt es so viele Wortspiele, so viele feine Nuancen in den Benennungen, so viele politische Anspielungen auf der Ebene der Semantik, so viele parodistische Entlarvungen wie in «V kruge pervom».

«V kruge pervom» ist ein bewußt «polyphon» aufgebautes Werk, das sich aus einer großen Zahl von «Stimmen» zusammensetzt, und alle möglichen «Redeformen» (Erzähl-Monolog, Dialog, Sprache des Bewußtseins) abwechselnd in den Vordergrund stellt.

1971 wurde, abermals im Ausland, ein neuer Roman Solženicyns verlegt, der vom Autor als «erster Knoten» einer historischen Epopöe bezeichnet ist: «Avgust Četyrnadcatogo» (August Vierzehn). Die auf mehrere Fortsetzungsbände berechnete Romanchronik ist als ein Versuch zu werten, in Idealkonkurrenz mit Tolstojs «Krieg und Frieden» die Geschichte der russischen Revolution zu erzählen und das Schicksal Rußlands im 20. Jahrhundert zu deuten.

«August Vierzehn» beschäftigt sich vor allem mit der Niederlage der russischen Armee des Generals Samsonov in Ostpreußen, mit der sogenannten Tannenbergschlacht. Unübersehbar ist jedoch auch, daß die Geschichte verschiedener russischer Familien, also das Leben im Hinterland, den Vorgängen erst Relief gibt. Die Rolle, die Napoleon Bonaparte in Tolstojs «Krieg und Frieden» spielte, ist in der Romanchronik offenbar Lenin zugedacht. Die Leninkapitel der Knoten 1–3 (neben «August Vierzehn» lauten die weiteren vorgesehenen Titel «Oktober Sechzehn» und «März Siebzehn») sind 1975 in Paris separat unter dem Titel «Lenin v Cjuriche, Glavy» (Lenin in Zürich, Kapitel) erschienen.

Über die «Knoten» in Solženicyns Revolutionschronik kann man noch nichts aussagen, doch läßt der Kriegsroman erkennen, daß eine bestimmte Moral stark überwiegt. Volkssprichwörter und euphorische Betrachtungen über die Kraftreserven des russischen Volksgeistes, der nichts von Unterwürfigkeit hält, ja selbst die an Don Quijote gemahnende Ritterlichkeit des Generals Samsonov in ihrer «erhabenen Traurigkeit» stehen über den defätistischen und zugleich revolutionären Parolen des Fähnrichs Lenartovič, der Student der Petersburger Universität ist und den einzigen Wunsch hat, aus dem verhaßten Krieg zu desertieren.

Stilistisch und erzähltechnisch ist Solženicyns Kriegsroman, der auch der deutschen Führung ungewohnte Beachtung schenkt, vielschichtig und abwechslungsreich, durchsetzt mit ungewöhnlichen und archaisierenden Redewendungen.

Unmittelbaren Anlaß für Solženicyns Deportation aus der Sowjetunion war der Ende Dezember 1973 wiederum im Ausland erschienene erste Band «Archipelag Gulag. 1918–1956. Opyt chudožestvennogo issledovanija» (das Inselmeer Gulag. 1918–1956. Versuch einer künstlerischen Untersuchung). Dieses inzwischen auf mehrere Bände angeschwollene Werk hat sich zum Ziel gesetzt, die Geschichte der sowjetischen Straflager aus der Perspektive weniger des distanziert betrachtenden Historikers als des selbst betroffenen Intellektuellen und des immer engagierten Schriftstellers in den Griff zu bekommen. Durch die Bündelung hunderter von privaten Schicksalen, durch den Versuch historischer Verallgemeinerung und durch eine durchaus auch von künstlerischen Gesichtspunkten bestimmte typologische Gliederung ist hier eine eindeutige Darstellung entstanden, die als Protest gegen die Geschichte der zurückliegenden 55 Jahre und als Ausdruck unbeugsamer Opposition ernst genommen zu werden verdient.

3. Das revidierte Kriegsbild

Unter den auf Kriegsbücher spezialisierten jüngeren Autoren verdient vor allem Grigorij Baklanov (* 1923 in Voronež) Interesse. Baklanov gehört zu jenen jungen russischen Offizieren, die kriegsfreiwillig an die Front gingen und erst nach dem Krieg im Moskauer Gořkij-Literaturinstitut das literarische Handwerk lernten. Bisher entstammen seiner Feder drei größere romanartige Erzählungen vom Krieg und ein Roman über den für die Sowjetunion katastrophalen Beginn des Krieges. Baklanovs Kampfschilderungen sind besonders repräsentativ für die nach dem XX. Parteitag (1956) zu konstatierende Revision des Bildes von den Schlachten des letzten Krieges.

In den Vordergrund treten die blutigen Tatsachen des unvorstellbar großen Verschleißes lebendiger Menschen und das Problem der moralischen Verantwortung der Führung vor den eigenen Soldaten und dem eigenen Volk.

Im Zentrum der Geschichte «Južneje glavnogo udara» (1958; südlich des Hauptstoßes; ursprünglich erschienen unter dem Obertitel *Devjať dnej*; neun Tage) stehen die Kämpfe der russischen Artillerie am Plattensee im letzten Kriegswinter, die Abwehr gegen schwere deutsche Gegenangriffe im Angesicht des baldigen Sieges und des sehnlich erwarteten Kriegsendes.

In der ebenso umfangreichen Erzählung «Pjaď zemli» (1959; eine Spanne Boden) geht es um das verlustreiche Halten eines Brückenkopfes am Dnestr im Sommer 1944. Die hier von Baklanov gewählte Ich-Form des Erzählens (mit den Augen des Artillerieleutnants Motovilov) verleiht der krassen, aber bewußt perspektivisch begrenzten Schilderung die nötige Lebenswahrheit und gibt auf jeden Fall einen Begriff von der Situation des sowjetischen Soldaten in der eisernen Klammer zwischen den deutschen Panzerangriffen und der ständigen Drohung mit Feldgericht, Strafbataillon und Erschießen wegen Feigheit vor dem Feind.

Baklanov wählt offenbar mit vollem Bedacht extreme Situationen und den Kampf auf fast verlorenem Posten, um seinen Erzählungen das harte Relief zu geben, vor dem erst die übermenschlichen Anstrengungen und Opfer der sowjetischen Seite in diesem Krieg klar sichtbar werden.

Die Erzählung «Mërtvyje sramu ne imut» (1961; auf die

Toten fällt keine Schande) spielt mit ihrem Titel auf die historische *Nestorchronik* (zum Jahr 971) an und paraphrasiert ein Wort, das der Fürst Svjatoslav den russischen Kriegern in die Schlacht gegen die Byzantiner mitgab. Bei der Wiedereroberung der Ukraine gerät eine Artillerieabteilung im Winter bei einem starken Gegenangriff in einen Hinterhalt und wird bis auf ein paar Überlebende von Panzern zusammengeschossen.

In dieser vor einem «olympischen», alle menschlichen und taktischen Zufälle überschauenden Standpunkt aus erzählten Geschichte ist das Hauptproblem die Gewissensfrage nach dem persönlichen Engagement und der Härte gegen alle Anwandlungen von Panik. Der überlebende Stabschef der Abteilung, Hauptmann Iščenko, ist dem Desaster nur durch eine Kapitulation vor sich selbst und seiner Aufgabe entronnen, und sein eigenes Gewissen überliefert ihn der Schande, obwohl es am Schluß offen bleibt, ob er vor ein Kriegsgericht gestellt werden wird.

Es kann nicht verwundern, daß unter diesen Umständen das Bild der Deutschen, die teils als Gefangene, teils als Mörder russischer Gefangener, teils als mitleidslose Besatzer Rollen zu übernehmen haben, von einer rühmlichen Ausnahme (in «Mërtvyje sramu ne imut») abgesehen, im höchsten Grade abstoßend erscheint.

Mit seinem Roman «Ijul' 41 goda» (1965; Juli 1941) hat BAKLANOV den Versuch unternommen, die Schicksale ausgewählter Personen mit dem weiten historischen Hintergrund der militärischen Katastrophe des Sommers 1941 und mit der exakten Schilderung operativer Entscheidungen auf der Ebene eines Armeekorps in Einklang zu bringen. Da es Baklanov darauf ankommt, die Fehler und Versäumnisse Stalins und der obersten militärisch-politischen Führung der Roten Armee bloßzulegen, gleichzeitig aber auch die moralische Überlegenheit der Sowjetsoldaten über ihre Gegner zu demonstrieren, kann sich die Handlung nicht wirklich frei entfalten und wirkt stellenweise ziemlich konstruiert. Die durch sowjetische militärwissenschaftliche Veröffentlichungen hinreichend gestützten Thesen des «allwissenden» Historikers verdrängen die eigentlich romanmäßige Personengruppe von ihrem vorderen Platz und alles geht schließlich wie eine juristische Urteilsbegründung bis auf den letzten Rest auf.

Zu den nach dem XX. Parteitag in den Vordergrund getretenen Autoren der jüngeren Frontkämpfergeneration gehört auch Jurij Bondarev (* 1924 in Orsk). Seine ersten Erzählungen schrieb Bondarev, der im Goŕkij-Literaturinstitut lernte, unter dem Einfluß von K. Paustovskij (gesammelt 1953: «Na boĺsoj reke»; am großen Fluß). Sein 1957 veröffentlichter Roman «Bataĺjony prosjat ognja» (die Bataillone bitten um Feuerunterstützung) ist ohne Zweifel ebenso typisch für die neue Welle der Kriegsliteratur wie Grigorij Baklanovs Romane und Erzählungen.

Bondarevs Hauptproblem ist hier die Opferung von Soldaten, die allein ihrem Schicksal überlassen werden, im Interesse operativer Entscheidungen, die weit hinter der Frontlinie fallen. Aus der Perspektive des Frontoffiziers, eines Artilleristen, der die völlige Vernichtung seiner Leute und der ihm anvertrauten Infanteristen erlebt, schildert Bondarev die ganze Hoffnungslosigkeit und den verzweifelten Wahnsinn des Krieges so, wie er in den vordersten Linien wütet. Bondarev verbindet die fortlaufende Entwicklung einer bestimmten taktischen Situation (die vergebliche Bildung eines Dnepr-Brückenkopfes im Oktober 1943) mit der konkreten psychologischen und physischen Wirklichkeit, wie sie nur der einzelne in sich und an sich erlebt. Wenn auch der Patriotismus letztlich über alle Anfechtungen triumphiert, so ist doch die ungewöhnliche Belastung der sowjetischen Kämpfer, die vor sich den Feind und hinter sich das unbarmherzige Kriegsgericht wissen, genauso freimütig wie bei Baklanov dargestellt.

Eine Auseinandersetzung um die Verantwortlichkeit des Truppenführers für Leben und Tod der ihm unterstellten Soldaten ist auch Bondarevs nächster Kriegsroman «Poslednije zalpy» (1959; die letzten Salven). Der Schauplatz ist das Grenzgebiet zwischen Polen und der Slowakei in den Karpathen, und die taktische Situation ist auch hier wiederum die verlustreiche Abwehr eines deutschen Panzerdurchbruchs (Herbst 1944). Noch deutlicher als in dem früheren Roman geht es hier um die Einstellung jedes einzelnen zum Opfer des Lebens, um persönliche Bewährung und Todesangst. Das Geschehen konzentriert sich auf eine einzige Geschützbatterie und die ihr zugeteilte Sanitäterin; der Zeitplan umfaßt nur einen Tag und zwei Nächte.

BONDAREV verzichtet nahezu ganz auf umständliche Beschreibungen und auktoriale Zusammenfassungen. Seine Stärke ist die Isolierung der personalen Wahrnehmung, die genaue Fixierung atmosphärischer Details und physischer Reize. Neben die knappe Umgangssprache des Dialogs schiebt sich die handgreifliche Wirklichkeit menschlichen Lebens, dessen Signale und Impulse sich vor allem in einer dichten Fülle von prägnanten Verben zu erkennen geben.

Auch im Westen erregte Bondarevs folgender Roman mit dem hintergründigen Titel «Tišina» (1962; Stille) Aufmerksamkeit. Der Autor versucht hier den Empfindungen seiner eigenen Generation Ausdruck zu geben, die nach der glücklichen Heimkehr aus dem Krieg zum erstenmal bewußt und am eigenen Leibe die Lautlosigkeit des kalten Unrechts und der nackten Terrorherrschaft erlebte. Die jähe *Stille*, die sich plötzlich vor den erwartungsvollen und durch die Front vor den Jahren gereiften Kriegsheimkehrern auftut, wird durch hastige Lebensgier, durch Studium, Liebe und unbekümmerten Zynismus nur scheinbar ausgefüllt.

Die ehemaligen Schulkameraden Sergej Vochmincev und Konstantin Korabelnikov, die sich in Moskau 1945 wieder getroffen haben, fühlen sich wie von häßlichen Masken umgeben und würgen an dem Ekel, den ihnen auf allen Seiten zaghafte Vorsicht, Strebertum und Tarnung der wahren Gesinnung einflößen. Bondarev erfindet eine ziemlich melodramatische Intrige, um die verworrenen Aktionen glaubhaft zu machen, was sicher Zeichen einer noch nicht ganz ausgereiften Konzeption ist. Diesen Mangel beseitigt der Autor dann in der Fortsetzung des Romans («Dvoje»), die Konstantin und seine junge Frau allein im Mittelpunkt des Geschehens sieht. Der psychologische Orientierungspunkt der Erzählung liegt in «Tišina» bei Sergej, der im gleichen Alter wie der Autor selbst gedacht ist und der schließlich, zu Unrecht verdächtigt, nach der plötzlichen Verhaftung seines Vaters aus dem Bergbauinstitut ausgestoßen wird. Sergej steht am Ende vor dem Nichts und muß sein weiteres Glück als Bergarbeiter in Mittelasien versuchen.

Im folgenden, unter dem Titel «Dvoje» (1964; die Zwei) erschienenen Teil des Romans beschäftigt sich BONDAREV mit den letzten Tagen vor Stalins Tod (Ende Februar-Anfang März 1953). Konstantin, der als Taxifahrer in Moskau vor dem Ein-

gang eines Hotels im Stadtzentrum in eine an sich nebensäch-
liche Auseinandersetzung verwickelt wird, bei der er seine als
Trophäe aus dem Krieg herübergerettete und bisher verheim-
lichte Walther-Pistole zieht, verfängt sich durch verschiedene
unbedachte Reaktionen in den unsichtbaren Fangarmen eines
Systems, das ihn mit lautloser und daher um so panikerregen-
derer Beharrlichkeit einzukreisen scheint. Die extreme Situation
des Helden gleicht streckenweise den fieberhaften Angstträu-
men Raskoľnikovs, und verschiedene Episoden lehnen sich sowohl im Hinblick auf die Typisierung der handelnden Figuren
als auch auf die sprachlichen Ausdrucksmittel eindeutig an
DOSTOJEVSKIJ an.

Der auf wenige Tage zusammengedrängte Zeitablauf findet
sein räumliches Gegenstück in der eindringlichen Beschreibung
bestimmter Stellen der Moskauer Innenstadt, die in der Folge
mehrmals von dem Helden und seinem Taxi berührt werden
und deren einzelne Kennzeichen zu deutbaren Symbolen des
sich zusammenziehenden Fangnetzes, der «immer enger gezo-
genen Kreise» werden.

4. DIE WENDUNG ZUR SATIRE

Die große Zeit der sowjetrussischen Satire (Zamjatin, Zoščenko, V. Katajev, Iľf und Petrov, Bulgakov) war schon in den
dreißiger Jahren abgelaufen. In der Nachkriegszeit spürte
schließlich auch die kommunistische Partei ein Unbehagen bei
der Erkenntnis, daß die Satire praktisch verkümmert war und
sich nur noch in der Einstellung auf den Kampf mit den «Über-
bleibseln des Kapitalismus», mit der «bürgerlichen Ideologie»,
mit den «Volksfeinden» und mit den «Imperialisten» als im
Recht befindlich betrachten konnte.

Auf dem XIX. Parteitag (1952) wurden daher neue Parolen
ausgegeben, die wörtlich folgenden Tenor hatten: «Falsch wäre
es zu glauben, daß unsere Sowjetwirklichkeit kein Material für
die Satire hergäbe. Wir brauchen sowjetische Gogols und
Ščedrins.»

Die Wirkung dieser neuen von oben verkündeten Auffor-
derung ließ zwar noch einige Jahre auf sich warten, aber der
Ruf verhallte nicht ungehört. Anfang der sechziger Jahre erschienen unter dem Schutz von Pseudonymen im Ausland die

Erzählungen zweier sowjetischer Satiriker, die großes Aufsehen erregten: Nikolaj Aržak und Abram Terc. Hier zeigte sich dann allerdings auch, daß echte Gesellschaftssatire vom Sowjetstaat nach wie vor auch nicht halbwegs toleriert wurde.

Die beiden Schriftsteller Aržak und Terc wurden nach der Aufdeckung ihrer Pseudonyme im September 1965 verhaftet und in einem Doppelprozeß im Februar 1966 zu fünf bzw. sieben Jahren Zwangsarbeit verurteilt.

Aržak und Terc machten beide den Versuch, den bloßen «kritischen Realismus» zu überwinden und die Bereiche des Phantastischen, Absurden und Utopischen für die aktuelle Sowjetliteratur zurückzugewinnen. Entsprechend der Tradition der zwanziger Jahre wurde dieses freie Element des Unwirklichen und Spukhaften zur gezielten Satire auf die Wirklichkeit benutzt und so in den Dienst verpflichteter Kritik gestellt. Der im Prozeß erhobene Vorwurf «antisowjetischer» Tendenz kann in der vom Gericht angenommenen Bedeutung kaum akzeptiert werden, da die inkriminierten Werke zwar im Ausland veröffentlicht, aber evidenterweise nicht im Hinblick auf das Ausland konzipiert worden sind. Die meisten Anspielungen betreffen gar nicht weltweite Probleme, sondern innersowjetische Auseinandersetzungen und Spannungen.

NIKOLAJ ARŽAK (* 1925, mit bürgerlichem Namen Julij Daniėľ, als Nachdichter und Übersetzer aus dem Ukrainischen, Armenischen und aus kaukasischen Sprachen hervorgetreten) ist Autor von vier satirisch-grotesken Novellen, die sich jeweils auf eine Provokation konzentrieren und von einer bestimmten, manchmal absurden Annahme ausgehen.

In «Govorit Moskva» (1962; hier spricht Moskau) spielt Aržak mit der Vorstellung, die Regierung könnte einen neuen feierlichen «Tag» verkünden, den «Tag des offenen Mordes». Aus dieser boshaften Provokation ergeben sich aber nicht etwa unabsehbare Folgen, denn nur ganz wenige machen von der Möglichkeit Gebrauch, straflos ihre Mitbürger («ausgenommen Transportarbeiter und Militärpersonen») totzuschlagen. Die Reaktion ist allgemeine Furcht, erklärter Versöhnungswille und offener Anti-Heroismus.

In «Ruki» (1963; die Hände) besteht die Provokation darin, daß dem ehemaligen Tscheka-Mitglied, das diese Geschichte erzählt, bei der Exekution eines Priesters statt scharfer Munition Platzpatronen in seine Waffe praktiziert worden sind. Angesichts des unverletzt auf ihn zukommenden Opfers erleidet der Todesschütze einen Nervenzusammenbruch und kann fortan seine Hände nicht mehr normal gebrauchen. ARŽAK arbeitet, darin Je. Zamjatin nicht ganz unähnlich, mit bloß vorgestellten, experimentellen Situationen, um die Probe auf den Menschen ins Werk zu setzen. Die Erzählungen lassen kompositionsmäßig einen vorgezogenen Gipfel erkennen und enden in einer Art «Anti-Klimax» (Margaret Dalton) mit der eigentlichen Formulierung oder Stellung des Problems.

Die Erzählung «Čelovek iz Minapa» (1963; der Mann aus dem MINAP) ist eigentlich eine nicht ganz seriöse Farce, deren Bedeutung oft überbewertet wird. Mit «Iskuplenije» (1964; die Sühne) hat Aržak jedoch ein Thema angepackt, das in der Sowjetliteratur sonst *tabu* ist: das Problem der mitten unter den Amnestierten straflos lebenden Denunzianten der Jahre bis 1953. Aržak kehrt das Problem in folgenreicher Weise um: der Held der Geschichte, Viktor Vol'skij, ist gar kein Denunziant und wird nur als ein solcher verdächtigt und so lange gehetzt, bis er – in vollkommene Isolierung und Schande getrieben – in eine Nervenanstalt gebracht werden muß. Diese ausdrückliche Verlagerung der Schuldfrage stellt das Gewissen vor das viel schwerwiegendere Problem: Sind nicht eigentlich alle zusammen schuldig, Opfer und Henker, schuldig der passiven Duldung des Unrechts, schuldig deswegen, weil sie «nichts» getan haben oder tun, «nichts Gutes und nichts Böses»? Die Fragestellung ist möglicherweise auch von Kafkas «Prozeß» beeinflußt, mit dem sich Abram Terc (in «Sud idët», s.u.) ebenfalls auseinanderzusetzen scheint.

ABRAM TERC (* 1925, mit bürgerlichem Namen Andrej Sinjavskij, namhafter Literaturhistoriker und Literaturkritiker) ließ seine «Phantastischen Erzählungen» (Fantastičeskije rasskazy) 1961 in Paris drucken.

Geht es Aržak vorwiegend um moralisch-ethische Fragen, so ist Terc ein kühner Kritiker der Phrase, der «uneigentlichen» Sprache der täglichen Wirklichkeit und jenes Geistes, der sich hinter lauter Fiktionen verschanzt. Typisch ist dafür die Satire «Grafomany» (die Graphomanen, entstanden 1960), in der der Moskauer Literaturbetrieb unbarmherzig seziert und aufgespießt wird. Terc geht hier auch mit anerkannten Autoritäten nicht zimperlich um, weil sie, wie der Ich-Erzähler sich ausdrückt, «die Literatur in eine uneinnehmbare Festung verwandelt» haben.

Die kleine Erzählung «Kvartiranty» (1959; die Untermieter) ist ein ganz moderner *auditiver* Monolog, Monolog einer Geisterstimme, in der die konkrete Umgangssprache parodiert wird. Der Geist, verschiedener materieller Verwandlungskünste fähig, spricht dabei mit einem Gegenüber *(Sergej Sergejevič)*, dessen Repliken aber nicht hörbar werden. In den umfangreichen Erzählungen «Sud idët» (veröffentlicht 1960; das Gericht erscheint) und «Gololedica» (1961; Glatteis) läßt Terc seiner Phantasie freien Lauf und bringt das Alltagsleben durch absurde und groteske Verschiebungen aus dem normalen Gleichgewicht.

Der Stand des Angeklagten im Schriftstellerprozeß (1966) ist in «Sud idët» eigentlich schon vorweggenommen, in Prolog und Epilog. Es handelt sich jedoch immer um Dinge, die sich außerhalb der Realität abspielen, und dieses Spiel erlaubt und bedingt Übertreibungen, die nur als künstlerischer Ausdruck gewertet werden dürfen. Als Beispiel sei aus dem Prolog von «Sud idët» angeführt, welche groteske Verwandlung Moskau vor der Erscheinung der riesenhaften Hand des «Herrn im Hause» *(Choz jain)* am Morgenhimmel erfährt: «Korallenriffen gleich türmten sich die Gebäude der Kathedralen und der Ministerien. Auf den schlanken Spitzen der Hochhäuser wuchsen Orden und Abzeichen, Wappen und Posamenten. Geformte, gegossene und geschnittene Verzierungen, alle aus purem Gold, bedeckten die massigen Steinklötze. Das war Granit, mit Spitzen bezogen, Eisenbeton, übermalt mit Blumensträußen und Monogrammen, rostfreier Stahl, zur Verschönerung mit Crème bestrichen.»

Der utopische Roman «Ljubimov» (im Roman Name einer Phantasiestadt) ist in den Jahren 1962/63 entstanden. Auch hier geht es nur vordergründig um die Frage der sozialen Utopie, und Terc ist wiederum ganz allgemein an parodistischer Sprachkritik und Ausdruckskritik interessiert. Die Stimmführung ist äußerst witzig und voller verrückter Einfälle, die sich manchmal bis zur Sprachgroteske steigern. So tritt etwa ein Korrespondent der bürgerlichen Zeitung: «*Perdit intrigan vrot och Amerika»* auf, und an Zitaten, parodistischen Einlagen und Wortspielen herrscht ganz gewiß kein Mangel.

Terc setzt damit eine Tradition fort, die in den zwanziger Jahren durch I. Ėrenburg, Iľf und Petrov sowie Zoščenko begründet wurde. Man sollte daher auf keinen Fall über die Bedeutung von A. Terc allein auf Grund von Übersetzungen urteilen.

Abram Terc (Andrej Sinjavskij) wurde nach Verbüßung der jahrelangen Haftstrafe erst 1971 entlassen und erhielt 1973 mit seiner Familie die Genehmigung zur Ausreise aus der Sowjetunion. Er lebt jetzt als Professor für russische Literatur in Frankreich. Nach dem Prozeß wurden in New York Aphorismen und Betrachtungen des Dichters unter dem Titel «Mysli vrasploch» (1966; unzusammenhängende Gedanken) herausgegeben, die zum Teil an V. Rozanov (s.o.) anknüpfen und eine endgültige Wendung zum Christentum markieren. Während der Haftzeit (1966–1971) entstand ein neues Manuskript, das ebenfalls in die Nähe der «inneren Monologe» Rozanovs gehört (Beobachtungen über Mitmenschen, Betrachtungen zur Literatur, zur Kunst und Geschichte, Gesprächsfetzen, Lesefrüchte, Bekenntnisse). Dieses Buch erschien 1973 in London unter dem Titel «Golos iz chora» (Stimme aus dem Chor) und besteht aus jenen Texten, die Sinjavskij in Briefen an seine Frau Maria aus dem Lager senden konnte.

Ein vielversprechendes Talent unter den Satirikern dieser mittleren Generation ist heute der von serbischen Vorfahren abstammende VLADIMIR VOJNOVIČ (* 1932 in Stalinabad).

Vojnovič ist als Vertreter der «jungen» Prosa seit 1961 bekannt. Seine ersten Erzählungen «My zdeś živëm» (1961; wir leben hier) und «Choču byť čestnym» (1963; ich möchte ehrlich sein) zeugen von einer kritischen und unabhängigen Haltung gegenüber allen «offiziösen» Formeln und Klischees. Da Vojnovič ein Meister des pointierten und schlagfertigen Dialogs ist, hatten seine Erzählungen auch in Bühnenversionen während der zweiten Hälfte der 60er Jahre großen Erfolg.

Schwierigkeiten mit den Behörden zog sich Vojnovič u. a. durch die Publikation von Werken im westlichen Ausland zu (1973), sowie durch seinen Protest gegen die Neudefinition der Autorenrechte im gleichen Jahr. 1974 wurde er aus dem Schriftstellerverband ausgeschlossen. Sein Hauptwerk (im Ausland

1969 auszugsweise, 1975 soweit vorliegend vollständig veröffentlicht) ist bisher der Schelmenroman «Žizń i neobyčajnyje
priključenija soldata Ivana Čonkina» (das Leben und die ungewöhnlichen Abenteuer des Soldaten Ivan Čonkin), von ihm
selbst als «anekdotischer Roman» bezeichnet. Ivan Čonkin, der
Schelm im Soldatenrock, wird vom Autor als Instrument zur
Entlarvung der menschlichen Dummheit und der Brüchigkeit
der moralischen Grundlagen im sowjetischen Alltagsleben eingesetzt. Vojnovič, der sich hier als ein echtes und starkes sati-
risches Talent erweist, demonstriert durch Autorenironie pro-
vozierende Situationskomik, durch sprachlich naturgetreu de-
formierte Dialoge und groteske Träume den unüberbrückbaren
Abstand zwischen «natürlichem» menschlichen Verhalten und
der «unnatürlichen» Reglementierung gesellschaftlicher «Normen» in der Zeit des Stalinismus. Die Einmischungen des
«Autors» tragen dabei bisweilen aphoristischen Charakter: «Ein
Meeting ist eine Maßnahme dergestalt, daß sich viele Leute
versammeln und die einen das reden, was sie nicht denken, und
die anderen das denken, wovon sie nicht reden».

Die Zeit des Kriegsausbruchs (Frühsommer 1941) suggeriert
zweifellos das literarische Vorbild des «braven Soldaten Švejk»,
aber in der Titelwahl, in der Handhabung der Autorenfiktion
und in der Ausfaltung des Sujets (doppelte Personenverwechs-
lungen, absurde Abenteuer, groteske Verwandlungen im Spiel
mit der Grenze zwischen Tier und Mensch) lehnt sich Vojnovič
gleichermaßen an die Tradition des älteren Schelmenromans
und der russischen Komödie (Narežnyj, Gogol') an, wie an die
erfolgreichen Autoren der zwanziger Jahre: Zoščenko, Kaverin, Bulgakov, Il'f und Petrov. Gerade durch seine Sturheit als
eingeteilter und nie abgelöster Posten vor einem havarierten
und dann im unbedeutendsten Dorf «vergessenen» Militärflug-
zeug beschwört Čonkin alle tragikomischen Verwicklungen
selbst herauf. Sein Mutterwitz, sein männliches Format und
seine «goldene» Einfalt bewahren ihn bis zum Ende des zweiten
von insgesamt fünf geplanten Teilen des Werkes vor den
schlimmsten Folgen aus der Verzwicktheit der Lage, in die ihn
sein offener bewaffneter Widerstand gegen die Staatsgewalt gebracht hat.

5. Die Gestaltung des neuen Lebens und die Konflikte der Jugend

Es kann keinen Zweifel daran geben, daß seit den sechziger Jahren in der sowjetrussischen Prosa neue dynamische Tendenzen zum Tragen kommen, die eine Evolution der Erzählformen und eine Evolution des literatursprachlichen Standards in allen Ausdrucksbereichen mit sich bringen. Da es zu früh ist, mitten in dieser Entwicklung jetzt schon typologische Linien herauszuarbeiten, und da viele jüngere Autoren, die vor einigen Jahren kaum dem Namen nach bekannt waren, erst auf dem Wege sind, allgemeine Anerkennung bei der Kritik und beim Leser zu finden, können hier nur diejenigen Erzähler berücksichtigt werden, die schon seit längerem die Wege zu dem sich andeutenden Wandel gewiesen haben.

Verdiente Beachtung hat – auch beim westlichen Publikum – der Erzähler und Filmregisseur Vasilij Šukšin (1929–1974) gefunden, dem noch postum für seine Filmarbeit der Leninpreis verliehen wurde.

Als Verfasser von Kurzgeschichten und Skizzen hat Šukšin in den 60er Jahren einen eigenen trockenen und lakonischen Stil entwickelt, in dem die Pointen mehr angedeutet als bewußt herausgearbeitet sind. Šukšins Sinn für psychologische Nuancen verleiht dem Dialog eine starke innere Spannung und hebt an dem sprachlichen Alltagsgeplänkel das Moment des verborgenen Kampfes und des Messens der Kräfte hervor. Die Konflikte erwachsen bei ihm aus den Spannungen zwischen der bäuerlichen Mentalität und den modernen Lebensformen der Kollektivgemeinschaft, die den Abstand zwischen Stadt und Land teilweise verwischen und zu ebenso schmerzlichen wie auch komischen Anpassungsprozessen führen.

Šukšin spürt im Verhalten die Widersprüche auf, die durch politische Erziehung, breitere Allgemeinbildung und neue Konsumgewohnheiten entstanden sind, aber die Diskussion der tieferen Lebensfragen erschöpft sich für ihn nicht in der Alltagssoziologie. Die tragische Wendung, die seine Erzählungen und Filmdrehbücher nicht selten nehmen, ist menschlich begründet, in Schwäche, in frevelhaftem Übermut, in Selbstüberschätzung, in Mangel an Vertrauen. Auch das Böse ist für Šukšin keine soziale, sondern eine existentielle Kategorie.

Die Titel seiner Erzählungen sind nicht leicht übersetzbar, da sie oft nur idiomatische Stichwörter oder Argumente bringen, die erst aus der Geschichte ihren Sinn beziehen (z. B. «Srezal», «Dajës' serdce!», «Zabuksoval», «Šire šag, maestro!», «Gena Projdisvet»).

Zur 300. Wiederkehr der Hinrichtung des Kosakenanführers und Rebellen Steńka Razin hat Šukšin 1971 in der Zeitschrift «Sibirskije ogni» den Roman «Ja prišël dať vam volju. Stepan Razin» (Ich bin gekommen euch die Freiheit zu bringen. Stepan Razin) veröffentlicht. Dieser historische Roman hält sich genau an die überlieferten Fakten und schildert in vorwiegend szenischer Darstellung die listenreiche Kriegführung und das Leben Razins vom August 1669 bis zu seiner Gefangennahme und Hinrichtung (1671). Razin wird aber nicht nur als Kriegsheld dargestellt, sondern das Verhältnis zu seiner Umwelt wird auch durch Glaubensfragen und durch die Frage nach der Macht problematisiert. Razin möchte nicht nur durch Furcht, sondern auch durch Liebe siegen, und Zweifel an seiner brutalen Praxis sind ihm nicht fremd.

Unter den «Erzählungen für das Kino» ist «Kalina krasnaja» (1973; roter Mehlbeerstrauch) durch den von Šukšin kurz vor seinem Tod gedrehten Film am bekanntesten geworden.

Eine Auflockerung der streng schablonisierten Erzählform des «sozialistischen Realismus» wird bei einigen Autoren durch den Einschub von Kurzmonologen (Tagebuchnotizen) der handelnden Mitspieler oder durch eine besondere Segmenttechnik (verschiedene Ich-Erzähler lösen einander im Bericht ab) erreicht. Diese Verfahrensweisen können besonders gut bei Vasilij Aksënov und bei Anatolij Gladilin studiert werden.

Die Einzelperspektiven können sich dabei ähnlich wie zum Beispiel in Boris Pi'lnjaks «Golyj god» (1922; das kahle Jahr) förmlich überlagern, so daß die gleichen Geschehnisse von verschiedenen Seiten aus und unter verschiedenen Wertmaßstäben gesehen werden. Durch die Verwendung dieser Technik wird nicht nur die echte menschliche Wertung erneuert, sondern es wird zugleich die Moral individualisiert und psychologisch analysiert, was letzten Endes im Widerspruch zum totalitären und «parteilichen» Prinzip des «sozialistischen Realismus» steht.

Vasilij Aksënov (* 1932 in Kazań) verbrachte mehrere Jahre seines Lebens (u. a. einen Teil der Schulzeit) im Fernen

Osten und absolvierte zunächst ein Medizinstudium. Literarisch trat er erstmalig 1959 hervor, die ersten Geschichten erschienen in der damals besonders lebendigen Jugendzeitschrift *Junost*. Mit seinem 1961 veröffentlichten Roman «Zvëzdnyj bilet» (die gesternte Fahrkarte) gab Aksënov bereits ein typisches Beispiel für die Sprengung des herkömmlichen Erzählrahmens und die Technik des Berichtes aus wechselnden Blickwinkeln. Zwei Brüder lösen sich im Erzählen in der Weise ab, daß im ersten und dritten Teil der ältere Bruder Viktor zu Wort kommt, ein eben fertiger junger Wissenschaftler, der bei einem Flugzeugunfall ums Leben kommt, im vierten Teil aber der jüngere Bruder des angehenden Raumfahrtmediziners, Dimka, der erst 17 Jahre alt ist und mit einer kleinen Gruppe von gleichaltrigen Schulentlassenen versucht, aus der «normalen» Bahn auszubrechen und möglichst weit im *Westen* (in Estland) eigene Lebenserfahrungen zu sammeln. Im zweiten Teil, der in Reval (Tallin) spielt, treten die jungen Ausreißer unvermittelt auf, wie sie in der neutralen Sicht des *Autors* als Personen erscheinen. Der Roman ist eigentlich ein Doppelroman, in dem die durch einen Altersunterschied von elf Jahren getrennten Brüder die Hauptpersonen sind. Beider Schicksal wird jeweils im anderen reflektiert und problematisiert. Nach dem Tod des älteren Bruders tritt Dimka in eine neue Phase der Bewußtheit und erkennt Viktors *gesternte Fahrkarte* (den Ausschnitt am Nachthimmel, der durch das enge Viereck eines Moskauer Hinterhofes gebildet wird).

Mit der Problematik des mehrsträngigen Romans ist Aksënov nicht ganz überzeugend zum Ende gekommen, doch bestechen einerseits die Frische der Erzählung und andererseits die Übernahme gewisser Elemente der Sprache der sowjetischen *Teenager*. Verschiedene Dialogpartien sind wie im Drama unvermittelt durch bloße schematische Bezeichnung der sprechenden Person in die Erzählung eingeschoben.

Klar kommt in allen Partien des Romans AKSËNOVS Tendenz zum Vorschein, seine Helden nach den von ihnen selbst für wahr gehaltenen moralischen Grundsätzen handeln zu lassen, auch wenn dadurch die «offizielle» Lebensauslegung in Frage gestellt wird. Die Gefühle der heranwachsenden Generation versteht Aksënov als Protest gegen die Erwachsenen überhaupt, als Protest gegen «bürgerliche» Saturiertheit und gegen verschlissene Phrasen. Darin berührt sich Aksënovs Problem auch mit literarischen Erscheinungen im Westen, und die amerikanische Kritik (Victor Erlich) hat daher auf die deutlichen Parallelen in der psychologischen Darstellung jugendlichen Protestes bei J.D. SALINGER nicht ohne Grund aufmerksam gemacht. Daß Aksënov hier Anregungen aufgenommen hat, ist um so sicherer, als «Der Fänger im Roggen» (The Catcher in the Rye) 1960 auch in Rußland erschienen ist.

1964 gab Aksënov den Prosaband «Katapul'ta» (Katapult) heraus, in dem frühere Erzählungen gesammelt sind und der auch den 1963 in *Junost'* veröffentlichten Kurzroman «Apel'siny iz Marokko» (Apfelsinen aus Marokko) wieder enthält. Die jugendliche Romantik entzündet sich bei Aksënov an ganz bestimmten technischen und sportlichen Idealen (Unterwasserjagd, Fußball, Skisport, Düsenflugzeug), an Fetischen der «westlichen» Zivilisation (Schallplatte, Tanz, Filme aus Italien und Polen, Twen-Mode), aber auch an der geographischen Weite des sowjetischen Territoriums und der technischen Erschließung entlegener Landstriche. Ärzte, Ingenieure, Architekten, Künstler, Sportler, Arbeiter, Flieger und Matrosen sind Aksënovs meist noch nicht sehr lebenserfahrene Helden, die er im Stadium der ersten Entscheidungen in die Verantwortung stellt.

Die konkreten Konflikte sind bei AKSËNOV – wenn überhaupt angebbar – recht banal, und größere Spannungslinien fehlen meist ganz. Dafür hat Aksënov den Versuch nicht gescheut, durch seine jungen Akteure eine etwas andere Sprache literaturfähig zu machen, die saloppe Umgangssprache der beginnenden zweiten Hälfte des 20. Jahrhunderts. Man hat Aksënov dafür sehr heftig getadelt, und in der zweiten Ausgabe von «Apel'siny iz Marokko» (1964) hat der Dichter die Schicht des «Slang» bewußt wieder geglättet.

Der Roman «Apel'siny iz Marokko» besteht zu einem guten Teil aus Wiedergabe von jugendlich-unbekümmertem Dialog, obwohl es sich bei den 18 Abschnitten der Erzählung um jeweils individuelle Berichte verschiedener am Geschehen beteiligter Personen handelt. Geschildert wird in allen diesen Berichten ein einziger Winterabend an einem fiktiven Schauplatz an der Küste des Stillen Ozeans. Den anekdotischen Kern bildet der Verkauf von frisch eingetroffenen marokkanischen Orangen in einem winzigen Hafen, wo alle Beteiligten noch zu später Stunde aufeinandertreffen. Der zeitlich einheitliche Geschehnisablauf wird hier mit verschiedenen Augen gesehen, und einige Abschnitte zeigen dabei eine dem *Skaz* (Rollenerzählung) verwandte Haltung. Bildhafte Kulisse ist die winterliche Natur des russischen Fernen Ostens, in der sich die jungen Akteure wie auf einem weit vom Zentrum entfernten Vorposten der Zivilisation vorkommen müssen. Zum fetischhaften Ziel der romantischen Wünsche werden aber die «Orangen aus Marokko» auserkoren, um die sich am Ende alles dreht.

Eine für Aksënov recht typische Geschichte ist «Na polputi k lune» (1962; eine halbe Reise zum Mond), wo der als Lastwagenfahrer sehr erfolgreiche ehemalige Häftling Valerij eine Urlaubsreise aus dem Fernen Osten nach Moskau antritt. Valerij hat sich einen Haufen Geld zusammengespart, und er zeigt, wie man dieses mit unnachahmlicher Nonchalance ausgeben kann. Nach einer für ihn etwas unergiebigen kurzen Liebschaft in Chabarovsk lernt er auf dem Flug nach Moskau eine Stewardess kennen, in die er sich Hals über Kopf verliebt. In der vagen Hoffnung, sie bald wiederzutreffen, reist er mehrmals, ohne jeden Erfolg allerdings, in Düsenverkehrsmaschinen zwischen Moskau und Chabarovsk hin und her, bis Geld, Hoffnung und Urlaubstage dahinschwinden. Das Ziel seiner Wünsche bleibt so fern wie der Mond, obwohl er schließlich die halbe Distanz bis zu ihm zurückgelegt hat.

Neuerdings pflegt AKSËNOV ebenso die pointierte Kurzgeschichte («Pobeda»; 1965; der Sieg) wie auch die ironisch-humoristische Gesellschaftsstudie («Žal' čto vas ne bylo s nami»; 1965; schade, daß Sie nicht mit dabei waren). Mit der letzteren Geschichte skizziert Aksënov das Milieu der Künstler und Filmleute, für die das Leben zugleich auch immer schillernde, optisch wirksame Oberfläche bleibt. Aksënov streift hier, wie auch in anderen Erzählungen, die Grenze des gehobenen Feuilletonismus, der vor allem nach dem Gag und nach dem amüsanten Effekt strebt.

Wie Aksënov ist auch ANATOLIJ GLADILIN (* 1935 in Moskau) als Autor der Zeitschrift *Junost'* besonders der jugendlichen Psyche zugetan, deren Entwicklung er zu beschreiben versucht. In der Erzählung «Dym v glaza» (1959; Qualm in die Augen) ist die Situation durch die Blitz-Karriere eines jungen

Fußballstars gegeben, der wegen eines gesundheitlichen Schadens in das «normale» Leben zurückkehren muß. Die Anpassung an die Realität mißlingt, und aus der verzweifelten Bewußtseinslage führt Igoŕ Serov, der auch als Karrierefunktionär in einer großen Organisation scheitert, nur ein sehr verschlungener Weg wieder in die Gesellschaft zurück. Die letzte Station ist die Enttäuschung an den durch R. KIPLING genährten romantischen Erwartungen, die der Held mit dem gefahrvollen Leben als Matrose auf einem Fischdampfer verknüpft. Die Unfähigkeit zur heldischen Existenz ist Serov durch den Titel (Qualm in die Augen) und durch den Untertitel *Povest o čestoljubii* (Geschichte vom Ehrgeiz) von vornherein bescheinigt, und insofern trägt auch diese Geschichte zur Kompromittierung des unechten heldischen Pathos in den Augen der jungen Generation bei. Igoŕs Ruhm als Fußballstar gleicht einer Hypnose, nach deren Aussetzen nichts Bemerkenswertes mehr übrigbleibt.

GLADILIN arbeitet ebenfalls mit der wechselnden Perspektive verschiedener Ich-Erzähler. Besonders die Form persönlicher Bekenntnisse (innerer Monolog, Tagebuchnotiz, Brief, Traumbericht) ist für die einzelnen Erzählsegmente charakteristisch.

Gladilins später veröffentlichte Erzählung «Pervyj deń Novogo goda» (1963; der Neujahrstag) besteht aus den alternierenden Berichten eines jungen Künstlers und seines Vaters, der sterbenskrank in einem Moskauer Hospital liegt. Der Gegensatz der Generationen, der Väter-Generation des Bürgerkrieges und der erst nach dem zweiten Weltkrieg zur Selbständigkeit herangewachsenen Generation der Söhne, gewinnt in der gewählten Erzählform psychologisches Relief. Die Berichte (und ein eingeschobener Brief der Geliebten des Sohnes) liegen auf der Mitte zwischen Monolog und tagebuchartigem Resümee, und die fortschreitende Erzählzeit ist das jeweilige Präsens am Ort des Erzählers. Während der Vater mit seinen Erinnerungen und Träumen vorwiegend in einer heroischen oder heroisierten Vergangenheit lebt, befindet sich der Sohn im Zwist mit einer unbefriedigenden Gegenwart: «Ich bin ein Mensch, der durch alles ausgelaugt ist, Familie, Handwerk und Fernsehen; ich bin ein disziplinierter Mieter.» Hierbei ist interessant, daß die gewöhnliche Pose der jugendlichen Helden mehr oder weniger offener Zynismus gegenüber der anonymen Allgemeinheit ist.

So äußert der «Sohn» in Gladilins Erzählung etwa auch einen Satz wie: «Staub, der von tausend Füßen aufgewirbelt wird, ist meiner Meinung nach schädlicher als radioaktive Niederschläge».

Die in Rußland neuerdings beliebte Literatur über revolutionäre Helden aus vergangenen Jahrhunderten (vgl. bei V. Šukšin über Steňka Razin und bei B. Okudžava über P. Pesteľ) bereicherte Gladilin durch eine Erzählung über Robespierre, die 1970 im Verlag für politische Literatur in der Serie «Plamennyje revoljucionery» (Flammende Revolutionäre) herauskam: «Evangelije ot Robesp'jera» (Evangelium nach Robespierre).

Gladilins bisher überzeugendstes Werk ist der Roman «Prognoz na zavtra» (1972; Prognose für morgen), in dem das Problem der Selbstfindung an einem weit im Land herumgekommenen Physiker, einem in der Mitte des Lebens stehenden «neuen Menschen» sehr kraß und illusionslos entwickelt wird. Das in Rußland bisher nur durch den «Samizdat» bekannte und in Deutschland veröffentlichte Buch ist ein fortlaufender Monolog des Helden Volodja Martynov, der in der Arktis und schließlich in Moskau als Meteorologe arbeitet.

Die vom Ich-Erzähler selbst als «trivial» bezeichnete Lebenssituation stellt sich als eine «Dreiecksgeschichte» dar, eine Situation zwischen der gemütskranken Ehefrau und der Geliebten, eine Lage die durch Erziehungsprobleme mit der zehnjährigen Tochter Alëna noch heikler und beunruhigender wird.

Die selbstquälerischen, nüchternen und bisweilen sarkastischen Überlegungen des Erzählers, der sich für die Argumente seiner Selbstrechtfertigung ein fiktives Gegenüber sucht, machen die sozialen und materiellen Probleme des sowjetischen Alltags besonders deutlich. In seiner literarischen Stilisierung knüpft der Erzählmonolog an Dostojevskijs «Zapiski iz podpoľja» (1864; Aufzeichnungen aus dem Untergrund) an; die knappe, sachliche und «abgebrühte» Sprache, in die auch viel Fachjargon – namentlich aus dem Bereich der Wetterkunde – eingearbeitet ist, erweist sich jedoch als Erzählsprache unserer Tage. Die Bewußtseinsinhalte stellen sich dar als Mischung von Fragen, Aphorismen, Träumen, zahllosen «freien» Informationen und schließlich von wissenschaftlichen Fakten und Erinnerungen an Motive aus Film und Fernsehen. Die unsichere Wetterprognose enthüllt sich dabei als Chiffre für die unvorhersehbaren Konstellationen des Lebens: «So paradox es klingt, aber ich weiß, was in zehn Jahren sein wird, und ich weiß nicht, was morgen passieren kann».

Seit 1976 lebt Gladilin nicht mehr in der Sowjetunion, sondern in Frankreich.

Ein weiterer Erzähler von besonderem Zuschnitt ist GEORGIJ VLADIMOV (Pseudonym für G. Volosevič, * 1931 in Chaŕkov), dessen Veröffentlichungen in der Sowjetunion teilweise auf unüberwindliche Hindernisse stießen. 1961 erschien seine Erzählung «Boľšaja ruda» (das große Erz), in der sich eine ähnlich ungeschminkte Schilderung der Arbeitswelt und ihres unmenschlichen Wettbewerbsstrebens findet wie schon bei A. Kuznecov (s. o.). Vladimov führt seine Helden bis an die Grenzen ihrer physischen Existenz, und er macht so den tieferen Sinn des Menschseins für den Leser erfahrbar.

In der Zeitschrift «Novyj mir» konnte Vladimov 1969 noch seine umfangreiche Erzählung «Tri minuty molčanija» (drei Minuten Schweigen) unterbringen, die wiederum sehr packend die extremen Lebens- und Arbeitsbedingungen einer Gruppe (diesmal nicht im Erzbau sondern auf einem Fischereischiff) nachzeichnet.

Das bisher ungewöhnlichste Werk Vladimovs (entstanden in den Jahren 1963–65) war lange Zeit nur vom Hörensagen bekannt und galt als schwer erreichbares «Samizdat»-Erzeugnis, bis es 1975 im westlichen Ausland als Buch erschien. «Vernyj Ruslan» (der treue Ruslan) ist die Geschichte der mißbrauchten Treue eines Wachhundes, der in seinen besten Jahren den Menschen ergeben gedient hat, und dessen Lebensinhalt es ist, im Lager inhaftierte und verachtete Nicht-Menschen in Schach zu halten und bei Verstößen gegen die Regel bissig anzufallen.

Nach der Auflösung des Straflagers und nach der Entlassung aus dem Dienst bei den bisherigen Herren ist die Welt für den Hund nicht mehr in Ordnung. Zusammen mit anderen ehemaligen Wachhunden wartet er auf seine neue «Stunde». Diese Stunde kommt mit der Ankunft einer Brigade von Jungarbeitern und -arbeiterinnen für das Zellulosekombinat. Der alte Bahnhof, vor dem die ausgedienten Hunde tagaus tagein auf neue Häftlinge gewartet haben, verwandelt sich in ein fröhliches Lager, und die Kolonne formiert sich mit Musik und Gesang.

Die im Grunde als «komisch» zu bewertende mechanische und rein reflexhafte Verkennung dieser neuen Zeichen durch die Hunde, die ihrerseits sicher sind, neue Lagerhäftlinge vor sich zu haben, führt nicht zu einem burlesken Spiel, sondern zu einer blutigen Tragödie. Die dem alten eingebleuten Mechanismus gehorchenden Wachhunde fallen die Jugendlichen wütend an, als diese beginnen, sich auf dem Marsch allzu «frei» und ungezwungen zu bewegen.

Durch den sinnlosen Kampf zwischen Mensch und Tier wird die Aufmerksamkeit zurückgelenkt auf die unmenschliche Dressur der Tiere und – ähnlich wie in Bulgakovs «Hundeherz» – auf die unheilvolle Koppelung der niedrigsten menschlichen Instinkte mit der «treuen» Ergebenheit der Tiere.

Vladimovs Erzählung ist durchweg – aus der Perspektive des Hundes – in elegischen Tönen gehalten, was den Kontrast zwischen Freiheit und Drangsalierung schmerzhaft und aufrüttelnd steigert. Vladimovs unprätentiöse Natürlichkeit und der sachliche Ernst, in dem die Perspektive des Hundes durchgehalten ist, führen zu einer unheimlichen, sarkastischen Ironie, die aber – und dies im Gegensatz zu Bulgakov – heitere und groteske Effekte konsequent meidet.

6. Die Traditionalisten

Vladimir Tendrjakov (* 1923 im Gebiet von Voronež) ist seit Beginn der sechziger Jahre einer der ersten engagierten Fortsetzer klassischer belletristischer Traditionen.

Nachdem sich Tendrjakov als Erzähler bereits empfohlen hatte, nahm er seinen ersten Roman in Angriff. «Za beguščim dněm» (1959; im Eilschritt der Tage) ist ein pädagogischer Roman, der im Milieu der russischen Provinzschullehrer spielt. Die Polemik um neue kindgemäßere Unterrichtsmethoden wird jedoch im Grunde beiseite gedrängt durch die Frage nach der Auflösbarkeit unglücklicher ehelicher Bindungen. Die in der Ich-Form durchgehaltene Erzählung kehrt immer wieder zu diesem intimen Dilemma zurück und sucht auf dem Weg einer – vielleicht allzu abstrakten – Analyse nach einer ehrenhaften Lösung, die sich schließlich nur in der einsichtsvollen Trennung zweier unhaltbarer Ehen und in der Vereinigung der ehrlich Liebenden eröffnet.

Tendrjakov läuft bereits in diesem Roman Sturm gegen Konventionen und konformistische Betrachtungsweisen, hinter denen er Selbstbetrug und Feigheit erkennt.

Die treibende Kraft in Tendrjakovs Erzählungen und Romanen ist seine fanatische Wahrheitsliebe, die Ablehnung jeglicher bequemer Kompromißbereitschaft, die Einsicht, daß kein reiner Zweck mit faulen Mitteln erreicht werden kann. Das Pathos der Offenheit und Wahrheitsliebe ist bei Tendrjakov freilich nicht so radikal und vor allem nicht so provozierend wie etwa bei L. Tolstoj, doch fühlt man sich dann und wann an Tolstoj erinnert. Es ist wohl kein Zufall, wenn Tendrjakov in der Novelle «Sud» (1961; das Gericht) auf *Nechljudov* in Tolstojs «Auferstehung» anspielt. «Sud» zeigt besonders deutlich, worum es Tendrjakov geht: um die Prüfung des Gewissens in ausgesprochen menschlichen Konfliktsituationen. Bei einem tragischen Jagdunfall ist ein gerade des Weges kommender junger Bursche erschossen worden, und derjenige der drei Jäger, der im entscheidenden Augenblick selbst nicht mit geschossen hat, findet nachträglich im Kadaver des bei dieser Gelegenheit erlegten Bären das Beweisstück, nach dem die Staatsanwaltschaft zunächst vergeblich gesucht hatte: die Kugel, die den Todesschützen identifiziert. Es ergibt sich, daß nicht, wie vermutet, der ungeübte Jäger, ein kleiner Feldscher, den Jungen erschossen hat, sondern der geachtete Inhaber einer hohen und einflußreichen Stellung. Der alte Bärenjäger Semën Teterin, der Held der Novelle, wirft das Beweisstück, das niemand mehr sehen will und dessen Echtheit vom Staatsanwalt außerdem bezweifelt wird, im Unmut fort, und es kommt in der Gerichtsverhandlung schließlich zu einem einfachen Ende: Niemand wird verurteilt. Der in Wirklichkeit Unschuldige wird jedoch von der Mehrheit trotz fehlenden Beweises als der moralisch Schuldige angesehen, und Semën Teterin, der es besser weiß, bleibt nach der Gerichtsverhandlung der im eigentlichen Sinn Gestrafte. Er, der sich an der Wahrheit versündigt hat, fühlt am tiefsten die Schuld. Die Geschichte endet daher mit dem Satz: «Es gibt kein härteres Gericht als das Gericht des eigenen Gewissens.»

In dialektischer Umkehrung behandelt Tendrjakov das Problem der Gerechtigkeit in seiner späteren Erzählung «Nachodka» (1966; der Fund), in der es um einen Fall von

Kindesaussetzung geht. Dem strengen und in seinen Gefühlen verhärteten Fischereiaufseher Trofim wird hier zu der Einsicht verholfen, daß das Leben viel komplizierter ist, als es sein polizistenartiges Gewissen wahrhaben will, und daß eine unnachsichtige Verfolgung von Verstößen gegen Gesetz und Sitte nicht immer der beste Weg ist. Tendrjakovs Moral von dieser Geschichte ist, daß der Scherge des Gesetzes nicht mehr in der engeren menschlichen Gemeinschaft zu Hause sein kann und daß sein von keiner menschlichen Mitleidsregung beeinflußtes Handeln in einsame Verbitterung führt.

Auch Tendrjakovs übrige Erzählungen bieten keine besonders optimistischen Ausblicke. Tendrjakov zeigt gleichsam, daß es auch in der sozialistischen Gesellschaft keinen «neuen Menschen» gibt, daß sich die moralischen Aufgaben und die moralischen Anfechtungen des Menschen immer gleich bleiben und daß jeder Mensch in seinem Leben ganz von vorn anfangen muß.

Ein für TENDRJAKOV typisches Thema behandelt die Erzählung «Črezvyčajnoje» (1962; ein Fall außer der Reihe). Es kommt an den Tag, daß an einer höheren Schule in der Provinz ein Mädchen aus der obersten Klasse, die Tochter eines Parteifunktionärs, und neben ihr sogar noch der Mathematiklehrer gläubige Christen sind. Dem Direktor der Schule fällt die Verantwortung zu, geeignete Maßnahmen zu ergreifen, und auch die Partei mischt sich in den Fall ein. Die Geschichte beschreibt das Scheitern der Versuche des Direktors, der Schule den Lehrer zu erhalten und die Schülerin durch pädagogische Auflockerung der strengen Unterrichtspraxis zur eigenen Überprüfung ihrer noch nicht sehr gefestigten Überzeugungen zu veranlassen. Der Direktor erleidet schließlich einen Herzanfall und erlebt den Ausgang der Affäre nur vom Krankenbett aus. Sein Plädoyer für Menschlichkeit und Toleranz, für Überwindung der Engherzigkeit und für offene Diskussion verhallt ungehört. Die Schülerin jedoch, und das ist eigentlich die Pointe der Geschichte, heiratet überstürzt einen mehr als durchschnittlichen jungen Burschen und entsagt ihrem Glauben, nicht weil sie zu einer anderen Überzeugung gekommen ist, sondern weil ihr Mann «auch nicht glaubt», weil sie mit der frühen Ehe in eine niedere geistige Sphäre abgleitet.

Der 1964 in der Zeitschrift *Moskva* erschienene Roman

«Svidanije s Nefertiti» (Wiedersehen mit Nofretete) ist ein Künstlerroman, der die Entwicklung des direkt aus dem Krieg nach Moskau an die Akademie für Malerei ziehenden Bauernsohnes Fëdor Matërin beschreibt. Viel Raum ist den Diskussionen über erlaubte und «verbotene» Experimente in der Malerei gewidmet, der moralischen Bewährung und dem moralischen Scheitern der jungen Kunstschüler in der Epoche des Stalinismus. TENDRJAKOV plädiert auch hier für Toleranz und für die absolute Geltung ethischer und ästhetischer Kriterien, für das Geltenlassen der individuellen Entscheidung.

Den Schluß des Romans bildet als Verheißung eine Beschwörung der Totenwache vor dem Leichnam Stalins: «Aber in Moskau im Kolonnensaal verwehte zwischen Kränzen und den über dem düsteren Wachsgesicht Wachenden Trauermusik. Die Menschen blickten forschend in die Zukunft.»

In diesem Roman und auch in den nachfolgenden Erzählungen erprobt TENDRJAKOV eine besondere stilistische Technik. Es handelt sich dabei um direkte «erlebte» Erzählung im Namen des Helden oder einer unbestimmten Person, die sich mit dem Helden zu identifizieren scheint. Diese Erzählung ist, streng genommen, eine Weiterentwicklung der «erlebten Rede», bei der im Russischen lediglich der Gebrauch der 1. Person Sing. ausgeschlossen ist. Ausgebildet wurde diese Form bei den großen russischen Klassikern in der zweiten Hälfte des 19. Jahrhunderts.

Die gleiche Erzählform beherrscht auch Tendrjakovs bemerkenswerte Kolchos-Erzählung «Podënka – vek korotkij» (1965; kurzlebig ist die Eintagsfliege), die als eine der wenigen modernen Bauerntragödien gelten kann. Ebenfalls ist aber in «Nachodka» (s. o.) die Erzählung weitgehend mit Trofim Rusanovs Bewußtsein verschmolzen, und in dem teilweise *ornamentalen* Stil (mit seinen rhetorischen Figuren und stereotypen Wiederholungen) glaubt man eine gewisse Verwandtschaft mit A. Belyj entdecken zu können. Fortgesetzte symbolische Vergleiche und bildhafte Wendungen führen darüber hinaus zu eigenartigen Verflechtungen in der dargestellten Welt, die für den Leser dadurch geheimnisvoll und bedeutungsschwer wird.

Um die Frage der Glaubenstraditionen und die Probleme einer religiösen Welteinstellung kreisen verschiedene frühe Erzählungen Tendrjakovs wie «Čudotvornaja» (1958; das Gnadenbild) und «Črezvyčajnoje» (s. o.), aber weiter auch noch «Apostoĺskaja komandirovka» (1969; die Beauftragung mit dem Apostelamt). Tendrjakov, der die erzieherische Bedeutung der Literatur sehr hoch einschätzt, wird in der Sowjetunion von einer breiten Leserschaft respektiert, und Auswahlbände mit meist vorher schon in Zeitschriften erschienenen Erzählungen und Romanen erschienen 1963, 1969, 1972 und 1973.

Seit dem Beginn der sechziger Jahre ist als überraschend vitaler Exponent einer national russischen Strömung in der Sowjetliteratur VLADIMIR SOLOUCHIN (* 1924 im zentralrussischen Gebiet von Vladimir) in Erscheinung getreten.

Der auf dem Lande aufgewachsene Schriftsteller besuchte nach dem Krieg das Goŕkij-Literaturinstitut (Moskau), erregte jedoch durch seine ersten Gedichte und Reportagen (seit 1951) noch kein besonderes Aufsehen. Solouchin ist Vertreter einer echten neuen Romantik, die sich zwar auch auf die Traditionen der Folklore stützt, die jedoch über die Enge und Befangenheit bloßer «Heimatdichtung» weit hinausweist. Während die ersten Gedichtbände konventionelle Titel wie «Dožď v stepi» (1953; Regen in der Steppe) und «Za Siń-morjami» (1956; hinter den blauen Meeren) tragen, sind die späteren Sammlungen «Kak vypiť solnce» (1961; wie man die Sonne austrinkt), «Imejuščij v rukach cvety» (1962; der Blumen in den Händen trägt) und «Žiť na zemle» (1965; auf der Erde leben) anspruchsvoller in ihrer Botschaft und in ihrer sprachlichen Gestaltung.

Ziemlich vereinzelt steht Solouchin im Gebrauch des *Vers libre* da, zu dem ihm die Anregung aber sicher nicht nur über die Volksdichtung gekommen ist. In seinem Essayband «S liričeskich pozicij» (1965; von lyrischen Positionen aus) spricht Solouchin für die ganze neuere Lyrik von einer Tendenz zur «Befreiung des Verses» *(raskrepoščenije sticha)*, und aus dieser Tendenz hat Solouchin nur einige (durchaus nicht willkürliche) radikale Konsequenzen gezogen. Der Reim stellt sich ihm nur noch wie zufällig ein, und die Verszeile ist weder durch charakteristische «Hebungen» noch durch eine einheitliche Silbenzahl charakterisiert.

Die Gliederung der Gedichte in Verse erfolgt lediglich durch die emphatische Intonation oder durch rhythmische Tendenzen innerhalb der Wortgruppen, wodurch oft die Grenzen zur rhythmischen Prosa ganz verschwinden.

Solouchins Poesie ist *syntaktische* Poesie, in der die semantischen Beziehungen durch einfachste syntaktische Verhältnisse geregelt sind; Solouchin verzichtet bewußt und grundsätzlich auf Metaphern. Insofern sind Solouchins Gedichte reine *Texte*, die nicht unbedingt immer als Gedichte im konventionellen Sinn gewertet werden müssen. Thematisch beschäftigen sich die Gedichte mit dem Menschen, mit der russischen Natur, mit der Technik, und nicht selten wird die Natur gegen die Technik ausgespielt («Čelovek peškom idët po zemle»; der Mensch geht zu Fuß über die Erde).

Seine eigentlich romantische Ader zeigt SOLOUCHIN in den Prosaarbeiten, zu denen «lyrische» Reportagen und Erinnerungen gehören: «Vladimirskije prosëlki» (1957; Pfade bei Vladimir), «Kaplja rosy» (1960; ein Tropfen Tau), mehrere Erzählungen und der Roman «Mať – mačecha» (1964; Mutter – Stiefmutter; als Pflanzenname: «Huflattich»).

Der Held dieses Romans, der zweifellos teilweise autobiographische Züge trägt, ist ein russischer Bauernsohn, der nach dem Krieg demobilisiert und in das Moskauer Literatur-Institut aufgenommen wird. Er heißt Mitja Zoluškin (*Zoluška* ist das russische Wort für «Aschenputtel») und durchlebt in den vierziger Jahren noch am eigenen Leibe die Versuchungen und Konflikte der späten Stalin-Ära. Rußland ist ihm zugleich Mutter und böse «Stiefmutter», – in vielfältiger Weise ist die Symbolik des Titels im Roman angedeutet.

Der Schauplatz des Romans ist nicht ausschließlich Moskau; auch Mitjas Heimatdorf, das für den Helden ein fester Bezugspunkt bleibt, wird in die Handlung einbezogen. Die Ereignisse sind streng auktorial – aus der Distanz des «Biographen» – erzählt, aber trotzdem ist die Sprache des Autors von der geschilderten Umgebung in einem gewissen Sinne abhängig und nähert sich bisweilen dem *Skaz*, das heißt einer stark stilisierten Redeweise. Auf diesem Wege führt Solouchin auch Anklänge an Bylinen- und Märchenmotive sowie folkloristisch-ornamentale Wendungen ein.

SOLOUCHINS Erzählweise ist merklich von der russischen Tradition geprägt, ganz besonders von Schriftstellern wie Leonov, Prišvin und Paustovskij, und durch sie hindurch von der russischen Literatur des 19. Jahrhunderts.

In seinem essayistischen Werk ist Solouchin ein leidenschaftlicher Streiter für das Ansehen der russischen Vergangenheit. Volkskunst und Ikonenmalerei, sakrale und profane Baudenkmäler vergangener Jahrhunderte werden von Solouchin vor leichtfertiger Mißachtung gegenüber den neuesten Errungenschaften (Raumschiffe, Atomreaktoren und kühne Zweckbauten) in Schutz genommen. Solouchin geht mit seiner Kampagne für die Bewahrung der russischen Tradition weit über den offiziellen «Denkmalschutz», über die bloße Erhaltung von Touristenattraktionen hinaus. Solouchin verkündet überraschenderweise die *geistigen* Werte der Vergangenheit, und seine Schriften sind voll versteckter Polemik gegenüber der Gegenwart. Gleichzeitig verwirft Solouchin aber auch die ganze «avantgardistische» westeuropäische Kunst des 20. Jahrhunderts, über die er sich in seinem Buch «S liričeskich pozicij» (s. o.) höchst abfällig äußert («Spaltung der Seele», «Entnationalisierung», «vollständige Nivellierung der nationalen Traditionen aller Künste»). So merkwürdig es klingen mag, man muß Solouchin geradezu als Vertreter einer *neo-slavophilen* Strömung bezeichnen, und nicht ganz zufällig ist ein Essay in dem gleichen Buch dem älteren Aksakov (S. T. Aksakov) gewidmet: «Volšebnaja paločka Aksakova» (Aksakovs Zauberstab).

In der Zeitschrift *Molodaja gvardija* hat Solouchin 1966 die Serie seiner «Briefe aus dem Russischen Museum» («Piśma iz Russkogo muzeja») veröffentlicht, eine lyrisch-essayistische Reportage über die Schicksale und die – in vielem fragwürdige – heutige Darbietung und Pflege der nationalen russischen Kunst. Für die Form seines Berichtes beruft sich Solouchin auf KARAMZINS *Briefe eines russischen Reisenden*, und die Befunde des «Reisenden» sind im heutigen Rußland nicht weniger überraschend als Karamzins Beobachtungen in Europa zu Ende des 18. Jahrhunderts.

SOLOUCHIN macht die Rechnung auf, wie viele wertvolle Denkmäler der historischen Architektur allein in Moskau der Spitzhacke Stalins zum Opfer gefallen sind («über 400»), und beklagt das Übergewicht der zeitgenössischen Kunst in den großen Nationalmuseen gegenüber der fast nicht vertretenen Volkskunst und den viel zu bescheiden vertretenen Ikonen. Solouchins Bestandsaufnahmen in den Magazinen der Museen sind wirklich hörenswert, und der Leser ist erstaunt zu erfahren, daß allein in zwei Museen (Leningrad und Moskau) zusammen 10000 (!) alte Ikonen in Regalen zusammengepfercht sind. An den schwungvoll geschriebenen Tatsachenbericht über die Kunstschätze im «Russischen Museum» knüpfen auch Solouchins autobiographische Skizzen über das Thema «alte Ikonen» an. Sie erschienen 1969 mit dem Titel «Černyje doski – Zapiski načinajuščego kollekcionera» (Schwarze Tafeln – Aufzeichnungen eines angehenden Sammlers). Solouchin verbindet hier genaue sachliche Information mit der spannenden Beschreibung seiner Fahndung nach alten, von der Zeit «geschwärzten» Ikonen in der Umgebung von Vladimir und Suzdal.

Ein weiteres poetisch geschriebenes Sachbuch über alle Grasarten, viele Blumen und damit verbundene biologische, ökologische, historische, geographische und literarische Fragen veröffentlichte Solouchin 1973 («Trava» – Gras). In einer zweibändigen Auswahl erschienen seine Prosawerke im Moskauer Staatsverlag 1974 («Izbrannyje proizvedenija» – ausgewählte Werke).

Das Werk des auch außerhalb Rußlands sehr beliebten Erzählers JURIJ KAZAKOV (* 1927 in Moskau) wird oft vorwiegend unter dem Gesichtspunkt des psychologischen Charakters seiner Stimmungsmalerei beurteilt. Man sieht Kazakov in der Nachfolge ČECHOVS und achtet ihn besonders als den Verfasser fein pointierter, lyrisch-empfindsamer Kurzgeschichten. Diese Komponente ist jedoch keineswegs die allein maßgebende. Ebenso stark muß man an Parallelen mit der amerikanischen Literatur denken, und zwar in der Linie MARK TWAIN, JACK LONDON, ERNEST HEMINGWAY. Freilich gibt es auch sehr enge Beziehungen zu Čechov, die Kazakov in der Erzählung «Prokljatyj sever» (1965; verdammter Norden) selbst indirekt artikuliert hat: das Ungenügen an der Welt, die innere Ruhelosigkeit, die Melancholie, die lyrischen Schwingungen des Augenblicks.

KAZAKOV, der zunächst als Musiker ausgebildet wurde und viel im Lande herumgekommen ist, zeigt schon in seinen frühen Erzählungen (um die Mitte der fünfziger Jahre) eine erstaunliche Gewandtheit. Sein Ansehen wurde begründet durch zwei längere Tiergeschichten («Teddi», 1956; Teddy; «Arktur –

gončij pës», 1957; Arktur, der Jagdhund). Die Geschichte von dem aus einem Zirkus geflüchteten Bären «Teddy», der auch in der Freiheit der Wildnis nicht die Stillung seiner Sehnsucht nach dem «anderen» Leben findet, mag durch eine Reminiszenz an JACK LONDONS «The Call of the Wild» bedingt sein; mit der Erzähltechnik und mit der Sprache geht Kazakov bereits hier sehr sicher um.

In den Erzählungen der fünfziger Jahre ist Kazakov immer auf die schlagende Porträtierung und auf das realistische Detail bedacht. Auch die Natur sucht Kazakov dem Leser durch einfache und präzise Beschreibungen nahezubringen, worin er MICHAIL PRIŠVIN und KONSTANTIN PAUSTOVSKIJ folgt. Beiden älteren Lehrmeistern hat er auch namentlich Erzählungen aus diesen Jahren gewidmet.

Die russische Natur (Fischfang, Jagd, einsame Küsten und Wälder, helle Nächte und frostklirrende Winter) spielt bei Kazakov bis heute eine große Rolle. Längere Aufenthalte im Norden Rußlands (im Gebiet von Archangelsk) haben deutliche Spuren in seinem Schaffen hinterlassen. Mit den Menschen, die an den nördlichen Küsten Rußlands leben, sind gerade in der ersten Zeit manche seiner Kurzgeschichten und Erzählungen verbunden, z.B. «Nikiškiny tajny» (1957; Nikiškas Geheimnisse), «Pomorka» (1957; die Alte vom Meer) und «Manka» (1958; Manjka).

Seine besondere Technik der Beschreibung entwickelte KAZAKOV vor allem in den Jahren 1959-61. In der Erzählung «Trali-vali» (1959 – ins Deutsche übersetzt als «Larifari», der Titel der ursprünglichen Fassung lautete «Otščepenec»; der Abtrünnige) gibt es besonders zahlreiche Beispiele dafür, wie Kazakov die Wirklichkeit in sinnliche Nähe rückt durch die neue Beschreibung ganz alltäglicher Vorgänge wie häusliche Verrichtungen, Essen und Trinken, Rauchen, Arbeiten, Singen. Kazakov beschäftigt sich dabei mit den Konturen und den Farben der Gegenstände ebenso wie mit den Geräuschen, Gerüchen, inneren Körperempfindungen, Gedanken. Wie in den meisten Erzählungen Kazakovs ist das Thema in «Trali-vali» die erotische Beziehung zwischen Mann und Frau, die Kazakov als einer der ersten in seiner Generation von allem konventionellen Versteckspiel befreit hat. Der mit der Wartung von Flußbojen betraute, durch einen Unglücksfall verwitwete Jegor empfängt regelmäßig den Besuch der jungen Alënka, und dieses Verhältnis wird von Kazakov in völliger Selbstverständlichkeit und Natürlichkeit entwickelt. Jegor ist zwar ein ziemlich fauler Trunkenbold, aber er ist auch der urwüchsige, freie, triumphierende und begehrte Mann, dem Selbstdisziplin und moralische Forderungen wirklich fremd sind. Jegors menschlicher Kern drückt sich dafür im Gesang aus, dem herzzerreißenden Gesang, der seiner nie gestillten Sehnsucht und dem im Inneren nagenden Schmerz Ausdruck zu verleihen scheint. Jegor ist wie geboren um zu singen, und der Gesang ist seine eigentliche, geheime Schönheit.

Die menschliche Verfassung an sich ist Kazakovs wichtigstes Sujet, aber das Leben des Menschen weist – wiederum wie bei ČECHOV – immer über sich selbst hinaus und ist auf einen abstrakten Fluchtpunkt hin angelegt. Häufig enden daher auch die präzisesten Beschreibungen schließlich mit einem Abstraktum: «Die Luft wird schon kalt, die Schwalben streichen dicht über das Wasser und kreischen durchdringend, nahe am Ufer plätschern Fische, und bei jedem Plätschern macht Jegor ein solches Gesicht, als ob er längst gerade mit diesem Fisch bekannt sei. Vom Ufer her zieht ein Duft von Erdbeeren, Heu, betauten Sträuchern, und im Boot riecht es nach Fisch, Petroleum und Sumpfgras. Vom Wasser aber steigt bereits ein kaum wahrnehmbarer Nebel auf, und der riecht nach Tiefe, Verborgenheit.» KAZAKOVS Sprache ist direkt und gesättigt wie die Sprache Bunins, was durch syntaktische Reihung, Akkumulation und abgestuften Rhythmus unterstrichen wird. Die Bildhaftigkeit dieser Sprache wurzelt weniger in Vergleichen wie in der Häufung der sinnfälligen Bestimmungen (Epitheta).

Eine große Bedeutung kommt in Kazakovs Geschichten der erotischen Spannung in der flüchtigen oder sogar verfehlten, wiederum aber paradigmatischen Begegnung zwischen den Geschlechtern zu. Diese Spannungen schildert Kazakov in aller Eindringlichkeit und in solchen suggestiven Nuancen, wie sie in der Sowjetliteratur bisher neu sind. Auch wenn Niederlagen oder ein Ausbleiben der erwarteten Erfüllung unvermeidbar sind, findet Kazakov einen Weg, die Spannungen lyrisch wieder aufzulösen oder doch jedenfalls ein kontrastierendes, ablenkendes Motiv einzuführen. KAZAKOV ist die Tragödie fremd, und eher wird der Schluß offen gehalten, als daß es zu einer unwiderruflichen Katastrophe käme. Zu dieser Gruppe gehören Novellen und Kurzgeschichten wie «Von bežit sobaka!» (1961; da läuft ein Hund!), «Dvoje v dekabre» (1962; zwei im Dezember), «Na ostrove» (1963; auf der Insel), «Nočleg» (1964; die Übernachtung), «Nekrasivaja» (1964; die Häßliche).

In «Na ostrove» erlebt der bereits verheiratete Bücherrevisor Zabavin bei einer Dienstreise auf eine kleine Insel im Weißen Meer die kurze und plötzliche Passion, die ihm all das unbekannte Glück vorgaukelt, nach dem er sich im Alltag erfolglos gesehnt hat. Ein nüchternes Telegramm ruft ihn zurück nach Archangelsk, und ein jäher, unvorbereiteter Abschied unterbricht die eben angebahnten Beziehungen zu der jungen Leiterin der Wetterstation, die mit ihren unbefriedigten Träumen von Archangelsk oder sogar von Leningrad allein in der nebeligen Einöde zurückbleibt.

Bestechend *objektiv* ist die Sicht auch in der Kurzgeschichte «Nekrasivaja» (die Häßliche). Die häßliche junge Lehrerin mit dem schönen Namen Sonja geht sehenden Auges auf eine sichere Enttäuschung zu, indem sie sich mit dem Mädchenhelden Nikolaj einläßt. Wunsch und Sehnsucht sind für den Augenblick größer, aber Sonja wachsen gerade unter der Demütigung genügend gesunde Kräfte der Selbsterhaltung zu, so daß es nicht zur Tragödie kommt: «Sie bemerkte plötzlich die durchdringende Schönheit der Welt, und wie die Sterne, im Fall ihre Bahn an den Himmel schreibend, niederstürzten. Sie bemerkte die Nacht, die fernen Lagerfeuer, die sie sich vielleicht nur einbildete, und die guten Menschen, die um diese Feuer saßen, und sie fühlte die schon müde, friedliche Kraft der Erde ...»

Bei allem Realismus der Darstellung des menschlichen Alltags verfügt KAZAKOV über so viel wehmütig-weise Ironie, daß er auch dem wirklichen Schmerz auf gleiche Weise Trost vorhersagt. Das zeigt sich beispielhaft in der Kurzgeschichte «Zapach chleba» (1961; der Duft des Brotes), die in dem berühmten Almanach *Tarusskije stranicy* erschien. Das Verhältnis der Heldin zum Tod der eigenen Mutter, die fern von ihr auf dem Dorf plötzlich gestorben ist, wird hier schon beim Erhalt des Telegramms (am Neujahrsmorgen!) in eigenartiger Weise verfremdet, und erst bei dem viel späteren Besuch der Tochter am Grab ihrer Mutter bricht der aufgestaute Schmerz in einer ganz plötzlichen, vehementen, auf jahrhundertealter Tradition beruhenden russisch-rituellen Totenklage aus, die von Kazakov allerdings nur knapp angedeutet ist. Nachdem man aber die total erschöpfte Dusja vom Friedhof nach Hause getragen hat, fällt diese in einen erquickenden Schlaf, und die Erzählung weiß weiter zu vermelden: «Am nächsten Tag, nachdem sie sich schon fertig gemacht hatte, nach Moskau zurückzufahren, trank sie noch mit der Schwester Tee. Sie war dabei fröhlich und erzählte, was für eine wundervolle Wohnung sie in Moskau hatten und wieviel Komfort. So reiste sie auch ab, fröhlich und ausgeglichen, und sie schenkte Mischa noch 10 Rubel. Und zwei Wochen später kamen neue Menschen, die sperrten das Haus der alten Mutter wieder auf, scheuerten die Böden, brachten ihre Sachen und fingen an, in dem Haus zu leben.»

Abgesehen von Zeitschriftenveröffentlichungen hat KAZAKOV bereits etliche Sammelbände mit Erzählungen in größeren Auflagen herausgebracht. Die wichtigsten sind: «Na polustanke» (1959; auf der Zwischenstation), «Po doroge» (1961; unterwegs), «Goluboje i zelënoje» (1963; Blaues und Grünes), «Dvoje v dekabre» (1966; zwei im Dezember), «Oseń v dubovych lesach» (1969; Herbst in den Eichenwäldern), «Krasnaja ptica» (1971; der rote Vogel). Einige der gelungensten Erzählungen sind jeweils in mehrere Bände wieder aufgenommen.

Seit 1967 veröffentlichte Kazakov in Zeitschriften Teile seiner Aufzeichnungen über Erlebnisse und Eindrücke aus dem hohen Norden Rußlands. Diese Berichte erschienen in Buchform 1973 unter dem Titel «Severnyj dnevnik» (Tagebuch aus dem Norden).

Eine ausgesprochen romantische Tendenz vertritt unter den neueren Erzählern neben Jurij Kazakov vor allem der aus der Kriegsmarine hervorgegangene VIKTOR KONECKIJ (* 1929 in Leningrad).

Als Marineoffizier mit dem Kapitänspatent schätzt Koneckij die Hafenstädte an den nördlichen Küsten Rußlands, das Weiße Meer, die Eiswüsten des «nördlichen Seeweges», die Erprobung des Charakters jenseits der Bindungen an die Zivilisation. Man hat Koneckij aus diesem Grunde mit JACK LONDON und mit HEMINGWAY verglichen, und diese Namen geben tatsächlich die allgemeine Richtung an. Man muß natürlich auch beachten, daß die räumlich an der Peripherie liegenden

Gebiete Rußlands (Arktis, Ferner Osten, Kamtschatka, Schwarzmeerküsten) seit den fünfziger Jahren literarisch wieder sehr stark in Mode gekommen sind (Kaverin, Kazakov, Paustovskij, Aksënov, Nekrasov, Gladilin) und daß sich darin ein verbreitetes Fernweh auszudrücken scheint.

In «Zavtrašnije zaboty» (1961; die Sorgen von morgen) ist das Thema allerdings nur scheinbar die Durchquerung des nördlichen Seeweges um Sibirien herum bis in den Fernen Osten. Der Held der Erzählung, Kapitän Gleb Voľnov, befindet sich zugleich auf einer Reise in seine eigene Vergangenheit, und er versucht mit Hilfe der Erinnerungsfetzen an ein hoffnungsloses Liebeserlebnis während einer «weißen» Nacht in Archangelsk sein eigenes Selbst Stück für Stück aus dem Dunkel des instinktiven Erlebens ans Licht des Bewußtseins zu ziehen.

Mit Kazakov und Paustovskij teilt KONECKIJ die Neigung zur empfindsamen Naturschilderung und die Vorliebe für Tiergeschichten. Die Erzählung «Poslednjaja noč' *Bandita*» (1963; *Bandits* letzte Nacht) berichtet in durchaus «menschlicher» Sicht von den Beobachtungen und Gedanken eines alten und schließlich verendenden Zirkushundes, und auch sonst ist Koneckij am Leben und Verhalten der Tiere immer interessiert. Die Tendenz zur Bewußtseinsdarstellung, die in dieser Tiergeschichte besonders deutlich zutage tritt, verleiht den Erzählungen und Geschichten *(povesti)* Koneckijs das eigentliche Relief.

Ganz allgemein kann man sagen, daß Koneckij das Nachdenken zum eigentlichen Ereignis macht und daß der Prozeß der Erinnerung entweder direkt thematisiert wird oder als Abschweifung in den Verlauf der Geschichte einbricht. Reich an solchen Abschweifungen ist zum Beispiel die Erzählung mit dem Titel «Povesť o radiste Kamuškine» (1962; Geschichte von dem Funker Kamuškin), deren Held ein kopfverletzter Veteran des letzten Krieges ist. In diesem Fall wird sogar die Erinnerung zusätzlich durch die Verletzung motiviert: «Das Leben trat Episode um Episode deutlich und klar vor seine Augen. Und diese Deutlichkeit der Erinnerungen war beunruhigend. Fëdor Ivanovič begriff, daß hinter der Unzahl von kleinsten und genauen Einzelheiten, hinter der Schnelligkeit und Erbarmungslosigkeit der Erinnerung die Krankheit stand.»

Im Kern sind KONECKIJs Geschichten Auseinandersetzungen

der Helden mit sich selbst, mit der eigenen Schuld und eigenem Versagen. Das wird besonders deutlich in der Kurzgeschichte «Nad belym perekrëstkom» (1960; über dem weißen Wegekreuz), der Titelgeschichte des gleichnamigen Erzählbandes (1966), der die bekanntesten Erzählungen in einer Sammlung vereint. Hier geht es um die Erinnerung an eine alte Schuld aus dem Krieg, die einen Fliegeroffizier heimsucht und die in seinem Bewußtsein nicht zur Ruhe kommt.

Die Heimatstadt Leningrad spielt in Koneckijs Geschichten (etwa «Povesť o radiste Kamuškine») eine besondere Rolle als Seelenlandschaft, und Koneckij versteht es, dieser Stadt in seinen Schilderungen neue und ungewöhnliche Reize abzugewinnen. Der folgende Abschnitt entstammt dem Werk mit dem Titel «Kto smotrit na oblaka» (Zeitschrift «Znamja» 1967; wer auf die Wolken schaut): «Er zeigte ihr die Prjažka mit dem abgeblätterten düsteren Gebäude des Spitals *zum wundertätigen Nikolaus*, wo man hinter den Fenstergittern die grauen Kittel der Kranken sah. Über dem Spital bewegten sich in der Ferne die Kräne der Schiffswerften, und in dem Durchlaß zwischen den Häusern schimmerte die Neva, die hier sehr breit war, aber am Ufer belagert von Schleppern, Barkassen, alten Schiffen, die ihre Reparatur erwarteten, und neuen riesenhaften, von Mennige hellroten. Die fauligen Bohlen der Brücke zitterten unter ihren Schritten. Das ölige, von Petroleum regenbogenartig glänzende Wasser der Kanäle floß langsam. Zäune und Häuserwände waren von Feuchtigkeit durchtränkt und unansehnlich, und die Schönheit vermochten unter dieser Unansehnlichkeit nicht alle Leute zu bemerken.»

Auch in diesem Werk ist die Perspektive entscheidend, die entsprechend den drei Teilen des Werkes aufgefächert ist. Die durch das Geschehen miteinander verbundenen Erzählungen stellen eine Personengruppe in einen losen räumlichen und zeitlichen Zusammenhang, wobei im Mittelpunkt jedes Mal eine andere Figur und ein anderes Jahr *(1943, 1950, 1960)* steht. Die Geschichte endet ohne konkrete Erfüllung für eine der beteiligten Personen und ähnelt eher einer Frage als einer Antwort. Durch die Schwierigkeiten des Kapitäns Basargin mit der Obrigkeit und durch seine Verbannung in den hohen Norden (bis zur Amnestie 1956) wird auch die jüngste Zeitgeschichte in die Handlung einbezogen.

In KONECKIJS Erzählungen spielen die Konflikte vor allem die Rolle des auslösenden Moments für die Reflexion, in der erst die eigentlichen menschlichen Nuancen hervortreten. Die Konflikte bleiben sehr oft ungelöst, aber Koneckij versteht es, durch die persönlich und subjektiv eingerichtete Perspektive Teilnahme zu erregen und den Leser zu fesseln.

Eigene Erlebnisse und Einsichten als Fahrensmann auf nördlichen Meeren hat Koneckij in «Solënyj lëd» (1969; salziges Eis) gestaltet. Zu seinen neuesten Seefahrts- und Reiseberichten gehört «Sredi mifov i rifov» (1972; zwischen Mythen und Riffen).

Sehr wechselvoll gestaltete sich das Schicksal des seit 1974 im Westen lebenden Erzählers VLADIMIR MAKSIMOV (Pseudonym für Lev Samsonov; * 1932 in Moskau). Als junger Mensch machte Maksimov, dessen Vater 1933 in Haft genommen wurde, Bekanntschaft mit Heimen und Besserungsanstalten für straffällig gewordene Jugendliche. Bevor er Ende der 50er Jahre seine eigentliche Berufung im Schreiben fand, arbeitete er in verschiedenen Gegenden der Sowjetunion als Gelegenheitsarbeiter.

Aufmerksam wurde man auf Maksimov, nachdem seine Erzählungen «My obživajem zemlju» (1961; wir machen die Erde bewohnbar) und «Živ čelovek» (1962; der Mensch lebt trotzdem) erschienen waren. Maksimov wählte hier die Ich-Erzählung, zunächst in «My obživajem zemlju» eines Jungen, der noch das Leben sucht und nach vielen Fehlschlägen in der Tajga eine gefahrenvolle Arbeit annimmt, wobei er schließlich das Leben eines Menschen rettet. «Živ čelovek» ist im Aufbau komplizierter und beschreibt in wechselnder Perspektive Gedanken und Empfindungen eines vor dem Erfrieren geretteten Schwerkranken, der aus einem Lager geflüchtet ist und auf einer Krankenstation wieder zu sich kommt, sowie in einer traumhaften Retrospektive sein Leben, dessen wichtigste Stationen aus vier Jahrzehnten szenisch eingeblendet sind. Das schwerste Trauma des Jungen ist die Verhaftung des Vaters, die er als Kind miterlebt hat. Die Wurzellosigkeit des jugendlichen Ausreißers wird nach Jahren im Dienst eines Schmugglers an der türkischen Grenze dadurch verewigt, daß er als Rückkehrer aus der deutschen Kriegsgefangenschaft nach dem Krieg nicht mehr den Anschluß an die Gesellschaft findet.

Obwohl Maksimov 1967 in die Redaktion der Zeitschrift

«Oktjabŕ» aufgenommen wurde, konnte sein erster großer Roman wegen seiner kritischen Tendenz in der Sowjetunion nicht publiziert werden. «Semi dnej tvorenija» (1971; die sieben Schöpfungstage) erschienen in einem westlichen Emigrantenverlag. Maksimov unternimmt hier den Versuch, in einem aufgefächerten epischen Panorama die Wandlung und Läuterung eines echten Proletariers, des Eisenbahnschaffners und Parteimitgliedes Petr Laškov vom begeisterten Revolutionär zum christlichen Patriarchen einer durch drei Generationen vom Leid gezeichneten russischen Familie historisch und soziologisch zu motivieren.

Zeitlich umgreift der Roman mehrere Jahrzehnte, jedoch sind die sechs Teile (Montag bis Samstag) einzelnen Personen aus der Familie (den Brüdern, der Tochter und einem Enkel) gewidmet. Politisch und gesellschaftlich ist der Roman eine große Anklage gegen den Stalinismus und die Perversionen eines «revolutionären» Weges in die Zukunft. In der Darbietung des Stoffes und der Erzähltechnik ist Maksimov gleichwohl der ungebrochenen Tradition des «kritischen» Realismus verpflichtet, und die ideologischen Intentionen des Autors sowie seine Wertungen werden unverhüllt und in deutlich akzentuierter Parteinahme zur Sprache gebracht. Ob es sich um die Evakuierung von Viehherden während des Krieges handelt, um die leidvolle Geschichte eines Moskauer Mietshauses oder die Erlebnisse in einer psychiatrischen Krankenanstalt – die Positionen des Autors sind engagiert und polemisch auf die Besserung des Menschen gerichtet, und so kann der noch ausstehende siebte Schöpfungstag zum «Tag der Hoffnung und der Auferstehung» des gefallenen Menschen werden.

Maksimov, der sich der Analyse der Entwurzelung, der Einsamkeit und der «Entfremdung» des Sowjetmenschen gewidmet hat, tendiert auch in seinen letzten Romanen zu einer konstant christlichen Lösung (z. B. «Karantin» – die Quarantäne; 1973). Nach dem Ausschluß aus dem Schriftstellerverband (1973) verließ Maksimov 1974 seine Heimat und ist heute Chefredakteur der literarisch-politischen Zeitschrift «Kontinent».

VIII. NEUE TENDENZEN IN DER
RUSSISCHEN LYRIK

1. LIEDHAFTE (SANGBARE) UND «KAMMER»-DICHTUNG

Die Vielfalt der Strömungen in der heutigen russischen Lyrik
läßt eine Differenzierung nach den verschiedensten Kriterien
zu. Der hier versuchten Einteilung liegt die Vorstellung von
einer durchgehenden *Dominante* im lyrischen Text zugrunde,
nicht die Vorstellung einer Abgrenzbarkeit bestimmter Verfahrensweisen von einem Dichter zum andern. Jedem Dichter
steht für seinen persönlichen Gebrauch die gesamte Tradition
offen, und jeder Dichter möchte doch für sich persönlich «neu»
und unverwechselbar erscheinen. Dennoch gibt es wohl etwas
wie Regelhaftigkeit im Ansatz des einzelnen Gedichts, eine
Regelhaftigkeit, die in der Verwirklichung des eigenen besten
Vermögens hervortritt. Die «sangbare» Natur des Wortes und
der Verszeile kann den Dichter ebenso faszinieren wie der in seinem ganzen Wesen neue «Text», der sich aus den freien Assoziationen oder der «Montage»-Arbeit des Sprachschöpfers ergibt.

Der auf liedhafte Gestaltung seines Themas bedachte Dichter wird der Melodie und der Musikalität des Verses höchste
Aufmerksamkeit schenken, ohne dabei andere Strukturele-
mente gering zu schätzen, weil seine «Dominante» nur im
Widerstand der anderen Komponenten ihre Kraft erweisen
kann. Reine Melodie ist in der Sprache ebenso undenkbar wie
reiner Klang.

In der Praxis der heutigen russischen Literatur spielt der
sangbare Vers immer noch eine sehr entscheidende Rolle, und
er behauptet sich als «Lied» im strengen Sinne ebenso wie im
gereimten strophischen Gedicht. Die längst zerfallenen Gattungen des 18. und des 19. Jahrhunderts leben hie und da in
ironischer Reminiszenz und im Zitat wieder auf, und die Formen des Bänkelsangs und der Ballade sind sogar wieder stark
im Vordringen, gemessen an der relativen Mißachtung in der
Zeit des Stalinismus.

ALEKSANDR GALIČ (* 1919), der zur nachrevolutionären Generation Solženicyns gehörende Lyriker und Protestsänger, hatte,
bevor er mit seinen Liedern und seiner Gitarre zu einem auch

im Westen viel bewunderten Phänomen wurde, bereits zwei Jahrzehnte künstlerischer Arbeit als Schauspieler, als Theater- und Drehbuchautor hinter sich. Seine Gedichte, die zum Vortrag bestimmt sind und von ihm selbst suggestiv auf der Gitarre begleitet werden, sind gleichwohl als Texte zu werten, die unabhängig vom Vortrag literarischen Rang beanspruchen können.

Politischer Bänkelsang ist in Rußland seit der Zeit der Dekabristen eine anerkannte Gattung, und nicht zufällig beschwört Galič in seiner «Petersburger Romanze», die das Datum «22. August 1968» (mit klarem Bezug zur Tschechoslowakei) trägt, die Erinnerung an den Dekabristenaufstand 1825.

«Gelegenheitsgedichte» sind bei Galič Gedichte, die eine tiefere symbolische Bedeutung haben und in der antithetischen Gegenüberstellung der «zivilen» (staatsbürgerlichen, kämpferischen) Position und der «passiven» Unterwerfung unter die im Grunde immer schäbige Macht einen Anstoß zur Entscheidung geben wollen. Die bewußt aufgesuchten Kontraste, die Hohn und Bitterkeit zugleich ausdrücken können, machen die dramatische Komponente in Galičs Gedichten aus. Dabei trifft Galič sehr sicher den «Volkston», jene sprachliche Mischung aus folkloristischer Tradition, moderner Umgangssprache und Sowjetjargon (Abkürzungen, Neologismen und charakteristische Idiome).

Die gattungsmäßigen Gegebenheiten führen Galič immer wieder in die Nähe der Ballade, der Romanze, des Kinderliedes, des Tanzliedes und des (politischen) Wiegenliedes. Die parodistische Haltung bringt Galičs «schwarzen» Humor ins Spiel, etwa in «Čecharda s bukvami» (Wechselspiel mit Buchstaben) oder in «Nočnoj dozor» (Nachtpatrouille), wo die gestürzten Stalindenkmäler sich zu einem unheimlichen Marsch formieren.

Bitterer Ernst und bittere Ironie wechseln in jenen Gedichten miteinander, die den toten Dichtern und ihrem Schicksal gewidmet sind: B. Pasternak, A. Achmatova, D. Charms, O. Mandel'štam. Hier zeigt sich Galičs Sprache – auch in der kunstvollen Einbindung von Zitaten – als die eines Dichters mit großem Feingefühl.

Galičs Lieder und Gedichte sind nur im Ausland gesammelt. Den umfassendsten Überblick gibt der Band «Pokolenije obrečënnych» (1972; die Generation der Verdammten). 1974 hat Galič endgültig die Sowjetunion verlassen.

Als Vertreter einer reinen Lieddichtung (Song, Bänkelsang, Ballade, «Liedchen») hat sich im Verlauf des letzten Jahrzehnts Bulat Okudžava (* 1924 in Moskau) einen Namen gemacht. Okudžava, der sich gewöhnlich selbst auf der Gitarre begleitet, ist weder Kabarettist noch «Protest»-Sänger, sondern seine Gedichte, die oft hintergründig-bedeutsam und von schmerzlicher Hellsichtigkeit erfüllt sind, haben ihren Platz eher in der unpolitischen Lyrik.

Okudžava, dessen Vater ein Opfer Stalinscher Verfolgungen wurde und der eigentlich nicht russischer, sondern abchasischer (südkaukasischer) Abstammung ist, hat als junger Kriegsfreiwilliger an den Kämpfen um die Verteidigung Transkaukasiens teilgenommen, und aus diesen Kriegserlebnissen ist ein bemerkenswertes Prosastück unter dem Titel «Buď zdorov, školjar!» (1961; Servus, Scholar!) entstanden. Die illusionslos berichteten Kriegserlebnisse aus der «Machorka»-Perspektive haben einen ausgesprochen pazifistischen Unterton, und Lieder gegen den Krieg gehören auch zum lyrischen Repertoire Okudžavas («Glaub nicht an den Krieg, mein Junge, glaub nicht, er ist traurig. Er ist traurig, mein Junge, wie hohe Stiefel, so eng. Deine wilden Pferde, die richten da nichts aus, denn immer bist du wie auf der hingestreckten Hand, und alle Kugeln, die suchen nur einen»).

Okudžavas literarische Vorbilder sind nicht nur in der Volksdichtung zu suchen (Bylinen, Volkslieder), sondern auch in der Romanze des 19. Jahrhunderts (Zigeunerromanze), im romantischen Lied, in der Ballade des 19. und 20. Jahrhunderts und in der tragischen Note der Lyrik Aleksandr Bloks. Einige Stücke, wie die Ballade von «Len'ka Korolëv», («Korol'»; 1962; der König), der «Mitternachtstrolleybus» («Polnočnyj trollejbus», 1962) oder das «Liedchen vom Arbat» («Pesenka ob Arbate») gehören zu den unter Intellektuellen beliebtesten Dichtungen der Gegenwart.

Lyrik von Bulat Okudžava erschien in Rußland vor allem in den beiden (auch im Ausland, teilweise mit erweitertem Inhalt nachgedruckten) Bändchen: «Ostrova» (1959; Inseln), «Vesëlyj barabanščik» (1964; der lustige Trommler), und «Mart velikodušnyj» (1967; großmütiger März). Okudžavas gesammelte Verse wurden in einem Frankfurter Verlag 1968 unter dem Titel «Proza i poèzija» in 3. Auflage gedruckt.

Mit einem anspielungsreichen Prosawerk trat Okudžava 1970 wieder als Erzähler hervor. «Glotok svobody» (1971; ein Schluck Freiheit), im Westen unter dem Titel «Bednyj Avrosimov» (1970; der arme Avrosimov) erschienen, vertritt die Gattung des historischen Romans. Die Handlung ist ein ironisch-empfindsamer Rückgriff in die Zeit des Prozesses gegen die Teilnehmer am Dekabristenaufstand (1825) und stellt in den Mittelpunkt des Geschehens den anschließend zum Tode verurteilten und hingerichteten Oberst Pestel' sowie als fiktiven Gegenpart den «armen» Gerichtsschreiber Avrosimov, der gegen seinen eigentlichen Willen immer tiefer und immer unaufhaltsamer in das persönliche Schicksal Pestel's verstrickt wird. Den Problemen des Mitempfindens, der persönlichen Schuld, der Mitverantwortung, der Mitentscheidung kann sich Avrosimov am Ende nur durch das gnädige Eingreifen des Schicksals entziehen, durch das von ihm jenes Ungemach ferngehalten wird, das überall hervorzubrechen droht.

Okudžava hält bis zum Schluß Stil und Erzählsprache des 19. Jahrhunderts durch, wobei Anlehnungen an die Erzählweise des frühen Dostojevskij («Bednyje ljudi» – Arme Leute) unverkennbar sind. Die ironische Note, die zu einem ständigen Perspektivenwechsel in Richtung auf die Gegenwart zwingt, wird durch die phantastische Regie des Erzählers und durch dessen ausführliche psychologische Erörterungen in die Erzählung getragen.

Die liedhaften, von der Tradition beeinflußten Formen, die ebenso für anekdotenhafte Begebenheiten wie zum Ausdruck rein lyrischer Stimmungen geeignet sind, haben jetzt auch einen Platz im Werk verschiedener jüngerer Dichterinnen. Unter ihnen ist RIMMA KAZAKOVA (* 1932 in Sevastopol') nicht nur ihrem Geburtsdatum nach an erster Stelle zu nennen. Der früheste Gedichtband erschien bereits 1958 in Chabarovsk unter dem Titel «Vstretimsja na Vostoke» (wir treffen uns im Osten), und er wurde gefolgt von «Tam, gde ty» (1960; dort, wo du bist), «Stichi» (1962; Verse), «Pjatnicy» (1965; Freitage), «Poverit' snegu» (1967; dem Schnee trauen), «Jëlki zelënyje» (1969; grüne Tannenbäume) und «Snežnaja baba» (1972; Schneemann).

Rimma Kazakova verbrachte mehrere Jahre im Fernen

Osten, und ihre Dichtung ist inzwischen mit allen Landschaften Rußlands verbunden. Die persönlichsten Gedichte knüpfen jedoch an ihre Heimatstadt Sevastopoľ («Razmyšlenije na mogile mojego deda v Sevastopole»; Gedanken am Grab meines Großvaters in Sevastopoľ) und an den Krieg (die Ballade von der Wiederkehr des gefallenen Vaters) an. Motive und Formen der Balladen und Bänkelsänger sind bei R. Kazakova vielfach anzutreffen, und ein starker Zug von tragischem Humor und Selbstironie ist der Dichterin eigen.

Rimma Kazakova strebt nach äußerster Vereinfachung des Ausdrucks, nach volkstümlicher, aber keineswegs banaler Prägung der Sprache, nach unpathetischen Aussageformen. In dieser Hinsicht muß man als sehr geglückt etwa «Pesenka o paruse» (Liedchen vom Segel), «Pojezda» (Züge) oder das Lied von den Narren («Živut na svete duraki ...»; es gibt Narren auf der Welt ...) ansehen. In vielen Einzelheiten zeigt sich hier auch eine Verwandtschaft zu Bulat Okudžava.

Rimma Kazakova rezipiert die Tradition von Lermontov bis zu Bagrickij, und in den oft komplizierten Reim- und Klangspielen zeigen sich wohl auch Anlehnungen an Marina Cvetajeva, Pasternak und die gleichaltrigen Zeitgenossen. Stark volkssprachlich stilisiert sind Gedichte wie «Gribnoj dožď» (Sprühregen), «Malachov kurgan» (Malachov-Hügel – alte Festung in Sevastopoľ) u. a. m. Oft mischt die Dichterin aber auch die Volkssprache mit modernen Fremdwörtern, mit abstrakten Begriffen und mit überraschend neuzeitlichen Wendungen. Ihr «Handwerk» sieht Rimma Kazakova ganz unfeierlich und unprätentiös als niedrige, für eine Magd taugliche Arbeit (in «Remeslo» – Handwerk):

> Ich bin dein häßliches Entlein, Aschenbrödel,
> morgen – Eva, heute noch Rippe ...
> Mit bloßen Händen wasche ich Gold,
> Aus dem Muttergestein kratze ich Silber.

Von etwas anderem Zuschnitt ist die Lyrik der Dichterin Junna Moric (*1937 in Kiev). Ihre ebenfalls gesanghafte, musikalische Sprache ist dem Traum und der Phantasie verschwistert, und ihre Metaphern nähern sich schon gelegentlich dem abstrakt-bildhaften Typus («Osennjaja okraina»; 1966; herbstliche Mark). Junna Moric ist eigentlich eine romantische

Dichterin, und besonders ihr Band «Mys Želanija» (1961; Kap der Sehnsucht – äußerstes Ende der arktischen Insel Novaja Zemlja) ist ein fortgesetzter Traum, der Vögel, Fische, Meer und Eisberge in wichtige Zeichen und Symbole verwandelt. Der poetische Mythos der Dichterin bleibt jedoch «naiv» und volkstümlich-märchenhaft in seiner erzählten «Geschichte», und so erinnert er manchmal an Bilder Marc Chagalls. J. Moric unternahm 1956 eine Reise in die Arktis (Novaja Zemlja, Tajmyr) und besuchte auch die nordsibirischen Goldgruben. Die Eindrücke von dieser Reise haben gerade in «Mys Želanija» ihren Niederschlag gefunden, und zwar in leuchtenden, beinahe exotisch anmutenden Farben.

JUNNA MORIC ist in ihrer Poesie aber keineswegs einseitig, und gelegentlich klingen auch streitbare und satirische Noten in ihren Gedichten an, wie in «Na smerť Džuľjetty» (1966; auf Julias Tod) oder in der «Französischen Ballade» (1965; «Francuzskaja ballada»). Insgesamt sind von Junna Moric bisher folgende Gedichtbände erschienen: «Razgovor o sčasťje» (1957; Unterhaltung über das Glück), «Mys Želanija» (s. o.), «Roždenije kryla» (1965; Geburt des Flügels), «Loza» (1970; die Rebe) und «Surovoj niťju» (1974; mit grobem Faden).

Eine herbere Note klingt in den Gedichten der 1975 in den Westen emigrierten NATAĽJA GORBANEVSKAJA (* 1936) an. Diese in Opposition zum Regime stehende Dichterin, die im August 1968 auf dem Roten Platz gegen den Einmarsch in die Tschechoslovakei demonstrierte, legte ihre ersten Versuche zu Beginn der 60er Jahre in Samizdat-(«Handverlag») Veröffentlichungen vor. Die frühen Gedichte (bis etwa 1965) zeigen eine durch die russische lyrische Tradition und religiöse Bestimmtheit gleichermaßen getragene Bilderwelt: Fischernetz, Taube, Blutschuld, Kreuzigung, Schiff, Stern und Kerze auf der einen und «Rußland» (Rossija), Schneegestöber, Steppengras, Kranich, Wind, Muse, Flamme und Henker auf der anderen Seite. Im Mittelpunkt der moralischen Vorstellungen steht die Aufrichtigkeit («ich bin der Verseschmied, der leidend nicht zu lügen versteht») und die Kampfbereitschaft mit den «schwachen Waffen» des Wortes.

N. Gorbanevskaja ist im Grunde die Meisterin der «kleinen Form» (1–4 Strophen) und der knappen, gedrängten Aussage. Durch Assonanz, Alliteration und variierende Wiederholungen ganzer Lautgruppen erhalten einzelne Worte und Metaphern ihre Tiefendimension in klanglich gesteigerter Wirkung: «Ne izbyť bedy, ne izbežať bedy, / ne zabyť, ne sbežať. Ne ispiť vody» – Unglück ist nicht vom Halse zu schaffen, Unglück ist nicht zu vermeiden, / Nicht zu vergessen, nicht zu fliehen. Das Wasser ist nicht auszutrinken.

Die Lieder der Dichterin werden seit der zweiten Hälfte der 6oer Jahre noch pointierter und illusionsloser in ihren Fragen und in ihrer oft quälenden Selbstanalyse, sie bleiben aber getragen von einer unbeugsamen religiösen Zuversicht. Meisterwerke christlicher Lyrik wie das kleine Gedicht mit der Anrufung der «Trojeručica» (Muttergottes mit den drei Händen) vom 17. Juli 1973 zeugen von einer tiefen Verwurzelung in der russischen Glaubenstradition.

Bemerkenswert ist ganz sicher auch die Kunst des Spiels mit Zitaten anderer Dichter. N. Gorbanevskaja ist in der russischen Lyrik völlig zu Hause, und manche Verse gehen dialogisch auf fremde Gedichte ein. Obwohl sich wenig rein Beschreibendes finden läßt, sind viele Gedichte mit der geographischen Umgebung sinnlich und symbolisch verbunden: mit Moskau, mit Leningrad, mit dem Baltikum. Gesammelte Gedichte erschienen im westlichen Ausland: «Stichi» (1969; Verse) und «Tri tetradi stichotvorenij» (1975; drei Hefte Gedichte).

Den mehr «gesprochenen» als sangbaren Typus der Verssprache (im Sinne der Unterscheidungen B. Ėjchenbaums) repräsentiert die Dichterin BELLA ACHMADULINA (* 1937 in Moskau). Der Titel der Gedichtsammlung «Struna» (1961; Saite) deutet zwar auf die Liedhaftigkeit der Kompositionsform des einzelnen Gedichtes hin, was sich in der strengen Strophik auch bestätigt, aber Intonation, Wortschatz und syntaktische Gliederung stammen nicht aus dem Arsenal der «melodischen» Poesie.

Bella Achmadulinas Gedichte wurzeln vor allem in der akmeistischen Tradition, und darüber hinaus sucht sie immer wieder die Anknüpfung an PUŠKIN. Nüchterne, ja prosaische Bilder und eine ruhige, ausgeglichene Diktion sind ihr ebenso eigen wie Abgeschlossenheit und Durchsichtigkeit im Bau jeder Verszeile. Die Themen sind klar begrenzt, oft häuslich und alltäglich («Vstuplenije v prostudu»; 1962; Eintritt in die Erkältung), und ein einzelnes Kerzenlicht kann ebenso zum Anlaß eines Gedichtes werden («Sveča»; die Kerze) wie die Verkehrsregelung auf der Straße («Svetofory»; Verkehrsampeln). Die technische Welt bedeutet der Dichterin für ihre Lyrik sehr viel, und sie ist ebenso auslösendes Moment für neugieriges Staunen wie für überraschende Gedankenspiele («Magnitofon»; 1962; Magnetophon). BELLA ACHMADULINA ist durchaus keine «harmlose» Dichterin, und bei aller Diesseitsbezogenheit ihrer Themen tritt sie mit ihrer stark assoziativ arbeitenden Phantasie oft neben die Wirklichkeit und hinter die Wirklichkeit zurück. Darin manifestiert sich ein durchaus «avantgardistischer» Zug in ihrer Lyrik.

Bella Achmadulinas Lyrik kann man mit einem gewissen Recht als «Kammer»-Dichtung bezeichnen, da die intime menschliche Sphäre den Vorrang sowohl vor romantischer Extravaganz als auch vor metaphysischer Grübelei behält. Selbst wo gelegentlich rhetorisches Pathos durchbricht, wie in der Verserzählung «Moja rodoslovnaja» (1963; mein Stammbaum – der Titel knüpft an ein gleichnamiges Gedicht von Puškin an), kehrt der Gedankenflug der Dichterin schnell wieder in den Umkreis der persönlichen Welt zurück.

Die Sensibilität der Dichterin gegenüber Einflüssen der Umwelt und des Klimas kommt auch in den kleinen Verserzählungen «Oznob» (1963; Fieberschauer) und «Skazka o dožde» (1964; Märchen vom Regen) zum Ausdruck. Das Einfache, Normale, Alltägliche wird dabei wie auch schon in vielen Gedichten zum Fremden, Unnatürlichen und Bedrohenden. Allein aus den sinnlichen Empfindungen wächst die Dramatik phantastischer Aktionen und Reaktionen:

Wie die Schnecke in ihrem knöchernen Sarg
suche ich mich in Blindheit und Stille zu retten,
aber schmerzend und auf der Stirne juckend
wachsen die Hörner der Antennen über mir empor.

O Sternenregen aller Punkte und Bindestriche,
dich rufe ich, stäube hernieder! Auch wenn ich vergehe
zitternd im reinen Silber
des nixenhaften Kribbelns, das den Rücken entlangbrennt!

Schlag auf mich ein wie auf eine Trommel, ohne Erbarmen,
Fieberschauer, ich bin ganz dein! Wir können nicht getrennt
Ich bin die Ballerina deiner Musik!   leben!
Der kleine fröstelnde Hund deiner Eiseskälte!

Auch den eigenen Schaffensprozeß beschreibt die Dichterin gern in Metaphern des körperlichen Ringens mit der gegenständlichen Welt, des Kampfes mit dem Versagen der Stimme, der schroffen Abgrenzung gegen eine gefühl- und ausdruckslose Welt.

Ein weiterer in der Sowjetunion veröffentlichter Lyrikband erhielt den Titel «Uroki muzyki» (1969; Musikstunden), und eine in Deutschland herausgegebene Gedichtsammlung trägt den Titel der Verserzählung «Oznob» (1968; Fieberschauer). Der neueste Auswahlband erschien in Moskau («Stichi» – 1975; Verse).

2. AUTONOM-BILDHAFTE UND ASSOZIATIVE DICHTUNG

Die eigentlich «moderne» und nach heutigen Begriffen avantgardistische Lyrik trifft in der Sowjetunion offiziellerseits auf erhebliche Vorbehalte. Die jüngeren Vertreter dieser Richtung sind meist nur Eingeweihten gut bekannt, und ihre Gedichte zirkulieren, wie man weiß, nur in handschriftlicher Form. Durch Veröffentlichungen (teilweise auch Übersetzungen) im Ausland sind einige Namen in den letzten Jahren etwas besser bekannt geworden, doch scheint es verfrüht, diese Dichtung in bestimmte Rubriken einzuordnen und ihren Platz in einem größeren historischen Zusammenhang zu bestimmen. Es handelt sich dabei vorwiegend um Lyrik der sechziger und siebziger Jahre, und auch unter diesem Aspekt muß man der Vermutung Raum geben, daß mit dem Beginn der sechziger Jahre eine andere literarische Epoche ihren Anfang genommen hat, deren weiteres Schicksal allerdings völlig offen erscheint.

Charakteristisch für die heutige avantgardistische Lyrik ist, daß sie schwieriger zu durchschauen und meist nicht für politische Zwecke zu gebrauchen ist. Insofern unterscheidet sich diese Lyrik ziemlich von der ebenfalls in «modernem» Gewand auftretenden Lyrik Jevtušenkos oder Voznesenskijs, da bei diesen aus dem Kontext jeweils das konkrete «Engagement» unmißverständlich hervorgeht.

Die Metaphorik, die aus den schwer greifbaren Emotionen oder aus der Sprache selbst kommt, ist bei den wenigen Dichtern der neuen Avantgarde wirklich autonom und beruht nicht oder doch seltener auf dem Prinzip der bloßen Stellvertretung. Die Bildhaftigkeit tendiert meist zur vollständigen Verwandlung und verlangt vom Leser die Anstrengung des Mitvollziehens und Miterkundens. Ganze Bereiche der Tradition können trotzdem über die Bilder in das Gedicht einfließen, und der Ausgleich in der Spannung zwischen eigenem Können und Anspruch der Tradition ist dem Dichter dann aufgegeben.

Der wohl wichtigste Vertreter dieser ganzen Richtung ist in der Sowjetunion GENNADIJ AJGI (* 1934), der zur Nation der Tschuwaschen gehört und seine ersten Gedichtbände (1958, 1962), in der Muttersprache schrieb. Ajgi dichtet erst seit 1960 russisch (wie man hört, auf Anraten von N. Hikmet und B. Pasternak). Der Dichter hat seine tschuwaschischen Gedichte inzwischen selbst ins Russische übersetzt, doch ist in der Sowjetunion wenig davon veröffentlicht. Bekannt wurde Ajgi vor allem durch tschechische Vermittlung, und 1967 erschien in Prag in der Übersetzung von Olga Mašková (nach der russischen Originalhandschrift) ein Band mit Gedichten, der die ganze Zeitspanne von 1954 bis 1966 umfaßt: «Tady» (hier).

Gerade die Gedichte der sechziger Jahre, die sich mit wenig anderem in der russischen Literatur vergleichen lassen, bringen nicht nur viele fremdartige Metaphern ins Spiel, sondern sind gerade überraschend auch in ihrem assoziativen Geflecht. Ajgi benutzt vielfach den ganz «freien» Vers (*Vers libre*), und er verzichtet auf den traditionellen russischen Reim. Bis in die zweite Hälfte der 60er Jahre meidet er auch den Gebrauch von Satzzeichen, obwohl ihm die strophische Gliederung geläufig ist. Die Abkehr vom kanonischen russischen Vers kommt auch darin zum Ausdruck, daß Ajgi von einer stärkeren Betonung der lautlichen Stilmittel, insbesondere von Lautmalerei, nicht viel hält. Die Wiederholung bestimmter Laute wird (abgesehen von gelegentlichen Assonanzen) gezielt zur Hervorhebung geheiligter Begriffe eingesetzt, wie etwa in dem Gedicht «Smerť» (1960; Tod), wo die Laute «b» und «g» auf die Schlußstrophe abgestimmt sind:

> Und die Schneeflocken
> tragen und tragen auf die Erde
> die Hieroglyphen Gottes ... (ieroglify *b*o*g*a ...)

Ajgis Lyrik ist nicht beschreibend, sondern beschwörend und auf eine unnachahmliche Art hellseherisch. Verdichtete Traumbilder und regelmäßig wiederkehrende Erinnerungen (besonders aus der Kindheit) sind eindringliche Besinnungen auf den Kern der menschlichen Existenz. Die Welt ist für Ajgi voller geheimer Zeichen, die auf das stille Zentrum des Lebens deuten. Kindheit und Tod sind die Pole, um die seine Gedanken kreisen, und ähnlich wie bei den Mystikern ist die weiße «Farblosigkeit» des reinen «Seins» – verkörpert im Kind und symbolisiert durch den weißen, kalten Schnee – für ihn das wichtigste Leitmotiv. Schon in einem ganz frühen Gedicht ist dieser Weg vorgezeichnet, in «Noč' pervogo snega» (1957; Nacht des ersten Schnees):

> Nacht des ersten Schnees als du
> nicht glücklich nicht leicht sondern einfach frei wurdest
> wie das nur in der Kindheit geschieht
> und nur vor dem Tod

Mystische Neigungen können auch in den zahlreichen negativen Epitheta gesehen werden, wie etwa unsichtbar, unerkannt, unerwartet, unausdrückbar, unvorhergesehen, formlos, körperlos, grenzenlos, farblos, nicht endend usf. Sonst meidet Ajgi eher die dichterischen Epitheta, sofern sie nicht auf räumliche und sinnliche (Farben!) Eindrücke bezogen sind. Sehr auffallend ist dagegen der Gebrauch der Partizipien, die für den (nicht selten elliptischen) Satzbau Ajgis besonders typisch sind. Die Körperlichkeit des Menschen ist aus Ajgis Gedichten nicht hinwegzudenken, sie bleibt Innenraum der Existenz und der Freiheit:

> und ich weine, weine, weine
> in allen Winkeln
> meiner selbst. (1961)

Ganze metaphorische Landschaften erschließen sich Ajgi im menschlichen Gesicht, in den Händen und in den leisesten Bewegungen. Auch wenn seine Lyrik viele «Leerstellen» (Verkürzungen, «unerfüllte» Qualitäten und Abbrüche) aufweist, ist der Bezug zum Mitmenschen intensiv und für das Verständnis zentral. Zahlreiche Gedichttitel sind auf Zuwendung und Zuneigung abgestellt, und wiederholt tauchen «Madrigal», «Requiem», «Widmung» als Überschriften auf.

Eine besondere Sympathie hat Ajgi, der Gedichte über Kafkas Kindheit und über Kafkas Grab geschrieben hat, für die Tschechoslowakei. Der lyrische Zyklus, der die Jahre 1967–70 umgreift, hat den tschechischen Titel «Černá hodinka» (Dämmerstunde) erhalten. In den Gedichten dieses Zyklus wird Ajgi noch lakonischer und sparsamer in seinen «poetischen» Mitteln, er verzichtet bisweilen auch auf jede strophische Gliederung. Dafür bringt er nun vermehrt expressive Satzzeichen ins Spiel (Ausrufungszeichen, Fragezeichen, Doppelpunkte und Gedankenstriche), die zusammen mit vielen Großbuchstaben den Texten eine mahnende und eindringlich beschwörende Funktion verleihen. Das religiöse Fundament dieser Verse tritt dabei besonders hervor.

Nachdem der «russische» Ajgi lange Zeit der Öffentlichkeit unbekannt bleiben mußte, wurden seine Gedichte nun in Köln gesammelt und nach dem russischen Manuskript 1975 in Deutschland unter dem Titel «Stichi 1954–1971» (Verse) gedruckt.

Einer der weniger radikalen, aber doch auffälligen «Modernen» ist VIKTOR SOSNORA (* 1936 in Alupka/Krim). Sosnora lehnt sich im Grunde an V. Chlebnikov an, aber er weiß diese Tradition für sich wirklich fruchtbar zu machen. Als junger Mensch ist Sosnora sehr weit in Rußland herumgekommen, und während seiner Schulzeit in Lemberg begeisterte er sich für die Sprache der altrussischen Chroniken und für das *Igorlied*. Sein Gedichtband «Janvarskij liven» (1962; Januarregen), der von Nikolaj Asejev eingeleitet wurde, legt ein beredtes Zeugnis von diesen Neigungen ab. Sosnora bezieht seine Assoziationen vielfach aus der Sprache selbst, und seine Bilder fügen sich oft einfach den lautlichen «Anklängen». Das ist zum Beispiel besonders deutlich sichtbar in dem (unübersetzbaren) Gedicht «Pervyj sneg» (1962; erster Schnee), das mit den Worten:

Pervyj sneg.
Peresmech
     Perevёrtyšej snežinok
     . . . . beginnt.

In einem anderen Gedicht («Očiščeńje»; 1965; Reinigung) verwertet SOSNORA die Assoziationen, die sich aus den ähnlich klingenden Wörtern *čisto* (sauber) und *čislo* (Zahl) ergeben. Diese Wortspiele wollen aber nicht grotesk wirken, wie zum Beispiel sehr oft bei Voznesenskij, sondern sie sind freies Spiel der gelassenen Phantasie. Viktor Sosnora fächert manchmal sogar gewisse Bildvorstellungen weiter auf, um den Prozeß der Metaphorisierung auszukosten. Das Gedicht «Gololedica» (1965; Glatteis) verwandelt die glatte Bahn für den Fischer in «gläserne Karpfen», für den Schlosser in «legierten Stahl», für die Kinder in lauter Lutschbonbons:

> Und der König, der Betrüger
> verspricht goldene Berge.
> Aber dann wird auf einmal ein Knabe rufen,
> daß dem König die Kleider fehlen!

Sosnoras Gedichte sind sicherlich verspielter und weniger dem metaphysischen Plan zugeordnet als die Gedichte Ajgis, aber das Bedürfnis nach Aufgabe aller bisherigen Klischees ist bei ihm deutlich genug zu spüren. Selbst folkloristische Motive wie in «Krapiva» (1962; Brennessel) werden in völlig eigener Weise verwandelt.

Noch einige Jahre jünger ist der in der Sowjetunion kaum gedruckte IOSIF BRODSKIJ (* 1940). Brodskij gehörte zu einem Kreis junger Leningrader Dichter, und er war schon als Übersetzer aus dem Englischen, Spanischen und Polnischen tätig und bekannt, als er 1964 als «arbeitsscheues Element» vor Gericht gestellt und verurteilt wurde.

Brodskij wurde in den hohen Norden Rußlands verbannt, doch erregte sein Fall (nach der Veröffentlichung von Auszügen aus den Prozeßprotokollen im Ausland) solches Aufsehen, daß er Ende 1965 die Erlaubnis zur Rückkehr nach Leningrad erhielt. 1972 wurde Brodskij gezwungen, im Rahmen der Ausreisequote für Juden aus der Sowjetunion seine Heimat endgültig zu verlassen. Er lebt seitdem in den USA.

Die frühen Dichtungen (bis zur Verhaftung) wurden schon 1965 in Amerika als Buch gedruckt («Stichotvorenija i poėmy» – Gedichte und Verserzählungen). Sie sind stilistisch und thematisch sehr vielseitig und reichen von experimenteller «grammatischer» Poesie bis zur großen odischen und elegischen Form. Besonders umfangreich ist die 1961 entstandene, aus 42 «Nummern» eines Reigens bestehende schaubudenartig «inszenierte» Verserzählung «Šestvije» (die Prozession), in der sich auch schon Brodskijs parodistische Begabung zeigt.

Besondere Beachtung haben in diesem Band die tief im Metaphysischen wurzelnden Versdichtungen «Bol'šaja elegija Džonu Donnu» (Große Elegie auf John Donne) und «Isaak i Avraam» (Isaak und Abraham) gefunden. Beide Werke entstanden 1963 und sind in Versform, Sprache und religiösem Ernst eng miteinander verwandt. Durch häufige Zäsuren und Enjambements gewinnt Brodskijs Sprache hier schon den langen «epischen» Atem, der für ihn so charakteristisch ist. An Metaphorik und Symbolik wird zugleich deutlich, wie stark Brodskij mit der klassischen europäischen Tradition verbunden ist. In «Isaak i Avraam» entwickelt Brodskij an dem Wort «Busch» (russ. kust) einen ganzen universalen Metaphernvorrat und geht den einzelnen Buchstaben dieses einen Wortes bis in ihre metaphorischen und symbolischen Wurzeln nach.

Ein wichtiges Beispiel für Brodskijs evokative Metaphorik ist das zum gleichen Themenkreis gehörende Gedicht «Glagoly» (Verben). Aus den Tätigkeitsworten («hungrige Verben, nackte Verben, Hauptverben, taube Verben») sind Lebewesen geworden, die in Kellern wohnen und zur Welt kommen, Verben, die von den Substantiven getrennt sind. Jeden Morgen gehen sie zur Arbeit, mischen Mörtel und schleppen Steine, errichten die Stadt, das «Denkmal ihrer eigenen Einsamkeit», müssen schließlich den Weg nach Golgotha gehen. Wie vor einer verschlossenen Tür klopft jemand und schlägt Nägel ein, «ins Präteritum, in das Präsens, ins Futurum»:

Niemand kommt und niemand holt sie herunter.
Der Hammer klopft,
er wird ewiger Rhythmus.
Die Hyperbel der Erde liegt unter ihnen,
wie der Himmel der Metaphern über ihnen schwimmt!

Das Gedicht erweist sich schließlich als ein ausgebreitetes *Concetto*, in dem Verben Lebewesen sind und Lebewesen – Verben.

Es gibt bei Brodskij keinen eigentlich zentralen «Mythos», aber das Leben ist für ihn ebenso feierliche Prozession («Šestvije») wie auch Pilgerfahrt («Piligrimy»; die Pilger) und blindes Tasten («Stichi o slepych muzykantach»; Verse über die blinden Musikanten).

Die Thematik des Todes ist Brodskij überaus vertraut, und deswegen sind Elegie und Klagegesang vielfach vertreten (auch in «Šestvije»). Wehmütige Gedanken suchen nach einem Ausdruck, wie in dem Gedicht über den Leningrader jüdischen Friedhof, wo die früheren «Juristen, Händler, Musikanten und Revolutionäre» jetzt still unter der Erde liegen:

> Nichts erinnernd.
> Nichts vergessend.
> Hinter dem schiefen Zaun aus fauligem Furnierholz,
> vier Kilometer vom Ring der Trambahn entfernt.

Auch Brodskijs zweiter Gedichtband erschien in Amerika unter dem Titel «Ostanovka v pustyne» (1970; Zwischenhalt in der Wüste). Neben der sarkastisch-satirischen Auseinandersetzung mit der Gegenwart (etwa der Zerstörung der Leningrader Griechischen Kirche in dem Titelgedicht «Ostanovka v pustyne») wendet sich Brodskij nun der griechischen Mythologie zu, bestimmten historischen Themen (z. B. Polen), dem Dichterschicksal und immer wieder der reinen meditativen Lyrik, etwa «Fontan» (1967; der Springbrunnen) oder «Podsvečnik» (1968; der Leuchter). Dabei steht die darstellende, erkennende (kognitive) Funktion der Sprache stärker im Vordergrund als die symptomatisch-expressive Funktion. Die Bedeutung der Zäsuren und Enjambements wird in den Jahren nach 1965 eher noch größer, aus ihnen entwickelt sich das Kompositionsprinzip einzelner Gedichte (z. B. «Poslanije k sticham» – 1967; Epistel an die Verse).

Unter den längeren Gedichten, die auch als «Verserzählungen» bezeichnet werden können, sind vor allem «Stichi na smerť T. S. Ėliota» (1965; Verse auf den Tod von T. S. Eliot) hervorzuheben, sowie parodistisch-satirische Dichtungen im Stil von «Gorbunov i Gorčakov» (1965–68).

Die in der Sammlung «Ostanovka v pustyne» nicht vertretenen Gedichte der Phase von 1964–1971 haben Brodskijs Freunde jetzt (1977) in Amerika unter dem Titel «Konec prekrasnoj ėpochi» (Ende einer herrlichen Epoche) in einem weiteren Band herausgegeben. Neben verschiedenen neuen Widmungsgedichten und Zyklen, die vom Schwarzen Meer und von Litauen inspiriert sind, bleiben die radikalen Auseinandersetzungen mit der Epoche und mit dem Glauben hervorzuheben.

Die 40 souverän reimenden Strophen (Brodskij hält auch in diesem dritten Band grundsätzlich am Prinzip des Reimens fest) der «Reč' o prolitom moloke» (1967; Rede von der vergossenen Milch) zitieren den polemischen Monolog eines armen, hungrigen Dichters, der mit der Gesellschaft und ihren falschen Idealen hadert. Der Ton ist scharf und witzig, die Gedanken sind oftmals aphoristisch zugespitzt:

> Gleichheit, lieber Bruder, schließt die Brüderlichkeit aus.
> Das muß man klar durchschauen.
> Von Sklaverei kommt immer nur wieder Sklaverei.
> Sogar mit Hilfe von Revolutionen.
> Gewöhnlich spuckt, wer auf Gott spuckt,
> erst einmal auf den Menschen.
> Hintergedanken sind stärker als Vordergedanken.
> Für mich sind die Bäume wertvoller als der Wald.

Das Titelgedicht «Konec prekrasnoj épochi» (1969) ist eine Betrachtung in elegischen Langzeilen, die voll sarkastischer Bitterkeit das eigene Schicksal und das Schicksal Rußlands auf geschichtsphilosophische Formeln zu bringen sucht:

> Die Weitsicht dieser Zeiten – das ist eine Weitsicht auf
> Dinge in der Sackgasse.

Eine tiefe Betroffenheit des Dichters und verzweifelte Glaubensbereitschaft dringen aus den kunstvoll gebauten Strophen des romantischen «Razgovor s nebožitelem» (1970; Gespräch mit einem Himmelsbewohner). Die ausführliche Apostrophe an den Engel berührt die «letzten» Dinge: Zeit, Leben, Dichtung, Glauben und Erinnerung. Der Dichter weiß, daß «alles an den Haken seiner Fragen» hängt, und daß es keine Umarmungen gibt, die nicht «wie die Zeiger um Mitternacht» wieder auseinanderrücken. Es bleibt der Dank, daß der Himmel ihn nicht der Macht der «traurigen Formen» seiner Anlagen und Komplexe überantwortet hat.

3. Pathetische Dichtung

Einer der sehr erfolgreichen Vertreter pathetischer Lyrik im Stil des späten Majakovskij ist unter den jüngeren Dichtern ROBERT ROŽDESTVENSKIJ (* 1932 im Altai-Gebiet). An das Vorbild knüpft Roždestvenskij sowohl mit seinem deklamatorischen Pathos als auch mit seiner *romantischen* Ironie an. Dennoch ist Roždestvenskij kein bloßer Epigone, und er geht in seiner Thematik oft eigene Wege. Im ganzen kann man sagen, daß diejenigen Gedichte am interessantesten sind, in denen der Dichter den größten Abstand vom Tribunen gewinnt. Dazu gehören die Gedichte mit bildhafter Thematik (etwa das Jurij Kazakov gewidmete Gedicht «Bazar togo goda»; Basar in jenem Jahr), die Gedichte von den verschiedenen Reisen und die Meditationen über die Gegenwart. Ausschließen darf man von der Betrachtung die Masse der rein publizistischen Gedichte einschließlich der übertrieben pathetischen Verserzählung «Pišmo v tridcatyj vek» (1963; Brief in das 30. Jahrhundert).

Roždestvenskij, der in seiner Jugend ein bekannter Sportler gewesen ist, hat wie so viele andere im Goŕkij-Literaturinstitut in Moskau das poetische Handwerk gelernt. Der erste Höhepunkt seiner weiteren Entwicklung ist durch den Gedichtband «Neobitajemyje ostrova» (1962; unbewohnte Inseln) markiert. Er enthält das aus mehreren Teilen bestehende Gedicht, das Roždestvenskij berühmt gemacht hat, das «Requiem» («Rekvijem») für die Gefallenen des zweiten Weltkrieges. In dieser Dichtung zeigt sich Roždestvenskijs Pathos nicht nur in den Formeln der Lobpreisung für die Toten, sondern auch in der charakteristischen, an Beschwörungsformeln erinnernden Eindringlichkeit, mit der Ausrufe, wichtige Schlüsselwörter und Bekundungen des Schmerzes immer wieder aufgenommen werden.

Roždestvenskijs Pathos ist national und kommunistisch, und seine Sprache ist in dieser Dichtung vor allem von der Tradition (auch der volkstümlichen) bestimmt. In den nächsten Gedichtbänden, vor allem in «Radius dejstvija» (1965; Aktionsradius) und in «Syn very» (1966; Sohn des Glaubens) sind moderne und traditionelle Elemente, politische und emotionelle Rhetorik, Reflexion und Ironie bunt gemischt. Roždestvenskij schließt sich der allgemeinen Kritik am Stalinismus an (in dem Gedicht «Zima tridcať vośmogo»; Winter 1938), und er sieht überhaupt die Gegenwart nicht nur im Licht eines rosigen Optimismus. Ebenso pathetisch wie zornig ist das Gedicht von der «totgeschlagenen» Zeit:

Man schlägt sie am Mittag tot.
Man schlägt sie in der Nacht tot.
Man schlägt die Zeit frech und inbrünstig tot.
Man schlägt die Zeit schamhaft und verzweifelt tot.
Man schlägt sie direkt vor den Fenstern der Miliz tot!
(Wieso «vor den Fenstern». Hinter den Fenstern –
ebenfalls ...)

Die Mörder der Zeit waschen sich ihre Hände, und «die toten Minuten schweigen, zeigen sich nicht gekränkt». Eine ähnliche Überlegung stellt Roždestvenskij in dem Band «Syn very» über das Durcheinander der Musikstücke aus allen Radios und Transistoren («alle Transistor-Antennen sind wie Degen entblößt») an oder auch über die Passanten auf der Straße, die sich alle einen bestimmten Anstrich geben, hinter dem sich «nichts» verbirgt («Zugabe zum Schnurrbart und bescheidenes Postament für die Zigarre ...»):

Und dort, Worte gepreßt ausstoßend,
mit blassen Händen schlenkernd,
schreiten junge Fundamente.
Ohne Wände (um nicht von Dächern zu reden!).

Roždestvenskijs Ironie tritt besonders in den Gedichten über das westliche Ausland zutage, in den Gedichten über Rom, Paris, New York, San Francisco, Los Angeles. Über die lästigen Beschatter in New York («verschlossene Burschen vom Spaziergängertypus») mokiert sich Roždestvenskij am meisten: «Wir haben ihnen schon zweimal die Stadt gezeigt ...». Sicher sind auch hier viele Verse nur gereimte Publizistik, aber man muß betonen, daß Roždestvenskijs Gedichte ihren bestimmten Stil haben. Die Romantik schlägt nicht selten durch, etwa in dem Gedicht «Venecija» (Venedig), und die Sprache ist keineswegs banal. Zu den romantischen Gedichten gehören auch «Pamjati Michaila Svetlova» (zum Gedenken an Michail Svetlov) und überhaupt die meisten Stücke aus der dritten Rubrik des Bandes «Syn very» («*Vzroslym*»; für Erwachsene).
Nach neuen Gedichtbänden wie «Radar serdca» (1971; Radar des Herzens) konnte Roždestvenskij 1973 dem Publikum eine rückschauende Sammlung seiner Gedichte unter dem Titel «Za dvadcať let» (in zwanzig Jahren) vorlegen.

Der Wandlungsprozeß, den die Vorstellung vom Gedicht in den letzten zehn Jahren in Rußland durchlaufen hat, läßt sich auch an der Behandlung der zu allen Zeiten «gängigen» lyrischen Themen verfolgen. Kindheit und Wachstum, Reise und Einkehr, Ferne, Meer und Himmel, Rhythmus des Menschenlebens und der Natur, Feiertag und Alltag haben sich von den schablonisierten «poetischen» Formzwängen der Vergangenheit befreit und lassen sich von den Dichtern der Gegenwart wieder neu entdecken. Die naive Annäherung ist nun freilich aus der Mode gekommen, und gerade die einfachen Themen werden meist von innen heraus, auf dem Umweg über die Reflexion, aufgeschlossen.

Zwei Dichter, die auf diesem Terrain durchaus separate Wege gehen, die jedoch in ihrer Haltung manches gemeinsam haben, sind Jevgenij Vinokurov und die neun Jahre jüngere Novella Matvejeva. Beide wollen sie das ganze Leben spiegeln, das Allgemeine wie das Besondere, und beiden ist die Reflexion über ihr eigenes Ich und über ihren Standort in der Welt als Dichter in besonderem Maße eigen.

Jevgenij Vinokurov (* 1925 in Brjansk) wuchs in Moskau auf und nahm als junger Freiwilliger am Krieg teil. Anschließend absolvierte er das Goŕkij-Literaturinstitut und gab schon 1951 seinen ersten Lyrikband («Stichi o dolge»; Verse von der Pflicht) heraus. Die frühen Gedichte handeln zumeist vom Krieg und sind in einer ganz schlichten, unpathetischen Tonlage gehalten. Die absolute Sauberkeit seines Stils hat Vinokurov immer gepflegt, und er hat auf dieser zunächst bescheidenen Ebene noch viele Jahre an sich gearbeitet.

Erst gegen 1960 hat Vinokurov zielstrebig die neuen Wege beschritten, die ihm allgemeinen Respekt, ja sogar Ruhm eingetragen haben. Auf die Bände «Slovo» (das Wort) und «Lirika» (Lyrik; beide 1962) ließ Vinokurov 1964 die Sammlung «Muzyka» (Musik) folgen, und 1965 brachte er «neue Gedichte» unter dem Titel «Charaktery» (Charaktere) heraus.

Eigentlich muß man Vinokurov einen empfindsamen oder mindestens sensiblen Dichter nennen, da ihn die Welt nicht als unmittelbares Material, sondern als Reflexionen und Empfindungen auslösendes, sich immer wieder erneuerndes Ereignis beschäftigt. Vinokurovs Weltverhältnis spiegelt sich etwa in dem Gedicht «Pobeg s uroka» (1965; die geschwänzte Stunde), wo man sieht, daß der Dichter die Freude am Entdecken der Welt mit dem süßen Schuldgefühl während der geschwänzten Schulstunde verbindet. Die Welt ist bei Vinokurov in ein besonderes Licht getaucht, und auch im Alltag und in der Sprache des Alltags finden sich die ganz überraschenden Dinge («Budni»; Alltag).

Dem Dichter rät Vinokurov, die Welt immer zu «betasten», um ihre Wahrheit kennenzulernen:

> Nur in dem Dichter, der barfuß geht, liegt ein Sinn:
> zwischen den Zehen muß der Lehm heraustreten.

Vinokurovs Philosophie ist «leben», «zu Fuß gehen», unter Menschen sein («Sokrates ist den ganzen Tag auf dem Markt»), den richtigen Zug verpassen und währenddessen die Sterne am Himmel sehen («Opozdal»; zu spät gekommen).

Eines der wichtigsten Gedichte VINOKUROVS ist «Ovladevanje» (Besitzergreifung), in dem es um die Übernahme der Welt und des eigenen Schicksals geht. Die *Besitzergreifung* endet damit, daß das Universum vom Dichter Besitz ergreift und daß die «Dinge» den ausgestreckten Händen entgleiten. In einem anderen Gedicht («Ja»; Ich) macht sich Vinokurov um die Identität mit dem «Ich» Gedanken und endet mit der kühnen Formulierung über das «Ich»:

> Es ist in mir. Es ist mit einem einzigen Schlag
> bis zum «Kopf» eingeschlagen, wie ein Nagel.

Vinokurov ist nicht nur ein philosophierender Dichter, sondern er ist auch der Poet des Alltags und des «bloßen» Menschseins, und daher sind seine Metaphern meist ausgesprochen «diesseitig» und stofflich. Die Seele hat die Form eines metallenen Kruges, und das Zerfallen und Entstehen der Welten wird mit der Reparatur der Wohnung verglichen. VINOKUROV ist auch die Selbstironie nicht fremd, und der tragischen Pose ist er gänzlich abhold. Die Sprache der Gedichte ist weniger einfach als sie zunächst anmutet, aber die verschiedenen Schichten, die bis in die gelehrte, ja sakrale Sphäre reichen, sind nahtlos miteinander verschmolzen. Was zunächst wie reine Umgangssprache anmuten will, wird plötzlich durch ganz abstrakte, seltene und «schwierige» Wendungen kompliziert, so daß sich Vinokurovs Sprache immer als überraschend und neuartig erweist.

Eine starke Betonung des Bildhaften zeigt der Gedichtband «Zrelišča» (1968; Schaustellungen), in dem die beigegebenen Illustrationen und der Text sich stellenweise gegenseitig kommentieren. Vinokurov zeigt hier – ebenso wie in dem folgenden Band «Žest» (1969; die Geste) eine Tendenz zur epigrammatischen Zuspitzung der Gedanken und zur emblematischen Aussage.

An Vinokurovs Lyrik besticht immer wieder die Einheit von formaler Präzision (Reim, Rhythmus, treffsichere Metaphern) und persönlicher Bescheidenheit und Aufrichtigkeit. Der Dichter möchte, wie es in einem Gedicht heißt, die «grüne Entengrütze» zur Seite schieben und vom reinen Wasser trinken, auch wenn die radikale Aufrichtigkeit (iskrennosť) anderen als «taktlos» und «närrisch» erscheint, auch wenn sie ihm zur «Grube» werden sollte. Die neuesten Bände, die Vinokurov veröffentlichen konnte («Metafory» – 1972; Metaphern und «Kontrasty» – 1975; Kontraste) bestätigen seinen Ruf als den eines meisterlichen und zugleich in seinem Temperament besonders ausgeglichenen Autors.

NOVELLA MATVEJEVA (* 1934 in Puškino) zeigt in ihren Gedichten ebenfalls eine starke Affinität zu den Fragen, die das Verhältnis des Menschen zu seiner Welt betreffen. Zugleich ist sie aber auch mit romantischem Gefühl begabt, was sich nicht nur in Gedichten wie «Strana detstva» (Land der Kindheit) zeigt, sondern auch in den frühen Huldigungen an Robert Burns («Robert Bërns», 1959) und Rudyard Kipling («Pesni Kiplinga»; 1961; Kiplings Lieder).

Lyrik von Novella Matvejeva erschien zuerst nur verstreut, und das erste Bändchen datiert von 1961 («Lirika»; Lyrik). 1963 folgte «Korablik» (das Schiffchen), und die besonders charakteristische Sammlung trägt den Titel «Duša veščej» (1966; die Seele der Dinge). Die Dichterin folgt in ihrer persönlichen Diktion keinem eigentlichen Vorbild, aber mindestens die symbolistische Tradition scheint ihr nahezustehen. Manche ihrer Verse haben indessen nicht nur einen scherzhaft-epigrammatischen Anstrich, sondern es finden sich sogar ausgesprochen groteske Einfälle («Die Köchin heiratete das Kom-

pott ...») und Pointen. Die Dichterin liebt es, den Leser zu ver-
blüffen, und wie sie in dem Gedicht «Štamp» (Schablone) ver-
sichert, fürchtet sie sich nicht so sehr vor dem Teufel wie vor
der Schablone.

N. Matvejevas Metaphorik ist oft auf dem Prinzip gegensätz-
licher Reihen aufgebaut, wie in dem Gedicht «Drevesina»
(Holzkörper), wo die Jahresringe zu Ringen auf der Wasser-
oberfläche, in die jemand eingetaucht ist, in Beziehung gesetzt
werden. Ganze metaphorische Komplexe gehören zu den häufig wiederkehrenden Begriffen wie *Echo*, *Spuren*, *Widerhall* und
Spiegelung. Die Bilder, die sich hier zu bestimmten Äquivalenten
formieren, verraten deutlich ihren Montagecharakter. In der
«zusammenhanglosen Verbindung» durch den Widerhall sieht
die Dichterin die Legitimation «Mars, Athene und einen alten
Schuh» miteinander in Beziehung zu setzen oder auch folgende
Bildanordnung zu versuchen:

> Jüngstes Gericht und Schmutz auf den Wegen
> Wind, Spiegel, Reisig, Fuhrwerk
> und auf den alten Tapeten der feuchte Streifen
> . . . .
> («Otgolosok»; Widerhall)

Solche Gedichte, in denen NOVELLA MATVEJEVA über ihr
Handwerk reflektiert, sind sogar in größerer Zahl anzutreffen.
Die Gedichtüberschriften wirken oft harmlos und traditionell
wie zum Beispiel «Doroga» (Landweg), «Vodopad» (Wasser-
fall), «Lunnaja noč'» (Mondnacht) und «Step'» (Steppe). Die
Themen werden aber durch überraschende Assoziationen und
sprachliche Kühnheiten völlig erneuert und führen so zu einer
Überwindung der altmodischen Naturbeschreibungen. In ihrem
Titelgedicht «Duša veščej» betont die Dichterin:

> Ich liebe Häuser, wo die Dinge nicht Besitz sind,
> wo die Dinge leichter sind als Boote am Tau ...

Auch für Novella Matvejeva ist die Welt nicht Stoff, sondern
Widerhall für ihre Reflexion und ein Zauberreich hinter den
eigentlichen Gegenständen.

5. Jevgenij Jevtušenko

Der auch in Westeuropa und Amerika gut bekannte Jevgenij Jevtušenko (* 1933 in der Siedlung Zima – Stancija Zima – bei Irkutsk) verdankt seine große Popularität ohne Zweifel der Vielseitigkeit seines überall ansprechenden Talents.

Der Dichter wuchs in Moskau und (während des Krieges) in Sibirien auf und schrieb bereits im Alter von 16 Jahren Verse.

Es wäre falsch, Jevtušenko ausschließlich vor dem Hintergrund seiner bekannten, von ihm auch im Ausland immer wieder vorgetragenen pathetischen Verse zu sehen und die empfindsameren Töne, die etwa in der Sammlung «Jabloko» (1960; Der Apfel) anklingen, zu überhören. Diese Empfindsamkeit wird zwar nicht selten durch Ironie wieder aufgehoben, aber hie und da stellen sich beim Leser doch Reminiszenzen an die russische Lyrik des Symbolismus ein (Baľmont, Blok). In der Reimtechnik und in den Wortspielen ist Jevtušenko freilich moderner als die Symbolisten und zeigt da seine Vertrautheit mit den Akmeisten, mit Majakovskij und besonders mit Pasternak.

Die Gedichte der Jahre 1957–60 lassen den starken Einfluß A. Bloks spüren, den Jevtušenko selbst auch nie abgeleugnet hat, und ebenfalls den Einfluß Jesenins. In dem Gedicht «Kogda ja dumaju o Bloke ...» (1957; wenn ich an Blok denke ...) beschwört der Dichter Blok und sein Petersburg:

> Und wie in einem rätselhaften Prolog
> dessen Essenz undurchsichtig und tief ist,
> vergehen im Nebel das Klappern der Droschke,
> Pflasterstein, Blok und die Wolken ...

1961/1962 veröffentlichte Jevtušenko die im Ausland oft genug zitierten politischen Gedichte «Babij Jar» (1961 – eine Auseinandersetzung mit dem Antisemitismus in ganz Europa), «Nasledniki Stalina» (1962; Stalins Erben) und «Strach» (1962; Angst). Gleichzeitig erschienen die ersten großen Balladen sowie Gedichte aus Frankreich, den USA und Kuba in der Sammlung «Nežnosť» (1962; Zartheit).

Der «eigentliche» Jevtušenko tritt mit diesem Jahr an die Öffentlichkeit, zumal im gleichen Jahr auch die übrigen «Stichi o zagranice» (Verse über das Ausland) in der Sammlung «Vzmach ruki» (1962; Schwung der Hand) erscheinen.

Agitatorisches Pathos zeigen dabei oft ebenso die auf rein formale Verwirklichung zielenden Gedichte, zum Beispiel «Grad v Char'kove» (Hagel in Chaŕkov) wie auch die politischen Oden aus Kuba (etwa «Agressory» die Aggressoren). Das illustrative Element drängt sich oft nach vorne, besonders in den Gedichten, die Jevtušenko als Ausbeute von seinen Auslandsreisen heimgebracht hat.

Jevtušenko berührt u. a. so verschiedene Themen wie die Pariser Markthallen («Lukovyj sup»; Zwiebelsuppe), Fidel Castro («Stichi o Fidele»; Verse über Fidel), die Bar des Flughafens von Barcelona («Don-Kichot»; Don Quijote), die New Yorker Beatniks («Monolog bitnikov»; Monolog der Beatniks), die Kautschukplantagen von Liberia («Kaučukovyje derevja»; Kautschukbäume), das Panoptikum in Hamburg-St. Pauli (erschienen in der Zeitschrift *Moskva*, 1965, als Ertrag der Deutschland-Reise 1963; «Panoptikum v Gamburge»; Panoptikum in Hamburg). Von Jevtušenko muß gesagt werden, daß er in ganz starkem Maße extrovertiert erscheint, wo er seine eigene Existenz als Dichter und Tribun thematisiert. In seinem pathetischen Gedicht aus Paris («Vosklicateľnyj znak»; das Ausrufungszeichen) sieht er sich verkörpert als die *«Hand Moskaus»*, die ein Ausrufungszeichen hinter eine Parole gegen den Algerien-Krieg an eine Pariser Häuserwand schreibt:

> Was macht es, mein Ausrufungszeichen?
> Es macht mich stolz wie ein Gedicht.

Jevtušenkos formale Leistungen liegen nicht so sehr auf dem Gebiet des bildhaften Ausdrucks oder der Rhythmik wie eindeutig auf dem Gebiet des Reims, der Wortspiele und der phonetischen Struktur der Gedichtzeile. Die in Rußland so beliebten Assonanzen und Alliterationen (ebenso in pathetischer, wie in humoristischer Funktion), «Lautmalerei» und geschickte klangliche Variationen beherrschen seine Sprache.

Die klanglichen *Effekte* können allerdings zur Manier werden, und dieser Gefahr ist der Dichter wirklich nicht immer entgangen.

Sprachlich am eigenwilligsten sind in dem folgenden Band «Kater svjazi» (1966; Verbindungsboot) die Gedichte aus Italien in dem Zyklus «Itaľjanskaja Italija» (das italienische Italien). Besonders die 15 Seiten lange Dichtung «Ritmy Rima»

317

(Roms Rhythmen) ist in ihrer burlesken Stilisierung voll neuer überraschender Wendungen.

Eine besondere Gruppe unter den Gedichten JEVTUŠENKOS machen die Balladen aus, die immer noch eine beliebte Gattung der Sowjetlyrik darstellen. Viele dieser Balladen sind als Gelegenheitsgedichte erschienen, wie die Ballade zum 150. Todestag Lermontovs («Ballada o šefe žandarmov i o stichotvorenii *na smert' poèta*»; 1964 in der Zeitschrift «Moskva»; Ballade über den Chef der Gendarmen und über das Gedicht *auf den Tod des Dichters*).

Im Frühjahr 1965 druckte die Zeitschrift *Junost'* Jevtušenkos anspruchsvolle Verserzählung «Bratskaja GĖS» (der Bratsk-Staudamm) ab, in der sich ein weites Panorama nicht nur der russischen Wirklichkeit, sondern auch der geschichtlichen Erfahrungen der Menschheit entfaltet. Das aus über 30 Kapiteln bestehende Werk beginnt nach einer Abschweifung des Dichters in eigener Sache mit einem skeptischen «*Monolog der ägyptischen Pyramide*» und setzt sich als ein mit vielen Exempeln gewürztes Streitgespräch zwischen der Pyramide und dem Bratsk-Staudamm fort, in dem es um Glauben und Unglauben und um die Rechtfertigung der historischen Revolutionen geht.

Im zweiten Teil dominiert das Aufbauwerk, und in szenischer Darstellung werden stellvertretend für alle anderen einzelne Figuren und Brennpunkte am Bau geschildert.

Im ersten Teil hat sich JEVTUŠENKO sicherlich übernommen, und seine Geschichtsphilosophie bleibt ziemlich an der Oberfläche. Geschickte Montagen «bestätigen» die Revolution, aber auf dem Gebiet der geistesgeschichtlichen Deutungen, etwa im Fall Dostojevskijs, («*Petraševcy*»), bleibt Jevtušenko vorwiegend Amateur.

Der Dichter spielt in dem Werk mit den verschiedensten «Bildungsgütern», er stellt *Puškin*, *Tolstoj* und *Lenin* als «die drei erhabensten Namen Rußlands» heraus, er bringt *Majakovskij* eine spezielle Huldigung dar, aber insgesamt wirkt das Epos reichlich amorph und auch «eklektisch» (A. Sinjavskij).

Eine zusammenhängende Auswahl von Gedichten Jevtušenkos (insgesamt weit über 400 Seiten) erschien 1969 mit einem Vorwort von Jevgenij Vinokurov in Moskau unter dem Titel «Idut belyje snegi» (es fällt weißer Schnee). Die während der siebziger Jahre bisher veröffentlichten Bände – u.a. «Doroga

nomer odin» (1972; Straße Nummer eins) und «Intimnaja lirika» (1973; intime Lyrik) – scheinen zum Gesamtbild des Dichters wenig neue Züge hinzutreten zu lassen.

6. ANDREJ VOZNESENSKIJ

Als Dichter der Großstädte (Moskau, New York, Paris, Rom)
und als Dichter des Lebens im technischen Zeitalter der Auto-
mation, der Kunststoffe und der Kernspaltung kann man
ANDREJ VOZNESENSKIJ (* 1933) ansehen, der den Weg der Befreiung zur modernen Existenz immer mit Schmerzen und
Protest, nie mit billiger Akklamation erkauft.

Voznesenskij ist kein eigentlicher metaphysischer Dichter,
aber sein Werk entfaltet sich so stark aus der gesuchten und
paradoxen Metapher, daß er manchmal – vielleicht sogar un-
gewollt – als moderner Fortsetzer der Traditionen der Spät-
renaissance und des Barockzeitalters erscheint. Gegenwart und
Geschichte koexistieren in seinem Werk ganz unvermittelt: in
der Metapher, im «Concetto», in der subjektiven Beseitigung
oder gar Verkehrung der Chronologie.

Den Namen des Gedichtes «Antimiry» (1961; Antiwelten)
aus dem Zyklus «Treugoľnaja gruša, 40 liričeskich otstuplenij
iz poèmy» (1962; die dreieckige Birne, 40 Digressionen aus
einem lyrischen Poem) hat Voznesenskij zum Obertitel seines
nächsten Gedichtbandes (1964) gemacht, und man darf diesen
Bezug als programmatisch ansehen. Die *Antiwelten* sind zum
alltäglichen Leben immer hinzugedacht und brechen bei Voznesenskij oft überraschend in die Wirklichkeit ein. Die Umkehrung der geschichtlichen Abläufe und der Kausalität, Ana-
gramme, Spiegelungen und Metamorphosen, auf den Kopf ge-
stellte Metaphern und Vergleiche und schließlich der Topos
der «*verkehrten Welt*» bestimmen bei Voznesenskij zu einem erheblichen Teil die innere und auch die formale Entwicklung
eines Themas. Mit der «lokalen» Semantik und der nach seinem
eigenen Bekenntnis von GARCÍA LORCA übernommenen «lokalen» Farbe ist Voznesenskij zugleich ein Nachfahre der «Konstruktivisten» der zwanziger Jahre, die vom Gedicht die «maxi-
male Exploitation des Themas» erwarteten. Typisch ist für
diese Komposition das Gedicht «Nočnoj aéroport v N'ju-

Jorke» (aus «*Treugolnaja gruša*»; nächtlicher Flughafen in New York), in dem die Konstruktion des modernen Flughafengebäudes thematisiert ist und zugleich der Gedanke der «antimaterialen» Struktur ausgesprochen wird. In ähnlicher Weise auf der lokalen Semantik aufgebaut ist die Verserzählung «Mastera» (1959; Meister), die, streng genommen, eigentlich eine Art *Anti-Poem* ist (ein antihistorisches Gedicht), in dem die Erbauung der Vasilij-Blažennyj-Kathedrale in Moskau (16. Jahrhundert) als Metapher oder als Gleichnis für künstlerisches Schaffen schlechthin behandelt wird.

Nicht zufällig hat der Konstruktivist VOZNESENSKIJ Malerei und Architektur studiert, und er fühlt sich nach seinem eigenen Bekenntnis stark von JUAN MIRÓ und von den Bauwerken des späten LE CORBUSIER angezogen. Bauwerke spielen unter Voznesenskijs Themen eine große Rolle, und der Sinn für das «Material» der Sprache und der Gegenstände in der Welt ist bei Voznesenskij ganz außergewöhnlich entwickelt. Auf der «lokalen» Ebene der Konstruktion spielt das *Lautmaterial* die Hauptrolle, und von der intensiven Alliteration bis zum Wortspiel und zum thematisierten Anagramm (vgl. das Gedicht «Krony i korni»; 1960; Kronen und Wurzeln) nutzt Voznesenskij die Lautstruktur für seine lokale Semantik und Metaphorik aus. Auch die schon von den Futuristen entwickelte sogenannte «innere Flexion» oder «Pseudo-Flexion» (variierende oder pseudoparadigmatische Abwandlung einer sich im Kern wiederholenden Lautfolge) benutzt Voznesenskij gern, am erfolgreichsten und überzeugendsten in dem berühmten Gedicht «Gojja» (1959; Goya).

Über die «Materialien» für seine Metaphern spricht VOZNESENSKIJ mit leiser Selbstironie in der Huldigung an Lorca («Ljublju Lorku»; 1962; ich liebe Lorca): «Die Metapher ist der Motor der Form. Das 20. Jahrhundert ist das Jahrhundert der Verwandlungen, der Metamorphosen. Was ist die heutige Föhre? Perlon? Plexiglas der Rakete? Mein pelziger Pullover aus Silon phantasiert nachts von Edeltannen. Ihm träumt das nadelige Rauschen seiner pelzigen Vorfahren.»

Natur und «Kunst» (Technik) sind meist die zwei Seiten, die in der «lokalen» Assoziation zum Tragen kommen und die verschiedenen Welten aneinander binden, oft in gespannter und sogar *grotesker* Nachbarschaft. Die Vergleiche aus der technischen Welt (Motorrad-Steilwandfahrer, elektrische Züge, Flugzeugträger, Raketen, Atommeiler) weisen aber immer auf die Menschenwelt zurück und sind in sie direkt integriert. Die *«Entdeckung Amerikas»* (Vorrede zum Poem «Treugoľnaja gruša») vergleicht Voznesenskij mit dem Hinabsteigen in den Gegenstand «wie in die Untergrundbahn», und die dreieckigen Leuchten einer New Yorker U-Bahnstation sind Ausgangspunkt für die Metapher «dreieckige Birne» (zugleich als Gedankenspiel).

Die ironisch-grotesken Züge treten in VOZNESENSKIJS Gedichten später immer mehr in den Vordergrund, etwa in «Plač po dvum neroždënnym poèmam» (1965; Klage um zwei ungeborene Poeme), *«Neizvestnyj*-rekviem v dvuch šagach, s èpilogom» (1964; *Neizvestnyj*-Requiem in zwei Schritten, mit einem Epilog) und in «Èskiz poèmy» (1965; Skizze zu einem Poem). «Èskiz poèmy» ist eine reine Groteske, in der sich verschiedene Traumvisionen zum Sprachverlust steigern: «*Oayu aoii oaaoiaye*!» Die Verkehrung und Umkehrung («verkehrte Welt») läßt sich am besten in der Verserzählung «Oza» (1964) verfolgen. Der Schauplatz ist das Atomforschungsinstitut in Dubna, und hier ist in einigen Teilen, die in Prosa abgefaßt sind, die Vision einer Kernexplosion oder eines Teufelsexperiments zur «verkehrten Welt» ausgeweitet: «Die Nase war an ihrem Platz, nur nach innen eingesetzt, wie eine hohle Dolchscheide. Die keinen Platz mehr findende Nasenspitze wuchs aus dem Nacken heraus. Die Bäume lagen auf dem Rücken wie verästelte Seen, dafür standen ihre Schatten aufrecht, wie von einer Schere ausgeschnitten. Sie raschelten leise im Wind, wie Silberpapier von Schokolade. Die Tiefe des Brunnens wuchs in die Höhe, wie ein schwarzes Lichtbündel aus dem Scheinwerfer. In ihr lag der hinabgefallene Eimer und in ihr schwammen Schlammteilchen.»

Die gleiche Technik der Umkehrung benutzt VOZNESENSKIJ aber auch in ganz anderer – zum Beispiel satirischer – Absicht. In dem Gedicht «Florentijskije fakely» (1962; die Fackeln von Florenz) deckt der Dichter den Anachronismus des «sozialistischen Realismus» (*Sozrealismus*) und der Kunstideale der Stalin-Zeit auf. Die florentinische Architektur wird hier ironisch als Kopie («Calque») der einstigen Übungsaufgaben der Moskauer Architekturstudenten ausgegeben:

Es schläft das Baptisterium wie die Weiterentwicklung
meiner Projekte für eine Ausnüchterungsanstalt.
Sündiges Kind des Sozrealismus,
so betrete ich die Plätze voller Fackeln.
Du bist ein «Calque» meiner Jugend, Florenz!
Ich schlendere durch die Vergangenheit!

Die Gedichtbände Voznesenskijs haben fast immer unkonventionelle, verspielte Titel. Auf «Achillesovo serdce» (1966;
Achillesherz) folgten «Ten' zvuka» (1970; Schatten eines
Klangs) und «Vypusti pticu» (1974; laß den Vogel frei). Diese
neuen Zyklen zeigen die Freude am Experimentieren (z. B. in
dem Gedicht «Grippe Hongkong – 69» oder in den Figurenge-
dichten, die Voznesenskij als «Izopy» – Versuche der abbilden-
den Poesie – bezeichnete) und die stete Bereitschaft zur Selbstironie («Ironičeskaja elegija» – ironische Elegie), das heißt die
Freude am Spiel mit dem Leser.

Voznesenskijs verbales Jonglieren geht bisweilen an die
Grenze des Poetischen, aber sein Bemühen um die Verbindung
der russischen Tradition mit der Ausdruckswelt des technischen
Zeitalters ist ehrlich und ohne Finten. In dem längeren programmatischen Gedicht «Osenneje vstuplenije» (1967; Herbst-
eintritt) spricht der Dichter über seine Poetik:

> Um die Stimme zu erlangen – muß man massiv Abschied
> nehmen, Herbstzeit,
> Herbstzeit bedeutet «adieu»!, Herbstzeit bedeutet «es lebe
> das Morgen!»
> . . . .
> . . . .
> Wie brennendes Werg hängen an den Ästen Büschel von
> Wolf und Hund.
> Die Tiere zahlen Naturalsteuer für den prophetischen
> Brunstschrei.
> Mit dem Fell zahlen sie für das Lied.
> Binde mir die Zunge los.

Wieder erscheint die Metamorphose als die Heimat des dichterischen Wortes – die Verwandlung, nicht der «Fortschritt».
Beeindruckt durch den Besuch Marc Chagalls in der Sowjetunion schrieb Voznesenskij 1973 das Gedicht «Chagalls Korn-
blumen», das mit dem bemerkenswerten Bekenntnis endet:

Nicht Jehova, nicht Jesus,
ach, Mark Zacharovič, malen Sie
unbesiegbar den blauen Bund –
vom Himmel Allein Lebt der Mensch!

Voznesenskij, der seine Gedichtbände gewöhnlich durch eine Auswahl aus den vorhergehenden Werkphasen anreichert, hat 1975 unter dem Titel «Dubovyj list violončeľnyj» (Eichenblatt in Form eines Cellos) zum ersten Mal eine umfangreiche Gedichtauswahl aus dem Schaffen von zwei Jahrzehnten vorgelegt, und zwar in einer echten Retrospektive: die neuesten Gedichte stehen am Anfang, und die älteren Gedichte folgen in absteigender Chronologie.

Der Band ist durch eine literarische Autobiographie («der Weg zu diesem Buch») eingeleitet, in der Voznesenskij über die russische Poesie sagt: «Sie hatte nie Angst vor der Note des Glockenrufes. Einer ihrer Züge ist jetzt: der Standardisierung sich zu widersetzen, dem Grau, den Stereotypen des Denkens.»

LITERATURHINWEIS

Nachschlagewerke:

Kasack, Wolfgang: *Lexikon der russischen Literatur ab 1917*, Stuttgart 1976.

Kratkaja literaturnaja ênciklopedija, 1–8, Moskau 1962–1975.

Literaturnaja ênciklopedija, I–IX, XI, Moskau 1929–1939.

Ludwig, Nadeshda (Hrsg.): *Handbuch der Sowjetliteratur 1917–1972*, Leipzig 1975.

Literaturgeschichten:

Alexandrova, Vera: *A History of Soviet Literature 1917–1964, From Gorky to Solzhenitsyn*, New York 1964 (Doubleday Anchor Book).

Bjalik, B. und andere (Hrsg.): *Russkaja literatura konca XIX – načala XX v.* (1901–1907), Moskau 1971.

Ders.: *Russkaja literatura konca XIX – načala XX v.* (1908–1917), Moskau 1972.

Čížková, Marta und andere: *Současná sovětská literatura I, Ruská próza*, Prag 1963 (Svět Sovětů).

Drawicz, A.: *Literatura radziecka 1917–1967*, Warschau 1968.

Franěk, Jiří: s. Mathesius, Bohumil.

Istorija russkoj literatury, T. X (1890–1917), Moskau-Leningrad 1954.

Istorija russkoj sovetskoj literatury I–IV, Moskau ²1967–1971.

Jünger, Harri und andere (Hrsg.): *Geschichte der russischen Sowjetliteratur 1917–1941*, Bd. 1–2, Berlin 1973–1975.

Lo Gatto, Ettore: *Storia della letteratura russa contemporanea*, Mailand 1959.

Mathauser, Zdeněk und andere: *Současná sovětská literatura II, Ruská poezie*, Prag 1964 (Svět Sovětů).

Mathesius, Bohumil; Franěk, Jiří: *Přehled sovětské literatury I–II*, Prag 1971. (Učební texty vysokých škol. Universita Karlova v Praze. Fakulta filosofická.).

Mirsky, D.S.: *A History of Russian Literature*, London 1949 (enthält auch «Contemporary Russian Literature», in bearbeiteter Fassung).

Poggioli, Renato: *The Poets of Russia* (1890–1930), Cambridge (Mass.) 1960.

Slonim, M.: *Soviet Russian Literature. Writers and Problems 1917–1967*, New York ²1967.

Ders.: *Die Sowjetliteratur*, Stuttgart 1972.

Struve, Gleb: *Geschichte der Sowjetliteratur*, München 1963.

Ders.: *Russian Literature under Lenin and Stalin*, 1917–1953, University of Oklahoma Press 1971.

Zavalishin, Vyacheslav: *Early Soviet Writers*, New York 1958.

Monographien:

Andrejev, Ju.: *Russkij sovetskij istoričeskij roman. 20–30-je gody*, Moskau-Leningrad 1962.

Eimermacher, Karl (Hrsg.): *Dokumente zur sowjetischen Literaturpolitik 1917–1932*. Mit einer Analyse von Karl Eimermacher, Stuttgart 1972.

van der Eng-Liedmeier, A.M.: *Soviet Literary Characters, An Investigation into the Portrayal of Soviet Men in Russian Prose 1917–1953*, Den Haag 1959.

Flaker, Aleksandar: *Članci i studije o sojvetskoj književnosti.* (Suvremeni ruski pisci III.) Zagreb 1962.

Gibian, George: *Interval of Freedom, Soviet Literature during the Thaw 1954–1957*, Minneapolis/Minnesota 1960.

Gibian George; Tjalsma, H.W.: *Russian Modernism. Culture and the Avant-Garde, 1900–1930*, Ithaca (N.Y.) – London 1976.

Hayward, Max; Labedz, Leopold (Hrsg.): *Literature and Revolution in Soviet Russia 1917–1962, A Symposium*, London 1963.

Hayward, Max; Crowley, Edward (Hrsg.): *Soviet Literature in the Sixties, An International Symposium*, New York-London 1964.

Jeršov, L. und andere (Hrsg.): *Istorija russkogo sovetskogo romana I–II*, Moskau-Leningrad 1965.

Kovalëv, V.A. (Hrsg.): *Russkij sovetskij rasskaz*, Leningrad 1970.

Kulinič, A.: *Russkaja sovetskaja poèzija. Očerk istorii.* Moskau 1963.

Kuznecov, M.M.: *Sovetskij roman, Očerki*, Moskau 1963.

Maguire, Robert A.: *Red Virgin Soil. Soviet Literature in the 1920's*, Princeton (N.J.) 1968.

Mathauser, Zdeněk: *Spirála poezie, Ruské básnictví od roku 1945 do současnosti*, Prag 1967.

Markov, Vladimir: *Russian Futurism*, Berkeley-Los Angeles 1968.

Opitz, Roland (Hrsg.): *Moderne sowjetische Prosa, Vom Beginn der fünfziger Jahre bis zur Gegenwart* (Schriftsteller der Gegenwart, Ausländische Reihe), Berlin 1967 (VEB Volk und Wissen).

Ozerov, V. (Hrsg.): *Puti razvitija sovremennogo sovetskogo romana*, Moskau 1961.

Poljak, L.; Kovskij, V. (Hrsg.): *Žanrovo-stilevyje iskanija sovremennoj sovetskoj prozy*, Moskau 1971.

von Ssachno, Helen: *Der Aufstand der Person, Sowjetliteratur seit Stalins Tod*, Berlin 1965.

Steininger, Alexander: *Literatur und Politik in der Sowjetunion nach Stalins Tod*, Wiesbaden 1965.

Vickery, Walter: *The Cult of Optimism, Political and Ideological Problems of Recent Soviet Literature*, Bloomington/Indiana 1963.

Vychodcev, P.: *Russkaja sovetskaja poèzija i narodnoje tvorčestvo*, Moskau-Leningrad 1963.

REGISTER